주요 외국의 평생교육정책

| **최은수** 저 |

Lifelong Education Policies in Major Foreign Countries

학지사

머리말

저자가 2014년에 펴낸 『평생교육정책론』은 원래는 제1부 평생교육정책 이론, 제2부 우리나라 평생교육정책의 실제, 제3부 외국의 평생교육정책 등 총 3개의 부로 구성되었다. 그러나 실제로 출판된 책에서는 제1부와 제2부 영역만 싣고, 제3부는 곧이어 별도의 책으로 출판하겠다고 독자들에게 나름대로 약속을 하였다. 하지만 저자의 불가피한 사정과 더불어 평생교육정책에 대한 여러 나라의 방대한 자료를 수집하여 분석하다 보니 그만 오랜 세월이 지나 버렸다. 결국 그 약속을 이제야 지키게 되었으니 실로 독자들에게 죄송한 마음 그지없다.

저자가 『평생교육정책론』에서 언급하였듯이 평생교육정책은 평생교육 분야에서 국가적 차원의 행위에 있어서 미래의 방향을 제시하고 그 과정에서 최선의 선택과 방법을 강구하도록 요구하는 나침반 역할을 담당한다. 그런데 이러한 기능의 평생교육정책은 일종의 표층구조로서 한 나라의 정치, 경제, 사회문화라는 배경과 평생교육에 대한 철학과 이념이라는 심층구조가 상호 밀접하게 연결된다. 이러한 현상은 비단 우리나라뿐만 아니라 외국의 주요 나라들에서도 공통적으로 찾아볼 수 있다. 따라서 저자는 이러한 맥락에 기반을 두어 『평생교육정책론』의 자매 편으로서 이번에 『주요 외국의 평생교육정책』이라는 이름으로 이 책을 펴내게 되었다.

이 책은 오늘날 세계의 평생교육을 정책을 통하여 이끌어 가고 있는 2개의 주요 국제기구와 11개 주요 외국의 평생교육정책을 다루었다. 유네스코, OECD, 미국, 캐나다, 프랑스, 독일, 벨기에, 스웨덴, 핀란드, 중국, 일본, 홍콩, 호주 등이 바로 그 나라들이다. 이들 국제기구와 나라들의 평생교육정책을 각각 평생교육의 역사적 배경, 평생교육정책의 정치 · 경제 사회문화적 배경, 평생교육정책의 추이 발전, 평생교육정책의 추진 체제와 조직, 평생교육 관련 법, 평생교육정책의 방향, 주요 평생교육정책의 내용, 평생교육정책 재정, 평생교육정책의 시사점 등을 중심으로 기술하였다.

최근까지도 외국의 평생교육정책을 종합적으로 분석·정리한 책이 거의 없는 학계의 현실에 비추어 볼 때에 이 책은 나름대로 독자들에게 읽힐 만한 충분한 가치가 있다고 판단된다. 그래서 이 책은 평생교육에 관심을 갖는 모든 분이 연구하고 교육하는 데 주요 참고서로 활용될 수 있을 것이다. 다만, 이 책은 저술 과정에서 수많은 자료를 수집하고, 분류하고, 분석하였지만, 아직도 부족한 점이 없지 않음을 고백하지 않을 수 없다. 따라서 그 부족한 부분은 차후 연구에서 계속 수정·보완해 나갈 것을 약속드린다. 아울러 독자의 애정 어린 비평과 제안을 기대해 본다.

이 책이 출판되기까지 실로 많은 분의 헌신적인 도움이 있었다. 특히, 강의와 가사로 바쁜 일정 가운데서도 최신 자료 수집과 더불어 원고를 헌신적으로 촘촘히 살펴 준 연지연 박사, 그리고 지면 관계상 일일이 거명할 수는 없지만 자료 수집 과정을 통하여 크고 작은 수고를 마다하지 않았던 동료와 제자들에게 한 사람 한 사람 진심 어린 감사의 마음을 전하고 싶다. 아울러 지난 22년 동안 저자에게 모교 숭실대학교에 대한 애교심을 일깨워 주고, 웅대한 삶의 비전을 공유하며, 끝없이 영감을 불어넣어 주다가 지난 7월에 소천하신 나의 멘토 故 박정신 교수님께 이 책을 통하여 허전한 마음과 명복을 기원하는 마음을 함께 바친다.

끝으로 이 책의 간행을 맡아 주신 학지사 김진환 사장님과 직원 여러분께 진심 어린 감사를 드린다.

2018년 겨울

숭실대학교 연구관에서

저자 최은수

차례

Lifelong Education Policies in Major Foreign Countries

제 1 장

UNESCO의 평생교육정책

1. UNESCO 평생교육정책의 역사적 배경

20세기 두 차례의 세계 대전은 인류에게 평화란 물리적인 힘만으로는 실현될 수 없는 것임을 깨닫게 하였다. 이에 세계 각국은 교육, 과학, 문화 협력을 통한 국가 간의 지적 · 도덕적 연대를 구축하여 인류 평화를 실현하자는 데 뜻을 모았다. 결국 1945년 11월 16일 UNESCO 창설준비위원회에서 37개국 대표들이 영국 런던에 모여 'UNESCO 헌장'을 채택함으로써 유엔교육과학문화기구인 UNESCO(United Nation Educational, Scientific, and Cultural Organization)를 창설하였다. UNESCO 헌장은 1946년 11월 4일 20개국의 비준을 얻어 발효되었으며, 1946년 11월 20일 프랑스 파리에서 제1차 UNESCO 총회가 열리게 되었다. 그 후 UNESCO는 지금까지 교육, 과학, 문화 분야에서의 국제규범 제정자, 지식과 정보의 보급자, 그리고 국제협력의 조정자로서 역할을 수행하고, 모든 이를 위한 평생교육, 인류의 번영에 기여하는 과학, 세계유산 보호와 창의성을 바탕으로 하는 문화 발전, 정보와 지식의 공유를 통한 정보 격차 해소를 위해 노력해 오고 있다(유네스코한국위원회, 2006).

UNESCO의 역사는 평생교육의 역사와 그 맥을 함께하고 있다. UNESCO의 설립 목적과 이념을 나타내고 있는 UNESCO 헌장은 전쟁이 인간의 마음에서 시작되는 것처럼 평화 수호 역시 인간의 마음에서 시작되기 때문에 인류의 지적 · 도덕적 연대 위에 평화를 건설해야 한다고 주장한다. 또한 이를 위해서는 교육의 기회가 모든 사람에게 충분하고 평등하게 주어지고 객관적 진리가 구속받지 않고 탐구되며 사상과 지식이 자유로이 교환되어야 함을 확신하면서, 국민들 사이의 소통수단을 발전시키고 증가시키는 동시에, 서로를 이해하고 서로의 생활을 더욱 진실하고 더욱 완전하게 알기 위하여 이 소통수단을 사용할 것을 결의하고 있다(UIL, 2013). 이와 같은 교육이념 아래 시작된 UNESCO의 교육사업은 설립 초기인 1945년부터 1950년대까지는 문맹퇴치를 목적으로 하는 성인문해교육이 주된 과업이었다(이희수, 조순옥, 2005). 이후 1965년 Paul Lengrand이 UENSCO 성인교육위원회에 제안한 연구보고서는 전 생애에 걸친 모든 교육의 통합을 일컫는 '평생교육(Lifelong Education)'이란 용어를 처음 사용하여 교육계에 새로운 담론을 등장시켰고, 1972년 UNESCO

표 1-1 UNESCO의 평생교육 활동 연혁

1949년	제1차 세계성인교육회의 개최(덴마크 엘시노어)
1960년	제2차 세계성인교육회의 개최(캐나다 몬트리올)
1962년	성인교육국제위원회 개최(함부르크 유네스코 교육연구소)
1965년	파리 성인교육추진국제위원회 개최 (Paul Lengrand의 「평생교육에 관하여」 보고서 제출)
1968년	15회 유네스코총회 '세계 교육의 해' 의제로 평생교육 채택
1971년	교육발전국제위원회(Faure 위원회) 조직
1972년	Faure의 「존재를 위한 학습(Learning to Be)」 보고서 제출 제3차 세계성인교육회 개최(일본 도쿄)
1974년	평생교육에 있어서 고등교육의 역할 심포지엄 개최(모스크바)
1976년	제19차 총회에서 평생교육 발전 권고(나이로비 권고) 채택 평생교육과 커리큘럼에 관한 세미나 개최(타이)
1983년	평생교육 원리의 적용에 관한 전문가 국제회의 개최(프랑스 파리)
1985년	제4차 세계성인교육회의(프랑스 파리)
1990년	태국 쫌티안 모든 이를 위한 세계교육회의 개최 (Education For All) (UNICEF · UNDP와 공동 주최)
1996년	21세기 특별위원회 개최 Delors의 「Learning: The Treasure Within」 보고서 발간
1997년	제5차 세계성인교육회의(독일 함부르크)
1999년	제2차 직업기술교육 국제회의(한국 서울)
2000년	「세계 교육 보고서 2000」 발간 주제 '평생교육을 지향하는 교육권'
2000년	2000년 세계교육포럼(세네갈 다카르)
2001년	제56차 UN총회 'UN문해교육 10개년 계획(2003~2013): 모든 이를 위한 교육(Education for All)' 채택
2007년	UNESCO 평생학습 세계회의(한국 창원)
2009년	제6차 세계성인교육회의(브라질 벨렝)
2015년	2015 세계성인교육포럼 개최(한국, 인천)
2017년	제6차 세계성인교육회의 중간 회의 개최(한국, 수원)

출처: 교육인적자원부, 2001, p. 19 기반으로 수정 · 보완.

교육발전국제위원회 위원장이었던 Edgar Faure는 그의 보고서 「존재를 위한 학습(Learning to be)」을 통해 평생교육의 본격적인 시작을 알렸다. 이처럼 1960년대 후반 이후 UNESCO가 교육사업의 핵심 원리로 평생교육을 주창, 채택하면서 평생교육은 특정 사업 형태의 독립적인 프로그램보다는 UNESCO 교육사업 전반에 걸친 운영 원리로 인식되어 왔다(박형민, 2004). UNESCO는 창설 직후인 1949년 덴마크 Elsinore에서의 제1차 세계성인교육회의(CONFINTEA: Conférence Internationale sur L'éducation des Adultes)를 시작으로 2009년 브라질 Belém의 세계성인교육회의까지 총 여섯 차례의 세계성인교육회의 및 평생교육과 관련된 각종 회의를 주관함으로써 평생교육의 이념 정립, 이론화 및 보급에 앞장서 왔다(교육인적자원부, 2001). 평생교육과 관련된 UNESCO의 주요 활동을 정리하면 〈표 1-1〉과 같다.

2. UNESCO 평생교육정책의 정치, 경제, 사회문화적 환경

UNESCO가 창설된 1940년대 후반은 두 차례의 세계 대전과 경제대공황으로 인하여 정치, 경제, 교육, 문화 등 사회 각 분야의 모든 기반이 파괴되고 침체된 시기였다. 전 세계적으로 경제 회복과 빈곤으로부터의 해방이 가장 시급한 문제로 대두되었으며, 사회계층 간, 국가 간의 이념 분열을 극복하고 이해와 포용, 민주주의와 평화의 이념 확산 역시 모두가 해결해야 할 과제였다. 이러한 시대적 배경에서 UNESCO가 실시한 일차적 정책은 문맹퇴치와 타 문화 이해를 위한 문해교육, 즉 성인기초교육이었다(이희수, 조순옥, 2005).

그러나 1960년대에 들어서면서 자본주의 체제를 바탕으로 세계 경제는 호황을 누리기 시작했고, 과학기술의 급격한 진보와 새로운 지식정보의 폭증이 나타났다. 동시에 인구도 급증했다. 이 때문에 교육계에서는 학생 수뿐만 아니라 시민들의 교육 수요 증대가 일어났고, 직업능력 향상을 위한 성인계속교육과 성인들을 대상으로 하는 교양, 인문교육의 필요성이 제기되기 시작했다. 뿐만 아니라 이 시기에는 학교교육 시스템의 근본적 개혁을 요청하는 학생운동과 탈학교론자들의 목소리도 높아졌다(박형민, 2004).

UNESCO가 주창한 새로운 교육 패러다임인 '평생교육(Lifelong Education)'은 이처럼 1960년대의 달라진 사회적 환경을 기반으로 등장하였다. 1965년 Paul Lengrand이 기조논문 「영속교육(Permanent Education)」을 통해 평생교육에 대한 논의를 제공했던 제3차 성인교육발전국제위원회 회의의 보고서(International Committee for the Advancement of Adult Education UNESCO House, 9-17 December, 1965: Report of the third session)는 다음과 같이 UNESCO가 평생교육을 주목하게 된 시대적 배경을 설명하고 있다.

> 현재의 사회는 과학과 기술의 진보가 급속히 일어나는 사회로 문화적 책임의식, 문화적 삶의 민주화, 산업과 농업의 과학적 발전의 결과로 야기되는 여가의 활용의 문제, 전통 및 관습의 붕괴, 시골에서 도시로, 한 지역에서 다른 지역, 한 나라에서 다른 나라로의 대규모 인구 이동, 그리고 학문적 연구의 결과물인 새로운 지식의 급증으로 교육에 대한 새로운 개념 요구가 더욱 절실한 때다. 또한 이러한 급변하는 사회환경 속에서 현재와 같은 기간이 정해져 있는 정규학교 교육체제(terminal formal education)는 성인들이 자신들의 삶 속에서 끊임없이 직면하게 되는 사회 변화에 적절히 대처, 통제하고 더 나아가 사회에서의 자신의 역할을 수행하는 데 필요한 충분한 지식을 제공하는 데 더 이상 적합하지 않게 되었다……. 또한, 기존의 성인계속교육은 정규학교교육의 연장선상의 임시방편적 성격을 갖고 있으며, 이는 오늘날의 사회 변화 속에서 만족스러운 교육 구조를 제공하지 못하고 있다(UNESCO, 1965, p. 5; 박형민, 2004, p. 43에서 재인용).

3. UNESCO 평생교육정책의 추이 발전

창설 이후 UNESCO는 문해교육뿐 아니라 시대의 변화와 요청에 따라 다양한 교육사업을 추진해 왔으며 평생교육의 개념화 및 이론화를 통해 평생교육을 사회 · 정치적인 주제로 부각시키고, 평생교육의 활성화에 정당성을 부여했다(배석영 외, 2010). 이러한 평생교육의 개념 정의, 목표 설정, 안내, 정책 건의안 제시의 역할은 실질적으로 UNESCO가 주최하는 세계성인교육회의(CONFINTEA: Conférence Internationale sur L'éducation des Adultes)에서 이루어졌다. 때문에 1949년부터 2009년까지 지난

60년간의 CONFINTEA는 평생교육의 정체성 형성을 이해하는 데 필요한 단초를 제공하며 그 자체가 성인교육의 국제적 흐름을 보여 준다(이희수, 조순옥, 2005). 제1차 Elsinore 세계성인교육회의에서부터 제6차 Belém 세계성인교육회의까지 총 여섯 차례의 CONFINTEA를 통해 UNESCO 평생교육의 추이 발전을 살펴보면 다음과 같다.

1) 제1차 엘시노어 세계성인교육회의

UNESCO의 제1차 성인교육국제회의(International Conference of Adult Education)는 1949년 덴마크 엘시노어(Elsinore)에서 개최되었다. 25개국, 79명이 대표로 참석하였으며, 대부분이 북미와 유럽 국가 대표들로서 소련 및 동부권 국가들은 참석하지 않았다. 회의 주제는 '성인교육(Adult Education)'으로서 주로 성인 자유교양교육에 관련된 내용이 논의되었다(교육인적자원부, 2001).

제1차 엘시노어 세계성인교육회의는 세계성인교육회의가 아닌 서구 유럽 성인교육회의라는 비판에도 불구하고 국제기구 차원에서 최초로 성인교육의 개념 정의를 시도하는 것과 함께 성인교육을 당 시대의 가장 중요한 과제로 규정하였다는 데 의의를 가진다(이희수, 조순옥, 2005). 이 회의를 통해 성인교육은 "모든 성인의 다양한 요구와 열망의 충족을 목적으로 하는 것"으로 정의되었으며, 참가 대표들은 국제적 이해를 넓히기 위한 성인교육의 공헌점을 논의하고, 국제적 협력을 필요로 하는 특별 문제에 대한 해결 방안으로서 성인교육 지도자와 타 업무 간 지속적인 만남과 교류 확보, 성인교육 활성화를 위한 다양한 정보와 자료의 보급, 지속적 협력을 위한 국제기구 설립에 동의하였다(조미경, 2012).

2) 제2차 몬트리올 세계성인교육회의

제2차 UNESCO 세계성인교육회의는 캐나다 몬트리올에서 개최되었고 51개국으로부터 112명의 대표가 참석하였다. 서구 유럽이 중심이 되었던 1차 회의와는 다르게 제2차 몬트리올 세계성인교육회의에서는 아프리카 8개국, 아시아 10개국, 아랍 3개국, 라틴아메리카 8개국을 포함하여 소련과 동유럽 3개국도 참여하였다. 제2차 세계성인교육회의의 주제는 '변화하는 세계에서의 성인교육'으로 채택되었으며, 1차

회의의 주된 논의였던 자유교양교육뿐 아니라 개발도상국가에서의 성인문해를 위한 성인교육 차원의 문해교육 필요성과 급속한 산업화 과정으로 진입한 선진국에서의 직업기술교육 필요성 등 보다 넓은 관점에서의 성인교육이 논의되었다(박형민, 2004).

제2차 몬트리올 세계성인교육회의는 다음과 같은 두 가지 중요한 의미를 갖는다. 첫째는 평생학습 이념이 정책적 목표로서 강력히 대두되었다는 점이며, 선진국의 급속한 산업화에 따른 시대변동이 반영된 성인교육에 관한 국제회의였다는 점이다(교육인적자원부, 2001). 이러한 제2차 몬트리올 세계성인교육회의의 의의는 '몬트리올 선언(Montreal Declaration)'을 통해 더욱 확실히 드러났다. 이 선언의 핵심은 성인교육이 더 이상 선택이 아닌 생존의 문제임을 선언한 것이다(이희수, 조순옥, 2005). 이처럼 성인교육을 주된 의제로 다루었던 제1차, 제2차 세계성인교육회의에서는 평생교육이라는 용어를 직접적으로 사용하지 않았지만, 성인교육의 범위를 확장시키고, 이에 대한 국제적 동의를 끌어내기 위한 노력이 경주되었다는 점에서 큰 의의를 찾을 수 있다(교육인적자원부, 2001).

3) 제3차 도쿄 세계성인교육회의

1965년 Paul Lengrand이 프랑스 파리에서 열린 제3차 UNESCO 성인교육발전위원회에서 평생교육의 개념을 제시한 후에 1970년 UNESCO 집행위원회는 세계교육의 해(International Education Year)를 기념하기 위한 대표적 사업으로 Paul Lengrand의 『평생교육 입문(Introduction to Lifelong Education)』 발간과 교육발전국제위원회(International Commission for the Development of Education) 구성을 추진하였다(이희수, 조순옥, 2005). 이에 전 프랑스 총리이자 교육부 장관이었던 Edgar Faure를 위원장으로 하는 교육발전국제위원회가 구성되었고, 1972년 Faure 보고서로 통칭되는 연구보고서 「존재를 위한 학습(Learning to Be)」을 통해 모든 선진국과 개발도상국 평생교육을 국가 교육정책의 기본 이념으로 삼을 것을 제안하였다(차갑부, 2007).

이와 같은 평생교육 이념의 본격적 확장과 함께 1972년 일본 도쿄에서 제3차 세계성인교육회의가 개최되었다. 제2차 몬트리올 회의 때까지는 성인교육의 개념이 계속교육 측면에서 강조되었던 것에 비해 제3차 도쿄 회의에서는 평생교육을 전 생애를 포괄하는 통합적 개념으로 정립하고, 성인교육의 지위를 평생교육 체제 속의 불가결의 요소로서 격상시켰다(이영호, 2005). 즉, 성인교육 이론보다는 평생교육적 관점에서 형식 및 비형식 교육의 상호 보완성의 인식과 연계의 필요성, 정부와 지방 조직 간의 협력의 필요성이 강조되었고, 처음으로 성인교육의 역할을 체계적으로 분석하고 명료화시켰다(교육인적자원부, 2001).

4) 제4차 파리 세계성인교육회의

1985년 제4차 세계성인교육회의는 유네스코 본부가 있는 프랑스 파리에서 개최되었다. 제4차 세계성인교육회의는 122개 회원국 대표들이 참석하였으며, '성인교육의 발전'을 주제로 성인교육이 여성과 소수 민족 · 고령자 · 장애자 등 교육의 혜택을 받지 못한 사람들의 요청에 부응해야 한다는 점, 새로운 정보기기의 적극적 활용, 선진국에서의 기능적 문해자(functional literacy) 처리 요구 등, 발전하는 시대에 의해 요구되는 성인교육의 새로운 과제가 주요 의제로 채택되었다(차갑부, 2007).

무엇보다 제4차 파리 세계성인교육회의에서 가장 주목할 점은 '학습권에 대한 파리 선언'을 통하여 성인학습권의 공식적인 선언이 이루어졌다는 것이다. 1948년 '모든 사람은 교육받을 권리를 가지고 있다.'고 명시한 세계 인권선언 제26조를 출발점으로 1975년 이란에서 열린 UNESCO 회의에서는 '성인의 읽고 쓸 수 있는 능력은 인간의 해방과 온전한 발전에 이바지한다.'는 '페르세폴리스 선언'이 채택되었으며, 1976년 케냐 나이로비에서 열린 UNESCO 회의에서는 '성인학습의 발전에 대한 권리'를 채택하여 교육적으로 혜택 받지 못한 사람들에게 성인교육의 우선순위를 제공해 줄 것을 권고하였고, 이를 거쳐 1985년 제4차 파리 세계성인교육회의에서 성인학습권이 공식 선언되었다(이희수, 조순옥, 2005).

파리 회의에서 선언된 학습권은 ① 읽고 쓰는 권리, ② 탐구하고 분석하는 권리, ③ 상상하고 창조하는 권리, ④ 자기 자신의 세계를 이해하고 역사를 기록할 권리, ⑤ 개인과 집단의 기량을 높일 권리를 주요 학습권으로 설명하면서 이는 인류의 생존을 위한 필수 불가결한 수단이자 권리이며, 동시에 인간의 생존을 가능하게 하는 전제 조건이라고 규정하고 있다(이영호, 2005).

5) 제5차 함부르크 세계성인교육회의

제5차 세계성인교육회의는 UNESCO 제28차 총회 건의에 따라 독일 정부의 초청으로 1997년 독일 함부르크 Congress Centrum Hamburg에서 '성인학습: 21세기를 여는 열쇠'라는 주제로 개최되었다. 이 회의에는 각국의 장관 41명, 차관 15명, 130개 회원국의 729명 대표, 2개 비회원국 대표, 14개 UN 기구 대표, 국제기구 대표 21명, 478명의 NGO 대표들이 참석하였다(교육인적자원부, 2001).

제5차 함부르크 회의가 개최되기 전 이미 UNESCO는 1990년 태국에서 열린 '모든 이를 위한 교육(Education For All)' 세계대회를 통하여 '만인을 위한 교육 선언(World Declaration on Education for All)'과 '기초적인 학습 욕구를 충족하기 위한 법적 기본 틀(Framework For Action to Meet Basic Learning Needs)'을 채택하였다. 또한 1996년 Jacques Delors가 위원장인 21세기 교육위원회의 「Learning: The treasure Within」이 발표되어 평생학습을 21세기를 여는 열쇠로 규정하고, 평생학습을 통해 개인의 보물과 같은 재능을 계속 계발해야 한다고 주장하였다(이희수, 조순옥, 2005).

이와 같은 맥락에서 개최된 제5차 함부르크 세계성인교육회의는 성인교육이 다음과 같은 문제에 부응할 필요가 있음을 강조하였다(이영호, 2005).

① 더욱 민주적이고 정당하며, 포용적인 교육, 정치, 경제, 문화적 조처를 통해 사회 각 소외 집단에 다가갈 필요가 있음
② 문제에 대한 참여적 · 지역적 해결을 고려함으로써 개인적 발전과 자기 향상에 더욱 폭넓은 길을 제공할 필요가 있음
③ 공식 · 비공식 경제에 종사하는 사람들과 도시 · 농촌에 사는 사람들 모두의 생활 및 근로 조건을 향상시킴으로써 지속가능한 발전을 진홍할 필요가 있음

위와 같은 필요성을 강조하면서 함부르크 회의에서 논의된 주제들은 다음과 같은 성인교육의 광범위하고 복합적인 주제 영역들을 나타내고 있다(UNESCO, 1997; 교육인적자원부, 2001, p. 32에서 재인용).

① 성인교육과 민주주의: 21세기의 도전

② 성인교육의 질과 조건 개선
③ 문해교육과 기초교육에 대한 보편적 권리의 보장
④ 성인교육, 성에서의 평등, 여성의 권한 부여
⑤ 성인교육과 직업세계의 변화
⑥ 환경, 보건, 인구와 관련된 성인교육
⑦ 성인학습과 문화, 매체, 새로운 정보기술
⑧ 모든 이를 위한 성인교육: 각 집단의 권리와 소망
⑨ 성인교육의 경제학
⑩ 국제협력과 연대 강화

제5차 세계성인교육회의는 '지속가능한 발전'을 위한 전 인류적 과제들과 결합된 성인학습의 중요성을 인식하고, 그것에 입각하여 '성인교육' 개념을 다시 수정하였다. 특히, 각국 정부, UN 등의 국제기관, UNESCO 지역조직, 많은 NGO의 파트너십 추진 사이에서 주체를 형성할 것을 제기하였다는 데 그 의의를 찾을 수 있다(이영호, 2005).

6) 제6차 벨렝 세계성인교육회의

2009년 브라질 벨렝에서 개최된 제6차 세계성인교육회의는 '실현가능한 미래를 위한 삶과 학습-성인학습의 힘'이라는 주제로 개최되었다. 156개국에서 1,500여 명이 참석하였으며 한국에서도 8명이 참석하였다.

제6차 벨렝회의에서는 성인학습과 교육을 위한 효과적인 국제적 사례와 몰입, 성인교육의 통합과 참여, 성인교육을 위한 정책과 관리 체계, 성인교육을 위한 재정, 성인학습을 위한 주요 역량으로서의 문해, 성인교육의 질 확보와 학습결과 평가가 주된 논의 주제로 다루어졌다(UIL, 2013). 회의의 목적은 성인학습과 교육을 국제교육의 발전 안건과 조화시키고 국가적 전략 내에서 통합시키는 것이었으며, 이를 위한 세 가지 목표로 ① 평생학습을 이끄는 주요 요소로 문해에 기반한 성인학습 진흥, ② 당면한 국제교육과 발전 어젠다의 구현을 위한 성인학습의 결정적 역할 부각, ③ 정치적 가속도와 몰입의 재개와 행동을 위한 실행 도구 개발이 선정되었다

(조미경, 2012).

회의 결과 발표된 선언문인 '벨렘 행동강령(Belém Framework For Action)'은 성인학습과 교육이 현대의 문화적 · 경제적 · 정치적 · 사회적 도전에 대응하는 데에 결정적 역할을 한다는 것과 지속가능발전이라는 맥락에서 성인학습과 교육을 파악해야 할 필요를 강조하였다. 또한 선언문은 효과적인 정책, 거버넌스, 재정투입, 학습참여, 공정성, 질 보장 등이 성인과 청소년이 교육권을 행사하는 데 필수적인 조건임을 명시하였다. 비록 제6차 벨렘 회의가 제4차와 제5차 회의의 '학습권'과 같은 강력한 메시지를 전달하지는 못하였지만, 그러나 벨렘 행동강령은 유네스코 회원국들이 성인학습 및 평생교육 분야 중장기 정책을 수립하는 데 있어서 가이드라인을 제공하고, 수사가 아닌 실질적 행동강령의 기반을 마련하였다는 데 의의가 있다(백은순, 2010).

표 1-2 세계성인교육회의(CONFINTEA) 연혁

구분	제1차	제2차	제3차	제4차	제5차	제6차
개최 연도	1949년	1960년	1972년	1985년	1997년	2009년
개최 장소	덴마크 엘시노어	캐나다 몬트리올	일본 도쿄	프랑스 파리	독일 함부르크	브라질 벨렘
참가국	25개국 총 79명 (서유럽과 북아메리카 주도, 소련 등의 공산권 국가 불참)	51개국 총 112명 (공산권 국가, 라틴아메리카, 국제기관, 비정부 사회기관 참석)	85개국 42개 국제기구 총 400여 명 (개발도상국 참여 증가)	122개국 회원국, 비회원국, 국제협력기관 총 841명	130개국 회원국, 비회원국, 국제협력기관 협회 비정부조직 총 1,507명	155개국 정부 국제기구 NGO 관계자 총 2,000명
시대적 배경	제2차 세계 대전 직후 전쟁 경험과 사회적 여망	탈식민화	냉전	경제 상황의 악화	글로벌화	금융위기 극복
의의	성인교육 분야의 세계적인 결속과 국제협력의 계기 마련	정책 목표로서 평생교육 이념의 강력한 대두	회원국의 성인 교육 관계 법규 제정, 정비와 각종 성인교육 활동 보급	'학습권' 선언 채택	교육권과 학습권	'실현가능한 미래를 위한 삶과 학습–성인학습의 힘' 주제 채택

출처: 이희수 외, 2000, p. 84; 최은수 외, 2010, p. 115에서 재인용.

한편 2017년 10월에는 수원에서 제6차 세계성인교육회의 중간 회의가 개최되었다. 이 회의에는 95개국의 정부, 국제기구, 대학 및 시민사회단체 대표들이 참석하여 2009년 벨렝에서 개최된 제6차 세계성인교육회의 이후 성인학습과 교육 관련 이행사항을 평가 및 검토하고, 2030 지속가능발전의제(2030 Agenda for Sustainable Development)에 비추어 향후 방향을 논의하였다(UIL, 2018).

이상에서 살펴본 UNESCO의 세계성인교육회의(CONFINTEA)의 연혁을 정리하면 〈표 1-2〉와 같다.

4. UNESCO 평생교육정책의 추진 체제와 조직

유네스코의 회원국은 정회원국(Member States)과 준회원(Associate Members)으로 구성되며, 2013년 현재 195개 정회원국과 8개 준회원국이 가입되어 있다(UNESCO, 2012). UNESCO 조직에는 총회와 집행이사회 그리고 사무총장이 있다. 총회는 2년에 1회 개최되고, UNESCO의 주요 정책과 사업에 관한 중요한 방침 결정 및 예산 승인 등을 담당한다. 집행이사회는 총회에서 선출하는 임기 4년의 58개국 대표로 구성되고, 1년에 2회 또는 3회(총회 개최되는 해) 개최되며, 총회가 채택한 사업의 계획 및 집행 책임이 있다. 그리고 사무국에는 임기 6년의 사무총장이 있고, 사무총장은 총회에서 선출하며 임기는 6년이다(최은수 외, 2010).

UNESCO에서 추진하는 모든 사업은 UNESCO 사무국이 2년 단위의 단기사업계획안과 6년 단위의 중기사업계획안을 작성하여 총회에 제출한다. 사업계획안이 사무국으로 상정되는 경로는 크게 세 가지로 첫째, 사무국에서 UNESCO 국가위원회 및 상주대표부를 통해 사업과 관련된 의견과 제안을 받는 경우, 둘째, 정부 간, 비정부 간, 지역사무국에서의 회의 결과로 UNESCO 본부에 제출되는 제안서(Recommendation)를 통해, 그리고 마지막으로 UNESCO 본부 자체 내에서 사업 안건이 입안되는 경우가 있다. 이와 같은 경로로 상정된 사업계획안은 집행위원회에서 심의하고 총회에서 최종 승인하며, 사무국에서는 최종안에 따라 예산 설정 및 집행을 담당한다(박형민, 2004).

교육사업의 집행은 UNESCO 사무국의 5개 사업국 중 교육국(ED)에서 담당하고 있으며, 이와 함께 국제교육국(International Bureau of Education: IBE), 국제교육계획연구원(International Institute for Education Planning: IIEP), UNESCO 평생학습연구소(UNESCO Institute for Lifelong Learning: UIL), 정보기술교육연구원(Institute for information Technologies in Education: IITE), 중남미 지역 국제고등교육연구원

표 1-3 UNESCO 교육연구원 및 센터 현황

기관 명	본부 소재지	역할
국제교육국 (International Bureau of Education: IBE)	스위스 제네바	교육 콘텐츠 육성 개발
국제교육계획연구원 (International Institute for Education Planning: IIEP)	프랑스 파리, 아르헨티나 부에노스아이레스	교육 시스템 관리, 기획
UNESCO 평생학습연구소 (The UNESCO Institute for Lifelong Learning: UIL)	독일 함부르크	문해교육, 무형식 교육, 성인 · 평생교육 진흥
정보기술교육연구원 (Institute for Information Technologies in Education: IITE)	러시아 모스크바	교육 관련 정보, 통신기술 활용 국가 지원
중남미 지역 국제고등교육연구원 (International Institute for Higher Education in Latin America and the Caribbean: IESALC)	베네수엘라 카라카스	지역 고등교육 개발 및 전환
아프리카 지역 국제능력개발연구원 (International Institute for Capacity Building in Africa: IICBA)	에티오피아 아디스아바바	아프리카 교육기관 육성
유럽 고등교육센터 (Europe Centre for Higher Education: CEPES)	루마니아 부쿠레슈티	유럽 고등교육 재편성 및 협력 증진
기술훈련교육 연수국제센터 (International Centre for Technical and Vocational Education and Training: UNEVOC)	독일 본	세계교육 관련 업무 증진
UNESCO 통계연구원 (UNESCO Institute for Statistics: UIS)	캐나다 몬트리올	오늘날 교육에 있어 필요한 국제적 통계 자료 제공

출처: 평생교육진흥원, 2008, p. 33.

(International Institute for Higher Education in Latin America and the Caribbean: IESALC), 아프리카 지역 국제능력개발연구원(International Institute for Capacity Building in Africa: IICBA), 유럽 고등교육센터(Europe Centre for Higher Education: CEPES), 기술 훈련교육 연수국제센터(International Centre for Technical and Vocational Education and Training: UNEVOC), 유네스코 통계연구원(UNESCO Institute for Statics: UIS)의 6개 산하 연구기관과 2개의 센터가 있다(UNESCO, 2013). 〈표 1-3〉은 UNESCO 산하 교육연구기관과 센터를 정리한 것이다.

이들 중 UNESCO 평생학습연구소(UNESCO Institute for Lifelong Learning: UIL)는 UN과 UNESCO 평생교육의 확산과 지원을 위한 다양한 활동과 사업을 추진하고 있다(최은수 외, 2010). 독일 함부르크에 위치한 UIL은 1952년 전쟁 후 독일교육 시스템을 개편하고자 UNESCO 교육연구소(UNESCO Institute for Education: UIE)라는 이름으로 설립되었으나, 평생학습에 대한 관심의 증가로 그 역할이 확대되면서 2007년 UNESCO 평생학습연구소(UIL)로 명칭을 바꾸게 되었다(평생교육진흥원, 2008).

UIL의 세부 조직도는 [그림 1-1]과 같다.

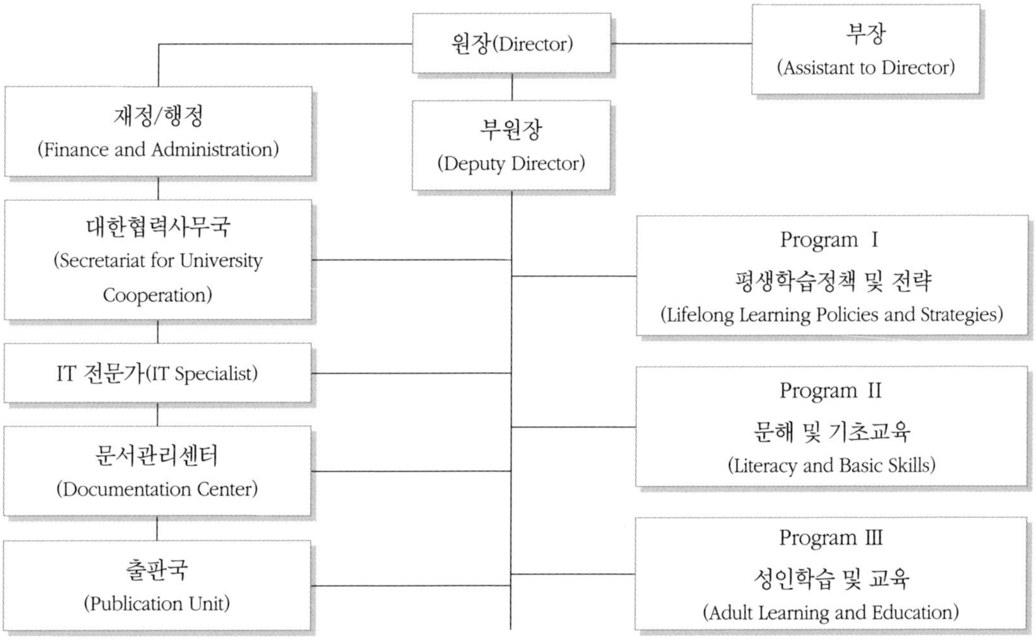

[그림 1-1] UIL 조직도

출처: UIL, 2012, UIL Organizational Chart를 한글로 재구성.

5. UNESCO 평생교육정책의 방향

UNESCO의 평생교육사업 전개 방향은 '모든 이를 위한 교육(Education For All: EFA)'이라는 큰 주제 속에 담겨 있다(평생교육진흥원, 2008). UNESCO의 세부 활동 및 사업 내용의 근거가 되는 중장기 전략(2014~2021)은 '평화(Peace)'와 '공평하고 지속적인 발전(Equitable and sustainable development)'이라는 목표(overarching objectives) 아래 다음과 같은 9개의 전략 목표(strategy objectives)를 두고 있으며, 전략 목표 1~3까지는 교육 분야의 중장기 전략을 제시하고 있다(UNESCO, 2014b).

전략 목표 1. 모두를 위한 양질의 평생학습 기회 제공을 위한 교육 체계 개발 지원
전략 목표 2. 창조적이고 책임 있는 세계시민 양성을 위한 역량 강화
전략 목표 3. 모든 이를 위한 교육(EFA) 증진 및 미래 교육의제 설정
전략 목표 4. 국가, 지역, 전 지구적 차원의 과학, 기술, 혁신 체제 및 정책 강화
전략 목표 5. 지속가능발전의 주요 과제에 관한 분야 국제협력 증진
전략 목표 6. 통합적 사회발전 지원, 문화 간 화해를 위한 대화 증진, 윤리 원칙의 증진
전략 목표 7. 유산의 보호와 진흥, 전승
전략 목표 8. 창의성과 문화적 표현의 다양성 증진
전략 목표 9. 표현의 자유, 미디어 발전, 지식과 정보에 대한 접근 증진

이와 같은 UNESCO의 중장기 전략을 도식화하면 [그림 1-2]와 같다.

한편 UNESCO의 평생교육 동향을 분석한 평생교육진흥원(2008)의 보고서는 향후 UNESCO의 평생교육정책이 '존재를 위한 학습'을 기본 토대로 기초교육에서 계속교육으로, 교육자 중심에서 학습자 중심으로, 교육권 강조에서 학습권 강조로, 형식 교육에서 비형식 교육과 무형식 교육으로 확대하는 방향으로 전개될 것이라고 예상한다.

사명선언	유네스코는 유엔 전문기구로서 「유네스코 헌장」에 따라 교육, 과학, 문화, 정보 커뮤니케이션 분야의 활동을 통해 평화 구축, 빈곤 퇴치, 지속가능한 발전 및 문화 간 대화 등에 이바지하고자 한다.		
포괄적 목표	평화	공평하고 지속적인 발전	
세계적 우선순위	아프리카	양성평등	
전략 목표	① 모두를 위한 양질의 평생학습 기회 제공을 위한 교육 체계 개발 지원	② 창조적이고 책임 있는 세계시민 양성을 위한 역량 강화	③ 모든 이를 위한 교육(Education for All: EFA) 증진 및 미래 교육의 제설정
	④ 국가, 지역, 전 지구적 차원의 과학, 기술, 혁신 체제 및 정책 강화	⑤ 지속가능발전의 주요 과제에 관한 과학 분야 국제협력 증진	⑥ 통합적 사회발전 지원, 문화 간 화해를 위한 문화 간 대화 증진, 윤리원칙의 증진
	⑦ 유산의 보호와 진흥, 전승	⑧ 창의성과 문화적 표현의 다양성 증진	⑨ 표현의 자유, 미디어 발전, 지식과 정보에 대한 접근 증진

[그림 1-2] UNESCO 중장기 전략(2014~2021년)

출처: UNESCO, 2014b, p. 13의 내용을 번역하여 재구성.

6. UNESCO 주요 평생교육정책의 내용

1) 모두를 위한 교육

UNESCO는 UN의 '새천년 개발 목표(Millenium Development Goal)' 중 하나인 '초등교육의 보편화(Universal Primary Education)' 및 '성차별 해소(Achievement of Gender Parity)의 달성'을 위해 '모든 이를 위한 교육(Education For All: EFA)'이라는 목표 아래 2000년도부터 세계 각지의 어린이, 청소년, 성인들에게 양질의 교육을 제공하기 위한 다양한 노력들을 전개해 오고 있다. 1990년 태국 쫌티안에서 열린 '만인을 위한 세계교육회의(World Conference of Education For All)'에서 세계 각국 대표들이 합의한 주요 목표들은 2000년 세네갈 다카르에서 다음 여섯 가지 과제들로 구체화되었으며, 이후 2015년 목표 달성을 위한 국제사회의 노력이 계속되고 있다. 모든 이를 위한 교육(EFA)의 여섯 가지 과제는 다음과 같다(유네스코한국위원회, 2013).

① 영유아 보육과 교육의 확대 및 향상
② 양질의 무상 의무 초등교육 보편화
③ 모든 청년과 성인의 학습요구 충족
④ 성인 문해율 50% 증가
⑤ 교육의 양성평등 달성
⑥ 모든 면에서의 교육의 질 향상

2015년 5월에는 인천에서 다카르 회의 이후 15년 만에 '2015 세계교육포럼'이 개최되었다. UNESCO가 전 세계 주요 국제기구들과의 협력 아래 개최한 이 행사에서는 UNESCO 195개 회원국 장관급 대표, NGO, 전문가 등 약 1,500여 명이 참석하여, 2000년 이후 진행된 '모두를 위한 교육'과 새천년개발목표의 성과를 종합평가하고 2030년까지 향후 15년간 국제사회가 지향해야 할 세계 교육에 대한 공동비전과 발전목표를 설정하여 그 실행방법으로 '교육 2030: 모두를 위한 포용적이고 평등한 양질의 교육과 평생학습을 향하여'를 제목으로 하는 인천 선언(Inchon Declaration)을 채택하였다. 그 주요 내용은 다음과 같다(국가평생교육진흥원, 2016).

- 교육접근성: 2030년까지 12년의 수준 높은 초·중등교육을 무상으로 제공하며, 이 중 최소 9년은 무상 의무교육을 보장한다. 또한 최소 1년의 취학 전 무상 의무교육을 격려한다.
- 형평성과 포용: 교육에 있어 모든 형태의 배제와 소외, 불평등과 접근성, 참여, 학습 성취에서의 격차 문제를 해결한다. 또한 장애를 가진 사람들을 포함하여 취약한 이들에 대한 노력을 집중한다.
- 양성평등: 양성평등의 중요성을 인식하고, 성을 배려하는 정책, 계획 및 학습환경과 교사 훈련을 마련하며, 교육과정 내 성별 이슈의 주류화, 교내 성차별 기

반 폭력의 제거를 지지한다.

- 양질의 교육: 교육과 학습성과 개선을 위해 투입과정, 결과평가 및 측정과정의 메커니즘을 강화한다. 교사 및 교육가들의 권익 향상과 적합한 채용, 훈련 등 이들이 전문적인 자격을 바탕으로 동기 부여될 수 있도록 풍부한 자원과 효율적인 시스템에서의 지원을 보장한다.
- 평생학습 기회: 모든 상황과 모든 수준에서 모두를 위한 평생학습 기회를 증진한다. 이는 직업기술교육훈련 및 고등교육과 연구에 대한 접근성의 균등한 확대를 포함하며, 이를 위해 정보통신기술(ICT)이 적극적으로 활용되어야 한다.

2) 지속가능발전을 위한 교육

지속가능발전교육(Education for Sustainable Development)은 세대 간 형평성, 양성평등, 사회적 관용, 문화 다양성, 빈곤 퇴치, 환경 보존, 지속가능한 도시화, 공정하고 평화로운 사회 등 지속가능성의 원칙과 이념에 기초하여 지속가능하지 않은 사회의 구조나 행동양식을 변화시키기 위해 사람들을 참여시키고 역량을 강화시키기 위한 교육이다(유네스코한국위원회, 2014). 지속가능발전에 있어 교육의 중요성이 부각되면서 '지속가능발전 정상회의'의 권고에 기초하여 UN은 제57차 UN 총회(2002. 12.)에서 'UN 지속가능발전교육 10년(UN Decade of Education for Sustainable Development)'을 제정하고 UNESCO를 해당 과제 수행을 위한 담당기관으로 지정하며, ① 양질의 교육 촉진 및 향상, ② 교육과정의 재정립, ③ 지속가능발전에 대한 대중 인식 및 이해 증진, ④ 노동인력의 훈련을 네 가지 핵심 목표로 명시하였다(UNESCO, 2005). 한편 '지속가능발전교육 10년'과 관련한 국제 실행 계획(International Implementation Scheme: IIS)은 UNESCO에 의해 수립되었으며, 이는 지속가능발전교육을 통해 성취할 수 있는 세부 사항을 UNESCO의 지휘 하에 작성한 국가 수준별 전략문서다(평생교육진흥원, 2008). 이 문서에서는 지속가능발전교육의 주요 임무가 가치관을 변화 · 증진시키는 것이며, 특히 모든 이의 인권에 대한 존중과 사회경제 정의에 대한 헌신, 다음 세대의 권리에 대한 존중, 공동체와 문화 다양성, 관용과 비폭력의 문화를 존중하는 가치관의 증진에 있음을 강조하고 있다(유네스코한국위원회, 2014).

3) 문해교육사업

UIL이 추진하는 문해교육사업(Literacy Initiative for Empowerment: LIFE, 2005~2015)의 근거는 2005년 10월 제33회 총회에서 마련되었다. LIFE는 비문해자가 인구의 50% 이상이거나 비문해 성인의 수가 천만 명을 넘는 해당국에 대하여 문해능력을 향상시키기 위한 협력적 전략 구조 형태의 UNESCO의 문해사업이다. LIFE는 국가별 추진, 국가별 세부 항목을 구체화하여 10년 계획으로 35개국에서 3단계로 문해지원사업을 추진하고 비도시 지역에 거주하는 비문해 여성 능력 향상에 특히 주력하고 있다. UIL은 LIFE를 통해 국가 각 부처들과 NGO 기구, 시민연대, UN 사무국과 기부금 원조 국가들의 협력으로 국가별 문해 지원 사업을 위한 파트너십 형성을 도모한다(평생교육진흥원, 2008). 문해교육사업(LIFE)에 참여하는 국가 현황은 〈표 1-4〉와 같다.

표 1-4 LIFE에 참여하는 국가 현황

대륙별 구분	참여 국가
아시아 · 태평양 지역	아프가니스탄, 방글라데시, 중국, 인도, 인도네시아, 이란, 네팔, 파키스탄, 파푸아뉴기니아
아프리카 지역	베닌, 부르키나파소, 중앙아프리카 공화국, 차드, 콩고 민주공화국, 디부티, 에티오피아, 에리트레아, 감비아, 기니, 세네갈, 시에라리온
중동 · 아랍 지역	이집트, 이라크, 모리타니, 모로코, 수단, 예멘
중남미 지역	브라질, 아이티

출처: 평생교육진흥원, 2008, p. 50.

4) 교육 네트워크 구축

1953년 175개국 약 8,000여 개의 학교와 다른 교육기관을 연결하는 UNESCO 협동학교 네트워크(Associated Schools Project Network: ASPnet)가 구성되었다. UNESCO 협동학교 네트워크는 양질의 교육을 추구하기 위한 프로그램을 개발하고 환경 보호, 다문화교육과 같은 교육 이슈들을 다루고 있다. 또한 고등교육에 있어서도 국제협력을 도모하기 위한 600개의 UNESCO 석좌와 네트워크가 120개국에 설립되었다(UNESCO, 2014. 2. 13.).

7. UNESCO 평생교육정책 재정

UNESCO의 2014~2015년도 사업 정규예산은 미국 및 이스라엘의 분담금 미지급으로 인한 재정난에 따라 당초 예산보다 축소된 미화 5억 7백만 달러로 책정되었다. 이 중 16%가 교육사업에 분배되었으며, '가장 도움을 필요로 하는 지역에서의 EFA 목표 달성을 위한 지원 강화' 사업이 예산 영역별 최우선 사업으로 지정되었다(UNESCO, 2014a). 제37차 총회에 따라 책정된 2014~2015 UNESCO 예산 배분 현황은 〈표 1-5〉와 같다.

표 1-5 2014~2015 UNESCO 사업 예산 배분 현황 (단위: US달러)

구분	정규 예산
Part I 일반정책 및 방향	43,742,000
Part II 사업 및 사업 관련 서비스	
A. 사업	
1. 교육	83,132,000
2. 자연과학	44,852,000
3. 인문사회과학	23,860,000
4. 문화	40,899,000
5. 정보 및 커뮤니케이션	23,513,000
6. UNESCO 통계국	89,953,000
7. 현장-분산화 사업관리	81,542,000
B. 프로그램 관련 서비스	39,241,000
C. 참여사업	14,314,000
Part III 사업이행 지원 및 행정	90,865,000
Part IV 유네스코 본부 개보수 대출 상환금	14,074,000
Part V 예상되는 비용 증가분	7,500,000
합계	507,000,000

출처: UNESCO, 2014a, pp. 285-287에서 재구성.

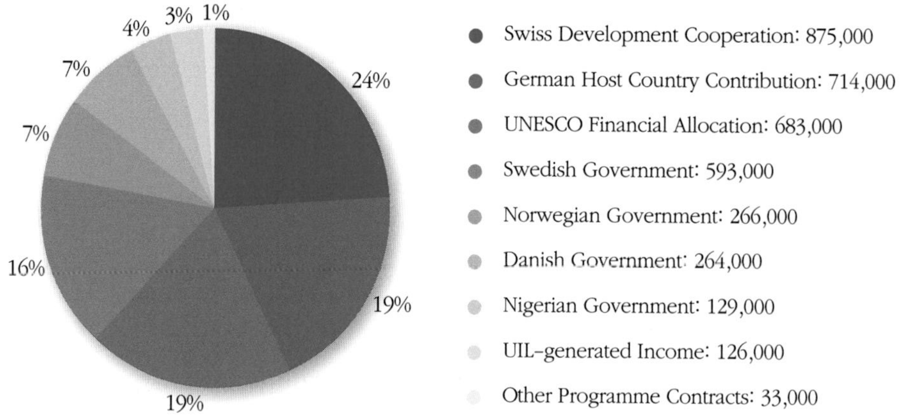

[그림 1-3] 2012 UIL 수입 내역

출처: UIL, 2013, p. 24.

한편 UNESCO 평생학습연구소(UIL)는 수입으로 책정된 예산보다 많은 지출을 후원금을 통하여 충당한다. 주된 후원기관은 유럽연합(European Union: EU), 핀란드(Finland), 마이크로소프트(Microsoft), 스위스 개발협력기구(Swiss Agency for Development and Cooperation: SDC), 세계은행(World Bank) 등이다(평생교육진흥원, 2008). UIL의 2012년 수입 내역은 [그림 1-3]과 같다.

8. UNESCO 평생교육정책의 시사점

UNESCO가 추구해 오고 있는 평생교육의 이념과 추진 정책은 그동안 한국 평생교육의 등불 역할을 해 왔을 뿐 아니라 앞으로도 한국 평생교육정책이 나아갈 방향에 대한 여러 시사점을 제공하고 있다. 이들 시사점을 간략히 요약하면 다음과 같다.

첫째, UNESCO의 성인기초교육과 문해교육에 대한 지속적 관심은 한국 역시 교육소외 계층의 교육 접근의 향상을 위한 끊임없는 노력이 이루어져야 함을 시사한다. 특별히 UNESCO의 '모든 이를 위한 교육(EFA)'은 교육 대상의 전체성, 평등성, 그리고 학습권 보장이 실질적인 교육기회와 학습기회의 제도적 보장을 통해 정책적으로 적극 실천되어야 함을 강조하고 있다.

둘째, UNESCO가 추진해 온 '지속가능발전을 위한 교육(ESD)'은 환경, 사회, 경제 각 분야 및 삶의 질에서의 지속적인 발전을 위한 시민들의 역량을 다양한 학습의 형태와 관점의 수용 및 통합을 통하여 강화하고 있다. 이와 같은 정책은 본질적으로 평생학습의 촉진과 관련한다. 한국의 평생교육정책 역시 국민의 평생학습 촉진을 위하여 다양한 차원의 교육, 훈련 및 관리 방식의 개발과 적용이 필요할 뿐 아니라 학습자, 그리고 교육에 관련된 정부 및 모든 이해관계자들이 이를 위한 통합적이고 변혁적인 관점을 지녀야 한다.

셋째, UNESCO에서 구축하는 다양한 네트워크와 이를 통한 각국의 연계로 이루어지는 사업 추진은 한국 평생교육정책 역시 다양한 기관 및 부처의 네트워크 구축과 긴밀한 협력에 대한 필요성을 시사한다.

참고문헌

교육인적자원부(2001). **국제기구의 평생교육 정책 동향 및 발전모델 비교분석**. 교육인적자원부.

국가평생교육진흥원(2016). **2015 글로벌 평생교육동향**. 서울: 국가평생교육진흥원.

박형민(2004). 유네스코 평생교육의 형성과 전개. 서울대학교 대학원 석사학위논문.

백은순(2010). 제6차 세계성인교육대회와 한국평생교육의 위상. http://edpolicy.kedi.re.kr/EpnicForum/Epnic/EpnicForum02Viw.php?PageNum=8&S_Key=&S_Menu=&Ac_Code=D0010201&Ac_Num0=6956.

유네스코한국위원회(2006). **UNESCO 유엔교육과학문화기구**. 서울: 유네스코한국위원회.

유네스코한국위원회(2013). **2015 세계교육회의**. 서울: 유네스코한국위원회.

유네스코한국위원회(2014). **유네스코한국위원회와 지속발전교육**. 서울: 유네스코한국위원회.

이영호(2005). 유네스코의 평생교육 국제적 보급이 한국 평생교육에 미친 영향. **비교교육연구, 15**(3), 219-247.

이희수, 조순옥(2005). UNESCO 세계성인교육회의가 평생교육 정체성 형성에 미친 영향 연구. **평생교육연구, 11**(1), 115-144.

조미경(2012). 유네스코의 비판적 성인문해교육 변천 과정 및 동향 분석: 세계성인교육회의(CONFINTEA)를 중심으로. 아주대학교 대학원 박사학위논문.

차갑부(2007). **평생교육의 이해**. 서울: 학지사.

최은수, 진규동, 한우섭, 최영준, 김대식, 김주섭, 송민열, 신재홍, 최용범(2010). **평생교육론**. 서울: 학지사.

평생교육진흥원(2008). 국제기구 평생교육 정책동향: 유럽연합(EU), 유네스코(UNESCO)를 중심으로. 서울: 평생교육진흥원.

UIL(2012). UIL organizational chart. http://uil.unesco.org/fileadmin/download/en/information-materials/UIL%20Organizational%20Chart%202012.pdf.

UIL(2013). *Annual Report 2012*. Hamburg: UNESCO Institute for Lifelong Education.

UIL(2018). This Suwon-Osan CONFINTEA VI Mid-Term Review Statement is translated by National Institute for Lifelong Education under an agreement with UNESCO Institute for Lifelong Learning.

UNESCO(1997). *CONFINTEA V, Fifth International Conference on Adult Education: final report*. Paris: UNESCO.

UNESCO(2008). *UNESCO Medium Term Strategy*. Paris: UNESCO.

UNESCO(2009). *CONFINTEA VI, Sixth International Conference on Adult Education: final report*. Paris: UNESCO.

UNESCO(2012). *Shaping the Education of Tomorrow*. Paris: UNESCO.

UNESCO(2014a). *2014-2017 Approved programme and budget*. Paris: UNESCO.

UNESCO(2014b). *2014-2021 Medium-term strategy*. Paris: UNESCO.

UNESCO(2014. 2. 13.). The UNESCO associated schools project network. http://www.unesco.org/new/en/education/networks/global-networks/aspnet.

제 2 장

OECD의 평생교육정책

1. OECD 평생교육정책의 역사적 배경

경제협력개발기구(Organization for Economic Cooperation and Development: OECD)의 역사는 유럽 경제협력기구(Organization for European Economy Co-operation: OEEC) 창설로부터 시작되었다. OEEC는 전쟁으로 황폐해진 유럽 대륙의 재건을 위하여 미국의 마셜 플랜(Marshall Plan) 지원을 받아 설립된 기구로 1960년 12월 미국과 캐나다가 여기에 함께하면서 1961년 OECD로 새롭게 발족하였다. 2013년 OECD의 총 회원국 수는 34개국이었으며, 대한민국은 1996년에 회원국으로 가입하였다(OECD, 2013). OECD의 설립 목적은 회원국의 경제 성장 촉진, 세계 경제 발전에의 기여, 개발도상국에 대한 원조, 다자간 자유무역 원칙에 의한 세계무역의 확대 등을 주요 목적으로 하고 있으나, 경제 분야에만 한정되지 않고 소비자 문제, 에너지, 고용과 인력 개발, 교육, 사회문제, 건강, 기술과 산업 등 경제 · 사회 · 교육 · 복지 분야를 포괄하는 종합적 협의 기구의 성격을 지니고 있다(교육인적자원부, 2001).

OECD는 발족 당시부터 교육 문제에 깊은 관심을 가졌으며 회원국들의 교육정책에 중요한 영향을 미쳤다(최은수 외, 2010). 특히, OECD는 UNESCO와 함께 고유한 학문적 작업과 긴밀한 국제적 교환을 통하여 세계 주요국의 평생학습을 주도해 왔다. OECD 평생교육의 역사는 Rehn의 순환교육(Recurrent Education) 개념의 등장으로 시작된다. 스웨덴의 경제학자였던 Rehn은 1950년대 스웨덴 노동시장의 변화에 예민하게 반응할 수 있는 탄력적인 교육제도로서 순환교육의 아이디어를 처음 제시하였으며, 1960년대에는 OECD 인력 · 사회문제국장을 역임했다(조순옥, 2008). 이후 1973년 OECD는 현실적 전략인 「순환교육: 평생학습을 위한 전략(Recurrent Education: a Strategy for Lifelong Learning)」을 발간했다. 이 보고서를 통해 OECD가 밝히는 순환교육의 개념은 다음과 같다.

> 순환교육이란 의무교육 이후 교육 또는 기초교육 이후 교육을 대상으로 하는 포괄적인 교육전략으로 교육과 일, 각종 여가활동, 은퇴가 서로 교차할 수 있으며, 이에 따라 교육은 개인의 전 생애 동안 순환적인 방법으로 배분될 수 있다는

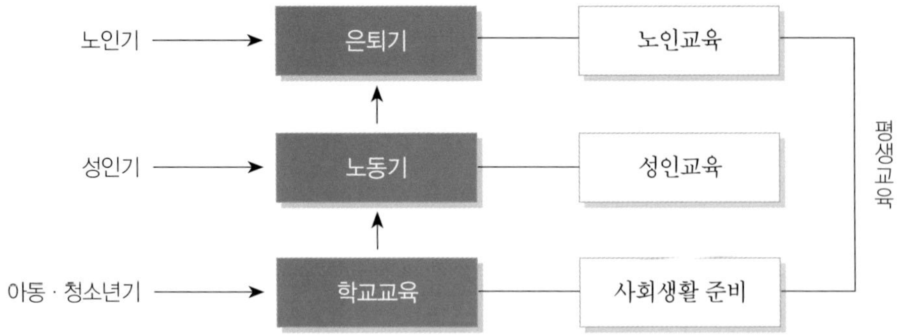

[그림 2-1] **현대의 순환교육 체계**

출처: 한상길, 2009, p. 115.

순환과 교대를 기본 원리로 삼고 있는 교육방식이다(OECD, 1973; 이희수, 조순옥, 2007에서 재인용).

이처럼 초기 OECD 평생교육의 주된 개념이었던 순환교육은 당시 노동환경 변화에 대처할 수 있는 새로운 교육 대안으로 여겨졌을 뿐만 아니라 1990년대 초까지 OECD 평생교육정책의 바탕이 되었다(한상길, 2009). 이러한 순환교육의 개념을 도식화하면 [그림 2-1]과 같다.

1990년대에 들어오면서 OECD는 지속적인 국가 발전은 평생교육을 통해서 이루어진다는 인식 아래 현직 근로자를 대상으로 하는 순환교육에서 만인을 대상으로 하는 평생학습으로의 전환을 시도하였다(한국직업능력개발원, 2005). OECD는 1990년대부터 2000년대까지 총 다섯 차례의 교육부 장관 회의를 개최하였는데, 이 중 1996년 '모든 이를 위한 평생학습(Lifelong Learning for All)'이라는 주제로 열린 4차 회의에서는 '요람에서 무덤까지(Cradle-to-Grave)'라는 평생학습의 개념이 선언되었다. 이처럼 순환교육보다 더욱 포괄적인 개념으로 선택된 평생학습의 개념은 학습활동에 참여하고자 하는 모든 개인이 지식과 능력의 향상을 목적으로 하는 모든 의도적 학습활동을 포함하고 있다(교육인적자원정책위원회, 2002). 이후 2001년 파리에서 열린 OECD 교육부장관회의에서 '모든 이를 위한 능력 개발에의 투자(Investing Competencies for All)'를 주제로 토의되었으며, 이 회의를 통해 각국 교육부장관들은 지식사회에서 요구되는 직업기술과 능력의 함양을 위해서는 모든 이를 위한 평생

표 2-1 OECD 주요 평생교육 활동 연혁

1961년	'경제성장과 교육투자(Economic Growth and Investment in Education)' 콘퍼런스 개최
1968년	교육연구혁신센터(CERI) 설립
1970년	교육위원회 설치
1973년	「순환교육: 평생학습을 위한 전략(Recurrent Education: a Strategy for Lifelong Learning)」 발간
1978년	제1차 교육부장관 회의(Future Educational Policies in the Changing Social and Economic Context)
1984년	제2차 교육부장관 회의(Education in Modern Society)
1990년	제3차 교육부장관 회의(High Quality Education and Training for All)
1996년	제4차 교육부장관 회의(Realizing Lifelong Learning for All)
2001년	제5차 교육부장관 회의(Investing in Competencies for All)
2002년	교육국 설치
2004년	제6차 교육부장관 회의(Raising the Quality of Learning for All)
2006년	제7차 교육부장관 회의(Higher Education Quality, Equity and Efficiency)

출처: 조순옥, 2008, p. 240에서 일부 수정.

학습전략이 무엇보다 중요하다는 것을 확인하였다(최은수 외, 2010). 평생교육과 관련된 OECD의 주요 활동을 정리하면 〈표 2-1〉과 같다.

2. OECD 평생교육정책의 정치, 경제, 사회문화적 환경

1960년대 OECD 국가들은 교육의 발전이 곧 경제발전이라는 전제 아래 급속한 교육 팽창과 확대를 강조하였다. 이에 급격한 경제발전과 함께 교육기회의 대규모 확충이 이루어져 OECD 회원국들의 경우 당시 연평균 15%의 교육기회 증대 효과가 있었던 것으로 분석되기도 하였다. 그러나 총체적인 양적 목표 달성에 비해 사회계층 간의 불평등은 계속되었고, 이러한 문제점이 지적되자 1970년대 OECD의 교육정책은 양적 성장과 질적 변화의 결합을 추구하는 방향으로 초점이 모아졌다(정찬영 외, 1998; 교육인적자원부, 2001에서 재인용).

뿐만 아니라 1970년대는 정치적으로도 냉전의 시기였지만 경제적으로도 OECD 회원국들이 위기를 겪던 시대였다. 계속적으로 안정과 성장 기조를 유지할 것으로 기대했던 OECD 회원국들의 경제 상황은 1973년 오일쇼크를 겪으면서 급격히 악화되었고, OECD는 이러한 경제 불황이 교육의 가치와 경제적 수용 가능성에 대한 사회적 확신의 훼손, 교육 재정의 감소, 청소년 및 소외계층의 소외 가중 등의 형태로 교육에 직접적 영향을 미치는 것으로 여겼다(OECD, 1978; 조순옥, 2008에서 재인용). 또한 이 시기는 학교교육의 위기 증후군과 이에 대처하기 위한 각종 전략들이 쏟아져 나오던 시기로서 OECD의 순환교육(Recurrent Education)뿐만 아니라 UNESCO의 평생교육(Lifelong Education), Council of Europe의 영속교육(Permanent Education)이 교육 위기의 대처와 미래 교육에 대응하는 방안으로 발표되었다(이희수, 2009). 이처럼 OECD 순환교육의 출현 배경에는 급속한 사회·경제적 변화와 이에 적응하지 못하는 교육 시스템의 한계가 맞물려 있었으며, 순환교육은 이러한 노동시장 변화의 대처와 교육적 한계의 극복을 위해 기존 학교교육의 재개념화시킨 모델이었다(최운실, 2001). OECD가 순환교육(Recurrent Education)을 주창하게 된 배경은 다음과 같이 요약할 수 있다(한국직업능력개발원, 2005).

① 교육은 팽창하였으나 사회평등에는 별다른 기여를 하지 못하였다.
② 급속한 사회·경제적 변화에 대한 적응을 위해 개인의 계속교육이 필요하였다.
③ 형식적인 학교교육과 경험에 의한 학습 간의 괴리로 인하여 어떤 형태로든 탈학교 교육이 필요했다.
④ 순환교육이 청소년층에 과도하게 집중되어 있는 교육기회를 재분배함으로써 청소년층과 장·노년층 간의 교육 격차를 줄이는 데 기여할 수 있었다.

1990년대 이후 OECD는 교육정책기조를 순환교육에서 평생교육으로 확대했다. 이와 같은 평생학습 전략 확대 정책의 배경에는 세계화와 무역 자유화의 가속화, 정보통신기술의 활용 영역 및 영향 확대, 인구의 노령화, 문화적·민족적 다양성의 증대, 지식기반 경제의 도래, 생산에 있어서 지식과 기술의 중요성 증대, 제조업에서 지식·서비스 산업으로의 이동 등 사회·경제적 거시환경 변화에 대한 대응의 필요성이 작용하고 있었다(김영화, 1999; 교육인적자원부, 2001에서 재인용). 즉, OECD

는 1970년대 이후 평생교육의 이념을 성취하기 위한 중요한 전략으로서 역할을 담당했던 순환교육이 광범위한 사회·경제적 변화로 인하여 그 적용 가능성이 쇠퇴될 수밖에 없음을 인식하고, 더 확장된 개념의 평생교육을 새로운 교육정책으로 선택했던 것이다. 이 당시 OECD가 설명한 순환교육의 한계는 다음과 같다(OECD, 1996; 조순옥, 2008에서 재인용).

① 순환교육에서는 형식교육의 연장에 관심을 둔 반면, 평생교육은 가정, 일터, 지역사회 등 다양한 교육의 장에서 이루어지는 비형식 교육에 더 많은 관심을 둔다.
② 순환교육에서는 의무교육을 통한 계속교육을 강조하기 때문에 교육 체제를 조직, 관리, 재정, 투자하는 데 있어 정부의 역할을 강조하였지만, 현 사회에서는 현직 훈련을 통한 인력 개발이 강조됨에 따라 정책적 의미가 다소 퇴색되고 있다.
③ 순환교육에서는 '사회 차원의 교육적 요구'가 중요하게 여겨진 반면, 평생학습 시대에는 '개인적인 교육의 요구'로 대체되었고, 이에 따라 교육의 평등, 효율, 융통성의 의미가 더욱 강조되고 있다.

3. OECD 평생교육정책의 추이 발전

OECD 평생교육의 흐름은 크게 3기로 나누어 볼 수 있다. 제1기는 평생학습 도입기로서 근로자를 위한 순환교육의 시기이며, 제2기는 근로자뿐만 아니라 만인을 위한 평생학습시대, 제3기는 21세기 지식사회에서 인적 자본과 사회적 자본이 맞닿아 있는 시대다(윤여각 외, 2009).

1) 1970~1980년대: 순환교육

제1기인 순환교육(Recurrent Education) 시기는 종전의 교육의 틀에서 벗어난 OECD만의 순환교육이론을 정립하고자 했던 시기였다. 이 시기에는 이전까지 이루어졌던 취학률 상승과 교육 재정 투자 확대 위주의 교육정책에서 벗어난 새로운 교육개혁 정책에 대한 요구가 점증하였다. 이에 따라 OECD는 대안적 고등교육 체제의 개발과 대중 고등교육 체제로의 전환, 그리고 생애에 걸친 직업능력개발 훈련에 초점을 맞춘 순환교육(Recurrent Education)모델 창안을 OECD 교육연구혁신센터(The Centre for Educational Research and Innovation: CERI)의 핵심 연구과제로 도입하고, 이를 통한 새로운 교육개혁을 시도했다(교육인적자원부, 2001).

또한 OECD는 1973년 「순환교육: 평생학습을 위한 전략(Recurrent Education: a Strategy for Lifelong Learning)」 발간을 통해 순환교육의 개념 정립뿐 아니라 구체적인 실현 전략을 제시하고 이를 정책화시키려는 본격적인 노력을 기울였다. 이 보고서를 통해 OECD가 제시한 순환교육 실현 전략은, 첫째, 의무교육의 가장 마지막 학년에 각 학생들에게 학업과 직업의 선택 기회를 줄 수 있는 교육과정 제공, 둘째, 의무교육을 마친 이후의 교육 접근 기회를 전 생애주기에 걸쳐 적절한 시간에 부여하는 것, 셋째, 언제 어디서든 필요에 따라 이용 가능한 교육시설, 넷째, 근무활동과 다른 사회적인 경험을 입학 자격 조건과 교육과정 설계의 기본적 요소로 고려, 다섯째, 학업과 경제활동을 교차적으로 실행할 수 있도록 하는 경력 개발, 여섯째, 교과과정, 교수내용, 교수활동 방법을 관련된 이해관계 집단 간의 조정활동을 통해 설계하고, 서로 다른 연령, 사회적 집단의 관심과 동기에 맞게 적용시키는 것, 일곱째, 학위와 자격증을 교육 사다리의 '최종 결과물'이 아닌 평생교육과 평생 경력, 개인개발을 위한 과정과 안내로 인식하는 것, 여덟째, 의무교육을 완료한 후 필요한 직무와 사회보장을 제공 받는 것을 전제로 하는 적절한 기간의 교육휴가권 제공 등이다(OECD, 1973; 조순옥, 2008에서 재인용).

이후 1975년 6월에는 스웨덴 스톡홀름에서 '순환교육'을 의제로 제9차 유럽 교육부장관 상임회의가 개최되었으며, OECD는 이 회의를 통해 제안된 순환교육의 정책화 전략을 바탕으로 「순환교육: 동향과 이슈(Recurrent Education: Trends and Issue)」를 발간하였다. 이 보고서는 1973년 이후 약 2년간의 순환교육 정책 추진 결과를 반성하고, 순환교육의 성공을 위하여 국가 차원에서 추진해야 할 정책 이슈를 밝히며, 이를 해결할 수 있는 전략을 제안하는 것을 목적으로 하였다(조순옥, 2008).

1970년대 일대 혁신으로 여겨졌던 순환교육은 1980년대에 들어서며 그 개념의 변화가 일어나 경제성장과 고용창출을 위한 하나의 경제 정책으로 인식되기 시작했다. 이에 OECD는 1987년 「Recurrent Education Revisited: Modes of Participation and Financing)」 발간을 통해 12개 회원국을 대상으로 한 순환교육의 발전과 그 시사점 사례 수집, 교육휴가제의 정책화 시도, 성인교육과 성인 학생의 고등교육에 관한 연구 실시 등을 시도하였으며, 이를 통해 순환교육은 교육기회의 균등과 해방이라는 기존의 목적에 경제 발전을 위한 인력 양성이라는 새로운 시대적 사명을 추가하게 되었다(이희수, 조순옥, 2007).

2) 1990년대: 모든 이를 위한 평생학습

OECD 평생교육의 제2기인 '모든 이를 위한 평생학습(Lifelong Learning for All)시대'는 1990년대 이후 시작되었다. 이 시기 OECD는 "우리가 21세기에 진입하는 데 있어서 평생학습은 필수적이며, 모든 사람은 평생학습에 접근할 수 있어야 한다."는 명제를 내걸고, 주로 현직 근로자를 대상으로 했던 순환교육, 계속교육의 모델을 넘어서, 모든 이를 위한, 모든 이를 대상으로 한 평생학습 시스템으로의 전환을 본격적으로 논의하기 시작했다(교육인적자원부, 2001). 이러한 정책기조의 변화에 따라 1995년 발간된 OECD의 「학교교육을 넘어선 학습(Learning beyond School)」은 미래사회의 학습 원리를 제시하고 있다. 이 보고서의 핵심은 21세기 미래사회에서 학습의 생활화로서 언제 어디서나 자기 성장을 위해 끊임없이 학습에 노력해야 된다는 것이다(나항진 외, 2011).

이듬해인 1996년 OECD는 프랑스 파리에서 열린 제4차 교육부장관 회의를 통해 「모든 이를 위한 평생학습(Lifelong Learning for All)」이라는 보고서를 발표했다. 이를 통해 OECD 회원국이 공유한 평생학습의 목적은 개인의 발달, 사회적 결속, 경제성장이며, 이를 구체적으로 설명하면 다음과 같다(OECD, 1996; 공은배, 2000; 김종서 외, 2009에서 재인용).

① 개인의 발달은 개인에게 더 많은 선택권과 기회를 제공함으로써 개인의 흥미와 필요에 부합하는 양질의 교육을 제공한다는 학습자 우선 원칙과 개인의 잠재력 계발 원칙을 말한다.

② 사회적 결속이란 지금까지의 평생학습은 소수의 특권이었다는 것을 강조하고

사회적 양극화를 차단함으로써 OECD 회원국의 민주적 기초를 강화한다는 원칙을 말한다.

③ 경제성장이란 기술형성에 대한 투자 기회와 효율성과 여건을 개선함으로써 유연성을 향상시키고, 생산성을 끌어올리고, 경제성장과 일자리 창출을 제고하는 것을 말한다.

또한 이 회의에서 교육부장관들은 '한 국가의 경제성장과 사회 · 정치적 통합, 그리고 진정한 의미의 참여적 민주사회 실현은 잘 교육받은 시민들에게 달려 있으며, 정부는 양질의 학습에 대한 국민들의 요구를 충족시킬 수 있는 응집력 있고 평등하며, 비용효과적인 프로그램을 실행하기 위해서는 정부부처 간의 협력을 비롯하여 모든 관련 기관들이 실질적으로 기여해야 한다.'고 강조하고 있다. 이러한 취지에서 체제 전반에 걸친 전략은 첫째, 일생에 걸친 학습의 토대를 마련하기 위한 초기 아동교육 기회의 확대, 둘째, 교육훈련과 일 사이의 보다 유연한 이동을 촉진하고, 특히 초기 이동을 원활히 하는 통로를 마련하는 한편, 개인의 정규 · 비정규 학습을 통해 습득하는 기술이나 능력을 평가 인정하는 체제를 개선함으로써 학습과 일 사이에 유기적 연계를 도모할 것, 셋째, 정부를 포함한 학습과 관련된 모든 기관들의 역할과 책임을 재정립할 것, 넷째, 평생학습을 위한 개인과 고용주, 교육훈련 제공자들이 보다 많은 투자를 하고 금전적 가치를 부여할 수 있도록 유인책을 강구할 것 등이다(교육부, 1999; 배석영 외, 2010에서 재인용).

이어 1997년의 OECD 노동장관회의에서는 젊은이와 성인들이 끊임없이 변화하는 직업사회에 필요한 지식, 기술, 태도를 보장하는 제도로서의 평생교육의 개념을 확장하였으며, 1998년 사회장관회의에서도 사람들이 평생을 통해 교육, 직장, 취미 등의 활동시간을 보다 효율적으로 보낼 수 있도록 지원하는 평생학습제도를 전략으로 받아들여야 하며, 노년에 가까워질수록 더욱 다양한 활동의 기회를 제공하도록 하여야 한다는 확대된 평생학습전략까지 논의하였다(교육인적자원부, 2001).

3) 2000년대 이후: 지식기반사회에서의 평생학습

2001년 프랑스 파리에서 열린 제5차 교육부장관회의는 '모든 이를 위한 역량 개발에의 투자(Investing Competencies for All)'를 주제로 개최되었으며 지식기반사회 조성의 핵심 도구로서 평생학습전략이 강조되었다. 이 회의를 통해 논의된 사항들은, 첫째, 일터와 학습 간의 경계가 희미해져 가고 있는 상황에서 지속적 경제발전과 사회적 성장을 위해 인적 자본과 사회적 자본의 중요성 강화 필요, 둘째, 전 생애에 걸친 역량 개발을 통해 사회공동체의 질을 제고하고 교수 · 학습의 개선, 셋째, 학교에서 일터로의 인력 개발 모델과 일터에서 학교로의 인력 개발 모델, 그리고 일터에서 일터의 자체적 인력 개발 모델이 연계되는 '평생학습 전략모형' 제시, 넷째, 급격한 사회 변화에 따른 교육과 인적 자원 개발의 중요성에 대한 인식 공유, 학습방법의 학습, 문제해결, 창의력, 집단 내 협력 등의 고등사회적 역량 또는 범교과적 역량 함양 강조, 다섯째, 인적 · 사회적 자본 축적을 위한 생애 역량 개발 투자 증대와 평등한 교육 및 학습기회 보장, 일과 학습의 연계 강화, 모든 사회 분야의 교육과 학습 네트워크 강화, ICT 교육활용 기업체 간의 횡적 협력 체제와 초 · 중등 · 고등 · 성인교육의 종적 협력 체제 구축, 정보 격차 문제 등이다(성낙돈 외, 2009).

이처럼 지식기반사회에서의 인적 · 사회적 자본의 중요성이 강조되는 2000년대는 OECD 순환교육의 부활기로도 평가된다(이희수, 조순옥, 2007). 시간이 흐르며 교육평등 실현의 본래 목적보다는 생존 경쟁과 직업적 승진의 수단으로 간주되었던 순환교육이 근로자의 기술혁신이나 직업구조에 적응하는 범주를 넘어서 가정생활, 여가시간, 지역사회 참가, 노후생활 등을 위한 교육으로 범위를 확대하고 있으며, 이를 통해 실업률의 증가와 고령화사회의 도래로 인하여 직업 선택 및 훈련, 전직 훈련 등의 필요성이 더욱 크게 인식되는 우리 사회에서 앞으로 순환교육이 담당해야 할 영역이 더욱 확장될 것으로 예측된다(김도수, 2001).

4. OECD 평생교육정책의 추진 체제와 조직

1) OECD 조직과 기능

프랑스 파리에 본부를 두고 있는 OECD 조직은 의사결정기구인 이사회(Council)와 전문 분야별 각종 위원회 및 사무국 등으로 구성되어 있다. OECD 산하에는 약 200여 개에 달하는 위원회, 실무 조직, 전문가 그룹이 구성 · 운영되고 있으며, OECD 위원회 회의에는 연간 40,000명 이상의 회원국 고위 관료가 참석하고 있다.

- 이사회(Council): 이사회는 OECD 최고 의결기관으로서 각 회원국의 대표 1명과 유럽연합의 대표 1명을 더한 인원으로 구성된다. 이사회에는 모든 회원국

표 2-2 OECD 분야별 전문 위원회 현황

경제정책 위원회(Economic Policy Committee)
경제 · 발전검토 위원회(Economic and Development Review Committee)
개발원조 위원회(Development Assistance Committee)
통화외환 위원회(Committee for Monetary and Foreign Exchange Matters)
통상 위원회(Trade Committee)
자본이동 · 무형거래 위원회(Committee on Capital Movements and Invisible Transactions)
금융시장 위원회(Committee on Financial Markets)
국제투자 · 다국적기업 위원회(Committee on International Investment and Multinational Enterprises)
보험 위원회(Insurance Committee)
재정 위원회(Committee on Fiscal Affairs)
경쟁 법규 · 정책 위원회(Committee on Competition Law and Policy)
관광 위원회(Tourism Committee)
해운 위원회(Maritime Transport Committee)
과학기술정책 위원회(Committee for Scientific and Technological Policy)
농업 위원회(Committee for Agriculture)
수산 위원회(Fisheries Committee)
철강 위원회(Steel Committee)
정보통신 · 컴퓨터정책 위원회(Committee for Information, Computer and Communications Policy)
고용 · 노동 · 사회문제 위원회(Employment, Labour and Social affairs Committee)
환경정책 위원회(Environment Policy Committee)
교육정책 위원회(Education Policy Committee)
화학제품 위원회(Chemicals Committee)
공공관리 위원회(Public Management Committee)
산업 · 경제환경 위원회(Committee on Industry and Business Environment)
관할영역발전정책 위원회(Territorial Development Policy Committee)

출처: http://oecd.kedi.re.kr/EduBiz/Oecd/EduBiz01_02.php (2013. 8. 2. 검색)

의 상주 대표(permanent representatives)들이 모이는 상주 대표 이사회와 각료(ministers)들이 모이는 각료 이사회가 있는데, 이들 이사회는 각각 매년 1차례 정기적으로 모여서 주요 정책문제를 논의하고, 내년에 추진할 사업의 우선순위를 결정한다. 이사회는 위원회를 설치할 수 있으며 각 분야별로 전문 위원회(specialized committees)가 직속으로 설치되어 있다.

- 전문 위원회(Specialized Committees): 이사회에 의하여 전문 분야별로 설치된 위원회는 각 국가와 긴밀한 관계를 형성하여 각종 정책에 대한 검토와 자문 기능을 수행한다. 위원회 현황은 〈표 2-2〉와 같다.
- 준자율적 부속기구: OECD 산하에는 부속기구로서 개발센터(Development Center), 교육연구혁신센터(Center for Educational Research and Innovation), 유럽 교통장관회의(European Conference of Ministers of Transport), 국제에너지기구(International Energy Agency) 그리고 원자력기구(Nuclear Energy Agency) 등이 설치되어 있다. 이러한 부속기구는 준자율적 기구(semi-autonomous bodies)의 성격을 지니고 있고 자체 사무국 체제를 갖추고 있어 예산 운영 등을 독자적으로 시행한다.
- 사무국(Secretariat): 사무국은 사무총장을 책임자로 OECD 상부 조직의 지휘 명령을 수행하기 위한 제반 활동을 수행한다. 사무국의 조직은 각 분야별로 국(Directorate), 부(Division), 과(Unit)로 구성되어 있다.
- 기타: OECD의 또 다른 주요 조직으로는 민간 자문기관인 기업·산업자문위원회(Business and Industry Advisory Committee to the OECD: BIAC)와 노동조합자문위원회(Trade Union Advisory Committee to the OECD: TUAC)가 있다(OECD 교육정보센터, 2013).

2) 평생교육정책 추진 체제

1960년대 스웨덴의 국가 고등교육 개혁위원회인 U68을 중심으로 스웨덴 정부와 노동조합이 함께 논의하던 순환교육은 1970년대에 들어오면서 OECD의 교육연구혁신센터(The Centre for Educational Research and Innovation: CERI)가 핵심적 역할을 담당하게 되었다. CERI는 OECD 회원국들이 직면한 교육위기에 대처하고 교육 분야의 연구와 혁신활동을 실행하고자 1969년 설립되었으며, 뒤이어 1970년 설립된 교육위원회(Education Committee: EC)와 함께 OECD 교육정책이 독립적으로 연구되고 추진될 수 있는 체제의 중심이 되었다(조순옥, 2008).

2002년 이전까지 OECD의 교육정책은 '교육 · 고용 · 노동 · 사회국(Directorate for Education, Employment, Labor, and Social Affairs)'이 담당했다. 사무국 내에는 '고용 · 노동 · 사회위원회(Employment, Labor, and Social Affairs Committee: ELSA)'와 '교육위원회(Education Committee: EC)'가 구성, 운영되었으며 ELSA 산하에는 사회정책 작업반 등 5개의 작업반을 설치하여 회원국의 노동 · 고용 현황 및 정책에 대한 정보교환, 노동시장의 변화, 기술 및 산업구조 변화에 따른 노동 · 고용정책, 실업정책, 사회정책 등의 이슈를 다루었다. 이와 함께 EC는 회원국의 평생학습 체제 구축 지원을 위해 각국 교육정책 검토 및 주제별 검토 사업을 통하여 교육, 인적 자원 개발, 지식기반사회 대비 등에 대한 정책 개발 및 권고를 실시하였고, CERI 역시 준독립적 자치기구로서 평생학습 전략의 전초적 기지를 형성하였다(교육인적자원부, 2001).

2002년 9월 OECD는 '교육 · 고용 · 노동 · 사회국(Directorate for Education, Employment, Labor, and Social Affairs)'에서 교육 부분만을 분리하여 '교육국(Directorate

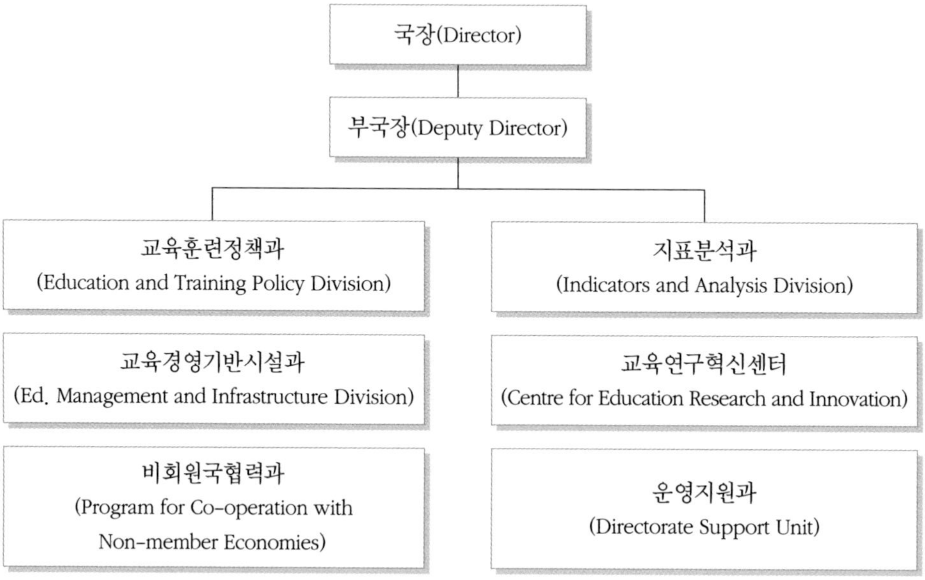

[그림 2-2] OECD 교육국 조직 구조

출처: 한국교육개발원, 2006, p. 18.

for Education)'을 창설하였다. 이는 지식기반사회에서 교육훈련이 개인의 삶의 질과 국가경쟁력을 결정하는 기본 요소가 됨에 따라 교육정책의 중요성이 더욱 중요해진 것을 인정하고, 고용과 노동의 연계 속에서의 교육이 아닌 좀 더 깊이 있고 독자적인 분석을 위한 OECD의 결정이었다(조순옥, 2008). OECD 교육국의 세부 조직을 살펴보면 [그림 2-2]와 같다.

[그림 2-2]에 나타난 바와 같이 OECD 교육국 조직은 국장 1인, 부국장 1인 및 6개의 부서로 되어 있으며, 각 과에는 교육, 경제, 통계 등 각 분야 전문가들이 각종 정책 분석 및 연구 업무를 담당하고 있다. 각 과의 업무를 구체적으로 살펴보면 다음과 같다(한국교육개발원, 2006).

- 교육훈련정책과(ETP): 교육의 다양성/공정성/사회적 통합(Diversity of education, Equity and social cohesion), 평생학습과 다른 사회 · 경제 정책과의 연계(Linking Lifelong learning and other socio-economic policies), 국가교육정책 검토(National educational policy reviews), 고등교육 주제 검토(Thematic review of tertiary education), 비형식 · 무형식 학습자 인정(Recognition of non-formal and informal learning), 학교 리더십(Leadership at school), 학부모 선택/학교 자율과 체제 책무성(Parental choice, school autonomy and system accountability), 직업교육 정책(Vocational Education Policy) 등 매트릭스 세부 조직이 있다. 교육위원회의 지휘 아래 교육정책 분야를 주로 담당한다.
- 교육연구혁신센터(CERI): CERI 이사회를 지원하며, 지식관리(Knowledge Management), 인적 · 사회적 자본(Human and Social Capital), 학습과학과 두뇌연구(Learning Sciences and Brain Research), 미래 교육(Schooling for Tomorrow), 특수교육 대상 학생(Special Needs Students), 중등이후교육의 국제화 및 대학의 미래(Internationalization of post-secondary education and university future) 등의 사업을 중심으로 세부 조직이 나뉘어 있다.
- 지표분석과(IA): 학교에서의 학습성과의 질과 공정성(Quality and equity in learning outcomes at school), 성인역량 및 교육의 사회 · 경제적 성과(Adult Competencies and the Social and Economic outcomes of education), 학교의 학습 환경 및 교수 · 학습의 효과성(Learning Environment at School and the Effectiveness of teaching

and learning), 교육 서비스의 효율성과 재정 자원 및 인적 자원(Efficiency of Educational Services and the Financial and Human Resources)으로 구성되어 있다.

- 교육경영기반시설과(EMI): 고등교육기관 운영 프로그램(IMHE)과 교육시설 프로그램(PEB)을 담당하고 있다.
- 비회원국협력과(NME): OECD 비회원국협력위원회와의 협력 하에 교육위원회의 통세를 받으며 비회원국 대상 교육사업을 담당하고 있다.
- 운영지원과(DSU): 교육국의 다른 기관을 지원하는 업무를 맡고 있으며, 교육위원회 및 합동 위원회의 간사 역할을 맡으면서 각종 회의의 진행 및 회의 결과 보고, 예산 관련 사업을 총괄 조정하는 역할을 담당하고 있다. OECD 교육국의 제반 활동은 모두 다섯 개의 의사결정기구에 의해 운영되고 있다. 교육위원회를 포함한 다섯 개의 의사결정기구는 각각 독자적인 권한과 임무 및 예산을 가지고 있으며, 모두 OECD 이사회의 승인을 얻어 설립되어 직접 이사회에 보고하고 있다(한국교육개발원, 2006). 이들 다섯 개의 의사결정기구는 [그림 2-3]과 같다.

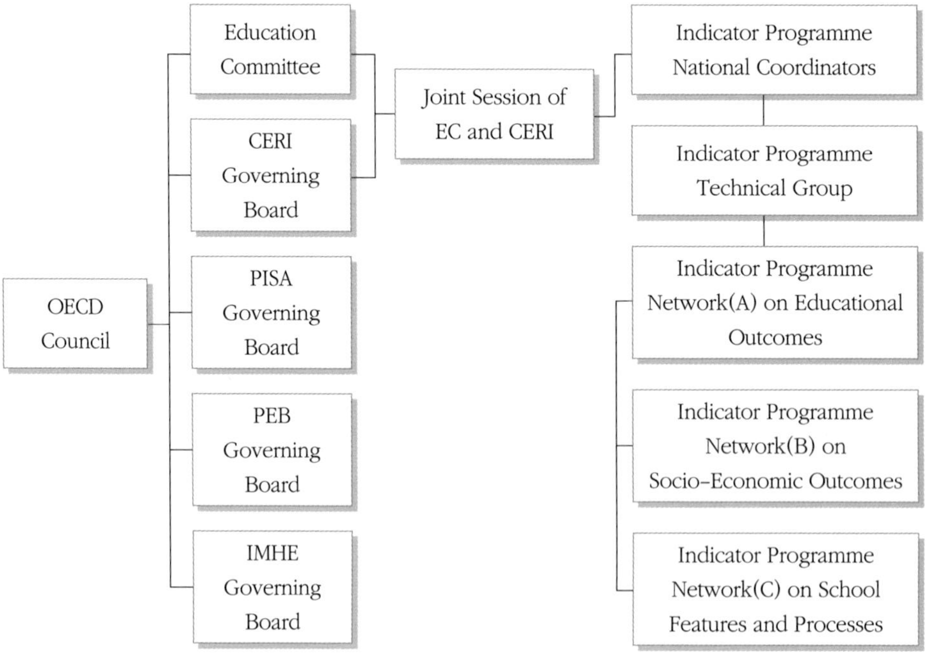

[그림 2-3] OECD 교육사업 관련 위원회 구조

출처: 한국교육개발원, 2006, p. 18.

5. OECD 평생교육정책의 방향

2001년 교육인적자원부의 보고서는 학습경제론적 관점에서의 '모든 이를 위한 생애능력 개발에의 투자 확대'라는 OECD 평생교육정책 동향을 다음과 같은 주요 쟁점으로 분석하고 있다.

① OECD는 발전의 지속과 사회 결속은 시민 모두의 능력에 달려 있음에 인식을 함께하고 있다.

② OECD는 학령 전 단계에서부터 초·중등교육과 고등교육을 거쳐 성인학습에 이르기까지 전체적인 차원의 범주에서 학습을 조망하여야 생애능력 개발이 이루어질 수 있음을 강조하고 있다.

③ OECD는 학교들이 다양한 변화 요구에 직면해 있고, 기초능력을 갖추지 못한 채 학교를 떠나는 학생들이 증대됨에 따라 핵심기초능력 향상에 보다 큰 관심을 모아야 함을 강조한다.

④ OECD는 일과 교육 사이의 경계가 희미해지고 있음을 지적하며, 직장에서의 훈련기간이 길어지고, 많은 고등학교 학생과 대학생들이 공부와 직업을 병행하고 있으며, 직장들이 보다 나은 학습기회 제공에 대한 압력을 받고 있음에 주목하고 있다.

⑤ OECD는 직장과 사회에서의 보다 질 높은 능력 함양 요구에 상응하여 성인들의 학습에 대한 요구 또한 증가하고 있음에 주목하고 있다.

⑥ OECD는 평생학습과 모든 이를 위한 생애능력 개발 투자 확대 정책을 주요 쟁점으로 삼고 있다.

⑦ OECD는 모든 이의 능력에 대한 투자의 의미와 관련하여 지식기반경제에 참여하기 위해서는 기초능력과 고등교육뿐만 아니라 보다 광범위한 능력이 요구됨을 강조한다.

⑧ OECD는 교육기회뿐 아니라 획득된 능력의 양적인 측면에 있어서도 심각한 불평등이 존재하는 바, 각 회원국 내에서의 이러한 불평등을 시정하는 한편, '정보 격차'와 같은 새로운 불평등 최소화를 위한 강력한 조치를 계속 취해 나

가야 할 것임을 지적한다.

또한 김신복(2003)은 최근 10여 년간의 OECD 교육정책 논의의 동향을 ① 구조조정과 교육문제 논의 ② 평생교육 체제 발전 논의 ③ 인적 자원 개발과 투자에 관한 논의의 세 가지로 정리하면서 그 특징을 다음과 같이 설명했다. 첫째, 교육에 있어서 단순한 지식 또는 기능의 획득이 아니라 지적 소양과 자기주도적 행동 특성에 입각한 개개인의 종합적 수행 역량을 강조하고 있다. 둘째, 교육의 성과로서 나타나는 개개인 능력의 가시성 제고를 위한 정책을 강조하고 있다. 셋째, 정부, 교사단체, 학부모와 지역사회, 경제단체 간의 합의와 협력 체제를 통한 파트너십을 강조하고 있다.

최근 OECD 국가들의 평생교육정책 방향은 다음의 몇 가지 원리에 기초하여 추진되고 있다. 첫째, 접근성, 질, 형평성 향상을 위한 정책을 추진한다. 둘째, 모든 이를 위한 기초 기술 습득을 보장하는 정책을 추진한다. 셋째, 모든 학습 형태를 인정하는 방향으로 나아가고 있다. 넷째, 다양한 관계자들 간의 정책 협조를 강화해 나가고 있다(임영희, 2010).

이러한 OECD 회원국들의 평생교육정책 동향은 「OECD 교육동향(Education at a Glance)」을 통해서도 살펴볼 수 있다. 매년 9월 중순(2013년은 6월)에 발표되는 「OECD 교육동향」은 회원국 및 협력국의 교육제도에 관한 비교 가능한 최신 지표를 폭넓게 보여 주는 OECD 연차 데이터 및 분석 요약으로서 여기서 다루는 주요 내용은 다음과 같다(OECD, 2007).

① 교육 참여 및 학업 성취
② 학교교육에 대한 공공지출 및 민간지출
③ 평생학습 현황
④ 학생 및 교사 여건

2010년 프랑스 파리에서 열린 교육장관회의의 보고서 역시 모든 이를 위한 기초기술 습득, 미래 사회를 대비한 모든 형태의 학습, 다양한 관계자들의 파트너십을 강조하고 있는 OECD 평생교육정책 동향을 엿볼 수 있다. 이 회의에서는 OECD 회원국들의 경제위기가 교육에 미치는 영향이 논의되면서 교육은 하나의 투자로 경제성장과 사회적 통합을 위한 기반이기 때문에 지속적인 경기 회복과 사회발전을 위해 투자의 적정 수준을 유지하는 것이 중요하다는 데 의견을 함께 하였다. 더불어 고숙련 노동자에 대한 요구 증대, 국제화 확대, 빠른 다양화, 복잡화시대로 인한 교육의 중요성과 이를 지원하기 위한 정보와 데이터의 중요성도 확인하였다. 또한 새로운 필요에 부합하는 스킬에 대응하는 인재를 양성하기 위하여 직업교육은 역량 구축에 도움을 주고 평생교육은 예측 불가능한 수요에 부응하고 변화에 적응할 수 있도록 하는 데 필요하다고 주장하고 있으며, 미래의 기술수요 예측이 어렵고 빠른 변화와 불확실성은 증가하고 있으므로 생애주기의 접근 방식을 채택하는 것이 중요하다고 강조하고 있다. 이와 함께 교육과 노동시장의 모든 관계자들의 협력, 정부의 전방위적인 접근 방식, 교육적인 종합적 접근 방식을 통한 노력도 강조되고 있다 (한국교육개발원, 2010).

앞에서 살펴본 바와 같이, OECD가 추구하는 평생교육정책의 방향은 UNESCO의 평생교육론과 차이가 있다. 양자는 기존의 학교중심 교육 체제로부터 벗어난 교육

표 2-3 UNESCO와 OECD 평생교육 비교

	UNESCO	OECD
이념적 지향성	• 주요 이념: 이상주의 학습사회론, 인간중심 평생교육론 • 핵심 모토: 모든 이를 위한 교육(Education for All) • 핵심 주제: 존재를 위한 학습(Learning to Be) • 주요 회의: 세계성인교육회의	• 주요 이념: 경제주의 학습경제론, 전략적 인간자원개발론 • 핵심 모토: 모든 이를 위한 평생학습(Lifelong Learning for All) • 핵심 주제: 평생학습전략, 순환교육 • 주요 회의: OECD 교육장관회의
이론적 배경	• Lengrand: 새로운 평생교육 패러다임 • Faure: Learning to Be • Delors: Learning the treasure within	• 인간자본론(human capital theory) • 사회자본론(social capital theory)
관심 영역	• 교육기회의 확장: 기초교육 → 계속교육 • 교육내용과 주도권의 확장: 교수자 공급 중심 → 학습자 선택 중심 • 교수 · 학습 메커니즘의 확장: 형식교육 → 비 · 무형식교육	• 평생에 걸친 직업능력 개발 • 인적 자본과 사회적 자본 개발 • 일과 학습의 연계 모델 • 투자로서의 평생학습정책

출처: 한준상, 2003, p. 28에서 일부 수정한 표를 최은수 외, 2010, p. 120에서 재인용.

을 강조하는 점에서는 동일하지만, UNESCO 평생교육정책의 방향은 전인적인 자아실현에 중점을 두고 있는 반면 OECD는 계속적인 직업능력 신장을 강조한다(교육부, 2000; 배석영 외, 2010에서 재인용). UNESCO와 OECD의 평생교육을 비교하면 〈표 2-3〉과 같다.

6. OECD 평생교육정책 재정

OECD의 예산은 회원국의 경제규모(최근 3년간의 국민소득 통계에 기초)에 따라 매년 분담률을 결정하는 회원국별 분담률 산정 원칙에 따른다. 2013년 OECD의 총 예산은 약 3억 5,370만 유로이며 우리나라의 분담률은 2.49%로 34개 회원국 중 10위를 차지한다(외교부, 2013. 8. 11. 자료).

또한 OECD 예산은 모든 회원국들이 의무적으로 참여하는 사업들을 위한 예산인 Part I 예산과 회원국들이 선택적으로 참여하는 사업들을 위한 예산인 Part II 예산으로 구분된다. 그 외에도 퇴직 사무국직원들 연금재정을 위한 예산이 있으며, 비정규예산으로 특정 개별사업들을 위해 회원국들이 자발적으로 기여해 조성되는 예산이 있다(OECD, 2013. 8. 11. 자료).

OECD 교육위원회의 활동은 OECD의 Part I 예산과 자발적 기여금에 의해 운영된다. 교육연구혁신센터(Center of Educational Research and Innovation: CERI), 국제학업성취도평가사업(Programme for International Student Assessment: PISA), 교육시설사업(Programme on Educational Building: PEB), 고등교육기관관리사업(Programme on Institution Management in Higher Education: IMHE)은 사업참가국(IMHE의 경우 참가기관)의 자발적 기여금 및 회비에 의해 운영되고 있다. PISA 및 PEB의 경우 최저 기준을 설정한 변형된 형태의 Part I 예산 분담 비율에 따라 기여금을 정하고 있으며, IMHE의 경우에는 회원 기관별 일정액의 기여금을 납부하도록 하고 있다(한국교육개발원, 2006). 교육국의 예산을 프로그램별 재원조달 방식에 따라 살펴보면 〈표 2-4〉와 같다.

표 2-4 OECD 교육국 프로그램 및 재원조달 방식별 예산(2005년)

구분	EPT	CERI	INES	PISA	IMHE	PEB	NME
계	2,687	4,574	1,986	6,051	1,197	870	716
Part I	1,820	–	213	–	–	–	196
Part II	–	2,244	1,111 (CERI)	4,391	787	590	30 (CERI)
자발적 기여금	867	2,330	662	1,660	410	280	490

출처: 한국교육개발원, 2006, p. 23.

7. OECD 평생교육정책의 시사점

OECD의 평생교육정책의 공정성(equity)과 효율성(efficiency)의 두 가지 측면에서 다음과 같은 시사점을 도출할 수 있다.

첫째, OECD가 추구하는 평등의 이념은 사회통합을 위한 평생교육정책이 교육기회의 공정성 측면에서 제고되어야 함을 시사한다. 1970년대부터 OECD가 내세워 온 평등은 누구나 같은 결과물을 성취해야 함을 의미하지 않는다. 그러나 부와 권력의 차이에 따라 그 결과물이 달라져서는 안 된다고 주장한다. 따라서 OECD는 이와 같은 정책적 목표를 달성하기 위하여 공정성의 초점을 교육 기회의 배분에 맞춰 가기 시작하였다.

한국은 1996년 OECD에 가입한 이래 현재까지 OECD에서 제기하고 있는 미래적 교육개혁 과제들을 정책제안 형태로 적극 수용하고 있다(유성상, 2010). 그럼에도 불구하고 한국 성인의 평생교육 참여는 연령이 높을수록, 그리고 소득이 낮을수록 평생학습참여율이 떨어지고 일부 경제적 여유가 있는 사람들에게 참여가 집중되는 양극화 현상이 지속되고 있다(한국교육개발원, 2013). 이는 한국의 사회계층 간 갈등을 표면적으로 보여 준다. 이와 같은 계층 간 갈등을 해소하고 사회통합을 도모하기 위해서는 무엇보다 취약계층을 위한 교육접근성을 강화하여 평생교육의 공공성을 강화하는 정책이 강조되어야 할 것이다. 또한 이를 위하여 계층별 학습자에 대한 체계적인 분석과 차별화된 지원이 정책적으로 이루어져야 한다.

둘째, OECD의 경제와 교육의 연결은 시대 변화에 적절한 인적 자원 개발의 중요성을 시사한다. 급속한 사회경제 변화의 흐름에 따라 OECD는 교육에서 인적 자원 개발의 중요성을 인식하고 이를 주요 평생교육정책으로 다루어 왔다. 또한 오늘날에는 평생교육을 통해 시대의 빠른 변화와 예측 불가능에 적응할 수 있는 역량 개발이 이루어져야 함을 강조하고 있다. 이러한 OECD 평생교육정책은 앞으로의 평생교육정책에서의 인적 자원 개발의 중요성이 단순한 직업적 지식과 기술교육에 있는 것이 아니라 모든 이들이 변화에 적응할 수 있는 능력을 가질 수 있도록 생애주기적 접근 방식의 정책이 이루어져야 함을 시사한다. 또한 이러한 정책은 정부와 각 사회, 경제, 교육 관련 기관, 이해관계자들의 연계와 협력을 통해 추진되어야 할 것이다.

참고문헌

교육인적자원부(2001). **국제기구의 평생교육 정책 동향 및 발전모델 비교분석**. 교육인적자원부.

교육인적자원정책위원회(2002). **OECD 교육정책 분석-평생학습정책을 중심으로**. 교육인적자원부.

김도수(2001). **평생교육**. 서울: 양서원.

김신복(2003). OECD와 우리나라의 교육개혁. OECD 포커스 2013년 1월호, 9-13.

김종서, 김신일, 한숭희, 강대중(2009). **평생교육개론**. 경기: 교육과학사.

나항진, 김경수, 구본영, 박성희, 박영미, 신정혜(2011). **평생교육론**. 경기: 양서원.

배석영, 박성희, 박경호, 황치석(2010). **평생교육론**. 경기: 양서원.

성낙돈, 가영희, 안병환, 임성우(2009). **평생교육학개론**. 서울: 청목출판사.

외교부(2013. 8. 11.). OECD 예산 및 분담금. http://oecd.mofa.go.kr/korean/eu/oecd/policy/overview/budget/index.jsp.

유성상(2010). 교육양극화 해소를 위한 평생교육 공공성 강화전략. **제5차 평생교육 정책포럼 자료집**, 105-118.

윤여각, 정민승, 오혁진(2009). **평생교육론 워크북**. 서울: KNOU.

이희수(2009). 평생교육 삼두체제의 기원: UNESCO의 평생교육, OECD의 순환교육, EC의 영속교육. **한국HRD연구**, 4(3), 95-129.

이희수, 조순옥(2007). 「Learning to Be」와 「Recurrent Education」에 대한 비교. **평생교육학연구**, 13(4), 203-230.

임영희(2010). 한국 평생교육정책의 성인학습목적 구현에 대한 연구. 전북대학교 대학원 박사학위논문.

조순옥(2008). OECD 순환교육의 형성과정 연구. 중앙대학교 대학원 박사학위논문.

최운실(2001). OECD 평생교육 실현 전략의 생애 진로교육적 함의. **평생교육학연구**, 7(1), 165-188.

최은수, 박경실, 전기선, 진규동, 한우섭, 최영준, 김대식, 김주섭, 송민열, 신재홍, 최용범(2010). **평생교육론**. 서울: 학지사.

한국교육개발원(2006). **OECD 교육부문 협력연구사업 참여 실태 분석**. 서울: 한국교육개발원.

한국교육개발원(2010). **2010 OECD 공식교육장관회의 의제 분석**. 서울: 한국교육개발원.

한국교육개발원(2013). **2013 한국 성인의 평생학습실태**. 서울: 한국교육개발원.

한국노동연구원(2009). **유럽연합의 평생학습 정책 연구**. 서울: 한국노동연구원.

한국직업능력개발원(2005). **평생학습의 새 패러다임**. 서울: 한국직업능력개발원.

한상길(2009). **평생교육론**. 경기: 공동체.

OECD 교육정보센터(2013. 8. 2. 검색). OECD 조직과 기능. http://oecd.kedi.re.kr/EduBiz/Oecd/EduBiz01_02.php.

OECD(1996). *Lifelong learning for all, Meeting of the Education Committee at Ministerial Level, 16-17 January 1996*. Paris: Organizational for Economic Co-operation and Development Publishing.

OECD(2007). *Education at a glance 2007: OECD indicator*. Paris: Organizational for Economic Co-operation and Development Publishing.

OECD(2013. 8. 11. 검색). Budget. http://www.oecd.org/about/budget.

제 3 장

미국의 평생교육정책

1. 미국 평생교육의 역사적 배경

17세기 초반 미국에서는 직업교육과 기술교육의 필요에 따라 동남부 지역을 중심으로 여러 학교들이 세워지기 시작했다. 당시 미국은 영국의 식민지였으므로 교과서와 교육내용은 영국과 다를 바 없었다. 하지만 영국의 억압적인 가톨릭 교육과 달리 청교도 교육을 실시했다는 점, 여러 나라에서 온 이주민들의 다양한 문화, 종교, 풍속, 사상 등이 혼재했다는 점에서 영국과 다른 특징을 가지고 있었다(장덕삼, 2000).

18세기 영국으로부터의 독립에 기반한 「헌법」을 채택함에 따라 미국 교육은 영국의 제국 시민을 미국의 민주적 시민으로 재형성하는 시급한 과제를 안게 된다. 이에 당시 미국의 평생교육은 다른 선진국보다 훨씬 더 시민성 형성의 교육을 강조하게 되었다(변종임 외, 2006).

이후 19세기 전반에는 민주적인 사회 건설과 유지·발전을 위한 지식의 일반적인 보급이 시대적인 과제로 부각되면서 학교의 의무교육, 사회교육 영역에서의 공공도서관 운동이 동시에 전개되기 시작했다(이규환, 1992). 19세기 초 대중교육기관으로서의 도서관 발달을 꾀하고자 하는 취지로 시작된 미국의 공공도서관 운동은 민주주의란 교육의 민주화와 민주주의를 위한 교육을 통해서만이 유지될 수 있고, 대중교육은 정치, 종교, 지적인 자유에 꼭 필요한 것이라는 확신을 기초로 하여 전국적으로 확산되었다(홍의균, 1986). 당시 미국 사회교육은 공공도서관을 공공이익기관뿐 아니라 학교에 못지않게 시민을 교육시키는 중요한 장소, 이주민들이 새로운 언어와 문화, 법을 배울 수 있는 장소, 그리고 그들의 자녀를 미국 시민으로 사회화시킬 수 있는 장소로 인식하고 있었다(Braverman, 1982).

19세기 후반 시작된 셔터쿼(Chautauqua) 운동은 이 시기 미국 평생교육의 대표적 특징이며, 초기에는 일요학교 교사를 위한 오락과 교육을 겸비한 여름학교로 시작하여 성인교육 프로그램으로 확장되었다. 또한 질의 응답식, 강의법, 독서클럽 등을 포함한 많은 형태의 교수방법을 최초로 적용하였으며, 교육과정으로 인문과학뿐 아니라 도서관 이용 연습과 같은 실제적이고 직업적인 과목도 포함되었다(교육인적

자원부, 2004). 셔터쿼(Chautauqua) 운동은 미국 교육에 시간제 고등교육에 대한 관심을 가져왔으며, 학습자는 문화적인 요구와 직업적인 요구를 동시에 갖고 있다는 사실에 대한 인식을 갖게 하였다(Knowles, 1977).

20세기에 들어서면서 미국은 급격히 증가한 이민세대들의 교육과 제1, 2차 세계대전을 거치면서 경제공황 극복을 위해 공공직업훈련과 사회교육을 활발히 추진하였다. 특히, 사회교육이나 방법에서도 새로운 접근이 추가되어 급변하는 사회현실의 문제에 대한 해결적 접근, 평생교육 이념의 반영, 대중매체를 중심으로 한 시청각 교육이 광범위하게 활용되었다(변종임 외, 2006).

2. 미국 평생교육정책의 정치, 경제, 사회문화적 환경

미국의 성인교육은 급격한 사회적, 경제적, 그리고 문화적 변화에 의해 영향을 받아 왔다(주동범, 2005). 지식기반사회와 평생학습사회로 변화하는 세계적 흐름 속에 미국은 1980년대부터 교육개혁을 추진하여 국가의 국제경쟁력 제고를 위한 노력을 해 왔으며, 직업교육을 통하여 청소년들의 중도 탈락률을 줄이는 동시에 성인에게는 평생학습에 대한 기회를 제공해 왔다(Lewis & Chang, 2006; 이재홍, 2010).

우선 미국은 경제발전의 동력으로서의 학력 취득과 직업능력교육을 일관되게 강조해 왔다. 성인교육은 미국의 생산성 향상에 주된 공헌을 해 왔고, 이에 따른 학력의 증가는 경제성장에 밀접하다는 인식을 가지고 있다(평생교육진흥원, 2008). 미 의회 공동경제위원회(Joint Economic Committee)의 2000년 보고서는 인적 자본의 향상이 10~25%의 경제성장 효과를 나타내는 여러 가지의 추정치를 발견했다. 여러 연구에서 교육의 직접적 효과는 1913~1996년까지 미국 노동생산성의 연간 평균 1.62% 증가 가운데 약 22%를 차지하고 있다고 결론지었다. 또한 이들 보고서에서는 개혁의 동력과 새로운 공학기술의 채택에 있어서 교육의 간접적 효과를 강조하고 있다(Delong, Goldin, & Katz, 2003). 이는 미국 성인교육정책이 직업능력 및 전문기술 향상 교육에 중점을 두는 이유라고 할 수 있다(임영희, 2010).

그러나 2007년 4.4%의 실업률이 2009년 10%에 다다르면서 미국은 일자리 창출을 심각하게 고민하지 않을 수 없게 되었다(한국금융연구원, 2012). BLS 등에서 발표하는 미국 고용동향을 살펴보면, 미국의 경제활동인구 10명 중 한 명이 실업자이며, 27주 이상 실업상태에 있는 장기실직자는 전체 실업자의 41.2%로, 2009년 12월 6.1백만 명에서 2010년 1월 6.3백만 명으로 오히려 증가하면서 1948년 이래 최고 수치를 나타내고 있다(이재흥, 2010). 물론 실업대책과 경기회복을 위한 지속적인 노력에 힘입어 경기는 회복세를 보이고 있지만 고용이 부진한 가운데 경기가 회복되고 있는 'jobless recovery' 현상이 나타나고 있다는 점, 그리고 비교적 소득이 낮고 고용의 안정성이 적은 직업이 주된 일자리 창출이라는 점은 또 다른 문제점으로 지적되고 있다(Lazear, 2012).

이러한 실업의 부담은 저학력 근로자 및 청소년 계층에 보다 크게 나타나고 있다. 학력이 낮을수록 실업률이 높은 것으로 나타나고 있는데, 특히 10대 청소년의 실업률이 높고, 이들의 고용률도 매우 낮은 수준을 기록하고 있다. 또한 20~24세 인구 중 학교도 다니지 않고, 노동시장에도 진출하지 않아 사회로부터 단절된 청소년의 비율이 2007년 17%에서 2009년 28%로 상승하는 등 미국 청소년들이 일자리를 구하는 데에 큰 어려움을 겪는 것으로 나타나면서 이로 인한 중장기적 부정적 효과에 대해서도 우려의 소리가 높다. 때문에 미국의 경제 침체와 불안정한 노동시장 환경은 근로자들에게는 더 많은 지식과 능력을 요구하며, 미국 학생들에게도 수준 높은 고등교육을 요구하고 있다(이재흥, 2010).

그럼에도 불구하고 2000년 미국 인구 및 주택조사에서 16세 이상 1억 9천 1백만 인구 가운데 21%에 해당하는 4천 1백만의 인구가 고교 학력 미만으로 나타났고, 고교 미만 학력자 가운데 약 37%가 중학교 학력 미만으로 나타났다. 미국은 2003년에 성인문해를 문장이해력(prose literacy), 문서작성능력(document literacy), 수리력(quantitative literacy)으로 구분하여 전국 성인문해력 평가(National Assessment of Adult Literacy)를 실시하였고, 성인의 문해력 조사의 결과를 기초 이하 수준, 기초 수준, 중간 수준, 숙련 수준으로 범주화하였다. 이 조사에서 기초 수준 이하는 문장이해력 14%, 문서작성능력 12%, 수리력 22% 등의 비율로 나타났다. 이러한 조사 결과는 미국 성인교육정책이 국민의 기초학력 취득을 위한 문해교육에 중점을 두는 이유라고 할 수 있다(평생교육진흥원, 2008).

한편 정치적으로 미국은 주정부가 중심이 되어 평생교육정책을 추진하는 지역분권정책을 실행해 왔다. 이러한 시스템 안에서 독립 이후 일관되게 추진되어 온 민주시민의식 교육은 미국의 민주정치 발전과 더불어 미국의 사회교육과 성인교육 정책에 주요한 기틀이 되고 있다(변종임 외, 2006). 또한 미 연방정부는 인종과 언어적 · 문화적 배경이 다양한 이민자들로 구성된 다민족국가로서 소수민족과 다민족 문화의 다양성을 포용하는 정책을 추진해 오고 있다. 1980년대 레이건 행정부와 부시 행정부의 교육개혁정책에 이어 1994년 클린턴 행정부의 교육개혁법인 「Goals 2000: Educate America Act」의 제정으로 미국 전반에 걸쳐 모두를 위한 균등한 교육의 기회 보장과 교육의 수월성 강화를 강조하였다(김동성, 1997).

3. 미국 평생교육정책의 추이 발전

미국 평생교육의 제도화는 1914년 「스미스-휴 법(Smith-Hughes Act)」과 1920년의 「스미스-뱅크헤드 법(Smith-Bankhead Act)」 제정으로 시작되었다. 그러나 농촌 발전을 위한 대학의 참여, 성인교육을 위한 공립학교의 이용, 성인의 직업훈련 등을 제도화하고자 했던 이 법들은 그 영향력이 매우 미약하였다. 이후에도 계속 미국의 평생교육정책은 지방자치가 아닌 「연방정부법」과 함께 발달해 왔다. 1930년대는 대공황기를 거치면서, 실업자 문제를 해결하기 위한 직업교육에 관심이 모아졌고, 이에 힘입어 1944년 「전역군인적응법(Servicemen's Readjustment Act)」, 1962년 「인력개발훈련법(Manpower Development and Training Act)」, 1963년 「직업훈련법(Vocational Training Act)」, 1966년 「경제기회 및 고용훈련에 관한 법(Economic Opportunity Act)」과 같은 인력 개발에 관련된 법들이 제정되었다. 이러한 법들은 인력수급과 하층계급 교육에 공헌하였다(변종임 외, 2006).

1960년대에는 케네디 행정부가 빈곤과 성인문해교육에 관한 관심을 두고 연방기금을 지원해 오다가 존슨 대통령이 1964년 「경제기회법(Economic opportunity Act)」 제II장 B부문에 성인기초교육(adult basic education)을 위한 내용을 서명함으로써 공식적으로 성인기초교육 프로그램을 주 교부금의 지원으로 운영할 수 있게 하였다(평생교육진흥원, 2008). 존슨 대통령은 또한 1965년 의회에 교육에 관한 새로운 입법의 필요성을 담은 제안서를 보내면서 미국은 현재 소외계층의 젊은이들에게 양질의 교육을 제공하고, 모든 학생들에게 최고의 교육시설과 혁신적 아이디어를 심어 주는 것, 교사에 대한 교육 훈련 및 교수 기자재를 향상시키는 것, 그리고 배우기를 원하는 모든 학생들에게 적절한 인센티브를 제공해야 하는 도전에 직면해 있다고 주장하였다. 그의 이러한 주장은 교육이 한 사람의 인생과 한 사회를 변화시킬 수 있는 힘을 내포하고 있다는 미국인들의 오랜 믿음과, 1950년대 후반부터 1960년대 초반에 정립된 '인적 자본론(Human Capital Theory)'의 배경이 되었다. 이에 따라 그는 위대한 사회 프로그램(Great Society Program)의 일환으로 빈곤해소와 고등교육에 대한 평등한 기회를 제공하기 위한 목적으로 1965년 「고등교육법(Higher Education Act of 1965)」을 제정하였고, 이를 통해 미국 고등교육에 대한 연방정부의 재정지원이 급격히 증가하였다(주미대사관, 2007). 이후 1966년에는 최초의 단일한 사회교육법인 「성인교육법(Adult Education Act)」이 제정되었으며, 이는 성인들을 위한 기초교육을 확장함으로써 영어능력의 제한을 극복하고, 직업훈련과 고용을 위한 기초교육을 증진하며, 생산적이고 책임 있는 시민이 되도록 도와주는 것에 목적을 두었다(권두승, 1996).

1970년대는 미국의 평생교육이 본격적으로 자리 잡고 성장한 시기라 할 수 있다. 1976년 미국의 「고등교육법」은 성인들의 평생학습에 초점을 두고 수정되었다. 「고등교육법」 제1장은 '지역사회서비스 및 평생교육(Community Service and Continuing Education)'과 관련된 것으로서 수정된 「고등교육법」에서는 평생학습 증진을 위한 새로운 프로그램들이 추가되었다(한숭희, 2004).

또한 이 개정으로 탄생된 「평생학습법(The Lifelong Learning Act)」은 미국 사회가 연령, 성, 사회경제적 조건이나 교육배경에 구애됨이 없이 모든 미국 시민들의 평생학습의 기회를 마련하는 목표를 세워야 한다고 명시하였고, 동법 제132조에서 평생교육의 범위를 성인기초교육, 계속교육, 독립적 자유학습, 농업교육, 기업교육, 노동교육, 직업훈련, 부모교육, 중등이후교육, 노인교육, 교정교육, 특수교육 및 기타 성인교육으로 규정하였다(권두승, 1997).

1983년 레이건 행정부는 국내적으로 복합·분화적 사회에서의 강한 민주주의를 견지해야 하며, 대외적으로는 첨단기술 직업에 의해 장악될 경쟁적 국가 경제에 대한 대비의 필요성을 느끼고 미국이 교육과 관련하여 대내외적인 도전에 직면하게 되었음을 인지하게 되면서 학생들로 하여금 더 많은 내용을 배우게 하고 기술을 습득하도록 하는 교육개혁의 필요성을 거론하게 된다. 특히, 레이건 행정부는 미국 교육이 뷔페(buffet)식 교육으로 인해 학력을 저하시켜 국가경쟁력을 약화시켰다는 이유로 국가 경제와의 상관성에서 교육개혁을 구상하려 했다. 이에 따라 1984년에는 직업교육에 관련된 정책의 여러 가지 문제점을 해결하기 위하여 「Perkins 직업교육법(The Carl D. Perkins Vocational Education Act)」이 제정되었다. 이 법의 주요 목표는 다음과 같다. 첫째, 국가적 차원에서 미래의 인력 개발에 대한 수요를 충족시키기 위한 직업교육 프로그램의 질을 향상시키고 생산성 향상 및 경제발전을 도모한다. 둘째, 직업교육 프로그램에 대한 접근성 향상, 특히 사회경제적으로 소외받는 계층, 예를 들면 장애인, 직종에서의 노동자 성비를 고려할 때 비전통적인 직업 분야의 종사자, 직업훈련 및 재훈련 수요가 있는 성인, 영어구사 능력이 제한적인 사람, 그리고 결손가정의 가장 등의 접근성을 향상시킨다(주미대사관, 2007).

그 뒤를 이어 클린턴 행정부는 1994년에 「Goals 2000: Educate America Act」의 제정과 「The Elementary and Secondary Education Act of 1965」를 통해 보다 본격적인 교육개혁을 추진했다. 이 「Goal 2000 법안」은 전 학생들이 더 높은 교육성취도를 달성할 수 있도록 주정부와 지역정부 및 학교에 대해 지원하는 체계의 수립을 중심 목표로 설정하고 있고, 여기에 제시된 8개 부분에 걸친 목표 중에 교사교육과 교사의 전문성 발전, 성인문제 및 평생교육의 발전을 언급하고 있다. 그 내용을 구체적으로 살펴보면, 교사교육에 관한 것으로는 국내의 교육자들이 전문적 기술을 계속 향상시키는 프로그램에 접하게 하며, 모든 교사들이 직전교육과 현직교육을 받게 하며, 새로이 발전하는 기술을 배우게 하고 교사들의 전문적 발전을 도모하기 위해 지방교육기관, 고등교육기관, 학부모, 기업 간의 동반자적 관계(partnership)를 수립하는 일 등을 규정하였다. 또한, 미국의 모든 성인들이 문해능력을 가지며 세계경제 체제 속에서 경쟁하고, 시민으로서의 권리와 의무를 행사하는 데 필요한 지식과 기술을 갖도록 하기 위해 미국의 주요 기업들이 교육과 직업 간의 관계를 강화하는 데 참여하도록 하고, 모든 근로자들이 새로운 기술혁신에 적응할 수 있는 지식과 기술을 획득할 수 있는 기회를 갖게 하며 학교에서 학부모의 직장 및 가정생활을 개선하도록 성인문해교육, 평생학습 기회 등을 제공하는 것 등을 법으로 규정하였다(김동성, 1997).

2002년 부시 행정부는 교육개혁법안 「No Child Left Behind Act」를 제정하고 학업성취도에 대한 모든 주의 학교들과 모든 교육구의 학교들의 책임 강화, 교육에 대한 투자의 효과성 제고, 주와 교육구 학교들의 재량 확대, 학부모의 선택권 강화를 주요 정책 방향으로 제시하였다. 이 법안에서 주와 지방의 자율성 확대 및 절차 간소화와 검증된 교육방법에 대한 교육예산의 집중 지원을 강조했다. 2002년 발표된 「Strategic Plan 2002~2007」과 2003년에 발표된 「A Blue Print for Preparing America's Future(U.S. DOE, 2003)」를 통해 성인교육의 발전 방향과 구체적인 실천 전략이 제시되고 실행되었다(변종임 외, 2006).

2009년 오바마 대통령은 학생들의 수학과 과학 공부에 대한 동기부여 및 흥미 유발을 돕기 위해 전국 단위의 프로그램들을 실시한다고 발표하였다. 이 「STEM (Science, Technology, Engineering and Math) 법안」의 목적은 학생들의 비판적 사고능력을 증진하고, 수학 및 과학교사들의 교수능력 증진을 통해 학생들의 학업성취도를 향상시킴으로써 다른 국가의 학생들보다 우수한 실력을 갖추도록 하는 것이며 나아가 학생뿐만 아니라 여성과 사회적 소외계층을 포함해 자신의 권리를 제대로 주장할 수 없었던 계층에까지 교육기회를 확대하고자 하는 목적을 가지고 있었다(한국교육개발원, 2009).

4. 미국 평생교육정책의 추진 체제와 조직

미국의 평생교육정책에 의하면 연방정부는 정부의 평생교육정책을 지원하고, 주정부는 지방의 기관 및 단체들과 연계하여 평생교육정책을 기획·실행하고 있다. 미국의 연방정부에서 평생교육과 직접적으로 관련된 부처는 교육부이며, 간접적으로는 노동부, 보건부, 국방부, 사법부 등이 관련되어 있다.

각 주정부는 중앙부처에서 제시한 평생교육 제도, 기금 사용의 가이드라인과 지역 인력투자위원회에 기반을 두고 평생교육 관련 제도 및 프로그램을 실질적으로 운영한다(한국교육개발원, 2016). 미국에서는 국가 전체의 평생교육 실행을 전담하는 기구나 조직이 없으며, 평생교육 체계가 각 주별로 상이하고 고등교육기관, 종교단체, 비영리기관, 영리기관, 기업, 지역사회 등이 자율적으로 평생교육활동을 실행하고 있다(교육부, 한국교육개발원, 2016). 미국 평생교육정책의 추진 체제와 조직도는 [그림 3-1]과 같다.

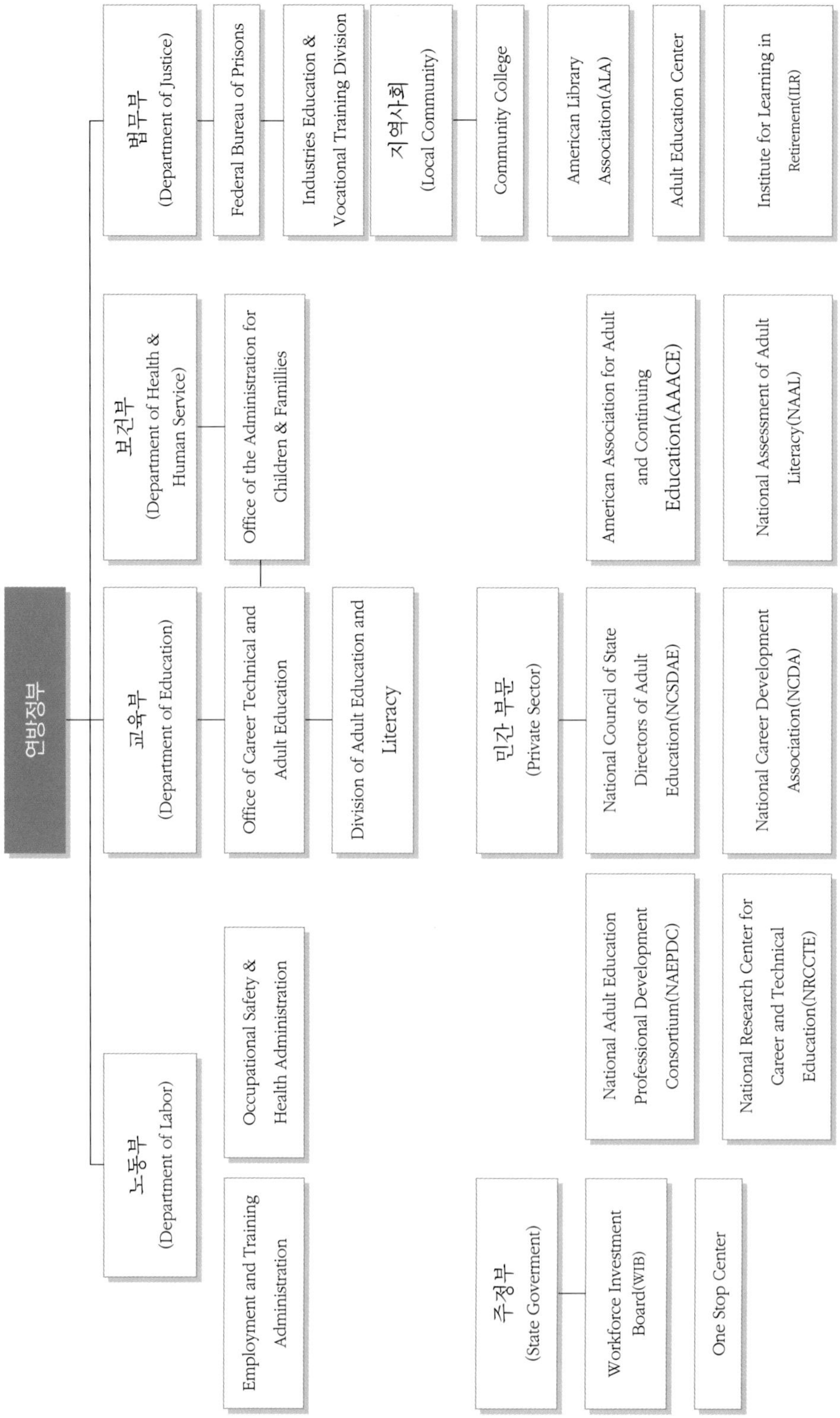

[그림 3-1] 미국 평생교육정책 추진 체제 및 조직도

출처: 한국교육개발원, 2016, p. 116.

1) 교육부

교육부(Department of Education)의 성인교육에 관련된 부서는 직업기술성인교육국이며, 교육부 내의 교육과학연구소도 평생교육과 관련된 업무를 수행한다.

(1) 직업기술성인교육국

미국 교육부에서 평생교육의 업무를 주로 담당하는 곳은 직업기술성인교육국(Office of Career, Technical and Adult Education: OCTAE)이다. 직업기술성인교육국은 주의 성인교육 프로그램을 확인하고 연방의 기금을 배부하는 책임이 있다. 이러한 책임과 더불어 「성인교육 및 가족문해법」 243조에 명시된 '국가적 리더십 활동(national leadership activities)'을 추진한다. 직업기술성인교육국은 「성인교육 및 가족문해법」에 기초한 전국적인 시행지침에 의거 성인교육 및 문해교육 기금을 주에 의해서 진행되는 공모 절차에 의해서 비영리 형태의 기관들이 받도록 하고 있다(평생교육진흥원, 2008).

직업기술성인교육국에서는 성인문해교육, 직업 및 기술교육, 지역 대학과 관련된 프로그램을 관리한다. 직업기술성인교육국 내 성인교육 및 문해교육과(Division of Adult Education and Literacy)는 「성인교육 및 가족문해법(Adult Education and Family Literacy Act: AEFLA)」과 「노동력개발투자법(Workforce Investment Act: WIA)」의 제2조에 의거하여 성인들로 하여금 현대사회에 필요한 기초적인 기술을 습득하도록 총체적인 책임을 지고 성인들에게 중등교육의 완성, 가족의 삶의 질 향상, 시민의식 고취 및 직업훈련 및 재교육 프로그램 등에 참여함으로써 혜택을 입도록 하는 업무를 수행한다(평생교육진흥원, 2008). 이러한 직업기술성인교육국의 성인교육 및 문해사업과 관련된 기구로는 성인교육 · 문해수리(Mathmatics in Adult Education and Literacy), 성인문해평가(National Assessment Adult Literacy: NAAL), 문해국가협회(National Institute for Literacy: NIFL), 성인문해데이터베이스(National Adult Literacy Database), 개인학습 및 문해연구센터(The National Center for the Study of Adult Learning and Literacy: NCSALL) 등이 있다. 이를 통해 직업기술성인교육국은 성인기초교육(Adult Basic Education: ABE), 성인중등교육(Adult Secondary Education: ASE)과 영어구사능력이 떨어지는 성인을 위한 영어 문해(English Literacy), 아동의 교육 준비를 돕는 가족문해(Family Literacy), 성인들의 고용을 위한 기본적인 기술훈련, 문해 및 기초교육을 제공하는 직무기반교육(Work-Based Education) 등을 지원한다.

직업기술성인교육국 내에서 기술교육과 관련한 부서는 학교 및 기술교육과(The Dicision of Academic and Technical Education)로 「기술교육법(Technical Education Act)」에 의거하여 주 보조금을 지원하고 프로그램의 질 향상 및 관리, 프로그램 운영을 위한 각종 계획 수립 등의 활동을 담당한다(한국교육개발원, 2016).

(2) 교육과학연구소

교육부 내 교육과학연구소(Institute of Education Science: IES)는 교육정책 및 실행에 대한 연구를 통해 정책을 수립하며, 국가교육통계센터(National Center for Education Statistics)에서 성인교육, 평생교육과 관련한 각종 통계를 제공한다. 또한 전국 성인문해력평가(National Assessment of Adult Literacy)를 통해 성인문해교육의 필요성을 강조하고 있다(한국교육개발원, 2016).

2) 노동부

노동부(Department of Labor)에서는 「노동력개발투자법(WIA)」 제1장에 근거하여 기금을 지원하고, 지원된 프로그램에 대한 책임을 진다. 이러한 기금은 주로 직업과 관련한 기술훈련 또는 직업준비훈련에 참여하는 성인직업훈련활동을 위하여 사용된다(강원발전연구원, 2009). 노동부에서 평생교육 업무를 추진하는 부서와 담당 업무는 다음과 같다(한국교육개발원, 2016).

(1) 직업훈련청

연방정부의 직업훈련, 공공 직업훈련 프로그램에 대한 예산, 실업보험 등을 관리하며, 주정부와 지역인력 개발 시스템을 통해 서비스를 제공한다. 직업훈련청(Employment and Training Administration)에 소속한 고용투자국(The Office of Workforce Investment)은 구직자들을 위한 통합형 국가인력투자 시스템을 관리하고, 인력 개발을 관장한다. 고용투자국 내의 WIA 성인교육 및 인력 시스템과(Division of WIA Adult Service and Workforce System: DWASWS)는 근로자들에게 정보, 직업 탐색 지원, 산업에 따른 기술훈련 등을 제공하고 있다.

(2) 직업안전 및 보건국

직업안전 및 보건국(Occupational Safety & Health Administration) 내의 교육훈련부(Directorate of Training and Education)는 직업안전 및 보건국에서 실시하는 교육, 교육정책, 교육과정을 개발, 관리, 감독하며, 주로 작업현장의 산업재해 예방을 목적으로 하는 안전교육을 제공하고 있다.

3) 보건부

미국 보건부(Department for Health & Human Service)에서 평생교육과 관련한 부서는 질병관리 및 예방센터(Center for Disease Control and Prevention)와 아동 및 가족부서(The Administration for Children & Families)다. 질병관리 및 예방센터 내의 직업안전 및 건강기구(The National Institute for Occupational Safety and Health)는 노동부의 직업안전 및 보건국과 협업하여 직업안전을 위한 활동을 수행한다. 또한 아동 및 가족부서에서는 청소년들의 직업교육 및 직업탐색 등의 평생교육 프로그램을 실시하고 있다(한국교육개발원, 2016).

4) 법무부

미국 법무부(Department for Justice)에는 산업, 교육, 직업교육국(Industries, Education & Vocational Training Division)을 두고 재소자를 위한 직업교육 프로그램을 관리한다. 여기에는 문해교육, 기술교육, 여가활동, 기본 안전교육 등 다양한 프로그램이 포함되며 출소 이후의 사회 적응 및 구직을 위한 교육도 실시하고 있다(한국교육개발원, 2016).

5) 비영리 민간기관

이 밖의 평생교육과 관련된 비영리 민간기관으로는 미국성인평생교육협회

(American Association for Adult and Continuing Education: AAACE)를 비롯하여, 성인교육 담당자 발전 네트워크(Professional Development Network for Adult Educators), 대학평생교육협회(University Continuing Education Association), 미국 연수개발협회(American Society for Training and Development), 전국 직업기술교육센터(National Centers for Career and Technical Education), 직업기술교육협회(Association for Career and Technical Education), 각 주 직업기술교육담당자협회(National Association of State Directors of Career and Technical Education)가 있다. 이 중 미국성인평생교육협회(American Association for Adult and Continuing Education: AAACE)는 평생을 통한 학습은 개인의 삶의 질을 향상하고 긍정적인 사회 변화의 초석이라는 믿음에 근거하여 설립되었으며, 성인의 발전과 성장을 위한 기회 제공 및 선도적 역할을 위해 성인교육자의 결집을 도모하고 이론적 근거를 제공하며, 연구 및 수범 사례를 배포, 전문적인 기준 제시, 관련된 정책 개발 및 사회 변화를 선도하고 있는 주요 민간기관이다(한국직업능력개발원, 2008).

이 밖에도 연방정부가 설립한 국립문해교육원(National Institute for Literacy)은 문해 및 양질의 문해 서비스를 개발 지원 및 관련 정보를 공유하는 기관이며, 국가성인교육 전문성 개발 컨소시엄(National Adult Education Professional Development Consortium: NAEPDC)은 각 주의 성인교육을 담당하는 전문가들의 전문성을 고양시키기 위해 설립된 법인으로서 성인교육 담당자들의 프로그램 조정과 개발을 위한 능력 개발, 성인교육 관련 정책 개발 및 수립 관련 공공 정책의 촉매자로서의 역할, 성인교육 분야의 정보 제공, 국회에서의 주 성인교육 프로그램에 대한 가시적 지원, 유지 등의 업무를 담당하고 있다(한숭희, 2004).

5. 미국 평생교육 관련 법

미국의 평생교육 관련 법은 시대적 · 사회적 요구를 반영하면서 성인교육을 지원하는 데 필요한 법률 체제가 단계적으로 이루어지고 정비되어 왔다.

1) 초기 평생교육 관련 법(1960~1970년대)

(1) 경제기회법

성인교육에 대한 미국 연방정부의 재정지원 근거를 최초로 제시한 법률은 1964년에 제정된 「경제기회법(Economic Opportunity Act of 1964)」이다. 이 법은 1963~1969년간 집권했던 린든 존슨(Lyndon Johnson) 대통령이 추진한 위대한 사회(The Great Society) 건설의 중요한 정책 어젠다였던 '빈곤과의 전쟁(War on Poverty)'을 실현하기 위한 핵심 입법이었다. 동법은 당시의 높은 실업률과 그에 따른 빈곤을 줄이기 위해서 직업훈련과 성인교육을 실시하고, 아울러 자금난에 시달리던 중소기업들에게 융자를 제공해 주는 것을 주요 내용으로 하고 있다(채재은, 2005).

(2) 성인기초교육법

1966년에는 성인교육의 확대, 성인교육 담당자 연수를 위한 정부 지원, 성인문해교육 실시기관 지정 등에 관한 것을 주요 내용으로 하는 「성인기초교육법(Adult Basic Education Act)」이 제정되어 미국의 성인교육 지원 체제를 본격적으로 구축하게 된다. 1976년에는 「평생학습법(Lifelong Learning Act: Public Laws 94-482)」이 제정되어 학습기회의 혜택을 받지 못한 자에게 학습기회를 공적으로 보장하는 데 근본 취지를 두고 고령자교육 프로그램, 부모교육 프로그램, 여성 및 퇴직자교육 프로그램 등에 대한 공적 원조가 보장되도록 하였다. 그러나 이 법안은 그 이후의 정치, 경제적인 상황의 변화로 인하여 실질적인 성과를 거두지 못하고, 1980년의 「고등교육법」의 개정으로 폐지되었다(변종임 외, 2006).

2) 평생교육 관련 법의 개정(1980년~2000년대)

(1) 고등교육법

1980년 개정된 「고등교육법」은 모든 국민의 평생교육을 주장하는 평생학습 이념과 성인기초교육, 계속교육, 개별 자유학습, 농업교육, 기업경영교육, 노동교육, 직업훈련, 부모교육, 중등이후교육, 노령자교육, 교정교육, 특수교육, 그 밖의 모든 성인교육 활동을 포함하는 평생학습법의 범위를 제시하고 있다(권두승, 1996). 「고등교육법」을 통해 지원되는 프로그램은 장학금 지원, 학생들이 고등학교를 성공적으로 졸업하고, 장차 대학에 진학할 수 있도록 지원하는 서비스, 고등교육기관에 대한 지원, 고등교육기관에서 실시되는 초·중등 교사훈련 프로그램 개선으로 구분할 수 있다. 또한 동법에 의하여 성인들은 고등교육비용을 지원받을 수 있는데, 대표적인 학생지원 프로그램은 GEAR UP(Gaining Early Awareness and Readiness for Undergraduate Programs)과 TRIO 프로그램이다(주미대사관, 2007).

TRIO 프로그램은 저소득층 및 불충분한 중등교육 준비 상태의 고등학생을 대상으로 성공적인 교육을 위해 필요한 기술과 동기부여를 위해 설계된 1960년대 '3개 프로그램'에서 시작되었다(United States Department of Education, 2008). 1960년대의 '3개' 프로그램이란, 1964년의 저소득층 고등학생 학업보충 프로그램(Upward Bound), 1965년의 대학 입학 및 재정지원 정보제공 프로그램(Talent Search), 1968년의 저소득층 대학생 학업지원 프로그램(Student Support Service)을 의미한다. 3개 프로그램에서 시작된 TRIO 프로그램은 2009년 9개로 확대되었으나 여전히 TRIO라는 명칭을 사용하고 있는 바가 시사하듯이, UB, TS, SSS의 3개 프로그램이 재정지원 규모나 수혜인원의 측면에서 여전히 가장 높은 비중을 차지하고 있다(남수경, 2009). 이들 프로그램의 목적은 취약계층에 속한 학생들을 지원함으로써 이들이 고등학교를 성공적으로 마치고, 대학에 진학하여 대학 교육을 제대로 받을 수 있도록 하자는 것이다(주미대사관, 2007). 그러나 성인들은 금액이 불충분하고 출석을 필수요건으로 하고 있기 때문에 지원이 제한적이다(Kwon & Schied, 2008).

(2) 국가문해법, 노동력개발투자법, 성인교육 및 가족문해법, 인력혁신과 기회법

1991년에는 「국가문해법(National Literacy Act)」이 제정되었는데, 이는 문해에 관한 국가적 차원의 전문연구기관인 국가문해연구소(National Institute for Literacy) 설립을 위한 근거 법으로서 문해 관련 국가위원회(National Institute Board) 및 관계부처 합동 태스크포스(Interagency Task Force on Literacy)의 설립·운영에 대한 근거 조항을 담고 있다. 동법은 국가적 차원에서 성인문해교육을 추진하는 데에 필요한 기관들의 설립 근거를 제시함으로써 성인문해교육 관련 기관 간의 수평적 협조 체제를 구축하는 데에 기여하였다(변종임 외, 2006).

1998년 「국가문해법」은 「노동력개발투자법(Workforce Investment Act: WIA)」의

「성인교육 및 가족문해법(Adult Education and Family Literacy Act: AEFLA)」으로 통합되었다. 이는 1990년대의 미국 평생교육 흐름이 보편적 문해교육 제공에서 인적 자원 향상을 통한 국가경쟁력 제고로 옮겨 갔기 때문이다(한국교육개발원, 2016). 또한 미국 정부는 「성인교육 및 가족문해법」을 통해 문해교육 실시 범위를 개인 단위에서 가족 단위로 확대시켰으며, 이는 일반 저소득층 및 저학력 가정과 이민가족들을 중점 대상으로 실시되었다(채재은, 2005). 이후 「성인교육 및 가족문해법」은 성인실직자 및 청소년들에게 구직, 고용상담 및 훈련을 제공하기 위해 제정된 「노동력개발투자법」과 함께 매년 미국 연방기금을 지원받는 4,000개 이상의 주정부, 기초자치단체, 지역사회 등의 산하기관들의 성인교육에 대한 지침을 제공하는 연방의 규칙과 규정들로서 미국 성인교육의 근간을 이루게 되었다(평생교육진흥원, 2008).

1998년 한시법으로 제정된 「노동력개발투자법(WIA)」은 2015년 「인력혁신과 기회법(Workforce Innovation and Opportunity: WIOA)」으로 개정되어 2020년까지 운영될 예정이다. WIOA는 미국의 고용, 훈련, 교육 프로그램들을 연계하고 강화하며, 미국의 개인과 국가경쟁력 제고를 위해 만든 법률로서 인력 투자 시스템(Workforce Invest Systems), 성인교육 및 문해교육(Adult Education and Literacy), 「웨그너 페이저 법(Wagner-Payser Act)」, 「1998년 재활법 수정안(Rehabilitation Act Amendments of 1998)」, 일반 규정(General Provisions) 등, 총 5편의 법률로 구성되어 있다. WIOA 법률의 목적은 다음과 같다(한국교육개발원, 2016).

① 자국민들, 특히 고용에 제약이 있는 사람들에게 고용, 교육, 훈련 기회 확대
② 노동시장에서 계속 일할 수 있도록 지원하는 서비스 제공
③ 인력 개발 시스템과 인력 투자, 교육, 경제 개발 시스템을 연계하여 포괄적이고도 접근 용이하며 질 높은 미국 인력 개발 시스템 구축
④ 기업에 필요한 숙련 노동력 공급
⑤ 근로자들에게 가정을 유지할 수 있는 임금 및 고용안정성 보장

(3) 기타 관련 법

이 밖에도 1990년대에 들어서면서 미국은 평생교육을 활성화하기 위하여 각종 법안을 개정하였다. 이때 개정된 법안들로는 직업교육 활성화를 위해 1994년 개정

된 「국민교육법(Educate America Act)」, 「미국 학교교육 향상법(Improving America's School Act)」, 학교교육과 직업교육 연결 시스템을 확립하기 위해 제정된 「직업교육법(School-to-Work Opportunities Act)」 등이 있다(변종임 외, 2006).

또한 성인교육의 재정적 지원을 위한 법안으로 1997년에 「납세자 조세감면법(Taxpayer Relief Act)」을 제정하여 미국 성인에 대한 대학 비용의 지원을 상향 조정하고, 평생학습을 촉진시키기 위하여 생애학습 조세 감면 크레디트(Lifetime Learning Tax Credits: LLTC) 프로그램을 지원하고 있다. 또 「빈곤가구 한시적 보조법(Temporary Assistance to Needy Families)」을 통하여 사람들이 공적인 보조를 받는 것을 탈피해서 직장을 얻도록 연방정부가 주정부를 지원하는 정책을 펴고 있다. 이 프로그램은 지원받은 수혜자들의 50% 이상이 직장생활을 할 수 있도록 주정부한테 지원을 요구한다. 이 법률은 직장생활 중 직업훈련이 가능하게 하고 있으며, 직업능력훈련 또는 고등학교에 출석하는 개인들에게는 직장생활 참여 요건으로 30% 이상 주정부가 허용하는 것을 금지하도록 규정하고 있다(평생교육진흥원, 2008).

6. 미국 평생교육정책의 방향

미국 평생교육정책은 성인의 계속교육을 통한 경제침체 및 노동시장 위기 극복, 대학의 위기 극복, 이민자 및 영어 구사능력이 떨어지는 성인들의 문해력 향상, 교육기회의 평등성 실현, 민주적 시민성 형성 등의 방향으로 전개되고 있다(한숭희, 2004). 그동안 특별히 미국의 성인교육은 경제발전의 동력으로서 학력 취득과 직업능력교육을 일관되게 강조해 왔다. 즉, 교육은 미국의 생산성 향상에 주된 공헌을 해 왔고, 이에 따른 학력의 증가는 경제성장에 밀접하게 관련된다는 인식이다(평생교육진흥원, 2008).

근래에는 전 세계적으로 고등교육의 대중화가 가속화되면서 미국 평생교육 분야에서도 고등교육의 역할 강화에 대한 요구가 지속적으로 증가하는 추세이며, 국가 주도형이 아닌 시장 메커니즘에 의해 작동되는 미국 평생교육의 특성을 강하게 보이고 있다. 이는 저소득층을 비롯한 소외집단을 대상으로 하는 특정 평생교육 분야 외에는 국가가 평생교육정책에 주도적으로 개입하지 않으며, 각 기관 및 기업, 지역사회 등이 자율적으로 평생교육활동을 실시하고, 개인 학습자가 일상생활에서 자발적인 무형식 학습활동을 하고 있는 형태다(교육부, 한국교육개발원, 2016).

2008년부터 미국 정부는 새로운 일자리 창출을 위한 과학기술교육에 많은 관심을 기울여 왔다. STEM이란 과학(Science), 기술(Technology), 공학(Engineering), 수학(Math)의 머리글자를 딴 미국식 융합교육을 일컫는 것으로, 이들 각 분야를 구분하지 않은 융합교육을 통해 융합적 성향의 새로운 인재를 키워 내자는 목표를 가지고 있다(이효녕, 2011). 미국 정부는 이러한 STEM 교육이 세계 주도권을 유지하는 핵심이라는 것을 인지하고 학령기 아동부터 이 분야에 관심을 가질 수 있도록 교육할 뿐만 아니라 이를 위한 우수 교사 인력, 교육 시설, 기자재 확충에 힘을 기울여 왔다. 또한 직업교육 분야에서도 STEM 분야의 능숙한 인력 양성을 강조하였으며, 수준별로 맞춤화된 맞춤형 교육으로 주류와 비주류(여성, 소수민족 등) 간, 경제 수준 간 STEM 역량의 격차를 해소하고자 노력하고 있다(한국과학기술기획평가원, 2011). 이처럼 미국의 평생교육정책은 급변하는 과학기술에 발맞춰 경제성장과 일자리 창출, 교육평등 실현, 성인문해 등을 꾸준히 지원하는 방향으로 추진되고 있다.

7. 미국 주요 평생교육정책의 내용

1) 직업교육/훈련 정책

미국의 직업교육/훈련 체제는 고등학생 및 대학 재학생을 대상으로 학교 체계 내에서 실시되는 직업관련 기술교육이 이루어지는 직업교육과 미취학 청소년 또는 일반 성인을 대상으로 주로 작업현장에서 이루어지는 실기 위주의 학습활동, 즉 직업훈련으로 분리되어 실시된다. 또한 일반교육과 직업교육 과정의 경계가 약화되어 있으며, 노동조합의 힘이 미약한 대신 주정부 등 지방자치단체가 교육훈련에 미치는 영향이 크고, 진로교육을 위한 상담제도가 잘 발달되어 있는 특징을 가지고 있다(한국직업능력개발원, 2009).

미국의 직업교육/훈련 정책은 노동부와 교육부 양 부처의 주관으로 직업기술훈련이 노동부 관할하에 있고, 중등 단계의 직업교육 및 커뮤니티 칼리지의 직업교육

표 3-1 미국 직업교육/훈련 정책 목표

	노동부	교육부
목적	1. 근로자 소득 향상 및 불평등 해소 2. 근로자들이 지식기반 경제에서 성공할 수 있는 지식과 기술 보장 3. 노동시장에서 이탈한 근로자들의 재취업 도움 4. 중산층 가구 경제 유지 존속 보장 5. 임금 및 초과임금 보장	1. 질 높은 중등 후 교육의 성공과 완성을 향상시키는 것 2. 학생을 위한 연방보조금을 학생과 부모에게 효과적이고 효율적으로 전달하는 것 3. 성인학습자와 장애인들의 고등교육, 고용 및 생산적 삶을 위하여 준비하는 것
구체적 목표	1. 중간층 취업 증대를 위해 필요한 자원의 근로자 제공 2. 자원봉사 인구에 대한 기회 제공 프로그램의 향상 3. 혁신적인 기금 메커니즘, 엄격한 연구 및 평가를 통한 서비스의 효과성 증대 4. 지역에 대한 파트너십과 협동 확대 5. 녹색 직업 및 건강 부문 직업에 대한 투자와 고수요 산업 부문의 전략 촉진 6. 연방기구와의 파트너십 구축 7. 근로자와 고용주의 요구에 충족하는 지속적 인력 체제 개발	1. 독해 및 수학, 문제해결, 팀워크, 의사소통 기술 등을 요구하는 직업의 요구를 충족시키기 위한 성인들의 기초교육 프로그램 이수 및 커뮤니티 칼리지 자격증 또는 학위 취득 지원 2. 교육 프로그램의 전환을 통한 성인들의 고등교육기관 준비, 입학, 졸업을 위한 교육과 훈련의 가교 역할 3. 장애인들의 취업 및 직업준비와 생산적 삶을 살도록 하기 위한 직업재활 지원

출처: 권인탁, 임영희, 2012, p. 254에서 재구성.

이 교육부 관할하에 있으며 1980년대 이후에는 인적 자원의 질 향상이라는 정책 기조에 따라 양 부처가 협력하여 직업교육과 일반교육 및 직업훈련 간의 종합적인 연계 체제 구축을 위하여 활발히 노력하고 있다(주미대사관, 2007). 이들 두 부처의 직업교육/훈련 정책 목표를 살펴보면 〈표 3-1〉과 같다.

(1) 직업교육 정책

미국의 직업교육은 중등단계학교와 고등교육기관으로 나누어 살펴볼 수 있다. 중등단계학교의 직업교육은 종합고등학교의 실업계 과정, 직업고등학교, 지역, 직업학교 등에서 실시되고 있으며, 고등교육기관의 직업교육은 커뮤니티 칼리지, 기술대학, 기술계통의 각종 사립학교를 중심으로 이루어지고 있다. 또 최근 들어 산업

현장에서 필요로 하는 인력을 양성하기 위한 Tech Prep 프로그램, 청소년 도제 프로그램, 협동교육 프로그램과 같이 학교와 직업세계 연계를 촉진하기 위한 각종 학교-직업이행 프로그램들도 활발히 운영되고 있다(주미대사관, 2007). 미국의 직업교육 체제는 [그림 3-2]와 같다.

이들 중·고등 직업교육 및 관련 프로그램은 연방 재원을 지원 받는데, 이를 지원하는 「퍼킨스 법령(Perkins Vocational and Applied Technology Education Act)」은 1990년 발효된 것으로서 학문 및 직업기술이 세계적인 기술시대에서 응용될 수 있도록 하기 위한 목적을 가지고 있다. 이 법안은 처음에 모든 사람들을 위한 것이었으나, 수정된 법안에서는 ① 학문 및 직업교육의 통합, ② 노동력 준비를 위한 각 교육 분야 사이의 조정, ③ 학교와 직업 간의 밀접한 관계 정립에 중점을 두고 있다(최은수, 2004).

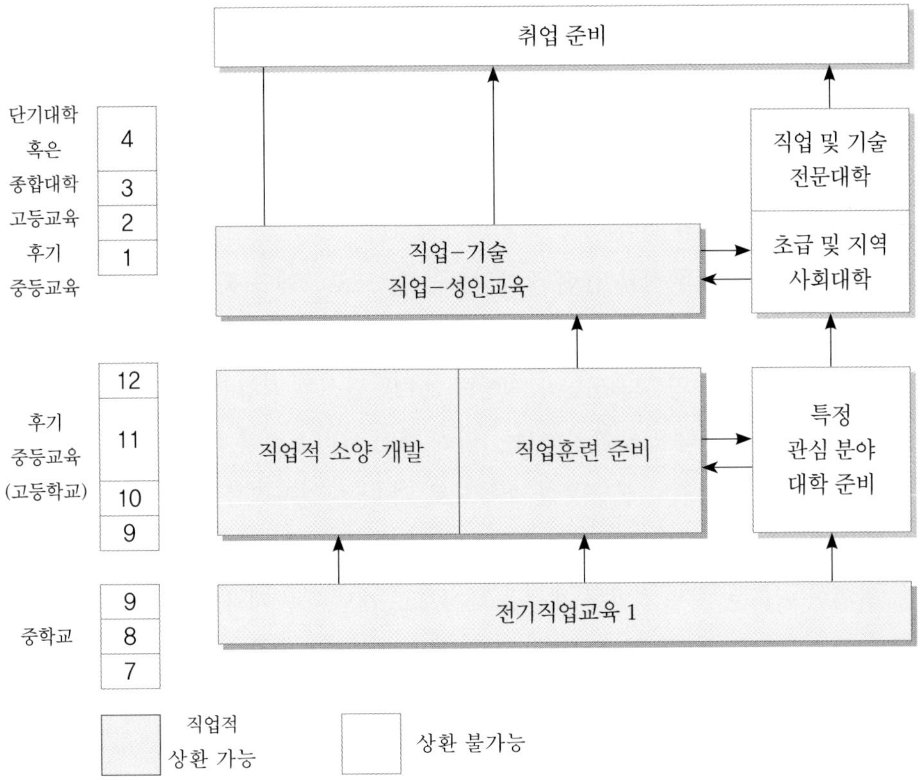

[그림 3-2] 미국의 직업교육 체제

출처: 한국직업능력개발원, 2009, p. 4.

한편 정부로부터 공적 지원을 받아 직업교육을 실시하는 대표적 고등교육기관인 커뮤니티 칼리지(Community College)는 크게 학위과정과 비학위과정으로 구분되며, 내용적으로는 ① 직업교육과정, ② 편입학 교육과정, ③ 일반교양 교육과정, ④ 지역사회 교육과정으로 나눌 수 있다(교육인적자원부, 2004). 이 중 직업교육 프로그램 및 교육과정으로는 ① 2년제 학사학위 취득 프로그램, ② 기관 자격증 취득 프로그램, ③ 산업 기술 자격증 프로그램, ④ 다양한 직업 관련 기술 습득을 위하여 제공되는 비학점 교육과정이 있다(주미대사관, 2007).

(2) 직업훈련 정책

미국의 연방정부가 지원하는 직업훈련제도는 훈련 대상자의 자발성에 기초하여 크게 두 가지로 구분할 수 있다. 하나는 근로연계복지(Welfare to Work) 정책 내의 프로그램들로 공적 보조금의 혜택을 받는 사람들은 의무적으로 참가해야 하는 직업훈련이며, 다른 하나는 직업훈련을 받기를 원하는 사람들이 자발적으로 지원하여 훈련받을 수 있게 하는 제도다(지민웅, 2007). 미국의 직업훈련 프로그램은 노동부, 교육부, 국방부에서 실시하고 있으며, 지역 대학에서는 도제교육훈련 프로그램(Apprenticeship Training)을 실시한다. 미국의 직업훈련 정책에 따라 실시되는 프로그램들은 〈표 3-2〉와 같다.

또한 미국은 직업훈련과 관련된 다양한 연방 프로그램을 통합하여 원스톱 직업진로센터(One-Stop Career Center)에서 이루어지도록 하고, 연방, 주 및 지방정부가 역할 분담을 통해 운영한다(권인탁, 임영희, 2012). 원스톱 직업진로센터의 운영은 원하는 사람이면 누구나 접근할 수 있는 1단계 핵심 서비스, 1단계 서비스를 받았으나 여전히 실업 상태이거나 불충분한 소득으로 더 나은 일자리를 찾는 사람들에게 개인별 집중 상담을 제공하는 2단계 집중 서비스, 1단계 및 2단계 서비스를 거쳤는데도 취업이 어려운 매우 취약한 계층을 대상으로 개인훈련 계좌를 통한 훈련을 제공하는 총 3단계의 서비스를 제공하고 있다(지민웅, 2007). 이와 같은 원스톱 직업진로센터의 운영 체제를 도식화하면 [그림 3-3]과 같다.

표 3-2 미국의 직업훈련 프로그램

관련 부처	프로그램 명	지원 대상 및 주요 내용
노동부	Adults and Dislocated Workers Program	18세 이상 성인 및 실직자 대상으로 프로그램을 통한 취업 상태 회복, 구직기술교육(Core Service), 개인 구직 계획 수립, 커리어 상담(Intensive Service) 등 직업 기본기술교육(Training Service) 실시
	The OSHA Outreach Training Program	노동부 산하 보건국에서 실시, 근로자들에게 작업환경 및 산업안전 교육, 근로자 권리, 고용주의 책임 등에 관한 교육 실시, 초급/일반 근로자 10시간, 중급 이상 현장 안전 책임자 30시간 교육 실시
	Senior Community Service Employment Program	55세 이상 저소득, 실직 상태 노인, 가족 소득이 연방 저소득층 기준 125% 이하인 자, 퇴역군인, 장애인, 문맹 및 문해능력이 낮은 노인, 교외 지역 거주자, 노숙인 및 노숙 위험군, 구직 실패자 노인 대상, 지역 고용 센터에서 훈련 후 취업 지원
교육부	College and Career Readiness	성인교육 참여를 통해 고등교육, 직업훈련 혹은 고용 및 경력 개발을 위한 학문적 숙련도 향상을 목표로 함
	Workforce Preparation	참여자들은 고용 가능성을 높이기 위한 각종 숙련, 즉 디지털 사용 능력, 문제해결 능력, 비판적 사고, 의사소통, 시간관리 등을 교육 받음
	Career Pathways	참여자들의 경력 목표를 달성하기 위한 각종 교육 및 훈련 프로그램, 직업 선택에 대하여 공부할 수 있음
국방부	Voluntary Education Program	전역군인을 위해 교육기관과 MOU를 통한 교육 제공 고교 졸업학위 과정, 기초 학문능력 과정, 대학 과정, 학점 취득 과정, 자격증 과정, 언어 및 문화 프로그램, 학비 지원, 해군을 위한 대학 과정 등 제공
	Service Members Opportunity College	근무지를 자주 옮겨야 하는 군인의 특성을 고려하여 재직 중인 군인과 그 가족의 학위 과정을 지속할 수 있도록 지원
지역 대학	Apprenticeship Training	현장 경험과 지역대학 학교교육을 병행하여 직업능력을 향상하는 과정

출처: 한국교육개발원, 2016, pp. 129-131 내용 및 한국직업능력개발원, 2017, p. 207 표 내용 재구성.

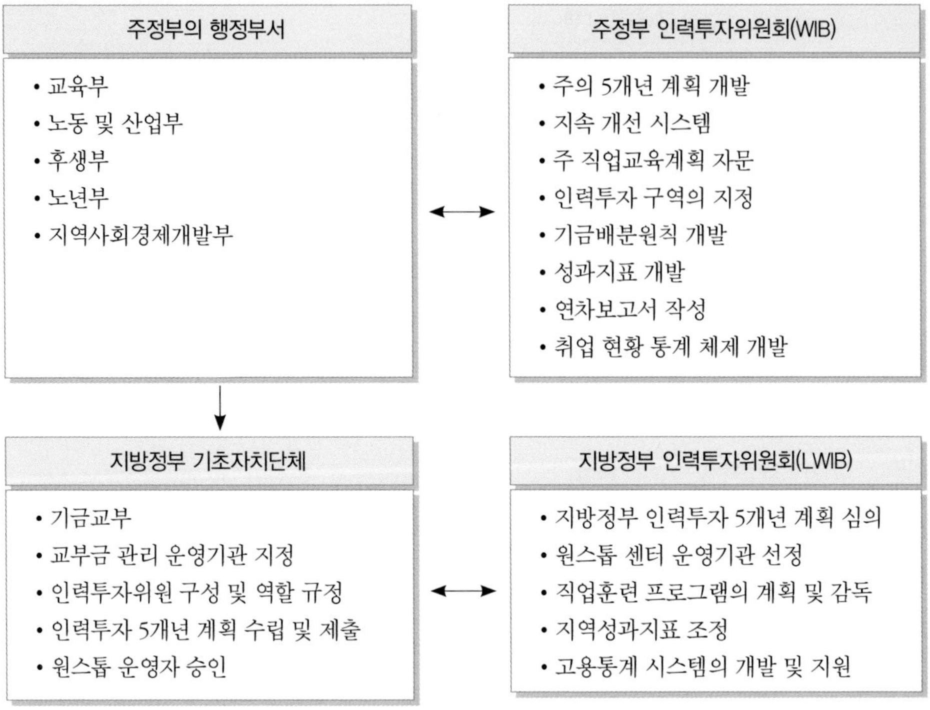

[그림 3-3] 원스톱 직업진로센터의 운영 체제

출처: 권인탁, 임영희, 2012, p. 258.

2) 성인 기초/중등교육, 문해교육 정책

미국에서 국가가 주도하고 있는 프로그램들은 주로 성인기초교육, 성인중등교육, 영문해 교육 등에 집중되고 있다. 성인기초교육(Adult Basic Education: ABE)이란 읽기, 쓰기, 말하기, 문제해결, 계산 등의 기초문해 관련 능력을 보충하기 위한 것이며, 성인중등교육(Adult Secondary Education: ASE) 프로그램은 비정규 과정을 통하여 고등학교까지의 졸업장을 취득하도록 지원하는 프로그램으로서 GED test, 외부 학위수여 프로그램(external diploma) 등이 여기에 해당된다. 또한 이민자 및 영어 구사능력이 떨어지는 미국 내 거주민을 대상으로 영어문해 프로그램이 실시되고 있다(한숭희, 2004).

이러한 성인교육 및 문해교육제도는 「성인교육 및 가족문해법(AEFLA)」에 의해 운영되는 일련의 프로그램들이며, 주로 소외계층의 성인학습활동에 초점을 둔다.

표 3-3 미국의 성인기초교육 프로그램

프로그램 종류	내용
ABE (Adult Basic Education)	자격: 고등학교에 다니지 않는 16세 이상의 미국인 중에서 읽기, 쓰기, 수학, 말하기 중 하나 혹은 그 이상의 영역에서 12학년 이하의 학력을 소유한 자 공립학교, 도서관, 지역기반 단체 등 다양한 장소에서 수강 가능, ABE 프로그램에서는 읽기, 쓰기, 수학, 고등학교 입학 자격 준비, 제2외국어로서의 영어교육 등을 제공
ASE/HSE (Adult Secondary Education / High School Equivalency)	9학년 이상 수준의 기초학력을 가지고 있다고 판단되는 참여자들은 고등교육 입학이나 고등학교 졸업 자격을 준비할 수 있음
ESL (English as a Second Language)	영어가 모국어가 아닌 참여자들이 영어로 읽기, 쓰기, 말하기, 듣기 교육을 통해 ABE, ASE 혹은 HSE 프로그램에 참여하거나 직업 훈련 및 취업을 준비할 수 있음

출처: 한국직업능력개발원, 2017, p. 207 표 내용 재구성.

또한 이에 대한 기금은 연방정부가 전부 또는 부분적으로 지원하고 있다(평생교육진흥원, 2008). 한편 연방정부는 범국가적 차원에서 저학력, 비문해 성인 등과 같은 교육 소외계층 지원 방향을 수립하고, 관련 기초 연구를 지원하는 데 역점을 두는 반면, 주 정부와 민간단체는 해당 지역별로 다양한 성인학습과 문해 프로그램을 개발하고 운영하는 데에 주력해 왔다(변종임 외, 2006). WEFLA에 의해 시행되는 주요 성인기초교육 프로그램은 〈표 3-3〉과 같다.

3) 대학 평생교육정책

미국에서 대학 평생교육은 학점을 위한 많은 과정과 프로그램을 제공하거나 비학점제인 직업 또는 비직업 프로그램을 제공하고 있다(교육인적자원부, 2004). 미국 대학의 평생학습기관은 역사적으로 19세기 초에는 대학 확장(University Extension), 1980년대 이후는 계속교육(Continuing Education), 2000년대에는 대외협력 체제(Outreach System) 등의 기능으로 발전해 왔으며, 오늘날에는 성인학습을 위한 기능이 다양화, 광역화 및 전문화되면서 지역주민을 위한 프로그램에서 주(state), 미국 전역(nationwide), 지구촌(globalization) 교육 시스템으로 확장되고 있다(평생교육진흥원, 2008).

미국 대학 평생교육정책은 1862년 「모릴 토지대여법(Morrill Land Grant Act)」에 의해서 연방정부의 직접적인 재정지원 기반을 마련하였으며, 지역사회 개발을 기본 목표로 하는 「The Smith Lever Act」(1920)와 「The Smith Hughes Act」(1917), 「The Smith Bankhead Act」(1920) 등에 힘입어 주로 토지 대여 대학들이 주도하여 대학 확장 교육활동의 활성화를 이루었다. 이 과정에서 1915년 고등교육의 국가적 체제의 기초이자 일반 확장교육의 상징이 된 '전국대학확장연합회(National University Extension Association)'가 위스콘신 대학교에서 형성되어 성인교육에 대한 협력을 공식적으로 추진하기에 이르렀다. 이후 미국 대학의 성인교육은 '전국대학확장연합회'에 소속된 회원 대학들에 의해 주도되어 왔으며, 현재까지 이 협회는 주로 토지 대여 대학들이 활동을 주도하고 있다(Rohfeld, 1990).

최근 미국 대학 평생교육정책의 특징은 다음과 같다. 첫째, 대학 평생교육의 행정적 운영 구조 속에서 교외 성인교육 운영기관인 '확장교육국'이나 '계속교육국', '성인계속교육국' 등을 구축하여 정규 학생교육 운영 구조와 교외 교육운영 구조를 통합적으로 운영하고 있다. 둘째, 1970년대부터 시간제 성인 학생들의 학위 취득 과정에서 교실수업에 출석하지 않고도 통신학습, 시험학점, 실습학점 등의 방법으로 대체하는 경향이 두드러지고 있다. 셋째, 대학 성인교육의 일환으로 대학 밖의 일반 주민들에게 주 의회와 협력하여 비학점제 과정을 다양한 형태로 운영하고 있다(교육인적자원부, 2004).

4) 기타 소외계층을 위한 평생교육정책

(1) 노인 및 은퇴자 교육

2006년 부시 대통령은 「미국노인법(Older American Act)」의 수정안을 승인하고, 21세기 미국 노인들을 위한 연방정부의 지원 방안과 효과적인 지원 체제를 마련하도록 하였다(AoA, Department of Health and Human Services, 2006). 미국의 노인교육은 이 법률에 근거한 연방정부와 주정부의 지원으로 이루어지고 있다. 미국에서의 노인교육은 고등교육기관, 시 또는 지방자치단체의 성인교육 서비스, 지역사회의 기관 등에 의해서 제공되며 학점 과정과 비학점 과정으로 운영된다(평생교육진흥원,

2008).

노인들은 정부 및 기업의 취업 및 직업훈련에 대한 훈련비 환급 또는 면제 지원 정책에 따라 직업능력, 취업기술 및 직업기술 교육에 참여할 수 있다. 또한 대학에서는 노인들을 위해 학비를 면제하거나 캠퍼스를 이용한 활동들을 제공한다. 뿐만 아니라 노인들은 대학의 원격교육 프로그램을 활용하기도 한다. 더불어 은퇴자 학습기구(Institutes for Learning In Retirement)는 지역사회의 주민을 대상으로 대학에서 지역 노인의 요구와 대학의 목적을 반영하여 만든 기구로서 현재 300여 개 대학에서 실시하고 있다. 이 밖에도 세대 간 학습 프로그램, 여행과 함께 학습을 할 수 있는 엘더호스텔(Elderhostel) 프로그램, 기타 학습기관을 이용한 노인학습 프로그램 제공 등이 실시되고 있다(변종임 외, 2006).

(2) 전역군인의 은퇴 및 직업교육

미국 연방정부의 보훈부(Department of Veterans affaires)는 교육 및 훈련의 도움을 얻으려는 퇴역군인을 위하여 직업재활교육과 특별한 전문훈련 등 다양한 프로그램을 운영한다. 퇴역군인들은 대학, 전문대학, 상급학위 취득 등을 위하여 출석하고, 법에 의해 학비를 지원받을 수 있다. 퇴역군인 대학을 선택해 1개의 전공을 마쳤다고 할지라도 다른 분야 전공을 공부하고자 할 때도 학비를 지원받는다. 또한 비학위 기관을 통한 훈련, 배관훈련, 호텔경영, 소방대원과 같은 형태의 직무 또는 도제훈련, 항공훈련, 독학, 원격학습 및 인터넷 훈련, 통신훈련, 국가검정 프로그램, 창업 훈련, 취업 프로그램 참여, 산학연계훈련 등을 받을 수 있다(평생교육진흥원, 2008).

8. 미국 평생교육 재정

2017년 미국 대통령실 직속 기구인 행정관리예산국(Office of Management and Budget: OMB)이 발표한 정부 예산안에서 교육예산으로 배정된 금액은 약 590억 달러로 2017년 680억 달러보다 13%(90억 달러)가량 감소하였다. 또한 기존에 연방 교육부에서 담당하던 프로그램 상당수가 삭제되었다. 이는 교육에 대한 정부의 역할을 강조하면서 매해 교육예산을 증가시킨 오바마 정부의 기조와는 매우 상반되는

표 3-4 미국 교육부 예산(2018년) (단위: 10억 달러)

	2016년	2017년 Annualized CR	2018년 Request	Change from 2017
Discretionary (without Pell Grants)	45.8	45.7	36.5	−9.2
Pell Grants (discretionary portion)	22.5	22.4	22.4	0.0
Total	68.3	68.2	59.0	−9.2

출처: U. S. Department of Education, 2018. https://www2.ed.gov/about/overview/budget/budget18/summary/18summary.pdf

것으로 교육에 대한 연방정부의 역할을 축소하고, 주정부 및 지방정부의 주도권을 강조하는 트럼프 정부의 의지를 표출하는 부분이다(김지혜, 2018). 미국 교육부 예산은 〈표 3-4〉와 같다.

그러나 저소득층, 소수민족, 장애인, 이민자 등을 포함하는 취약계층 학생 지원 사업은 기존처럼 유지되고 있다. 구체적으로 교육여건이 취약한 지역교육청(Local Educational Agencies: LEAs) 및 학교에 대한 재정지원사업인 Title I 사업 예산으로 2017년보다 10억 달러 증가한 159억 달러를 책정하였으며, 장애학생 지원(127억 달러), 영어교육 지원(7.36억 달러), 이민 학생 지원(3.74억 달러), 지방 학교 지원(1.75억 달러), 원주민 교육 지원(1.43억 달러), 홈리스 학생 지원(6,990만 달러), 비행 청소년 지원(4,750만 달러) 등의 사업이 2017년 예산과 유사한 수준으로 운영된다(U. S. Department of Education, 2018).

2016년 UNESCO에서 발표한 「Global Report」에 따르면 미국의 전체적인 평생교육 예산 규모는 미국 공교육 예산의 0.4%를 차지하고 있다. 미국 연방정부는 주정부 및 지역사회의 직업기술교육(CTE) 및 성인교육, 문해 프로그램을 공식적으로 지원하고 있다. 또한 교육부는 평가, 성과 측정 및 개선, 기술 지원, 연구 및 개발, 혁신적인 프로그램 및 기타 국가 활동을 위해 CTE 및 성인교육에 예산을 지원한다. 2018년 미 행정부는 「Carl D. Perkins Career and Technical Education Act(Perkins Act)」에 따라 CTE 프로그램을 지원하기 위해 9억 9,690만 달러를 요청하였으며, 성인교육 프로그램에는 5억 달러의 예산이 요청되었다.

표 3-5 미국 교육부의 직업기술교육(CTE: Career and Training Education) 예산 (단위: 백만 달러)

	2016년	2017년 Annualized CR	2018년 Request
State Grants	1,117.6	1,115.5	949.5
National Programs	7.4	7.4	27.4
Total	1,125.0	1,122.9	976.9

출처: U. S. Department of Education, 2018. https://www2.ed.gov/about/overview/budget/budget18/summary/18summary.pdf

CTE 프로그램은 미국의 일자리 창출 문제와도 직접적으로 연결되어 있으므로 교육부 예산의 감소 추세에도 불구하고 양질의 CTE 프로그램을 시행하기 위한 정부의 지원은 지속적으로 유지될 전망이다. 또한 미국 정부는 의회와 협력하여 「Perkins 법」 재승인을 통한 CTE 프로그램의 개선을 추진하고 있다. CTE 국가 프로그램(National Program)으로 요청된 2,740만 달러 중 2천만 달러는 과학, 기술, 공학 및 수학(STEM) 분야에서의 직업기술교육 프로그램을 개발하고 확장하는 목적으로 제공된다(U. S. Department of Education, 2018)(〈표 3-5〉 참조).

미국 교육부 예산 중 성인교육 예산으로 책정된 금액은 4억 8,580만 달러로 2017년보다 9천 5백만 달러가 삭감되었다. 예산으로 지원되는 성인교육 프로그램은 성인의 문해력 및 노동력 향상을 목적으로 하는 프로그램들로 고등학교 졸업장이나 그와 동등한 자격이 없는 성인이 문해력을 갖춰 고등교육, 취업 및 경제적 자립에 필요한 지식과 기술을 습득할 수 있도록 지원하는 프로그램이다(U. S. Department of Education, 2018). 2014년 7월 개정된 「성인교육 및 가족문해법」의 「WIOA법」에 따

표 3-6 미국 교육부의 성인교육(Adult Education) 예산 (단위: 백만 달러)

	2016년	2017년 Annualized CR	2018년 Request
Adult Education State Grants	582.0	580.8	485.8
National Leadership Activities	13.7	13.7	13.7
Total	595.7	594.5	500.0

출처: U. S. Department of Education, 2018. https://www2.ed.gov/about/overview/budget/budget18/summary/18summary.pdf

라, 성인교육 프로그램과 연방정부의 직업훈련 프로그램, 중등교육 이후 교육 시스템이 더욱 활성화되었다(한국교육개발원, 2016).

9. 미국 평생교육정책의 시사점

미국 평생교육을 통해서 우리가 얻을 수 있는 몇 가지 시사점은 다음과 같다.

첫째는 평생교육에 있어서 대학의 기여 부분이다. 미국은 대학의 위기를 대학 성인교육을 통해 극복했으며, 현재 미국 대학 평생학습기관은 대외 협력 체제(Outreach System)의 기능으로 발전하고 있다. 2000년대 중반 미국 대학의 성인 학생 등록률은 44%로 증가되었다. 이러한 증가율의 이유는 고등교육기관들이 성인학습자들을 위한 기회를 개방하고, 입학과 수업의 시간과 장소를 더욱 융통성 있게 만들며, 교육과정을 개별화하고, 이전의 학습과 무형식 학습을 학점으로 인정해 주며 성인학습을 담당하는 교·강사를 교수 신분으로 전환시켜 주고, 성인 학생에 대한 서비스를 더욱 강화했기 때문이다(평생교육진흥원, 2008). 이러한 대학의 평생학습에 대한 대안들은 한국의 대학들이 어떻게 위기를 극복해야 하는지, 그리고 평생학습을 위해 어떻게 변화해야 하는지에 대해 시사해 주고 있다.

둘째는 지역사회 평생학습 유관기관과 이해관계자들이 적극적으로 참여하는 파트너십이다. 미국의 평생학습은 지역사회의 특수한 조건을 반영하고 주도적인 지역사회기관의 리더십에 의해 추진되어 의미 있는 효과를 거두고 있다. 우리나라도 2001년 '평생학습도시 조성사업'이 추진되면서 지역사회의 학습도시화 운동이 본격적으로 이루어지고 있지만, 질적 차원에서는 아직도 해결되어야 할 문제점들이 제기되고 있다(한국교육개발원, 2006). 이러한 문제점들의 해결을 위해서는 선진국들의 평생학습을 위한 파트너십 모형 구축 사례들의 고찰이 필요할 것이다.

참고문헌

강원발전연구원(2009). 평생학습사회 구축을 위한 해외 추진체제 사례와 시사점.

교육과학기술부(2011). 교육재정운용의 선택과 집중을 위한 계획. **해외교육동향**, 153, 3.

교육부, 한국교육개발원(2016). 주요국의 교육정책 비교연구.

교육인적자원부(2004). 미국 대학의 평생교육에 관한 연구.

권두승(1996). **평생교육론**. 서울: 교육과학사.

권두승(1997). 미국 성인교육법의 변천과정 및 그 영향에 관한 연구. **평생교육학연구**, 3(1), 255-282.

권인탁, 임영희(2012). 미국 평생직업교육체제의 분석과 시사점. **교육종합연구**, 10(4), 251-279.

김동성(1997). 21세기를 대비한 미국 교육개혁정책과정 연구-한국 교육개혁과의 비교. **동서연구**, 9(2), 165-190.

김지혜(2018. 1. 17.). **2018년 교육예산을 통해 본 트럼프 정부의 신년 교육정책**. 충북: 한국교육개발원.

남수경(2009). 미국 TRIO 프로그램이 고등교육 형평성 제고 정책의 개선에 주는 시사점 분석. **교육재정경제연구**, 18(2), 79-105.

변종임, 이희수, 최돈민, 구교정, 김동은, 김옥남, 박형충, 최종철, 최정하(2006). **각국의 평생교육정책**. 서울: 교육과학사.

이강봉(2012. 9. 24.). 미 과학교육, STEM에서 STEAM으로. The Science Times.

이규환(1992). 영국과 미국 대학의 성인계속교육적 기능 수행에 관한 비교연구. **한국문화연구원논총**, 60(3), 5-34.

이재홍(2010). **미국의 고용훈련정책**. 서울: 한국노동연구원.

이효녕(2011. 2. 25.). STEAM교육 시행을 위한 미국의 STEM 교육 고찰. http://news.chosun.com/site/data/html_dir/2011/02/25/2011022501350.html

임영희(2010). 한국 평생교육정책의 성인학습목적 구현에 대한 연구. 전북대학교 대학원 박사학위논문.

장덕삼(2000). 미국 교육의 개혁 동향. **한국교원교육연구**, 17(3), 191-211.

주동범(2005). 미국의 성인교육 동향과 시사점. **비교교육연구**, 15(3), 199-217.

주미대사관 교육관실(2007). **미국 연방정부의 교육정책 동향-연방교육법을 중심으로**. 서울: 주미대사관.

지민웅(2007). 미국 연방정부의 직업훈련제도. **국제노동브리프**, 4(3), 102-109.

채재은(2005). 미국의 성인문해교육 지원체제 분석과 시사점. **평생교육학연구**, 11(1), 1-22.

최돈민(2003). **주요국의 평생교육 체제 분석**. 서울: 한국교육개발원.

최은수(2004). 미국의 성인고등직업교육훈련 체제 및 교육과정 운영 사례 분석. **비교교육연구, 14**(1), 123-141.

평생교육진흥원(2008). **북미 평생교육 정책동향-미국과 캐나다를 중심으로-**. 서울: 평생교육진흥원.

한국과학기술기획평가원(2011). **미국의 STEM교육 정책 동향**. 서울: 한국과학기술기획평가원.

한국교육개발원(2006). **유비쿼터스 사회에서의 평생학습 활성화 정책 방향 연구**. 서울: 한국교육개발원.

한국교육개발원(2009). 오바마 행정부의 교육정책. **해외 교육정책 · 언론동향, 124**, 1. 서울: 한국교육개발원.

한국교육개발원(2016). **21세기 글로벌 교육개혁 동향 분석 연구 (Ⅳ): 고령사회 대응을 위한 평생교육체제 구축**. 서울: 한국교육개발원.

한국금융연구원(2012). 최근 미국 실업률과 경제성장률 간의 관계 분석. **주간금융브리프, 21**(13), 20-21.

한국직업능력개발원(2008). **미국 연방정부의 교육정책 동향**. 서울: 한국직업능력개발원.

한국직업능력개발원(2009). **주요국의 직업교육 동향**. 서울: 한국직업능력개발원.

한국직업능력개발원(2017). **미국의 「인력 개혁 및 기회법(WIOA)」 개정과 직업훈련 및 성인교육 제도의 변화 동향**. 서울: 한국직업능력개발원.

한숭희(2004). **평생교육론-평생학습사회의 교육학**. 서울: 학지사.

홍의균(1986). 근대 공공도서관 발전의 배경에 관한 연구: 영 · 미 공공도서관을 중심으로. 이화여자대학교 대학원 석사학위논문.

AoA, Department of Health and Human Services(2006). *Modernizing Older Americans Act Programs*. Administration of Aging.

Braverman, M. (1982). From Adam Smith to Ronald Reagan: Public libraries as a public good. *Library Journal*, *107*(4), 107-399.

Delong, B. J., Goldin, C., & Katz, L. F. (2003). *Sustaining US. Economic Growth. In: Aaron HJ, Lindsay JM, Nivola PS Agenda for the Nation*. Washington, D.C.: The Brookings Institution.

Knowles, M. (1977). The adult learner becomes less neglected. *Training*, *14*(9), 16-18.

Kwon, I. T., & Schied, F. (2008). From the Margins to the Mainstream and Back Again A comparison of Lifelong Learning in South Korea and the United States. *Paper presented at the 49th Annual Adult Education Research Conference*. University of Missouri-St.

Louis, June 4-7, 2008.

Lazear, E. P. (2012. 9. 5.). There is no 'structural' unemployment problem, *Wall Street Journal*.

Lewis, T., & Chang, S. (2006). Tracking, Expectation, and the Transformation of Vocational Education. *American Journal of Education*, *113*(1), 67-99.

Rohfeld, R. W. (1990). *Expanding Access to Knowledge: Continuing Higher Education*. Washington, D.C.: NuCEA.

U.S. Department of Education(2008). *A Profile of the Federal TRIO Programs and Child Care Access Means Parents in School Program*. U.S. Department of Education Office of Postsecondary Education Federal TRIO Programs.

U.S. Department of Education(2018. 8. 13. 검색). *Fiscal Year 2018 Budget*. U.S. Department of Education.

Lifelong Education Policies in Major Foreign Countries

제 4 장

캐나다의 평생교육정책

1. 캐나다 평생교육의 역사적 배경

캐나다 성인교육의 역사는 15세기 후반 캐나다에 거주하고 있던 원주민(First Nation)과 유럽 이주민들의 '교육적 만남(pedagogical encounters)'에 기원을 두고 있다(Welton, 2012). 16~17세기 캐나다에 정착한 영국과 프랑스 이주민들은 각각 정착촌을 설립해 어업과 모피 무역을 확장해 나갔으며, 이를 위해 원주민들과의 기술 및 문화적 협력을 꾀하였다. 프랑스와 분쟁 끝에 캐나다의 대부분을 식민지로 소유하게 된 영국은 1763년 파리조약 이후부터 1867년 캐나다가 자치령으로 독립하기까지 약 100년간 캐나다를 통치하였다. 1951년 정식 국가 명을 캐나다로 개칭하였다. 이후 경제인구 유입을 위한 정부의 적극적인 이민정책으로 현재 캐나다 인구는 대다수를 차지하는 영국과 프랑스계 외에도 독일, 중국, 일본, 한국 등 다양한 민족으로 구성되어 있다(최희일, 2001). 이처럼 역사적으로 다문화주의(multi-cultural society)를 표방하는 캐나다는 자신들의 문화를 민족평등주의를 추구하는 '캐나다식 모자이크(Canadian mosaic)'에 비유하고 있으며, 이에 따라 캐나다에서는 이중 언어와 다문화 존중을 기본으로 하는 사회정책 아래 자연스럽게 시민교육적 성인교육이 강조되어 왔다(김현우, 2001).

캐나다 성인교육의 역사적 배경은 1920년대 후반부터 1950년대까지의 '이상주의적 시기(the Idealistic Period)'와 1950년대 초반부터 1980년대 후반까지의 '전문화된 시기(the Professionalized Period)'로 구분될 수 있다(Selman & Selman, 2009). 성인교육 진흥의 이상주의적 시기였던 1920년대 후반부터 1950년대까지는 성인교육의 다양성과 참여자 규모가 크게 확장되었던 시기였다. 이 시기는 제1, 2차 세계 대전과 경제대공황이 발발했던 격동의 시기였다. 그럼에도 불구하고 많은 유능한 인물들이 성인교육 분야로 유입되었으며, 이들은 성인교육이 단순히 개인의 삶을 변화시키는 것을 넘어 사회 전체를 변화시킬 수 있다는 믿음을 가지고 성인교육을 위한 다양한 프로그램과 방법을 개발 및 적용시켰다.

이 시기 주목할 만한 성인교육기관 및 프로그램으로는 전국 Frontier Camp에서 제2언어 교육과 시민교육을 실시했던 Frontier College, 빈민계층을 위하여 협동조합운동의 방법을 적용하였던 Antigonish 운동, 시민들의 실제 삶의 문제를 해결하기 위하여 현지 토의그룹과 다양한 학습 방법을 결합시켰던 Farm and Citizen 포럼, 캐나다인들의 삶을 영화로 만든 the National Film Board of Canada와 다양한 원격 · 통신교육 프로그램이 있다. 또한 1935년 조직된 캐나다 성인교육협회(Canadian Association for Adult Education: CAAE)는 캐나다의 성인교육에 대한 조사기관으로 출발하여 제2차 세계 대전 이후에는 시민교육을 기획 및 진행하는 역할을 담당하였다. CAAE의 시민교육은 캐나다 국영 방송국(Canadian Broadcasting Corporation, C.B.C.), 농촌 라디오 포럼과 협력하여 청취자들의 토의를 통한 의견 보고 및 수렴의 방법으로 진행되었다.

제2차 세계 대전 이후 사회 · 문화 · 기술의 급격한 성장은 캐나다 성인교육에 전문화의 필요성을 증가시켰다. 이에 1950년대 이후 캐나다의 성인교육은 각 주정부 성인교육기관 및 제도의 새로운 변화와 국가정부 수준의 성인교육 지원으로 전문화된 성인교육 시대를 맞이하게 되었다(Selman & Selman, 2009).

Doray와 Rubenson(1997)은 이 시기 제도적 발전의 특징을 다음과 같은 네 가지로 요약하여 설명하였다. 첫째, 각 주정부는 독자적인 형태의 야학(night schools) 제도를 구축해 성인들이 자발적으로 자격증 과정에 등록한 후 교육의 혜택을 받게 했다. 둘째, 많은 봉사단체나 지역단체에서는 직업 전환이나 삶의 질에 도움을 주기 위해 '카운터 학교(counter school)'나 '지역교육시설(community educational services)'을 조직해 운영했다. 세 번째 제도는 실업자들이 직업을 구할 수 있는 가능성을 높여 주기 위해 정부가 직업교육훈련에 대한 수강료를 지원하는 '실업자를 위한 학교(unemployed people's school)' 제도다. 마지막으로, '산업 연수(training in industry)' 제도가 실행되긴 했지만 기업과 교육기관과의 연계가 미흡해 인적 자원 개발의 기초토대와 성인교육정책을 제대로 마련하지 못했다.

1980년 이후 성인교육에 강력한 영향력을 미쳐 왔던 사회적 요구는 경제적 요구의 절실함에 점차적으로 그 힘을 잃게 되었고, 경제 재건과 국가적 경쟁력을 갖추기 위한 국가적 요구에 부응하고자 인적 자본, 과학, 기술을 개발하는 데 성인교육의 초점이 모아졌다. 1984년 CIDA(Canadian International Development Agency)에 의해 발표된 '캐나다 개발 정책의 요소(Elements of Canada's Development Policy)'에서는 에너지와 농업, 산림과 어업과 더불어 세 가지 주요 영역의 하나로 인적 자원 개발을 강조하고 있다(McNie & Andreae, 1995). 1985년 이후로 사립학교와 사설훈련기관들이 생겨났고, 캐나다 직업 전략(Canadian Job Strategy: CJS)도 1985년 조직되어 운영되다가 1989년 노동력 개발 전략(Labour Force Development Strategy: LFDS)으로 대체되면서 노동시장의 민감성과 민간기관의 참여를 강조했다(Doray & Rubenson, 1997). 경제적 부흥이라는 주제로 1994년에 개최되었던 온타리오 주 협의회 보고서의 '평생교육과 경제회생'이란 제목에서도 학습과 소득 간의 관계를 반영하듯이, 연방정부의 예산도 사설 직업훈련기관에 배당되기 시작했고, 캐나다의 고용센터들도 기업, 사설기관, 비영리단체, 지역협의회 등과 직업훈련 협약을 맺기 시작했다. 다시 말해 캐나다 정부는 교육기관의 개혁과 재정적 패턴의 변화를 통해 성인교육을 공적인 자원으로 활성화시키려는 다양한 시도를 꾀하면서 경제적 부활을 추구해 왔다(Doray & Rubenson, 1997).

2. 캐나다 평생교육정책의 정치, 경제, 사회문화적 환경

캐나다 통계청(http://www.statcan.gc.ca)의 인구조사에 따르면, 캐나다의 총인구는 약 3,700만 명이다(2018년 8월 현황). 전체 인구 중 이민자가 21.9%를 차지하며, 2036년에는 [그림 4-1]과 같이 약 24.5%에서 30.0%까지 증가할 것으로 전망된다(Statistics Canada, 2018). 캐나다의 이민자 범주는 경제적인 목적의 입국, 가족 재결합 목적의 입국, 난민과 같은 인도주의적 측면에서의 국제적 의무에 따른 입국의 세 가지 범주로 구분되며, 전체 이민자 중 60% 이상이 경제적인 목적으로 입국한 이민자들이다. 이들은 캐나다의 사회·경제적 개발에 기여하는 것 외에도 캐나다 인구의 민족적·문화적·언어적 구성을 풍부하게 형성하는 데 중요한 역할을 하고 있다(Statistics Canada, 2018).

이처럼 캐나다는 이민이 왕성한 국가로 다문화, 다민족적인 특성을 나타내며, 전체 인구의 16.2%가 자신들을 소수자 그룹으로 인식하고 있다(Council of Ministers of Education, Canada, 2008b). 다원적인 도시 사회라는 특수한 상황은 캐나다의 교육 담당자, 정부관료, 비정부 조직, 그리고 민간사회가 성인교육과 성인학습의 지속적인 도전들에 직면하도록 이끌고 있다.

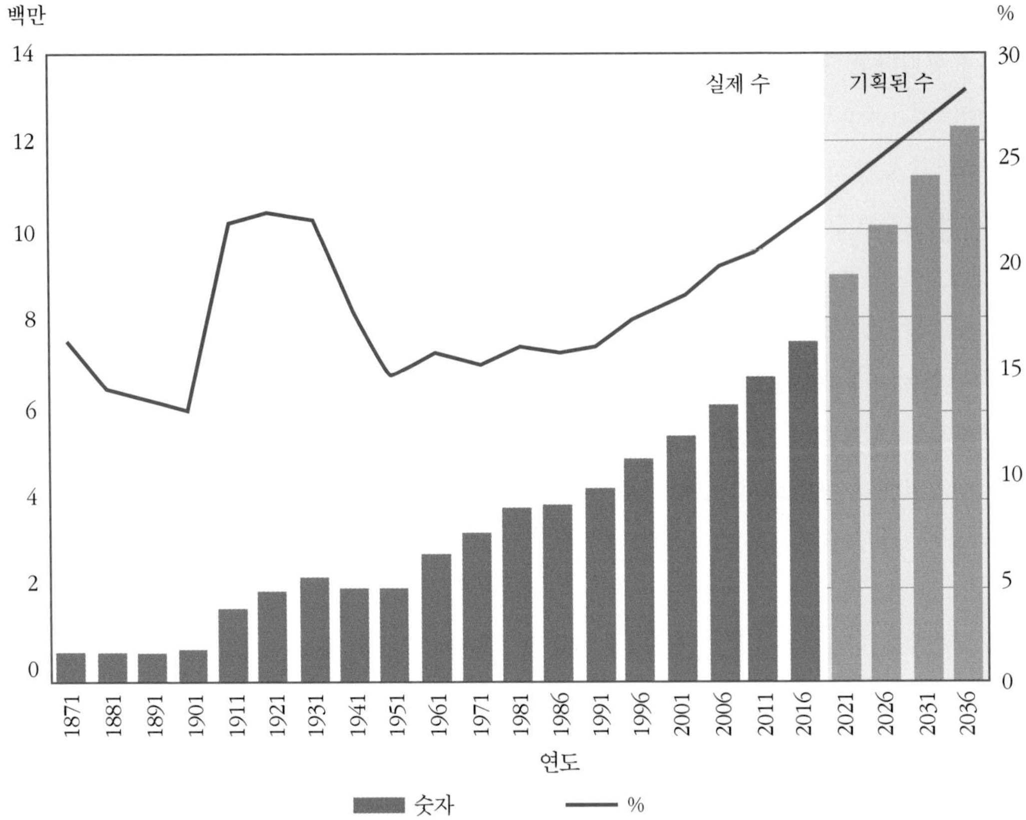

[그림 4-1] 캐나다의 이민자 수의 현황 및 전망(1817~2036년)

출처: 캐나다 통계청(https://www.statcan.gc.ca/eng/dai/btd/othervisuals/other006), 2018년 8월 검색

OECD(2013)의 통계에서는 캐나다 성인(25~64세) 중 50% 이상이 대학, 전문대학, 또는 자격과정 등을 수료해서 중등 이상의 교육을 마친 것으로 집계되었다. 국가별 평생학습참여율 조사에서는 인구의 58%가 평생학습에 참여하고 있는 것으로 나타났으며(OECD, 2017), 교육수준이나 소득이 낮을수록 평생교육에 대한 참여율이 낮은 반면, 교육수준이 높고 젊은 성인일수록 참여율이 높은 것으로 조사되었다(Drewes, 2008).

캐나다 연방정부는 역사적으로 다른 어떤 분야보다 직업교육에 가장 큰 관심을 보였다(교육인적자원부, 2006). 그럼에도 불구하고 현재 캐나다의 실업률은 7.0%를 기록하고 있으며, 청년 실업률은 13.4%에 이르고 있다(캐나다 통계청, 2014년 8월 현황), 각 분야의 일자리는 계속 감소하고 있어, 2013년 12월에는 44,000여 개의 일자리가 감소되었고, 2014년 4월에는 추가로 28,900개의 일자리를 손실했다(밴쿠버 한국일보, 2014. 5. 11.). 이에 캐나다 평생교육정책은 국가 고용 위기를 해결하는 데 초점을 맞추고 있다.

캐나다에는 연방정부 차원의 교육부서나 통합된 국가적 교육 체계가 존재하지 않는다. 캐나다의 교육훈련행정은 연방정부와의 공조 체제 하에서 10개의 주와 3개의 준주에 조직되어 있는 13개의 교육국에서 모든 성인교육과 훈련 전반을 담당하고 있다(Council of Ministers of Education, Canada, 2008b). 각 교육국에는 대개 한 개 이상의 교육부가 설치되어 있다. 이들 교육부는 연방정부 차원의 인적 자원 및 사회개발부(Human Resources Social Development Canada: HRSDC)와 연계해서 평생교육과 훈련 및 인적 자원 개발과 관련된 전반적인 정책을 수립 · 시행하며 국가경제와 노동시장의 요구에 따른 학습환경 구축을 지원하였다(Human Resources Social Development, 2008). 2014년 인적 자원 및 사회개발부는 고용 및 사회개발부(Employment and Social Development Canada: ESDC)로 명칭을 바꾸고, 캐나다의 경쟁력과 캐나다인의 보다 생산적이고 보람된 삶의 선택, 삶의 질 향상을 위하여 다양한 프로그램과 서비스를 개발, 관리, 제공하고 있다(Employment and Social Development Canada, 2014).

3. 캐나다 평생교육정책의 추이 발전

2003년 국제성인 문해 및 기술 조사에서 캐나다는 성인인구의 49%가 성인교육에 참여하는 것으로 나타났다. 이 가운데 53%의 인구는 학습비를 고용주로부터 지원받고 있으며, 41%는 본인이 부담하고, 나머지 8%는 정부로부터 지원을 받는 것으로 나타났다. 또한 2003년 성인의 교육 및 훈련조사에서 성인 인구의 35%가 직업관련 훈련프로그램에 참석하는 것으로 조사되었다(평생교육진흥원, 2008). 주요 프로그램은 크게 기술직업 훈련교육(technical and vocational training)과 교양 및 학술교육(general & academic education) 그리고 성인문해교육(adult & literacy education)으로 나누어지며, 초기에는 시민, 교양교육이 주를 이루었으나 근래에는 직업과 관련된 HRD 프로그램이 증가하고 있는 추세다(이해주, 2009).

2000년대 이후 평생학습과 성인학습에 대한 국가의 우선적인 관심은 성인문해, 접근성 확대를 통한 참여 확대, 질 개선, 다양한 사전학습 존중, 정보기술의 보다 더 효과적인 활용, 연구와 자료로부터 도출된 정책과 성인학습과의 조화 등이었다. 그 예로 캐나다 정부는 2002년 「수월성 성취: 사람, 지식, 기회에 대한 투자」와 「지식의 문제: 캐나다인을 위한 기술과 학습」의 두 보고서와 함께 2002년 '캐나다 개혁전략'에 착수하면서 평생학습과 성인학습을 국가의 우선과제로 정하고 윤곽을 제시했다(평생교육진흥원, 2008).

UNESCO에 따른 평생교육의 정의에 따라 캐나다의 평생교육은 학교와 대학, 전문대학, 도제 프로그램의 초기교육을 대신하거나 연장할 수 있는 성인들이 참여하는 모든 형식, 비형식 교육을 포괄하는 개념으로 접근하고 있다. 이에 따른 평생교육은 성인의 문해 및 기초교육, 중등교육과 동질적인 프로그램의 개발, 직업교육, 제2외국어로서 영어 및 불어교육, 계속교육, 고용확대교육의 범위를 포함한다(Council of Ministers of Education, Canada, 2008a).

캐나다 평생교육정책의 내용은 크게 다음 다섯 가지로 요약된다(Human Resources Social Development Canada, 2008).

1) 노동시장의 요구에 부응하는 훈련환경 구축

캐나다의 교육훈련은 원칙적으로 주정부가 자치적으로 운영하고 있는 바, 이에 대하여 연방정부는 국가 전반의 인적 자원 관련 전략을 수립하고 노동시장의 요구에 부응하는 고용연계 활동이 이루어지도록 환경 구축에 중점을 두고 있다. HRSDC에서는 직업별 인력수요와 함께 각 직업별 필요 학력수준, 업무의 종류 및 난이도를 고려하는 직업훈련 분류 체계를 개선함으로써 직업병 인력수요 전망의 실질적 유효성을 증진하는 데 기여하고 있다.

2) 근로자 복지에 기여하는 노동시장 정책

캐나다 정부의 근로복지 프로그램의 목적은 공정하고, 안정적이며, 협력적인 근로환경을 구축하여 모든 국민의 사회적 · 경제적 복지에 기여하고자 하는 것이다.

구체적으로 HRSDC는 노동시장 관련 정보제공과 개선 기능수행을 목표로 근로자의 보상과 해고방지, 노동법 관련, 노사의 파트너십 프로그램, 근로조건과 안전문제를 책임지는 업무를 담당하고, 일과 생활의 균형이라는 근로복지 프로그램 사이트를 일터에 개설하여 일과 여가생활의 균형에 대한 유용한 자료를 제공한다.

3) 직업교육훈련에의 적극적인 투자

직업교육훈련을 위해 캐나다 연방정부와 주정부는 교육비 혜택 프로그램과 학생대출제도 등 다양한 교육훈련비 지원제도를 통해 지식과 기술습득 기회 증대를 위한 중등이후교육에의 참여 확대를 국가 중점 과제로 추진하고 있다.

4) 산업별 인적자원개발위원회(SC)의 인력수급 기능

전 산업 분야에 자문위원회가 조직되어서 직업능력을 산업과 경제의 요구에 일치시키도록 지원하는 한편, 국민이 평생학습에의 접근이 용이하도록 협력체들과 공동으로 노동시장 정보를 제공하고 있다. 또한 직업능력과 경험을 보장하여 내국인과 외국인들을 공평하게 인정하며, 취업계층이 직면하는 추가적 불이익을 시정하는 실질적 과제를 수행하고 있다.

5) 직업교육훈련의 내실화를 위한 노사정 협력 체제

인적 자원 개발에 필요한 직업교육훈련 프로그램을 개발하기 위해 우선 인적 자원 문제를 분석하고 전략을 수립하기 위해 산업체, 노동조합, 정부가 함께 협동작업을 실시하고 있다. 산업별 인적자원개발위원회(SC)의 구성도 산업 부문별 파트너십 제도(SPI)를 통해 확대되어 노사정 간의 합의 창출과 협력을 적극적으로 도모하고 있을 뿐만 아니라 노사협의회도 연구결과에 기초한 계획을 실행하여 산업체가 요구하는 직업능력 개발 업무를 위한 교육훈련 내용 및 전략을 개발하여 수요자 중심의 실용적인 학습을 제공하고자 노력한다.

4. 캐나다 평생교육정책의 추진 체제와 조직

캐나다의 평생교육 체제는 주정부가 지역의 교육정책을 관할하면서 연방정부 차원에서 교육 전반을 관할하고 있는 체제로 이루어져 있다. 평생교육정책은 각 관할 구역별 사회 · 정치 · 경제적 특성과 학습자의 요구가 반영되어 기획 및 운영된다. 주정부 및 지방 정부부처는 성인교육 및 훈련 정책의 계획, 실행, 평가를 책임지고 있으며, 이는 종종 다른 정부 부처, 비정부 조직, 민간 조직과의 협의 및 파트너십을 통해 수행된다(Council of Ministers of Education, Canada, 2012).

성인교육훈련 제공 주체는 다양하지만 정부의 규제나 통제가 직접 미치지 못하는 곳도 상당수 존재한다. 정부의 영향력이 미치는 기관으로는 학교위원회와 지역사회대학(Community Colleges)이 있는데, 특히 대부분의 주와 준주에서는 지역사회대학이 성인교육과 근로자 훈련의 견인차 역할을 수행한다(Human Resources Social Development, 2008).

캐나다의 평생교육은 교육위원회, 전문대, 대학, 직업교육센터, 성인학습센터, 지역사회, 비영리, 자원봉사 그룹 및 고용주, 노동조합, 사설 단체 및 회사 등 공적 · 사적인 다양한 기관과 조직을 통해 광범위하게 이루어지며, 원주민, 이민자, 여성, 장애우 및 실업자 등 특수 그룹들을 위한 교육까지도 담당한다. 11개의 주정부와 2개의 준주정부들은 연방정부와 협조 체계를 유지하면서 프로그램의 예산을 집행한다(Council of Ministers of Education, Canada, 2008b).

캐나다의 대표적인 성인교육기관으로는 일반대학의 계속교육원(continuing center), community college, 지역의 community center, secondary school 등을 들 수 있으며, 박물관, 도서관 및 기타 시민단체 등도 평생교육을 제공하고 있다(이해 주, 2009). 또한 직업훈련센터(vocational centers), 성인학습센터(adult learning centers), 원주민 고등교육기관(aboriginal-owned and operated postsecondary institution), 커뮤니티 그룹(community group), 비영리단체 및 자원봉사 조직, 고용주, 노동조합, 협회, 그리고 원주민, 이민자, 장애인, 재소자, 실직자, 여성 등 취약계층을 위한 단체 등 평생교육의 제공 주체는 매우 광범위하게 분포되어 있다(Council of Ministers of Education, Canada, 2012).

1) 연방정부 차원-ESDC

캐나다 정부의 평생교육정책은 중앙집중식 운영이 아닌 13개 주정부 차원에서 교육활동을 지원해 주는 체제로 운영되고 있으며, 연방정부 차원에서는 고용 및 사회개발부(Employment and Social Development Canada: ESDC)를 중심으로 평생교육 정책을 실시하고 있다. ESDC는 고용, 기술훈련, 사회개발, 노동관계, 직업환경, 퇴직연금제도 등을 담당하고 있고, 캐나다 연방정부에서 네 번째로 큰 부서이며 13개의 분과(Branch)로 나누어져 있다. 이 중 평생교육과 관련한 분과는 학습과(Learning Branch), 프로그램 운영과(Program Operations Branch), 기술 및 고용과(Skill and Employment Branch), 인적 자원 서비스과(Human Resources Services Branch), 혁신 정보 및 기술과(Innovation, Information and Technology Branch) 등이 있다. 이러한 부서들을 통해 ESDC는 모든 캐나다인들이 학습과 일터에 참여하여 개인의 모든 재능과 기술, 자원을 사용할 수 있도록 하는 정책을 개발하고, 캐나다인들의 생애 주기에 따른 계획을 지원하는 프로그램을 만들고 있다. 또한 고용보장, 작업환경, 리더십 역량 개발 등에서 더 나은 결과를 창출하기 위하여 노력하고 있다(Employment and Social Development Canada, 2014).

기술 및 고용과에 속한 문해 및 필수 기술 사무국(the Office of Literacy and Essential Skills: OLES)는 성인 캐나다인들의 읽기 능력과 필수 기술 향상을 목적으로 전문지식, 프로젝트 예산, 학습도구 및 기타 자원 등을 제공하고 있다(Government of Canada, 2018). OLES를 통해 연방 정부는 캐나다 전역의 파트너와 협력하여 캐나다인들의 문맹 퇴치 및 필수 기술 습득을 위한 각 주 및 준주의 자력 증진을 돕는다. 예를 들어, OLES는 캐나다 비즈니스 네트워크(Canada Business Network: CBN)와 협력하여 기존 인프라를 기반으로 중소기업 소유주와 기업가가 기술 개발에 투자하도록 장려하고 있다(Council of Ministers of Education, Canada, 2012). OLES의 핵심 업무는 다음과 같다(Government of Canada, 2018).

첫째, 전국 및 주, 준주 수준의 범 캐나다 네트워크를 지원하며, 지식 및 정보를 지원하고 전달하는 네트워크 역량을 구축 및 유지한다.

둘째, 문해교육 및 필수기술 교육을 위한 웹 세미나를 운영한다. 이를 통해 문해 및 필수기술 분야에서의 학습 및 역량 구축 기회와 관련 정책 및 계획에 대한 대화의 장을 제공한다.

셋째, OLES 프로그램(OLES 교부금 및 기부 프로그램)에 대한 평가를 통해 문해 및 필수기술 교육의 이해관계자가 프로그램 평가에 참여할 수 있는 기회를 제공한다.

2) 주 교육부 차원

캐나다는 1867년 제정된 헌법에 따라 교육에 대한 입법 및 행정 권한은 각 주 및 준주정부에 있다. 이에 따라 연방 정부에는 교육부가 없으며, 성인교육에 대한 범캐나다 차원의 접근 방식도 없다. 그러나 1967년 설립된 캐나다 교육부 장관회의(the Council of Ministers of Education, Canada: CMEC)가 범캐나다적인 교육협력을 촉진시키는 기구로 운영되고 있다(Council of Ministers of Education, Canada, 2012).

표 4-1 캐나다 13개 주 교육부 명칭

Alberta	Alberta Learning
British Columbia	• Ministry of Education • Ministry of Advanced Education
Manitoba	• Department of Education and Youth • Department of Advanced Education and Training
New Brunswick	• Department of Education • Department of Training and Employment Development
Newfoundland and Labrador	• Department of Education • Department of Youth Services and Post-Secondary Education
Nova Scotia	• Department of Education
Northwest Territories	• Department of Education, Culture and Employment
Nunavut	• Department of Education
Ontario	• Ministry of Education • Ministry of Training, Colleges and Universities
Prince Edward Island	• Department of Education
Quebec	• Ministére de l'Éducation
Saskatchewan	• Saskatchewan Learning
Yukon	• Department of Education

출처: 교육인적자원부, 2006, p. 59에서 인용.

캐나다의 교육제도는 각 주마다 독립적인 특성과 구조를 가지고 있다. 행정 체계에서 각 주의 교육부 장관이 전반적인 운영과 집행의 최고 책임자 역할을 수행하며 보편적 업무는 차관이 감독한다. 또한 어느 주에서든 각종 위원회 혹은 기구가 관련 업무를 상당 부분 위임하여 담당한다는 공통적 특징을 가지고 있다. 주 교육부의 기본 업무는 교육사업 감독, 평가, 연구, 교육과정 구성 및 승인, 교육인사행정 등을 수행하며, 교육의 주된 책임을 지니고 있으므로 교육사업을 위한 공공자금의 충당 및 운용 역시 주 교육부가 담당하고 있다(교육인적자원부, 2006). 캐나다 13개 주의 주 교육부는 〈표 4-1〉과 같다.

이 밖에도 캐나다의 평생교육 추진기구들은 다음과 같다(교육인적자원부, 2006).

- 국가 성인문해 데이터베이스(NALD): NALD(National Adult Literacy Database)는 연방정부와 협력관계에 있는 비영리 성인문해 단체로 성인문해 관련 자료 데이터베이스를 구축하고 제공한다.
- 국가문해기관(NLS): NLS(National Literacy Secretariat)는 국민의 학습능력 향상을 목적으로 1988년 설립된 기관으로 학습자료 개발 및 보급, 문해 프로그램 확산, 문해 문제에 대한 인식 제고, 정보 공유, 문해 연구 등의 활동을 수행한다.
- ABC 캐나다 문해 재단: ABC 캐나다 문해 재단(ABC CANADA Literacy Foundation)은 문해에 대한 인식 확장과 개인의 문해 지원을 목적으로 1990년 설립된 국가 산하 자선 조직으로 기업, 노동자, 교육자, 정부와 파트너 관계를 형성하고 있다.
- 캐나다 문해운동 연합(MLC): MLC(The Movement for Canadian Literacy)은 1978년 설립된 국가 비영리 조직으로 문해교육을 위한 국가포럼, 문해운동, 문해문제에 대한 토론회 개최, 네트워크 운영 등을 실시하고 있다.

5. 캐나다 평생교육정책의 방향

그동안 캐나다 평생교육의 주된 방향은 교육을 필요로 하는 성인의 교육적 접근성을 확대시키고, 지식과 기술의 개발로 시민의 삶의 질을 향상시키는 데 목적을 두어 왔다(Selman & Selman, 2009). 그러나 과연 성인교육이 개인 삶의 질 향상, 사회

통합과 발전에 기여했는지에 대한 의문과 비판이 계속적으로 제기되면서 캐나다 평생교육은 다음과 같은 방향으로 변화하고 있다(이해주, 2009).

첫째, 성인교육의 패턴이 전통적 교육 모형에서 평생교육 모형으로 변화하고 있다. 즉, 교육, 교육자 중심, 학위 중심, 커리큘럼 중심의 제한된 접근 모형에서 학습, 학습자 중심, 비학위 중심, 문제해결식, 능력 중심의 개방적 모형으로 탈바꿈하였다.

둘째, 성인교육 참여에서 여성, 파트타임 학생, 고령자, 원주민 학생 등의 참여가 증가하고 있다.

셋째, 지역사회봉사 차원에서 대학이 지역주민들에게 교육 기회를 적극적으로 확대하고 있다.

넷째, 제공 기관에 따라 평생교육 프로그램의 내용이 전문화, 특성화되고 있다.

6. 캐나다 주요 평생교육정책의 내용

1) 지방 정부의 평생교육정책

캐나다의 각 주별 지방정부는 교육 담당 부서를 통해 성인학습 및 훈련과 관련한 구체적인 정책, 전략 또는 법률을 가지고 있다. 특히, 2009년 브라질의 벨렝에서 개최된 제6차 세계성인교육회의 이후 각 주와 준주는 평생교육과 관련한 정책 및 전략을 지속적으로 개발하고 있다. 주요 지방 정부의 평생교육정책을 살펴보면 다음과 같다(Council of Ministers of Education, Canada, 2012).

(1) British Columbia

브리티시컬럼비아 주의 평생교육과 관련한 법으로는 「BC학교법(BC School Act)」, 「대학 및 연구기관법(College and Institute Act)」, 「학위인증법(Degree Authorization Act)」, 「민간직업훈련기관법(Private Career Training Institutions Act)」, 「산업훈련기관 및 대학법(Industry Training Authority, University Act)」, 「로얄로드 대학법(Royal Roads University Act)」, 「톰슨리버 대학법(Thompson Rivers University Act)」 등의 법이 제정되어 있다.

「BC학교법」에서는 각 지구(district)의 학교들이 성인 학생을 교육 프로그램에 등록시킬 수 있도록 재량권을 부여한다. 대부분의 학교들이 중등학교 과정까지의 성인교육 프로그램을 제공하고 있다. 또한 대학들은 대학 및 연구기관법에 따라 성인들을 위한 기초교육 프로그램을 제공해야 한다.

(2) Quebec

퀘벡 주는 1999년 평생교육정책 협의회를 통해 평생교육 추진 및 전달 체계의 일관성을 보장하는 정부 정책을 개발해야 한다는 강력한 권고를 제시하였다. 이 협의회에서는 문해력 및 성인기초교육, 선행학습평가, 원격교육, 학습을 위한 테크놀로지 사용 등의 이슈가 강조되었으며, 그 결과로 성인교육 및 계속교육훈련에 관한 정부 정책과 2002~2007 액션 플랜이 발표되었다.

이후 퀘벡의 교육, 여가, 스포츠부(the Ministry of Education, Recreation and Sports)와 고용 및 사회연대부(the Ministry of Employment and Social Solidarity)는 정부 정책 실현을 위한 지속적인 노력을 기울이고 있다. 퀘벡에서 추진하고 있는 평생교육정책의 네 가지 목표는 다음과 같다.

① 성인문해 및 기초교육 역량 수준 향상
② 재직자 및 실직자들을 위한 훈련 프로그램의 접근성 제고
③ 문화 및 언어 프로그램을 통한 이민자들의 사회 및 작업장 통합 촉진
④ 성인들의 기술 및 역량 인정 및 자격 취득을 위한 요구의 부응

(3) Nunavut

누나부트 주의 성인학습을 위한 정책 및 전략은 문해수준 향상 및 사회경제적 성공을 위한 성인들의 요구를 기반으로 하고 있다. 이에 누나부트 주의 평생교육정책은 경제적 기회 개발 및 빈곤과 소외 문제 해결을 위한 교육훈련에 초점을 둔다. 성인학습 프로그램은 교육부 및 Nunavut Arctic College에서 제공하며, 타 정부기관, 지역사회, 비영리 단체 및 민간 부분의 참여로 이루어진다.

(4) Ontario

온타리오 주 정부는 근로자에게 적합한 기술과 실직자들에게 필요한 기술을 훈련시키는 쌍방향 직업훈련의 필요성을 강조하고 있다. 온타리오 주에서 추진하는 Skills to Jobs Action Plan은 신규 기술훈련센터 및 시설과 확장을 위한 자금을 지원하고 실직자의 고용훈련을 위한 장기 지원 전략을 포함하고 있다.

(5) Nova Scotia

노바스코샤 정부는 'The New Nova Scotia: A Path to 2020'을 통해 평생교육에 대한 비전을 제시하고 있다. 노바스코샤 주의 비전은 풍부한 지식과 숙련된 노동력을 추구하고 있으며, 주요 목표는 ① 성장하는 노동시장의 기술적 요구에 부응, ② 노바스코샤 주민들에게 더 나은 노동시장으로의 접근을 제공, ③ 평생학습 기회를 위한 정부 체제 강화다.

또한 노바스코샤는 고등학교 졸업장 취득과 취업 기회 증대를 목표로 하는 Jobs Here 계획을 통해 학습자들을 지원하고 있으며, 매년 지역의 Workplace Education 계획으로 고용주가 직원을 위한 맞춤식 교육 및 필수 기술 개발을 실시할 수 있도록 지원하고 있다.

(6) Prince Edward Island

프린스에드워드아일랜드 주에서는 교육부의 2003~2005 인적 자원 개발 전략을 통해 학습성과의 향상과 전문지식 및 기술에 대한 요구 충족을 위한 전략들이 제시되었다. 여기에서는 성인문해 및 평생학습 증진, 노동시장의 요구 부응을 위한 정책적 추진이 강조되었는데, 이는 주정부가 변화하는 노동시장 수요, 계층 간 교육 격차 심화, 글로벌 경제 및 다각화된 경제의 직면에 따른 학습요구 변화를 인식하였기 때문이다. 프린스에드워드아일랜드의 정책 추진은 교육 및 산업 분야에서의 유관 기관들과 파트너십을 구축하여 공동으로 작업하는 접근 방식을 취하고 있다. 예를 들어, 프린스에드워드아일랜드의 혁신 및 선진학습부(Department of Innovation and Advanced Learning)는 Skills PEI와 Holland College와의 파트너십을 통해 문맹 퇴치 및 성인 기초교육(ABE)을 개발, 관리, 제공하고 있다.

2) Learn Canada 2020

2008년 캐나다 교육장관 협의회(Council of Ministers of Education, Canada: CMEC)는 모든 캐나다인을 위한 수준 높은 평생교육의 기회를 제공하는 것을 비전으로 삼고 'Learn Canada 2020'을 공동 선언하였다. CMEC는 'Learn Canada 2020'의 교육 프레임 아래 다른 정부 부처들과 협력하여 유아교육에서 성인교육에 이르는 모든 교육 단계에서 캐나다가 직면한 이슈에 대해 학습하도록 하고 있으며, 다양한 이해 당사자들과 주요 파트너들의 참여를 촉구하고 있다(유네스코한국위원회, 2013). 비록 캐나다에서 공식적인 성인교육이나 성인문해교육에 대한 정의는 없으나 각 지방 정부는 'Learn Canada 2020' 선언에 명시된 범캐나다 차원에서의 평생학습 개념에 대한 공통 비전을 추구하고 있다(Council of Ministers of Education, Canada, 2012).

'Learn Canada 2020'에서 합의한 평생학습의 4대 철학은 다음과 같다(Council of Ministers of Education, Canada, 2008a). 첫째, 모든 아동은 취학 준비를 위한 초기 아동기 학습을 받아야 한다. 둘째, 초·중·고등학생이 학습에 참여할 수 있고 세계적인 수준의 국어, 수학, 과학교육을 받을 수 있다. 셋째, 고등교육의 질과 접근성을 높임으로써 고등교육 수혜 학생의 수를 증가시킨다. 넷째, 성인학습과 숙련 개발의 접근성을 높이고 다양화하며 통합한다.

'Learn Canada 2020'의 주요 활동 영역 및 정책목표를 정리하면 〈표 4-2〉와 같다.

표 4-2 'Learn Canada 2020' 주요 활동 영역 및 목표

문맹 퇴치	캐나다인의 문해율 제고
원주민 교육	원주민과 비원주민 학습자 간의 격차 해소
고등교육제도의 역량	고등교육제도의 장기적 역량 제고, 안정화
지속가능한 발전을 위한 교육	지속가능한 사회에 대한 학습자의 인지도 제고
국제 및 국가대표	범캐나다와 국제사회에 캐나다의 교육과 학습에 대해 효과적, 일관적으로 말할 수 있음
공용어	소수민족의 언어와 제2외국어 프로그램 지원
학습평가 프로그램과 성취도 지표	국내 및 교육제도 평가 프로그램과 성취도 지표의 이행 지원
교육 자료와 연구전략	국내 및 국제적으로 비교 가능한 연구자료 수집, 분석, 확산을 위한 포괄적인 장기전략 수립

출처: Council of Ministers of Education, Canada, 2008a, p. 2를 표로 구성.

3) 학위와 자격 등의 연계 정책

캐나다의 계속적인 이민자 유입 및 산업 인력 부족 현상은 다양한 학습경험을 학위와 자격으로 인정해 주는 정책의 필요성을 야기했다. 이에 캐나다 자격 평가 서비스 연합(Alliance of Credential Evaluation Services of Canada: ACESC), 캐나다 국제자격정보센터(Canadian Information Centre for International Credentials: CICIC), 교육부장관 위원회(Council of Ministers of Education), 캐나다 선행학습 평가 연합회(Canadian Association for Prior Learning Assessment: CAPLA) 등 연방 수준의 위원회들을 중심으로 각 주에서 개발된 다양한 제도들을 시행하고 있으며, 교육기관 및 각 주의 학생 교류 제도도 실시하고 있다(한국교육개발원, 2004). 학위, 자격 연계 정책과 관련된 대표적인 제도들을 정리하면 〈표 4-3〉과 같다.

표 4-3 캐나다 평가인정 제도

제도		주관 기구
Quality Assurance	학위 수여가 가능하도록 기관이나 프로그램을 평가, 인정	CICIC 및 각 주 교육부 산하 기구
Prior Learning Assessment and Recognition(PLAR)	선행학습이나 경험을 표준화하여 직장/학교에서 경력/학점으로 인정	CAPLA 및 각 기관
Foreign Education/ Training Credentials Recognition	외국에서의 자격이나 경험을 캐나다의 것으로 평가, 인정	CICIC, 각 주 소재 기구

출처: 한국교육개발원, 2004, p. 143을 표로 구성.

4) 직업교육훈련 제도

직업교육훈련 제도는 중등학교, 2년제 대학, 종합대학, 사립전문대학, 정부의 보조에 의한 훈련 및 도제 프로그램, 고용주에 의한 공식·비공식 현장훈련, 산업체 연합, 노조, 자원단체의 프로그램 등 다양하게 조직되어 운영되고 있다. 중등학교에서의 직업교육은 대부분 사립학교위원회의 혼합형 학교에서 정규 중등교육 프로그램의 일부로서 직업 코스를 제공하고 있는데, 실질적으로 중등학교에서의 직업교육은 활성화되고 있지 못한 실정이다. 이러한 참여 저조의 원인으로는 참여자 대다수가 문제 청소년으로 구성된 점, 학점 미인정, 노동 근로자에 대한 사회적 편견 등을 들 수 있다. 또한 중등학교 이후의 직업교육 훈련을 위해서는 약 200개의 공공재정 지역사회대학에서 다양한 직업과정을 운영하고 있는데, 제공되는 수공 훈련의 형태는 도제훈련, 중등교육 이후 기술자 과정, 향상 과정, 직업인가 과정 등이 있다. 그 밖에 Vision 2000에 맞추어 대학은 사업주와 학생의 요구에 부응하기 위해 지역사회의 기업과 협동하여 직업교육과정의 기획 · 설계 · 집행에 있어서 새로운 혁신적 방안을 모색 중이다. 사업 내 직업훈련에 있어서 캐나다 첨단기술회사의 과반수 이상이 공식훈련 계획을 가지고 있으며, 1,000인 이상 사업장은 대부분 구체적인 훈련계획을 보유하고 있다. 직업교육훈련을 위해 주정부는 직업교육기관 및 도제 프로그램을 관장하며 연방정부는 국가 인력수요 및 인력 개발 정책을 수립하고 훈련을 실시하는 지방정부 및 산업체에게 기금을 제공한다(Council of Ministers of Education, Canada, 2008b).

캐나다 내에는 지역사회전문대학협회(Association of Canadian Community Colleges: ACCC)에 소속되어 있는 175개의 지역사회전문대학이 있는데 공식적으로는 Institute, University-College, Community College, CEGEP 등의 기관들로 분류된다. Community College 이외의 공립전문대학으로는 브리시티컬럼비아 주의 지역전문대학(Regional College), 앨버타 주의 기술전문대학(Institute of Technology), 온타리오 주의 응용예술과 기술전문대학(College of Applied Arts and Technology: CAAT) 및 농업기술전문대학(College of Agricultural Technology: CAT), 퀘백 주의 CEGEP(College d'Enseignement General Et Professionnel) 등이 있다(Human Resources Social Development, 2008).

지역사회전문대학에서는 전문기술교육훈련과정 및 평생교육과정 등의 취업과 연관된 프로그램 등 단순 기술직에서 창조직까지 다양한 수준과 분야의 프로그램이 제공되며, full-time, part-time 과정은 의료, 경영, 응용미술, 사회사업, 성인재교육과정, 대학진학준비과정 등이 있으며, 일부 대학에서는 수산학, 해양학, 전문의 보조학과 같은 전문 분야 과정도 있다. 또한 직업훈련을 받고자 하는 중등학교 졸업자, 취업을 원하는 대학 졸업자 또는 일반 성인을 위한 평생교육은 2~3년 과정으로 제공이 되며, 일반적인 학과과정과 함께 실무 직업훈련과정을 제공하고 있다. 이로 인해 상당수의 학생이 대학 학위 취득 후 전문기술을 습득하기 위해 이들 학교로 진학하기도 한다(Human Resources Social Development, 2008).

캐나다의 청년 실업은 성인 실업률의 두 배이며, 청소년 노동시장 진입자의 50~60%가 취업기간이 6개월 이하로 취업기간도 짧아 실업률에 큰 영향을 미치고 있다. 청소년이 고용과 진로 개발에 대한 충분한 준비 없이 노동시장에 진입하고 있다는 문제인식에 따라 점증적으로 연방정부와 주정부 차원에서 청소년 고용정책에 조직적으로 개입하고 있다. 특히, 캐나다 연방정부는 청소년 고용전략(Youth Employment Strategy), 캐나다 기회전략(Canadian Opportunities Strategy) 등, 청소년의 요구에 부응하는 방안을 수립하여 캐나다 정부가 직면하고 있는 문제들에 통합적으로 접근하고 있다(Human Resources Social Development, 2008).

청소년 고용전략(YES)은 캐나다 정부가 청년층을 돕겠다는 약속으로, 특히 취업에 장애가 있는 이들에게 정보를 제공하고 기술, 일에 대한 경험, 직장으로의 취업이 용이하도록 하는 데에 필요한 능력을 습득하도록 지원하는 프로그램으로서 17개의 연방부처와 기관의 수평적 계획 아래 이루어진다(Employment and Social Development Canada, 2014).

캐나다의 대표적인 청소년 고용전략 프로그램으로는 경력 쌓기 강조 프로그램, 기술 개발 링크 프로그램, 여름방학 직장체험 프로그램이 있으며, 몇몇 주요 부처의 프로그램 내용을 살펴보면 다음과 같다(Human Resources Social Development, 2008).

- 농업 · 농식품부–농업과 농식품 분야 경력집중 프로그램
- 저당 · 주택조합–인디언과 이누이트 청소년을 위한 주택건설업 인턴십
- 문화유산 관리부–학생, 졸업자, 피고용인의 혁신적 아이디어나 경쟁적 기술로 고용주들이 이득을 얻을 수 있도록 하는 기회를 제공하는 프로그램
- 국제개발청–청소년 국제 인턴십 프로그램(IYIP)
- 환경부–국제환경 청소년단과 과학 분야 청소년 취업훈련 프로그램
- 인디언과 북부 지방 업무부–인디언과 이누이트족 청소년 고용전략 프로그램
- 인적자원사회개발부–지역 차원의 경력 개발 프로그램, 국가 차원의 경력 개발 프로그램, 부문별 경력 개발 프로그램
- 국가연구회–산업연구보조원 프로그램 및 청소년 개발정책

• 외교 · 국제무역부–청소년 국제전문가 프로그램
• 천연자원개발부–과학기술 취업훈련 프로그램

디지털 기술의 발달과 함께 고용시장이 빚는 막대한 혼란은 캐나다의 근로자들에게 채용에 필요한 새로운 기술을 끊임없이 습득해 나갈 것을 요구하고 있다. 그러나 현재의 직업교육 시스템은 대부분 17세 이상 30세 이하의 젊은 세대에게 초점이 맞추어져 있어 고용 안전을 위해서는 평생교육으로 확장시킬 필요가 있다(한국교육개발원, 2018).

이 밖에도 캐나다의 직업교육훈련과 관련된 주요 정책들로는 다음과 같은 제도들이 있다(Human Resources Social Development, 2008).

• 산학협동교육(Co-operative Education): 산학협동교육은 실제 산업현장(직장)으로 학생을 보내어 학습하도록 하는 과정으로 고용주와 지도교수는 학생의 업무수행을 감독하는 책임을 담당한다. 이를 통해 고용주는 세금 혜택, 임금 보조금 지원, 또는 학생으로부터 무료 또는 값싼 노동력을 제공받게 된다. 산학협동 프로그램의 구성은 학교나 지역사회 조직체 등이 담당하는데, 주로 공학, 컴퓨터과학, 상업, 경제학 분야의 학생이 참여하며, 보통 1년 3학기 중 한 학기 동안 산학협동교육을 실시한다.
• 교육수련생 제도(Internship): 교육수련생 제도는 고졸, 대졸 학력의 실업자나 불완전 취업자에게 6~12개월의 유급 직무경험을 제공하는 제도다. 이 제도는 HRSDC나 다른 협력체에서 재정을 지원하고 이들 협력체들과 협력하여 프로그램을 전국에 보급하는데, 협력체의 재정적 기증액수는 연방정부의 기증액수와 동일하거나 그 이상이다.
• 청소년 도제 제도(Youth apprenticeship): 학생이 기능 · 기술 마스터에게 직접 기술을 전수받는 교육 제도로 캐나다는 전통적으로 도제 제도가 발달되어 있지 않아 참여는 저조한 편이다.

5) 중장년층 여성인적자원개발 정책

캐나다 여성들의 고용률은 북유럽의 여성 고용률에 비하여 높은 편은 아니다. 여성고용 현황에서 나타나는 특징은 낮은 임금의 전일제 근로에 종사하는 여성 비율이 높다는 것이며, 파트타임 여성 근로자의 대부분은 소위 열악한 직업(bad job)에 종사하고 있다. 2004년 캐나다 통계청 자료에 따르면, 1940년대 말에서 1960년대 중반까지 베이비 붐 시대에 출생한 여성은 전체 캐나다 인구의 31%를 차지하고 있다. 이들의 취업률은 25~44세 여성의 77%, 45~54세 여성의 75%로 높은 경제활동 참가율을 보이고 있으나 이 중 27%가 파트타임 근로자이며, 이는 남성 파트타임 근로자 비율이 11%인 것에 비해 상당히 높은 비율이다(한국노동연구원, 2007).

중장년층 여성 인적 자원 개발을 위해서는 고용기준, 평등기회정책, 임금정책, 노동시장 훈련정책, 가정직장 양립 정책을 여성노동정책의 다섯 가지 범주로 구분하여 정책을 추진하고 있다. 중장년층 여성 고용훈련과 연계한 정부의 정책은 고용훈련 참여자에게 충분한 지원을 제공하고, 내용을 개인의 수요에 맞추고, 여성의 노동시장 진입장벽을 극복하도록 지원하는 연계 프로그램을 구축하는 데 초점이 맞추어지고 있다(Human Resources Social Development, 2008).

5) 노인 평생교육정책

2008년 기준 캐나다의 65세 이상 노인 인구 비율은 전체 인구의 13%이며, 2050년이 되면 52.5%가 될 것으로 전망되고 있다(OECD, 2008; 조영하, 2009에서 재인용). 고령화사회에 대비한 캐나다의 평생교육정책의 기본 방침은 '노년층의 웰빙(경제적 안정, 삶의 만족, 사회통합)'을 추구하면서 지식기반경제에 부응하는 지식과 기술을 겸비한 노인을 양성하는 것이다(Public Works and Government Services Canada, 1998; 조영하, 2009, p. 33에서 재인용).

캐나다의 고령화 정책은 다음과 같이 몇 가지 특징을 나타낸다(조영하, 2009).

첫째, 청년층과 노년층 간의 연계를 개발시켜 세대 간의 호혜적 관계를 확립하고 사회통합을 도모한다.

둘째, 생애학습, 기술력 향상, 노년에 대한 인식 전환 등의 생애 개발을 개인 차원에서 추구하도록 사회적으로 지원해서 성숙된 노년을 맞을 수 있게 지원한다.

셋째, '보살핌 네트워크' 프로그램을 통해 보살핌을 필요로 하는 노인들에게 보살핌을 지원함으로써 개인적 · 사회적 부담을 줄이는 것이다.

넷째, 노인들이 사회적 네트워크를 유지해서 활동성을 유지하고 건강한 노년기를 보낼 수 있도록 'The New Horizons for Seniors', 'Voluntary Sector Organizations', 'The Canadian Care-giver Coalition: CCC)', 'The Canadian Seniors Partnership' 등 다양한 연계정책을 시행하고 있다.

다섯째, 노인들을 위한 서비스를 제공하는 캐나다는 노인들을 위한 기술 개발(Skills Development: SD) 정책을 시행하여 고용보험 가입자로 하여금 직업기술이 없어 취업하지 못하는 노인들에 프로그램이나 재정을 지원하고 있다.

여섯째, 생애학습계획(Lifelong Learning Plan: LLP) 프로그램으로 노인이 자신의 은퇴자금 일부를 자신이나 배우자의 교육이나 훈련에 지출할 수 있게 지원하는 제도다.

7. 캐나다 평생교육 재정

캐나다의 각 주정부는 교육에 대한 지출의 일부로서 성인학습 및 기술훈련에 예산을 투자하고 있으나 현재 범캐나다 차원에서 성인학습 및 훈련에 대한 총 지출을 계산할 수 있는 공통 예산지표는 없다. 또한 캐나다의 평생교육 체제 및 정책은 13개 주가 상이하고, 다양한 부처 및 기관들이 공동으로 참여하므로 각 주를 아우르는 정확한 예산을 확인하기 어려운 실정이다(Council of Ministers of Education, Canada, 2012).

캐나다의 교육예산은 주별로 상당한 차이를 나타내긴 하지만 2002~2003년 국민총생산의 6.4%로 12% 증가했으며 전체 예산 중 중등 이후의 교육 분야에 해당되는 예산은 67%로 역시 증가하는 추세다. 2005~2006년 회계연도 때는 연방정부, 주정부, 준주정부, 자치정부들이 모든 교육에 757억 달러를 지출했는데, 이는 전체 공적 지출의 16.1%에 해당하는 비용이다(Council of Ministers of Education, Canada, 2008b).

특히, 캐나다 정부는 직업훈련에 많은 관심을 가지고 매년 총 교육비의 20%를 지원하고 있는데, 정부의 직업훈련 비용 부담률이 64%, 학습자 부담률이 27% 수준으로 직업훈련 비용의 지출금액 중 학습자 부담률이 상대적으로 낮은 편이다. 정부가 지출하는 직업훈련 비용 중 연방정부가 부담하는 것은 20억 달러로 약 38% 수준인데, 연방정부는 수업료 세금공제제도, 학자금 대출제도, 자원단체에 의한 보조금, 공공기관의 보조금 조성 등으로 교육훈련 분야의 기금을 마련하고 있다. 기업체들은 훈련비의 일부를 세금공제 받을 수 있으며, 현직훈련 보조금 수령 등 연방정부의 다양한 재정지원 정책이 이루어지고 있는 실정이다(Council of Ministers of Education, Canada, 2008b).

캐나다 정부는 고용혜택과 지원을 위한 노동시장 개발 협약에 승인하고 캐나다 노동력의 양과 질을 모두 높이기 위해 회계연도 6년에 걸쳐 30억 달러를 지원하기로 했다. 이러한 재원은 각 주와 준주의 인구수에 비례해 균등하게 할당되는데, 가장 인구가 많은 온타리오 주의 경우 고용보험 프로그램의 혜택을 받지 못하는 원주민, 이민자, 장애인, 여성, 노인, 문해 및 기초 기술력이 부족한 사람들의 훈련을 위해 6년간 12억 달러를 지원받게 된다. WSI(Workplace Skills Initiative)는 캐나다의 장기적인 경제 계획인 'Advantage Canada'의 중요한 부분을 차지하는데, WSI는 연방정부의 펀드 프로젝트로 고용주와 고용인을 위한 기술력 개발과 인적 자원 훈련을 위해 여러 기관들과 파트너 관계를 구축해서 재정적 지원을 받으며 성과에 초점을 맞추는 프로그램이다(Council of Ministers of Education, Canada, 2008b).

또한 캐나다 정부는 성인의 학습참여를 제고하기 위한 정책으로 평생학습플랜(Lifelong Learning Plan: LLP)을 마련하여 시행하고 있다. 평생학습플랜은 69세 이하의 개인, 배우자 또는 동거인의 전일제 교육훈련 비용을 충당하기 위하여 개인의 퇴직저축연금(RRSP)으로부터 연간 10,000달러까지 대출을 받을 수 있는 제도로 자녀의 학비로는 사용이 허용되지 않는다. 조건이 맞으면 LLP 거래를 시작한 후 4년 차까지 RRSP로부터 기금을 융통받을 수 있으며, 총 20,000달러 이상은 대출할 수 없다. 대출금은 수입에 해당되지 않고, 세금공제에 해당되지도 않으며 10년 이내에 상환해야 하는데, 기간 내에 상환하지 않은 액수는 소득으로 처리한다. LLP를 수혜받기 위해서는 캐나다 국민이며 RRPS에 가입되어 있어야 하고, LLP 학생으로 3개월 이상 지속되고 주당 10시간 이상 소요되는 프로그램에 수강하거나 지정된 교육기관에 전일제로 등록되어 있거나 등록 예정자여야 한다(Council of Ministers of Education, Canada, 2008b).

민간기업의 평생교육 재정지원에 대한 방향은 1995년 Quebec 주가 통과시킨 인력 개발 훈련을 장려하기 위한 법안으로 강화되었다. 이 법안은 100만 달러 이상의 임금총액을 지불하는 고용주는 임금의 1%를 직원들의 교육이나 연수를 위해 투자해야 한다는 내용으로, 그러한 투자를 원치 않는 기업들은 연수를 지원하기 위한 특별 기금에 지불해야만 한다. 최근의 연구에 따르면 이 법이 시행된 1997년부터 2002년에 퀘벡의 사내연수는 21%에서 3%로 증가한 것으로 나타났다(Council of Ministers of Education, Canada, 2008b).

2007년 캐나다의 위원회에서 제출한 보고서에 따르면 캐나다의 기관들이 한 직원당 교육이나 훈련을 위해 평균 852달러를 지출하는 것으로 나타났는데 이 수준은 지난 10년간 크게 변하지 않았으며, 10년간의 물가 상승을 고려한다면 실제로는 17%가 낮아진 것으로 볼 수 있다. 따라서 전체적으로 평생교육에 대한 예산은 여전히 부족한 실정이라고 볼 수 있다(Council of Ministers of Education, Canada, 2008b).

8. 캐나다 평생교육정책의 시사점

캐나다의 평생교육 제도와 정책은 한국의 평생교육정책 실행에 몇 가지 중요한 시사점을 제공한다.

첫째, 공적 제도를 통한 일과 학습의 연계가 필요하다. 캐나다 평생교육정책은 개인 학습자들이 삶의 질 향상을, 고용주들이 인력 수급 및 개발을 위한 투자를 지속할 수 있도록 공적 제도와 규정을 통해 연계된 시스템을 제공한다. 또한 노동시장 정보 시스템(LMI) 체제를 정착시켜 노동시장 정보의 효율적인 활용을 통한 고용 확대를 시도함으로써 노동시장의 요구에 부응하는 훈련환경을 구축하고 있다. 이는 일과 학습의 연계뿐 아니라 현실적인 효용성 증가를 위한 평생학습의 역할에 시사점을 제공한다.

둘째, 소외계층 및 근로자를 위한 정책적 배려다. 캐나다는 국가인적자원개발 정책의 일환으로 투자가 소홀하기 쉬운 성인 인적 자원 개발과 취약계층의 인적 자원

개발 투자를 적극적으로 수행하고 있다. 한국 역시 경쟁력 있는 학습자 집단만이 아닌 모든 학습자 집단에 대한 학습과 직업 기회가 제공되어야 한다. 또한 캐나다는 연방정부 차원에서 실시하는 근로복지 프로그램을 통해 모든 국민의 사회적 경제적 복지에 기여하는 노동시장 정책을 시행해 일과 생활의 조화를 도모하고 있다. 근로자의 스트레스 경감 및 직장에서의 마찰을 줄임으로써 생산성 제고와 근로자의 복지에 기여한다는 점은 한국의 인적 자원 개발 정책이 근로자의 환경 개선 및 복지 차원에서도 고려되어야 함을 시사한다.

셋째, 평생학습에 대한 사회적 인정 확보에 대한 시사점이다. 캐나다는 오랜 기간에 걸쳐 평생학습 및 경험학습, 선행학습의 인정에 대한 요구가 제기되어 왔으며, 이를 정확하고 충분하게 받아들여 정책을 설계하고 시행하였다. 이러한 캐나다의 구체적인 정책 시행 절차와 성공 및 실패요인은 여전히 학력주의의 높은 벽의 문제를 가지고 있는 한국에서 어떻게 평생학습에 대한 사회적 인정도를 확장해 나갈 것인가에 대한 해결 방안을 모색하기 위하여 참고가 될 만한 사례다.

넷째, 평생교육정책의 계획 및 운영의 효율적인 부처별 역할 분담과 긴밀한 협력관계의 필요성이다. 캐나다의 산업별 인적자원개발위원회(SC)가 산업계의 자율적 필요성에 의해 구성·운영됨과 동시에 산업 부문별 이해 당사자는 상호 간의 논의와 협력으로 인적 자원 개발의 활성화 역할을 담당하고 있는 것은 주목할 만하다. 이를 위해 정부는 인건비와 운영비를 포함한 재정지원의 역할을 담당하는 합리적인 역할분담이 이루어지고 있는 점이 중요한 시사점이라고 할 수 있다. 또한 직업교육훈련의 내실화를 위한 인적 자원 문제 분석과 전략 수립 과정에 산업체, 노동조합, 정부의 긴밀한 협력관계가 유지된다는 점 역시 평생 직업교육 정책에 시사하는 바가 크다.

다섯째, 새로 시행할 제도, 새로 시행되고 있는 제도 등에 대한 양적·질적 연구와 장기적 경로 추적 연구 등, 다방면의 연구가 이루어져야 한다. 이런 연구의 축적된 결과물은 기존 제도의 개편 및 보완뿐 아니라 사회 계층, 성별, 인종, 지역 차이 등의 교육과 학습의 장애물을 넘어서 교육과 학습, 특히 고등교육 수준의 평생교육 체제가 모두에게 삶의 기회를 증진시키는 방향으로 나아갈 수 있는 정책적 접근의 밑거름 역할을 하고 있다.

참고문헌

교육인적자원부(2006). 국가단위 평생학습 추진을 위한 전담기구 현황 분석 및 개선방안 연구. 교육인적자원부.

김현우(2001). 캐나다 성인교육 연구: Antigonish Movement를 중심으로. 교육학연구, 39(4), 73-92.

밴쿠버 한국일보(2014. 5. 11.). 캐나다 실업률 침체 우려. http://www.ikoreatimes.com/Article/view.aspx?p=14&aid=37691

유네스코한국위원회(2013). 해외 지속가능발전교육 사례 연구–북아메리카 대학–지역–유네스코 활동 협력. 서울: 유네스코한국위원회.

이해주(2008). 캐나다의 성인교육 현황과 시사점. 평생학습사회, 4(1), 93-111.

조영하(2009). 고령화 사회에 대비한 캐나다의 교육 · 사회정책 패러다임 분석. Andragogy Today, 12(1), 29-55.

최희일(2001). 한 권으로 보는 캐나다 역사. 서울: 가람기획.

평생교육진흥원(2008). 북미 평생교육 정책동향: 미국과 캐나다를 중심으로. 서울: 평생교육진흥원.

한국교육개발원(2003). 주요국의 평생교육체제 분석. 서울: 한국교육개발원.

한국교육개발원(2004). 개방형 고등교육 시스템 구축 방안 연구. 서울: 한국교육개발원.

한국노동연구원(2007). OECD 주요국의 여성고용정책연구: 영국 · 캐나다 · 스웨덴 · 덴마크. 서울: 한국노동연구원.

Council of Ministers of Education, Canada(2008a). *Learn Canada 2020*. Council of Ministers of Education, Canada.

Council of Ministers of Education, Canada(2008b). *The Development and State of the Art of Adult Learning and Education*(ALE). Council of Ministers of Education, Canada.

Council of Ministers of Education, Canada(2012). *Adult learning and education*. Council of Ministers of Education, Canada.

Doray, P., & Rubenson, K. (1997). Canada: The growing economic imperative. In *The Emergence of Learning Societies: Who Participates in Adult Learning?* Pergamon and UNESCO Institute for Education.

Drewes(2008). *Adult Education and Training from a Longitudinal Perspective*.

Employment and Social Development Canada(2014. 9. 검색). http://www.esdc.gc.ca

Government of Canada(2018. 8. 검색). https://www.canada.ca.

Human Resources Social Development(2008. 10. 검색). http://www.hrsdc.gc.ca

McNie, J. D., & Andreae, D. C. (1995). Canada: Official Development Assistance and Human Resource Development. In *Adult Education Through World Collaboration*. Florida: Krieger Publishing Company.

OECD(2013). Education *at a glance 2013: OECD indicator*. Paris: Organizational for Economic Co-operation and Development Publishing.

OECD(2017). Education *at a glance 2017: OECD indicator*. Paris: Organizational for Economic Co-operation and Development Publishing.

Selman, G., & Selman, M. (2009). The life and death of the Canadian adult education movement. *Canadian Journal of University Continuing Education, 35*(2), 13-28.

Statistics Canada(2014. 9. 검색). http://www.statcan.gc.ca

Statistics Canada(2018. 8. 검색). http://www.statcan.gc.ca

Welton, M. (2012). *Unearthing Canada's Hidden Past: A Short History of Adult Education*. Toronto, ON: Thompson Educational Publishing.

Lifelong Education Policies in Major Foreign Countries

제 5 장

프랑스의 평생교육정책

1. 프랑스 평생교육의 역사적 배경

프랑스 평생교육의 역사는 교육–훈련–고용의 총체 속에 포함되어 있다(김영주, 2002). 즉, 프랑스의 평생교육은 '사회 구성원들을 평생에 걸쳐 교육시킨다.'는 목적으로 개인의 총체적 역량을 향상시키는 데 기여하고 있다는 점에서 그 중요성이 강조된다(Pennec, 2004).

프랑스 평생교육 역사의 중심에는 교육사상가 Marquis de Condorcet가 있다. 프랑스 혁명 지도자로 유명한 Condorce는 18세기 공교육의 개혁을 주장하였다. 그는 1791년 '교육에 관한 다섯 가지 각서'를 발표하고, '공교육의 전반적 조직에 관한 보고서 및 법안'이라는 교육개혁안을 의회에 제출하였다. 그는 "교육이 학교를 졸업한 개인을 포기해서는 결코 안 될 것이다. 교육은 모든 연령층을 대상으로 행해져야 한다. 배워서 유효하지 않은 것은 없다. 적령기의 아동들에게 실시하는 교육 못지않게 성인들을 대상으로 하는 2차 교육은 더욱 필요하다."라는 말로 교육의 자유와 공교육의 조직과 정비에 대한 국가의 의무를 강조하였으며, 특히 교육은 모든 연령에 걸쳐서 행해져야 한다고 주장하였다. 이는 평생교육을 공교육 형태로 다루어야 한다는 최초의 제안이었다(김도수, 1994).

1971년 공표된 「Delors 법(Loi Delors)」은 이런 Condorcet의 사상이 사회적 제도로서 구체적 형태를 갖추게 된 법안이었다. 「Delors 법안」은 개인의 지적 욕구 추구와 사회적 정의 실현이라는 개념으로 1971년 7월 16일 공포되었으며, 기업의 직장인들에 대한 평생교육을 의무화하고 있다. 최근 프랑스 노동계와 기업은 근로자 스스로의 입지 개선과 노동력의 질 확보를 위해 이 「Delors 법안」의 실질적인 시행을 적극적으로 요구하고 수용하는 추세다(Pennec, 2004).

그러나 프랑스의 직업훈련 · 교육의 시작을 「Delors 법안」이 제정된 시기와 동일하다고 볼 수는 없다. 오히려 그 시작은 약 200년을 거슬러 올라간다. 1791년 「Le Chaplier 법」이 근로자들의 단결을 금하면서 직업을 가진 기능공들에 대한 교육훈련이 소홀해졌고, 기술 엘리트 교육이 발달하게 되었다. 직업교육시설은 일반 대중에게 직업기초능력을 제공하던 기관에서 엄격한 선발이 이루어지는 기관으로 변화되었으며, 도제식 직업훈련이 점차 사라지고 산업체, 상업회의소, 자치단체 주도의 견습 직업훈련학교로 변화하게 되었다. 1919년 「Astier법」은 18세 미만 청소년들을 위한 직업교육 강좌 개설을 의무로 규정하였고, 그 이후로도 견습생들을 위한 훈련 계약 제도와 직업교육원의 설치가 이루어졌다. 1960년에는 견습직업훈련을 위한 특별법이 재정되었으며, 이 특별법은 1971년 「Delors법」 공표 이후 재정비되어 시행되었다. 이처럼 프랑스의 직업교육 역사는 동업조합의 나라인 프랑스의 작업을 통한 개인 교육의 오랜 역사와 밀접하게 연관되어 있다(김영주, 2002).

한편 Paul Lengrand는 프랑스뿐 아니라 세계적으로 평생교육에 영향을 미친 중요한 인물이다. 현대적 의미의 평생교육론을 제창한 Lengrand는 프랑스 민중교육운동 단체인 '민중과 문화(Peuple et Culture)'를 창설하고 회장을 역임하였으며, 1948년 이후 UNESCO 전문위원으로 평생교육문제 연구에 착수하여 그 성과로 1965년 UNESCO 파리 성인교육회의에서 훗날 「Lifelong Education」으로 번역 발간된 기조논문을 발표하였다. 그 후 UNESCO의 성인교육계획 과장을 거쳐 교육국 비교교육 전문위원으로 재직하였으며, '개인의 출생에서부터 죽을 때까지 전 생애에 걸친 교육(수직적 차원)과 학교 및 사회 전체 교육(수평적 차원)의 통합'을 강조하였다(김도수, 1994).

2. 프랑스 평생교육정책의 정치, 경제, 사회문화적 환경

1958년 발표된 준대통령제 헌법에 바탕을 둔 프랑스 제5공화국은 대통령이 임명하는 총리와 각료로 내각이 구성된다. 국무총리를 수반으로 하여 각종 국가의 임무를 수행하고 결정하며 국무총리는 국회에 대한 책임을 가지고 있다. 국회와 상원이 함께 의회를 결성하고 의회에서는 각종 법안 통과와 정부를 견제하는 역할을 담당한다. 부분 분권화에 기초를 두고 조직된 프랑스의 지자체는 지역, 일반, 지자체 의원으로 이루어져 있으며 지방의원들은 행정 업무에는 참여하지 않고 자문과 동반자 역할을 한다(European Centre for the Development of Vocational Training, 2010).

유럽 국가 중 가장 국토 면적이 넓은 프랑스는 EU 회원국 전체 면적의 1/5을 차지하고 있으며, 1천만 km^2의 배타적 경제 수역을 포함한 광대한 해역을 가지고 있다. 이 중 총 면적의 2/3가 평야로 농업 및 임업 생산 지역이 본토의 82%를 차지한다.

본토는 22개의 지역권과 96개의 도로 구성되어 있으며, 4개의 해외 도(DOM): 과들루프, 마르티니크, 기아나, 레위니옹과 1개의 해외 영토(TOM): 프랑스령 남극 지방, 5개의 해외 지역: 프랑스령 폴리네시아, 뉴칼레도니아, 왈리스 에 푸투나, 마요트, 생피에르 에 미클롱을 가지고 있다(주한프랑스대사관, 2011).

문화적으로 프랑스는 문화, 예술에 대한 개발과 발전, 보급 등이 세계적으로 가장 앞선 국가라는 평가를 받고 있다. 이러한 문화적 우수성은 다양한 문화의 수용과 보편적 향유라는 프랑스 특유의 문화전략에 따른 것으로 역사적으로 다양한 민족과 문화가 혼합된 민족 구성의 특성, 다양한 이방 문화와 민족들을 동시에 접촉할 수 있는 지리적 특수성과도 무관하지 않다(오세정, 2003).

2014년 프랑스 통계청 INSEE(National Institute of Statistics and Economic Studies) 자료에 따르면 프랑스의 인구는 6,582만 명으로, 프랑스는 유럽연합 27개국 중 독일에 이어 두 번째로 인구가 많은 국가다. 또한 European Centre for the Development of Vocational Training(2010)의 보고서는 프랑스가 유럽에서 가장 높은 단기간 출생률을 가지고 있음에도 인구 고령화에 대처하기에는 역부족이라고 하였으며, 프랑스의 '베이비 붐' 세대, 즉 Trente Glorieuses(1945~1975년) 기간에 태어난 세대가 고령화로 인하여 2030년에 프랑스의 인구 고령화는 새로운 국면을 맞이하게 될 것이라고 예상하였다.

2003년부터 2007년까지 2% 전후의 상승세를 보이던 프랑스 경제의 변화는 2008년과 2009년 금융위기로 마이너스 성장을 보인 이후 다시 회복세에 접어들었으나 2012년부터 급격한 성장 둔화를 보이고 있다. 그러나 경제활동참가율과 고용률이 최근 20년 동안 꾸준히 증가하고 있고, 최근 10년에는 70% 이상의 경제활동참가율과 64% 전후의 고용률을 나타내고 있어 전반적으로 개선된 고용현황을 보여 주고 있다. 하지만 25세 미만 청년의 실업률이 전체 실업률의 약 2배인 15~23%로 청년들의 실업문제가 다른 연령층에 비해 심각한 상태다(한국노동연구원, 2014). 〈표 5-1〉은 프랑스의 고용현황 추이를 나타낸 것이다.

표 5-1 프랑스 고용현황 추이

(단위: %)

	경제활동참가율 (15~64세 기준)	고용률	실업률	청년 실업률 (25세 미만)
1992년	67.4	61.3	9.0	18.6
1993년	67.6	60.8	10.0	21.4
1994년	67.7	60.5	10.7	21.6
1995년	67.9	61.0	10.0	20.2
1996년	68.5	61.2	10.6	22.3
1997년	68.2	60.9	10.7	21.4
1998년	68.5	61.4	10.3	21.1
1999년	68.8	61.9	10.0	18.8
2000년	69.0	63.1	8.5	15.4
2001년	69.1	63.7	7.7	15.9
2002년	69.4	63.9	7.9	17.0
2003년	69.9	63.9	8.5	19.6
2004년	70.0	63.7	8.9	20.2
2005년	69.9	63.7	8.9	21.1
2006년	69.8	63.6	8.8	21.2
2007년	69.9	64.3	8.0	18.3
2008년	70.0	64.8	7.4	20.2
2009년	70.5	64.0	9.1	23.6
2010년	70.5	63.8	9.4	22.0
2011년	70.4	63.9	9.2	22.3

출처: 한국노동연구원, 2014, p. 87.

3. 프랑스 평생교육정책의 추이 발전

프랑스 평생교육정책은 제2차 세계 대전 이후 급속한 사회발전과 함께 평생교육이 생산성과 경제성장 요소로 간주되기 시작한 1944~1972년의 발전기, KIPPOUR 전쟁과 석유파동 이후 경제위기를 겪으며 교육정책에 대한 반성이 이루어진 1973~1980년의 실망기, 1981년 이후 다양한 주제, 새로운 차원의 평생교육의 중요성이 부각되기 시작한 재활성화기로 나누어 볼 수 있다. 각 시기에 이루어진 평생교육의 발전에 대해 간략히 살펴보면 다음과 같다(김영주, 2002).

1) 발전기(1944~1972년)

이 시기는 직업훈련과 교육이 경제성장의 기본적인 요소와 고용정책의 본질적인 요소로 부각되기 시작한 시기였다. 제2차 세계 대전 이후 1960년대까지 프랑스에서는 종전과는 다르게 보기 드문 특수 노동인구의 동원과 적응 그리고 생산성 체계의 바탕에 적응하는 것이 사회의 우선적인 요구 사항이었다. 또한 '인간자본'이라는 이론이 전파되기 시작하면서 사회는 점점 빠른 진전 속에 지식 · 노동 · 환경 · 인생의 내용 전부에 대한 변화에 적응하며 일생 동안 지속적으로 배우지 않으면 안 되는 상황으로 변화되었다. 이로써 교육은 획일적 교육이 아닌 직업훈련교육으로 확장되기 시작하였다.

또한 노사 대표들과의 대면과 지속적인 투자가 이루어져야 한다는 정부의 입장은 기본교육은 물론 성인교육 차원의 교육제도에도 영향을 미쳤다. 성인교육에 관한 발안들의 일관성 있는 조직의 최초의 시도로 여겨지는 1959년 「Debré 법」이 제정되었으며, 1963년 국가노동기금(Fonds National de l'Emploi: FNE)의 창설로 계약정책이 개선되었다. 이와 같이 교육의 투자가 이윤을 남기는 첫 번째 투자라는 생각은 이후에도 기술교육, 직업평생교육 및 훈련에 대한 법률과 다양한 제도로 입법화되었으며, 기술발전, 경제성장, 생활수준 상승, 평생교육의 확장이 함께 진전할 것이라던 프랑스의 낙관주의는 30년간 지속되었다.

2) 실망기(1973~1980년)

KIPPOUR 전쟁과 1973년 10월 석유파동으로 인한 프랑스의 경제적 · 사회적 문제는 평생교육의 영역과 정책으로까지 영향을 미치게 했다. 즉, 교육과 노동 속에서 '인간자본'의 개념으로 발전되었던 이러한 개념, 다시 말하면, 교육과 노동 그리고 직업은 상호 불가분의 관계를 갖게 된 것이다. 이러한 현상으로 직업교육을 통한 인력 자본과 그에 따르는 많은 것들이 방치되었다. 이러한 연유로 1976년 7월 16일 자법률은 고용주들이 평생 직업교육에 차여하는 자금 지불의 가능한 방안으로서 구직자들을 위한 교육사업에 자원하여 자금을 지불하도록 개방했다. 이 시기에는 고용에 있어서 교육이 만병통치가 아닌 것으로 드러났다. 즉, 직업을 위한 교육이 우선이 아니었다는 견해와 함께 힘든 추이를 보이는 시기였다. 다시 말해서 교육훈련이 국내의 전망에 한정된 도움과 구조에 그치게 되고 인간자본을 통한 교육의 발전이라는 의도와는 다른 뜻과 정신을 찾음으로써 실망스러운 발전 추이를 보인 시기였다.

3) 재활성화기(1981년 이후)

이 시기에는 경제위기 때 자취를 감추었던 불평등의 감축, 교육을 위한 각 개인의 권리, 자격화에 부여한 중요성, 투자, 노동 상황에 대한 교육 효과, 수련과 교체, 첨단기술 발전, 평생교육 등의 주제들이 중요한 위치를 다시 차지하게 되었다. 1984년의 Rigout의 법률은 정치 전환 이전에 나타난 '평생교육 발전의 약속'과 같은 새로운 체제, 즉 프랑스인들이 평생교육/노동/직장인 연결의 새로운 방안에서 교육제도와 기업을 점점 협력 체제로 전환하도록 제안했다. 즉, 이전의 교육에 대한 직업교육의 기본 정신과 이념을 다시 법률로 재정(좌우중립 정책의 전환)함으로써 제자리를 잡게 함과 동시에 평생교육의 영역 및 의미, 그리고 그 중요성을 좀 더 확장하는 시기로 볼 수 있다.

4. 프랑스 평생교육정책의 추진 체제와 조직

국가교육의 지역화 이후 프랑스 교육은 국가교육과 지방교육으로 대별할 수 있으며 지방교육은 다시 광역권 자치단체, 광역지방자치단체, 기초지방자치단체 등에 의한 교육으로 나누어 살펴볼 수 있다. 교육에 관한 국가와 지방자치단체의 담당 영역은 〈표 5-2〉와 같다(박인수, 2007).

표 5-2 프랑스의 행정 단계별 교육 담당 영역

단계	담당 영역
국가	• 교육기본학제, 국가교육 프로그램의 확정, 교육의 내용과 조직 • 국가학위의 운영과 수여, 대학교육의 자격과 단계적 등급 부여 • 교육직 국가공무원을 비롯한 인적 자원의 충원과 관리 • 교육 예산 및 자원 분배 • 교육정책 통제 및 평가
광역권 자치단체	• 일반계, 기술계, 직업계 고등학교의 건축 및 공사 • 고등학교의 설비 및 운영경비 보조금 지원 • 고등학교 교원, 기능직원, 기술직원의 충원 및 관리 • 학교 지역에서의 교육, 체육 및 문화활동의 조직 • 지역대학의 재정에 대한 일부 지원 • 취업 또는 재취업을 위한 직업교육과 연수를 위한 지역별 정책
광역지방자치단체	• 중학교 건축과 공사, 설비 및 운영경비 보조금 지급 • 중학교 교원, 기능직원, 기술직원 충원과 관리 • 지역의 교육, 체육 및 문화활동 조직 • 학생 교통수단의 조직 및 운영 • 광역지방자치단체 공립 중학교 학생 모집 학군 설정
기초지방자치단체	• 유치원 및 초등학교 설립, 건축, 설비, 운영 및 유지 • 유치원 및 초등학교 시설비와 운영비 관리 • 지역에서의 교육, 체육 및 문화활동 조직 • 학생 등 · 하교 시간 조정, 수업일수 조정 • 교원 이외의 직원 관리 • 빈곤층의 면학 지원을 위한 기금 설치 의결

출처: 박인수, 2007, pp. 21-24를 표로 구성.

국가적 단계에서 평생교육과 관련한 부처는 교육부, 농업 · 어업부, 경제산업고용부, 청소년과 체육부로서 이들 각 부처는 관련 분야의 교육 훈련 및 학위를 책임지고 있다. 특히, 프랑스 교육부는 2004년 국가평생직업훈련위원회(Conseil national de al formation professionnelle tout au long de la vie: CNFPTLV)를 설립하여 운영하고 있으며, CNFOTLV의 주요 역할은 다음과 같다(European Centre for the Development of Vocational Training, 2010).

① 국가적 단계에서 관련 있는 기관과의 유기적인 협력관계 장려

② 평생직업훈련과 도제제도에 관한 제정법 및 규정에 관한 조언
③ 도제제도와 평생 직업훈련의 지역별 정책 파악
④ 평생직업훈련과 도제제도에 배정된 재원의 활용에 관한 연간 보고서 작성 및 의회 보고, 프랑스 직업교육 활성화를 위해 운영

프랑스의 각 지역의회는 16~25세 청년들과 구직자들의 직업훈련을 일차적으로 책임지고 있으며, 직업훈련 위원회, 부서 또는 이사회를 구성하여 행정적 서비스를 담당하고 있다. 이처럼 지역적 단계에서 직업훈련정책과 방안을 조정하기 위한 기관으로는 직업훈련 관련 위원회가 있으며, 위원회의 주요 역할은 다음과 같다(한국직업능력개발원, 2011).

① 지역 정책담당자들에게 자문기관 역할
② 직업훈련의 개발계획서 작성 준비과정의 자문기관 역할
③ 직업훈련에 관여하는 유관기관 협력 도모
④ 직업훈련과 고용정책의 국가적 단계 협력 도모
⑤ 직업훈련과 관련된 정책 분석, 연구, 감독, 평가

프랑스의 평생교육 시스템은 또한 지역사회 중심 평생교육과 학교평생교육으로 이원화되어 있다. 지역사회 중심 평생교육은 주관기관의 경영방침이나 기능에 따라 다양한 프로그램이 운영되고 있는데, 이는 다음과 같은 여덟 가지 종류로 구분될 수 있다(한국교육개발원, 2006).

① 전국적으로 분산되어 있는 전국 직업소개소(Agence Nationale Pour l'Emploi: ANPE), 상공직업협회(Associations pour l'Emploi dans l'Industrie et le Commerce: ASSEDIC), 회계정보관리재단(Foundation de GEstion Commerciale et Information Financière: FONGECI), 임시직훈련기금(Fonds d'assurance formation du travail temporaire: FAFTT) 등의 민간단체들이 비정기적으로 운영하는 평생교육 프로그램
② 산업 · 과학기술단지–대학 교육기관–입주기업이 컨소시엄 형태로 운영하는

반복 교체식 평생교육과정

③ 지자체 산하 지역상공회의소에서 소속 기업체들의 필요에 따라 운영하는 프로그램

④ 지자체–지방교육청 산하대학 교육기관–지역상공회의소 등이 협력하여 운영하는 평생교육 프로그램

⑤ 지자체와 비영리 문화단체가 공동으로 운영하는 평생교육 프로그램

⑥ 프랑스 제5방송 등 방송사에서 자체 정보망을 활용하여 운영하는 평생교육 프로그램

⑦ 통신교육망을 통한 일대일 평생교육 프로그램

⑧ 전국적으로 가입한 일반기업체와 연수 희망자들을 대상으로 평생교육 포털사이트를 통하여 운영하는 평생교육 프로그램

대부분의 지역사회 중심 평생교육 프로그램이 '전문 직업교육' 위주로 커리큘럼을 운영하기 때문에, 직업훈련센터(Centres de Formation d'Apprentis: CFA)나 직업교사 양성원(Institut pour la Professionnalisation des Acteurs de l'Alternance: IP2AIP2A)이라는 사설 직업훈련교육기관이 그 기능을 담당하고 있다. 직업훈련센터에는 연령별로 다양한 직종이나 분야의 학생들이 여러 기업에서 의탁되기 때문에 최소 10개월 과정부터 1년 과정, 16개월 과정, 최대 2년 과정까지 다양한 분야의 교육훈련을 통하여 소정의 자격증을 취득하는 것을 목표로 하며, 기존의 직장인 경력자 재교육도 담당한다. 전국적으로 약 1,000여 개가 분포되어 있는 직업교사 양성원은 총 370,000여 명의 CFA 소속의 훈련생 직업훈련 교사들의 연수교육을 담당하고 있으며, 수도권에는 68,000명의 CFA 소속의 훈련생 직업훈련 교사들이 170개 정도의 IP2A에서 연수교육을 받고 있다(한국교육개발원, 2006).

또한 프랑스에서는 평생직업교육훈련에서 사회적 파트너들이 중요한 역할을 담당하고 있는데 이러한 사회적 파트너들과 공동으로 일하는 위원회로는 기술적 및 직업적 교육의 학위와 증명서 설립을 주관하는 다양한 부가 연결된 직업적 자문위원회, 제3차 산업기술대학 증명서 설립을 추진하는 국가교육학위원회, 전문직업학위를 발급하는 국가전문가위원회, 모든 고등교육학위를 책임지고 있는 전국고등교육 및 연구위원회가 있다. 또한 고용주와 노동조합 대표들로 구성된 전국연합고용위원

회, 지역연합직업간고용위원회는 고용정책의 정의에 직업훈련이 항상 고려될 수 있도록 노력하고 있다(European Centre for the Development of Vocational Training, 2010).

학교평생교육에서는 교육부 산하에 '공립학교평생교육연합체(GRETA)'가 조직되어 평생교육 기획에 필요한 인적 · 물적 자원을 유기적으로 연계하고 있다. 학교평생교육의 운영은 교육원부 학무국에 설치된 'DESCO A8'이라는 성인 대상 평생교육사무실에서 업무를 관할하고 있으며, 전국공립학교평생교육연합체(National GRETA)를 통하여 추진되고 있다. 전국공립학교평생교육연합체는 지방정부에 1개 이상 의무적으로 설치하게 되어 있으며, 전국적으로 6,500여 개의 공립학교에서 평생교육 프로그램이 운영되고 있다(한국교육개발원, 2006).

5. 프랑스 평생교육 관련 법

프랑스의 대표적인 평생교육정책 관련 법은 「평생직업교육법」이다. 프랑스는 1971년 '평생교육의 일환으로서의 계속교육에 관한 법률'인 「평생직업교육법」을 제정하고, 직업 자격과 연결된 학교 이외의 직업교육을 모색하고 있다. 이 법률은 노동 자격을 유자격 노동자, 기술자, 기사로 분류하여 평생교육과 자격 취득을 연계하고 있으며, 이를 위하여 유급교육휴가제, 계속직업교육제도, 국립공예원의 야간 고등직업교육, 대학과 그랑제꼴(Grandes Écoles)에 의한 평생학습 기회 제공, 공립학교평생교육연합체(GREATA)의 조직화, 국립통신교육센터, 국립대학연합에 의한 통신교육, 국립대학의 공개강좌 등의 정책을 시행하고 있다(차갑부, 2007).

2004년 5월 개정된 「평생직업교육법」은 국가적 산업체 간 계약서의 규정이 대부분 포함되어 있다. 이 조항에 의거해 다양한 분야의 근로자 및 고용주 대표들이 직업훈련 관련 목표와 배분된 재원에 대한 협상에 참여하는 데 다루어지는 주제들은 도제제도, 자격증, 예상관리센터, 무역과 자격을 위한 연구소, 직업기술의 보유, 직업훈련을 위한 재무, 훈련계획, 전문화계약서와 과정, 개인별 훈련권리와 규정에 관한 조언 등이다(European Centre for the Development of Vocational Training, 2010).

이 밖의 제5공화국 공포 이후 프랑스 평생교육정책과 관련된 주요 법률을 연대별로 정리하면 〈표 5-3〉과 같다.

표 5-3 프랑스 제5공화국 주요 평생교육정책 관련 법

법률 및 협약	목적
사회적 지위 향상에 대한 Debré 법률 (1959년 7월 31일)	• 총리실 산하의 사회지위향상협력 위원회를 발족한다. 위원회는 1962년 지역과 행정구역 위원회로 보완된다. 지방의 필요를 분석하는 일을 맡는다. • 사회 지위 향상 기금과 일반 대표부를 설치한다. • 국가에 도움을 요청할 수 있는 권리를 여는 규약의 형태로든 아니면 교육을 받는 사람들에게 부여되는 배상의 형태로 공권력 재정 개입의 원칙을 세운다.
공공 고용기금-FNE (1963년 12월 18일 제정된 법률)	• FNE는 노동 · 고용부 예산 라인이며 그들의 재적응과 직업의 이동을 쉽게 함으로써 노동자를 고용의 불안정성에 미리 대비시키는 것을 목표로 한다.
평생교육의 프로그램과 방향 설정 법률 (1966년 12월 18일)	• 평생교육과 사회적 지위 향상 기금 설립(FFPPS)은 국가 수준에서 그리고 탈중심화된 지역의 수준에서, 국가에 의해 우선적으로 지지받는 활동의 자금을 지원한다. • 정부 각 부처 간의 공동 사무국이 이러한 요청들에 의해 개설
평생교육과 직업 완성에 대한 직업 간 노사동수로 이루어진 단체 협약 (1970년 7월 9일)	• 직업교육의 개인 휴가(개인이 자신의 주도 하에 회사의 교육 계획과 다른 자신의 선택에 의한 교육을 받기 위해, 휴가를 받을 수 있도록 허락하는 것)를 제정
기술교육, 훈련, 평생교육에 관한 법률	• 모든 근로자에게 평생교육 개인 휴가(CIF)의 권리를 인정한다. • 기업 위원회의 자문의 의무를 제정하면서 평생교육에 있어 봉급인의 대표들의 역할을 명확히 한다.
직업적인 조치 (1971년 7월 16일)	• 교육의 파트너들 사이에 교환의 범주 속에서 협약(convention)의 사용을 일반화한다. 국가는 경우에 따라서는 이 협약의 부분이 될 수 있다. • 10명의 근로자 이상의 사적 권리를 지닌 사주의 전체 봉급 중 0.8%에 해당하는 부담으로 지속적 직업교육에 참여하는 최소한의 의무를 설정한다.
1976년 7월 9일의 단체 협약	• CIE(주도권-고용계약)의 정비
1976년 7월 16일의 법률	• 사적 권리의 고용주에게, 고용을 요청하는 자들을 위한 교육행위에 자발적인 헌납의 가능성을 설정한다. • 지속적 평생교육의 재정에 참여하는 그들의 재정적 의무로부터 자유로울 수 있다.
1982년 3월 26일의 법규	• 청소년들의 사회적 · 직업적 동화(청소년의 사회, 직업 동화의 총체적 접근을 제안하는 Schwartz 보고서에 선행하는 법령. 직업교육은 학교, 도시, 기업, 숙소에 관계된, 더 넓은 사회, 정치학과 분리될 수 없으며 사용자에게 더 근접한 서비스를 제공하기 위한 사회의 노동자들의 협력을 관련시키고 있다.)
1982~1983년의 탈중심화 법률	• 국가의 책임을 지역 당선자들에게 대신하게 하는 원칙(지역, 현, 읍-1982년 1월 7일의 법률)에 따라 수단과 권한이 이동하는 탈중심화가 실시된다.
CIF에 대한 노사동수로 이루어진 단체 협약	• 10명 이상의 봉급인의 사용자에게, 특별히 만들어진 노사동수 대표로 구성된 기구에 0.1%(1993년에 0.2%로 바뀜) 불입의 의무를 설정한다(OPACIF).

1983년 10월 26일 청소년의 선택교육에 대한 단체 협약	• 16~25세 청소년의 직업 동화를 용이하게 하기 위한 자격 부여의 계약, 적응 계약과 1991년 직업지도 계약으로 대체된 직장생활의 초기 연수(SIVP)를 설정한다.
1984년 2월 24일 Rigout 법률	평생교육 개혁(노동법전 제4장) • CIF의 재정과 교체교육에 관한 사회적 파트너들에 의해 결정된 조치를 다시 채택 • 봉급인 대표들의 개입에 대한 조항들에 새로운 규정을 도입함. 즉, 회사의 위원회, 개인의 대표자들, 지부와 회사들 차원의 교십 의무
1987년 7월 23 법률	• 훈련의 개혁과 훈련으로부터 엔지니어 명칭이 붙는, CAP의 모든 직업적 자격증까지의 개설, 견습생의 나이 범위는 만 18세에서 25세까지에 이른다.
1988년 2월 26일 협약	• 직업전환 협약과 등급 개정 교육 수당(AFR)
1989년의 26세 미만의 CFI	• 26세 미만의 청소년을 위한 개인화된 교육 예산 신설
1990년 7월 4일의 「직업자격부여법」	• 청년들, 봉급인과 고용 지원자에게 직업자격 부여권 신설 • 교육의 지출과 공급물의 질에 대한 국가의 증가된 통제력의 정책 제정
1991년 7월 3의 직업 간 국민협약과 1991년 12월 31일 법률	• 평생교육 공동 투자를, 교육의 일부(25%)의 실현을 봉급생활자의 동의하에 근무 시간 외에 설정한다. • 자격 진단의 권리를 개선한다. • 12월 31일의 법은 봉급생활자 10명 미만의 사적 권리를 지닌 사용자가 부담하는 봉급 총액의 0.15%를 지속적 평생교육에 참여하기 위해 최소한의 의무를 설정한다.
1992년 1월 8일의 추가조항	• 훈련
1992년 7월 17일 법률 훈련의 개혁	• 훈련생의 더 높은 보수 • 공기업에서의 훈련 경험
1993년 7월 27일 법률 청소년의 지속적인 평생교육의 확산	• 16세에서 25세까지 청소년의 평생교육에 정부가 제공하는 수단과 권한을 지방으로 점차적으로 옮길 것을 예측 • '평생교육의 중요 시기' 설정
1994년 7월 5일 현약 모금의 개혁	• 노사 동수로 이로어진 공식모금기구(OPCA-평생교육 개혁과 선택을 위한 모금) 설립 • 봉급생활자의 개인적 권리 강화(교육의 중요 시기, 자격 심사의 휴가)
1994~1999년	• 자격 부여와 사전 자격 부여 활동, 청소년 지원 조치에 대한 지방 권위자 대표단의 협약의 점진적 체결
1996년 2월	• 공무원에 적용되는 협약과 범위
1996년 11월	• 노동, 사회사업부 장관에 Michel de Virville의 보고서 출간, 평생교육 제도의 미흡함을 고치기 위한 해법 제안
1998년	• 제외(exclusion)에 대한 투쟁에 관한 방향; 고용을 위한 국가의 활동 계획
1999년 1월 1일	• 지방단체에게 자격 부여, 사전자격 부여 활동, 청소년 지원 조치에 대한 권한들을 결정적 양도
1999년 3월 17일	• 여성의 권리와 평생교육의 대하 정무차관 Nicole Pery의 백서

1999년 9월	• 정부의 요청으로 FPC 기능장애에 대한 Lindeperg 보고서
1999년 12월	• Aubry II 법률 17조-평생교육 공동 투자
계획 중	• 직업적 지식의 유효화, 훈련세의 개혁, 사회적 파트너: 평생교육에 대한 교섭(교육 계획, 자격, 청소년 교육)

출처: 김영주, 2002, pp. 13-16.

6. 프랑스 평생교육정책의 방향

2004년 5월 개정된 「평생직업교육법」은 전반적으로 보다 넓은 범위의 근로자를 대상으로 근로자의 역할을 적극적으로 수용하는 방향으로 전환되었으며, 소외계층과 여성, 장애인의 근로조건을 명시함으로써 보다 실제적인 평등권을 보장하고자 하였다. 무엇보다 평생직업학습과 순환직업학습의 개념의 변화를 나타내었는데, 이러한 특징을 좀 더 자세히 살펴보면 다음과 같다(한국직업능력개발원, 2005).

1) 평생직업학습의 개념 변화

평생직업학습의 개념은 개정 전 '평생직업훈련(La formation professionnelle permanente)'에서 '평생직업학습(La formation professionnelle tout au long de la vie)'으로 변화하여 보다 포괄적인 의미를 가지게 되었다. 또한 그 범위가 직무 적응, 취업에 한정되지 않고 직무 발전, 고용상태 유지는 물론 근로자 자신의 발전까지 확대되었다. 더불어 문맹과 프랑스어 교육을 평생직업학습의 차원으로 규정하였는데 이는 평생직업학습에 평생교육의 차원이 아닌 독립적 개념과 위치를 부여함과 동시에 개인의 총체적인 삶에서 진행되는 모든 학습과정을 포함시킨다는 것을 의미한다.

2) 순환직업훈련의 개념 변화

개정 전 '순환직업훈련(des formations professionnelles en alternance)'은 개정 후 '직업전문화 계약과 기간(des contrats et des périodes de professionnalisation)'으로 수정

되어 보다 넓은 범위의 근로자 훈련을 의미하는 활동을 내용으로 포함하게 되었다. 즉, 훈련생 범위에 25세 이하뿐 아니라 26세 이상의 신청자를 포함시켰으며, 교육시스템에서 소외되거나 특별한 자격이 없는 근로자까지 포함하여 소외계층에 대한 배려를 나타내었다. 더불어 근로자의 편익과 훈련의 평등성을 강조하는 정책적 특징을 보이고 있다.

3) 근로자 중심의 평생학습

법률 개정안을 통해 알 수 있는 평생학습정책 방향 흐름의 가장 큰 특징은 근로자 중심의 평생학습이다. 즉, 교육훈련의 주제 선정, 평가, 비용 등 모든 부분에서 근로자가 주체가 되어 적극적인 역할을 할 수 있으며, 국가는 이를 최대한 지원해야 한다. 즉, 근로자의 역할을 더 강화하고 사용자가 이를 지원하고 보조할 의무를 무겁게 하였으며, 교육의 모든 주체들의 협력과 합의를 통해 근로자의 필요에 적합한 훈련이 되게끔 하는 것을 목표로 하고 있다.

7. 프랑스 주요 평생교육정책의 내용

1) 직업경험인증제

2002년부터 시행되어 온 직업경험인정제(Validation des Acquis de l'Expérience: VAE)는 직업 경험이 풍부하지만 반대로 학력이 낮은 사람들에게 제공된 기회로서 이들이 자신의 직업 경험을 바탕으로 하여 자격증을 딸 수 있게 한다. 나이와 국적에 구분 없이 교육수준이나 직위에 상관없이 최소한 본인이 지원하는 분야에 직접 관련이 있는 최소한 3년의 경험을 증명할 수 있으면 서류를 제출할 수 있다(전헌주, 2013).

프랑스에서 성인의 비형식 및 무형식 학습결과 평가 및 인증은 다음과 같이 크게 세 단계를 거치면서 발전해 왔다(한국교육개발원, 2016). 첫 번째 단계는 1985년 최소 2년간 학업을 중단하고, 직업경험을 쌓은 사람들이 고등교육으로 진입할 수 있도록 하는 법안이 제출된 시기다. 두 번째 단계는 「1992년 법(Law of July 1992)」

이 제정되면서 형식교육 및 훈련 체제 내에서 습득한 능력과 외부에서 직무 경험을 통해 습득한 능력이 법적으로 동등하게 인정되기 시작한 시기다. 세 번째 단계는 2002년 'modernisation sociale(사회현대화)'에 관한 법률이 제정되고, 이에 VAE 관련 조항이 포함되면서 경험학습 인정 평가가 보다 유연하고 광범위하게 이루어질 수 있는 토대가 확립된 시기다.

직업경험인정제를 통해 인정을 받을 수 있는 분야와 수준은 매우 다양하다. 학위 수준은 수준 1, 2, 3, 4, 5로 나뉘어 있는데 지원자가 원하는 수준을 1에서 수준 5 사이에서 정할 수 있다. 수준 5에 해당하는 것은 대학입학자격시험인 바칼로레아를 통과하지 않은 수준으로서 고등학교 과정에서 직업기술 교육과정 졸업증서에 해당하는 CAP(Certificat d'Aptitude Professionnelle, 직업자격 증명서)와 BEP(Brevet d'Etudes Professionnelles, 직업고등학교 졸업증) 등이며 수준 1은 대학입학자격시험을 통과하고 5년 이상 고등교육기관에서 수학한 석사 2기 과정이나 박사과정에 해당하는 수준을 말한다. 따라서 지원자는 어느 분야의 어떤 수준을 인정받고 싶은지를 검토하여 서류를 제출할 수 있다(전헌주, 2013).

2) 문해교육

프랑스는 1998년 비문해 퇴치를 국가적인 역점사업으로 천명하고 2000년 국립비문해퇴치원(ANLCI)을 설립하여 국가적 차원에서 문해교육 정책수립과 운영, 조직을 전담하게 하였다. 또한 비문해퇴치원 지역센터, 지역 문해교육정보센터 등을 통해 다양한 문해교육 정책 및 사업을 추진하고 있다(성인문해교육지원사업, 2014). 2004년부터는 전 국민을 대상으로 문해력 조사도구인 IVQ(Information et Vie Quotidienne) 조사를 실시하고 있으며, 2005년부터는 격년 주기로 18세 이상 65세 이하 성인들을 대상으로, 2011년부터는 16세 이상 65세 이하로 조사 대상을 확대하고 있다(한국교육개발원, 2016).

3) E-Learning

프랑스는 학교들을 인터넷으로 연결시키기 위해 필요한 투자들을 실시하고 있으며, 이를 통해 학생, 교사 및 성인학습자들은 학교와 대학에서 정보통신기술의 사용에 의해 이루어진 강의를 경험하고 있다. 또한 디지털 캠퍼스를 설립하여 원격직업훈련을 개발, 보급하고 있으며 모든 시민들을 위한 평생학습 프로그램을 온라인으로 공급하고 있다(한국노동연구원, 2008).

4) 직업교육정책

프랑스의 직업교육정책은 청년층을 위한 기초직업훈련, 재직 근로자들을 위한 계속훈련, 실직자들을 위한 훈련/재훈련의 영역으로 분류된다. 먼저 청년층은 교육부가 관장하는 학교에서의 직업교육훈련, 각 지방정부 관할 하에 사회적 파트너들이 공동으로 주관하는 도제제도, 청년층의 노동시장 진출 촉진을 위한 노동부 주도의 정책 계획 등을 통해 기초직업훈련을 받을 수 있다. 재직 근로자의 계속훈련은 법적 토대 위에 운영되고 있다. 고용주는 피고용인이 업무 내용의 변화에 적응할 수 있도록 하고, 남는 노동인력을 재훈련하고, 근무안전수칙을 교육할 법적인 의무를 지닌다. 마지막으로, 실직자를 위한 훈련/재훈련을 제공하는 대표적인 기관은 성인직업훈련협회(Association for th Vocational Training of Adults)이며 이 밖에 여러 군소 직업훈련기관들이 있다(Bertrand, 2002).

5) 파트너십 확립 정책

프랑스는 지역위원회를 포함하여 지방 차원에서의 파트너십 확립을 위한 연결망을 구축하고 직업교육 안내, 자격증 공식 인정, 성인교육 및 직업교육을 위한 기금 마련, 중소기업의 자격증 및 직업훈련 개발과 관련한 서비스를 제공하는 정책을 펼치고 있다. 또한 모든 학습자를 대상으로 하는 특정 직업훈련 및 교과과정을 위한 전문학교를 설립을 계획 중인데 이는 사업자들과의 파트너십 촉진, 지역경제 발전 격려, 청년층 취업 격려의 목적을 가지고 있다(한국노동연구원, 2008).

8. 프랑스 평생교육 재정

프랑스에서 공교육에 대한 재정 지원은 중앙정부, 지방자치단체, 가정과 기업 등 다양한 주체가 참여하고 있으며, 이 중 중앙정부의 교육비용 분담 비율이 가장 크다. 2010년을 기준으로 프랑스의 국내 총 교육비용은 1,348억 유로이며, 이 중 국가 부담이 59.4%, 지방자치단체 부담이 24.6%, 가정 부담이 7.9%, 기업 부담이 6.5%였다. 분담 주체별로 교육비 부담 비율을 정리하면 〈표 5-4〉와 같다(박상완, 2011).

평생교육과 관련하여 2005년 프랑스는 학교제도 내 기초 직업훈련에 GDP의 6.9%인 117.9억 유로를 투자했으며, 주요 투자자는 정부와 지방정부, 특히 지방당국이었다. 평생직업훈련에는 GDP의 1.5%인 25.9억 유로를 투자했는데 정부는 특정 훈련과 기업체 지원을 부담했고, 구직자를 위한 훈련재원 마련은 지방정부가, 고용인을 위한 훈련지원은 기업체가 재정을 부담했다(European Centre for the Development of Vocational Training, 2010). 이처럼 프랑스에서는 학교에서 실시되는 기초 직업훈련과 재직자를 위한 계속훈련의 재정 부담이 상이한 방식으로 이루어진다. 기초 직업훈련에서는 학교에서 직업교육진로를 선택한 학생들이 일반교육진로를 선택한 학생들보다 상대적으로 비용 부담이 크며, 재정의 상당 부분은 중앙정부 부처 및 지방행정부가 부담하고 나머지는 가족과 기업이 부담한다. 그러나 재직성인 근로자의 계속훈련에 대해서는 기업이 재정 부담의 의무를 가지고 있다. 기업

표 5-4 분담 주체별 교육비 부담 비율

구분		1980년	1990년	2000년	2009년	2010년
총비용(2010년 가격 기준, 10억 유로)		72.1	93.6	125.8	133.6	134.8
주체별 분담 비율(%)	국가 부담	69.1	63.7	65.2	59.1	59.4
	교육부	60.9	56.5	57.4	54.0	54.4
	지방자치단체	14.2	18.5	19.9	24.8	24.6
	기타 공공행정기관	0.4	0.7	2.1	1.7	1.6
	기업	5.5	5.9	5.4	6.6	6.5
	가정	10.8	11.2	7.4	7.8	7.9

출처: MENJVA, 2011, p. 15의 표를 박상완, 2011, p. 130에서 발췌 · 인용함.

은 총 임금의 1.5%에 해당하는 액수를 의무적으로 훈련에 투자해야 한다(Bertrand, 2002).

9. 프랑스 평생교육정책의 시사점

프랑스 평생교육정책을 통하여 얻을 수 있는 시사점들은 다음과 같다.

첫째, 평생교육정책을 통한 양극화 현상의 극복 노력이다. 역사적으로 직업교육과 인적 자원에 대한 투자를 강조해 온 프랑스의 평생교육정책은 경제 분야의 경쟁력 강화가 교육의 초점이었다. 때문에 평생교육정책이 지나칠 정도로 경제와 고용문제에 치우쳐 있다는 비판 역시 피할 수 없었다(한국노동연구원, 2008). 하지만 프랑스의 평생교육정책은 단순한 직업교육에서 벗어나 근로자가 중심이 되고 교육 소외계층을 배려하는 사회 통합적 정책으로 점차 확장되었다. 즉, 프랑스는 평생교육정책을 통하여 사회양극화 현상을 극복하고자 하였으며, 이를 위해 교육 소외계층 및 취약계층을 직업교육에 참여시킬 수 있는 방안을 모색하고, 학습자를 위한 맞춤형 평생교육을 제공하고, 학습자의 주도적 학습 참여를 지원하는 정책을 실시하였다. 이는 평생교육정책이 우리에게 사회통합을 이룰 수 있는 방안으로 강조되어야 함을 시사한다.

둘째, 국가와 지방정부, 사회적 파트너 및 근로자의 협력관계 구축이다. 프랑스는 평생교육정책의 추진, 기획, 운영, 재정의 모든 분야에서 국가와 지역, 기업, 가정 그리고 학습자 개인의 긴밀한 협력관계를 구축해 나가고 있다. 학교와 학교 이외의 기관에서도 이해관계자들과 유관기관의 연결망을 구축하기 위해 다양한 시도를 만들어 가고 있으며, 각 단체들의 참여를 유도하고 이를 통한 시너지 효과를 추구하고 있다. 또한 청년층과 성인층의 직업교육을 기업, 사회적 파트너의 협력으로 함께 이루어 가고 있다. 프랑스의 이러한 평생교육정책에서의 네트워크와 파트너십 강조는 우리의 평생학습정책에서 지역사회 공동체의 역할, 또한 일터와 학습의 연계에 대해 시사점을 제공한다.

참고문헌

김도수(1994). **평생교육**. 서울: 양서원.

김영주(2002). **프랑스 평생교육**. 서울: 지구문화사.

박상완(2011). 프랑스의 교육행정체계 및 거버넌스 분석과 시사점. **교육정치학연구, 18**(4), 109-140.

박인수(2007). **EU 교육법제에 관한 연구(V)-프랑스-**. 서울: 한국법제연구원.

성인문해교육지원사업(2014. 10. 7. 검색). 국제적 문해교육의 중요성 증대. (http://le.nile.or.kr/site/introduce/programSupport/programSupport.action).

오세정(2003). 프랑스 문화의 정체성과 문화정책. **프랑스문화예술연구, 9**, 1-18.

전헌주(2013. 8.). 프랑스 평생학습 제도와 현장. 수원시 평생학습관 홈페이지(http://www.suwonedu.org/suwon/issue/35276).

주한프랑스대사관(2007. 8. 9. 게시). 프랑스의 교육: 교육제도. (http://www.ambafrance-kr.org/%ED%94%84%EB%9E%91%EC%8A%A4%EC%9D%98-%EA%B5%90%EC%9C%A1-%EA%B5%90%EC%9C%A1%EC%A0%9C%EB%8F%84)

주한프랑스대사관(2011. 2. 21. 게시). 프랑스 개요. (http://www.ambafrance-kr.org/%ED%94%84%EB%9E%91%EC%8A%A4-%EA%B0%9C%EC%9A%94).

차갑부(2007). **평생교육의 이해**. 서울: 학지사.

한국교육개발원(2006). **학교평생교육 활성화를 위한 운영체제 개발 연구**. 서울: 한국교육개발원.

한국교육개발원(2016). **주요국의 교육정책 비교 연구**. 서울: 한국교육개발원.

한국노동연구원(2008). **유럽연합의 평생학습 정책 연구 -지식기반 경제시대 경쟁력 제고와 사회통합 강화정책을 중심으로**. 서울: 한국노동연구원.

한국노동연구원(2014). **지역고용정책 해외사례 연구**. 서울: 한국노동연구원.

한국직업능력개발원(2005). **평생학습의 새 패러다임**. 서울: 한국직업능력개발원.

한국직업능력개발원(2011). **프랑스, 독일 해외출장 보고서**. 서울: 한국직업능력개발원 평생직업교육연구실.

Bertrand, H. (2002). 프랑스의 직업교육훈련. *The HRD Review, 5*(5), 62-65.

European Centre for the Development of Vocational Training(2010). **프랑스의 직업교육과 훈련**(*Vocational education and training in France*, 김미경 역). 서울: 한국산업인력공단. (원저 2008년 출판).

National Institute of Statistics and Economic Studies(2014. 10. 4. 검색). population of January.

(http://www.insee.fr/en/)

Pennec, S. (2004). **은퇴 없는 여정**(*Former des adultes l'Université et les transformations de l'empl*, 조병준 역). 인천: 인천지역평생교육정보센터. (원저 2002년 출판).

제 **6** 장

독일의 평생교육정책

1. 독일 평생교육의 역사적 배경

독일에서는 평생교육 용어를 'Weiterbildung(계속교육)'이라 한다. 독일의 계속교육은 역사적으로는 지난 100여 년에 걸쳐 노동자교육, 국민교육, 성인교육 등의 개념으로 변화하며 이루어졌으나, 현대에 이르러서는 교육과정의 연속성에 중점을 두어 계속교육(이하 평생교육)이라는 용어가 주로 쓰인다. 독일에서 정의하는 평생교육이란 개인에 따라 시간적으로 다른 정규교육 단계를 마친 후 조직화된 학습을 통하여 이루어지는 모든 형태의 교육을 의미하며, 보통 직업활동을 하는 성인이 받는 교육을 뜻한다(한삼수, 2004).

독일에서 성인교육이 태동할 수 있었던 정신적인 뿌리는 계몽과 직접적으로 관련되어 있다. 첫째로, 계몽은 사상적으로 새로운 인간상을 제시하였다. 인간은 더 이상 신이 내려준 혹은 신을 위한 존재로 이해되는 것이 아니라 스스로 자신의 이성적 능력과 자유로 스스로를 규정할 수 있는 존재로 탈바꿈하게 된다. 이러한 사고는 인간을 자신의 역량을 전 생애 동안 지속적으로 개발할 수 있도록 해 주었다. 둘째로, 계몽은 정치적으로 기존의 계급 사회의 질서로부터 해방될 수 있는 시민적 존재로 가능하게 해 주었다. 셋째로, 계몽은 역사적으로 프로이센의 전쟁 패배로 인한 사회적 개혁과 민족 통일에 대한 요구와 밀접한 관련을 맺게 되었다. 초창기 독일의 성인교육이 민족교육의 내용을 품고 있었던 이유가 여기에 있다. 넷째로, 계몽은 경제적으로 인구 증가와 대량 생산기술의 개발을 통해 생겨난 경제 구조의 변화와 관련하여 새로운 직업적 자질을 필요로 하게 되었다. 따라서 성인교육의 한 축은 언제나 직업적 자질을 향상시키는 것과 연계되었다(이병준, 2006).

프랑스 대혁명 이전의 시기에 이미 독일에서는 계몽적 특성을 가진 직업교육 운동이 있었으며, 농업을 개선하기 위하여 유용한 새로운 지식들을 전수하였다. 18세기에서 19세기 중반까지 유럽을 강타한 대규모의 가난과 산업 구조의 변화에 따른 사회적 문제는 노동자들의 생활에서부터 성인교육을 탄생시키는 실질적인 계기가 되었다(이병준, 2006).

민간인의 주도 아래 19세기에 시작된 독일의 평생교육은 무엇보다도 기독교 주도의 일반 시민을 위한 교양교육, 그리고 도시 노동자를 위한 노동자 교육에서 오늘날의 교육 형태로 발전되었다. 독일 평생교육의 대표격인 VHS(Volkshochschule: 이하 시민대학)도 19세기 후반기에 당시 신흥 산업도시에 살던 도시 성인들의 교육적 요구에 의해 생겨났다. 특히, 바이마르 시대(1919~1933)에 평생교육에 대한 '공적 책임'을 공화국 헌법에 명시함으로써 독일 평생교육이 양적 · 질적인 면에서 비약적인 도약을 하게 된다. 평생교육에 대한 국가의 책임을 성문화한 당시의 공화국 헌법은 이후 독일 평생교육에 관한 법 규정의 모델로서 자리매김한다.

나치 시대로 불리는 국가사회주의 시대(1933~1945)는 평생교육을 포함한 모든 교육이 독재정권의 도구로 이용되었다. 따라서 이때는 평생교육이 교육 역할을 제대로 수행하지 못했던 시대로서 평생교육과 함께 시민대학의 발전이 단절되었다.

제2차 세계 대전에서 독일 통일까지(1945~1990)의 시기를 거슬러 올라가면, 1945년 이후부터 시민대학을 다시 활성화함으로써 평생교육의 새로운 발전의 계기를 마련했다. 이 외에도 교회, 노동조합, 그리고 수많은 협의체 단체들은 빠른 속도로 평생교육기관을 세움으로써 평생교육의 공급구조를 다양화했다. 또한 독일의 각 지역을 연결하는 연방협의체가 구성되고 지역을 초월하여 경험을 교환하는 움직임도 활발했다. 또한 전후(戰後) 독일의 교육 체제 복구에 주도적 역할을 했던 미국과 영국 등 연합국은 민주시민 형성을 위한 교육정책을 통해 평생교육의 다양한 체제 수립에 기여했다.

1947년 독일 최초의 시민대학 관련 법이 브란덴부르크 지방의회에서 의결되었다. 이 시민대학 관련 법은 시민대학이 성인학습자를 독일 민주주의 재건의 참여자로 만들고, 직업교육과 전문교육뿐만 아니라 학령이 지난 성인 국민들에게 학문적 · 예술적 평생교육을 제공하며, 대학교육에 관심이 있는 직장인에게는 직업을 중단하지 않고 대학 입학에 필요한 자격 획득을 가능하게 해야 한다고 규정함으로써 시민대학에서 제공하는 평생교육의 공공성과 시민대학의 학교제도화를 명문화했다.

독일 경제의 급성장, 평생교육기관의 다양화 등으로 특정되는 1950년대는 평생교육의 의미와 위치, 그리고 평생교육의 합법성 등을 주장하는 논쟁이 활발하게 일어났다. 무엇보다 1950년대와 1960년대부터 시작된 산업사회에서 서비스 사회로의 이행은 1960년대의 교육정책이 현실적이거나 실용적인 방향으로 전환될 것을 요구했다. 이러한 현실적인 전환은 평생교육이 과거의 이상주의적인 인문주의로부터 실용적이면서도 형편과 필요에 따라 즉시 활용될 수 있는 유동성 지식으로의 전환을 의미한다. 이러한 사회적인 분위기에 따라 개인의 전문성 향상을 위한 직업교육 프로그램이 점차 시민대학 교육 프로그램의 중심부로 자리를 잡아가기 시작했다.

1960년대 후반부터 1970년대 초에 걸친 변화는 구체적인 교육 프로그램에 있어서 능력과 수준에 따른 차별화가 이루어졌고, 전통적인 교육내용을 벗어나 미래에 나타날 문제에 대한 것과 미래를 준비하는 내용으로 서서히 바꾸어 나아갔다. 정규학교교육을 마치지 못한 성인들을 위한 보상교육과정의 개설, 수료증명서 제도와 졸업증명 제도의 도입, 학점은행제의 도입도 이 시기에 이루어졌다. 한편, 1970년대는 평생교육이 교육과 관련된 부분뿐만 아니라 제도의 경영적인 측면에 있어서도 많은 변화가 있었던 시기였고, 증가하는 평생교육의 중요성으로 인해 국가의 책임을 보장하는 차원에서 국가 전체 교육제도(공교육)에 편입되어 갔다. 1970년대의 이러한 평생교육 및 시민대학의 꾸준한 확장은 경제적 · 정치적 관점에서 고실업률 등의 이유로 1980년대에 들어와서는 점차 침체되었다.

신자유주의의 영향으로 평생교육이 경제적 논리에 의해 재편성된다고 하여 경제적 전환기로 불리는 1980년대의 교육정책은 평생교육에 대한 공적 책임의 감소, 시장경제 하에서 자유경쟁의 강조, 그리고 노동정책의 필요성에 근거한 한층 강화된 평생교육의 기능화를 제공하였다. 개인화와 함께 삶의 양식이 다원화되며 동일한 사회계층 사이에 서로 다른 문화적 환경이 생겨났다. 다원화 속에서 나타나는 개별화 현상은 평생교육의 과도기라고 여길 정도로 직업교육의 비약적인 발전을 가져오게 되었다.

독일 통일과 함께 시작된 1990년대는 독일 평생교육, 특히 시민대학에 큰 변화가 요구되던 시기다. 시민대학은 높은 실업률에 시달리는 구동독 지역주민들의 직업재교육의 문제를 해결해야 했고, 신자유주의의 영향으로 교육에 있어서 시장경제의 원칙이 부분적으로 도입되었다. 또한 시민대학이 여성의 적극적인 참여로 인해 여성 직업교육기관으로 성격이 변해 갔으며, 평생교육을 담당하는 기관들은 과거에 비해 훨씬 다양해지고, 공적 교육기관에 비해 이윤을 추구하는 사설 교육기관의 비중도 증가하였다.

이렇듯 독일의 평생교육 시스템의 구조적 구축에서 주목할 점은 평생교육의 정착 시도가 사전 기반과 준비 없이 원점에서부터 진행되는 사업이 아니라는 것이다. 유럽 교육정책과의 긴밀한 조율 속에서 과거에 진행되었던 일련의 개선 조치들과 제안들이 사회적 · 교육적 · 경제적 정책의 맥락에서 미래 지향적으로 정리되고 있다(김경택, 2003).

2. 독일 평생교육정책의 정치, 경제, 사회문화적 배경

독일은 유럽 중부에 있는 나라로서 정식 명칭은 독일연방공화국(Federal Republic of Germany)이고, 영어로는 Germany이다. 북쪽으로 북해 · 발트해(海)에 면하고 덴마크와 접하며, 동쪽으로 폴란드 · 체코, 남쪽으로 오스트리아 · 스위스, 서쪽으로 프랑스 · 룩셈부르크 · 벨기에 · 네덜란드와 접한다. 국경선 안쪽으로 알프스산맥 · 라인강 · 다뉴브강 · 슈바르츠발트산맥이 자리하고 있다. 행정구역은 16개 주(Land: 구동독 지역 5개 주)로 되어 있다. EU(European Union: 유럽연합)의 창설국이며 EU에서 가장 인구가 많은 국가다. 여러 개의 독립국이 1871년 프로이센-프랑스 전쟁을 거쳐 독일제국으로 설립되었다. 제2차 세계 대전 후인 1949년 독일연방공화국(서독)과 독일민주공화국(동독)으로 나뉘었다가 1990년 통일되었다. 독일이 하나의 통일 국가로 변화하는 과정에서 교육은 매우 중요한 역할로 작용하였다.

독일 「기본법」(헌법 해당)을 통해 독일연방공화국은 민주주의, 의원내각제, 연방주의, 사회복지주의 및 법치주의로 규정된다. 정치권 안정을 위한 입법, 사법, 행정의 삼권분립이 철저하며, 과거 세계 대전 및 바이마르 공화국의 실패를 거울삼아, 전체주의적 경향에 적극적으로 반대한다. 국민이 직접 선출한 연방하원이 정치의 중심이 되고, 행정부는 연방하원에 대해 책임을 진다. 독일의 의회는 연방하원(Bundestag)과 연방상원(Bundesrat)의 양원제를 채택하고 있다. 주정부는 연방상원 의원을 통해 연방의 입법과 행정 업무에 참여한다. 각 연방주는 주헌법, 주의회 및 주정부를 구성하고 있다. 국가의 최고 권력은 연방에 있다. 연방상원을 통해 연방주들은 연방 차원에서 각 주의 이해관계를 대변하며 연방의 입법 과정에도 참여한다(외교부, 2018).

통일 이후 대외 정책상 제약 요소가 사라짐에 따라 국제사회에서 독일의 지위와 영향력이 크게 향상되었다. 경제에 이어 정치・안보 분야에서도 유럽의 핵심 국가로 부상했으며, 유럽 통합 추진과 방위 및 동유럽 정책 수행에 있어서도 주도적 역할을 하고 있다. 1999년에는 EU, G7 의장국 역할을 성공적으로 수행함으로써 새로운 외교적 전기를 마련했다. 독일은 유럽 중동 지역 국가들의 EU・WEU・NATO 가입을 적극적으로 지원하고 OSCE(Organization for Security and Cooperation in Europe)의 기능 강화를 추진해 중・동구 국가들에 대한 영향력이 큰 편이다(외교부, 2018).

독일 제조 산업은 대기업 및 중소기업이 조화를 이루고 있다. 2017년 기준 독일 제조 분야 총 기업 수는 22,976개, 제조 산업 종사 근로자는 총 557만 명, 제조업 분야 연 매출 규모는 1조 7,864억 유로에 달한다. 주력 산업은 자동차, 기계・설비, 철강, 화학・제약 산업 등이며, 전체 수출액의 절반 이상을 차지하고 있다. 독일 기업들은 우수한 기술력을 바탕으로 장인정신을 발휘해 제품을 생산하고 있어, 국제적으로 인정받고 있다(KOTRA, 2018).

KOTRA(2018)에서 제시하는 독일 기업의 국제경쟁력 유지 핵심 열쇠 네 가지는 다음과 같다. 첫째, 중세 도제 제도에 기반을 둔 직업훈련을 통한 우수 기술인력 양성, 둘째, 산・학・연 유기적인 협력을 통한 기술 개발, 셋째, 단기 실적에 연연하지 않는 장기적 안목의 기업 경영, 넷째, 고객 문제 해결 중심의 글로벌 기업 경영이다.

독일 문화의 가장 큰 특징은 '문화 연방주의' 정책이다. 독일은 문화 기관들과 관련 관청들이 한 도시에 집중되어 있지 않고, 여러 도시에 산재해 있는 것이 특징이다. 작은 도시들까지 고유한 문화전통과 문화 인프라를 갖추고 있고, 지역에 따라 자체적으로 기관들을 운영한다. 독일 「기본법」 28조 2항은 "지역 공동체의 모든 용무들은 법의 테두리 내에서 독자적인 책임으로 통제하는 법이 지방자치단체에 보장되어야 한다."고 명시하고 있고, 이 안에는 문화적 과제도 포함된다. 이에 따라 각각의 지역공동체는 독자적인 문화를 발전시킬 수 있는 반면, 운영에 대한 책임도 짊어져야 하는데, 결국 어떤 문화가 육성되고 발전되느냐는 각 지역의 특수성과 관련되며, 그 지역의 재정에도 크게 좌우된다(KOCIS, 2018).

3. 독일 평생교육정책의 추이 발전

일반적으로 직업교육과 이에 따른 직업활동 이후에 개인적 · 경제적 · 사회적 이해에 의해 행해지는 모든 교육과정을 계속교육이라 칭한다. 계속교육은 개인 인성계발의 계기이기도 하지만, 역동적으로 변하는 기술 발전에 적응하기 위한 필연적 과정이고 국민 경제의 생산성 확보를 염두에 둔 노동시장 정책의 중요한 국면을 포괄하고 있으며, 시민사회 민주화 과정의 도구로도 쓰여 왔다(양대종, 2008).

독일의 계속교육은 역사적으로는 지난 100여 년에 걸쳐 노동자 교육, 국민 교육, 성인교육 등의 개념으로 변화되며 이루어졌으나 현대에 이르러서는 교육과정의 연속성에 중점을 두어 계속교육(Weiterbildung)이라는 용어가 주로 쓰인다. 독일에서 현대적 의미에서의 평생교육, 더 정확하게 독일식의 표현으로 바꿀 때 '평생학습'의 개념이 본격적으로 공론화되기 시작한 것은 1960년대 이후라고 할 수 있을 것이다(Nacke, 1996).

독일 사회에서 계속교육은 직능 개발과 인성 개발의 기회이자 증거로 인정받고 있으며, 피교육자를 적극적으로 교육 프로세스의 형태 결정에 참가시키려는 노력들이 보인다. 1970년대 중반까지 독일의 성인교육은 시민대학(Volkshochschule)을 중심으로 이루어졌다. 오늘날에는 스펙트럼이 다양해져 시민대학(Volkshochschule) 이 외에도 산업체 향상교육, 작업장에서의 비형식적 교육 및 다양한 기관과 매체를 통한 계속교육의 형태들이 공존하고 있다. 1970년 독일 교육위원회(Der Deutsche Bildungsrat)는 구조계획을 세우고 계속교육을 초 · 중등 일반교육, 직업교육, 대학교육과 함께 네 번째 교육의 중추로 세우려는 정책을 펴서 이 부문에서 괄목할 만한 확충을 이루었으나 실제로 계속교육 · 평생교육은 아직 독일교육 시스템의 확고한 하나의 기둥으로 자리 잡지 못했다(양대종, 2008).

정규 학교교육과 비교할 때 계속교육은 이제껏 분명한 교육목표와 과목의 커리큘럼화, 재정 구조의 확립을 비롯한 제도화, 전문화의 전 측면에서 조직적인 성공을 거두지 못했고 교육 시스템의 확고한 축으로 자리 매김하는 데 실패하였다. 반면 이렇게 약한 조직화가 교육의 수요와 공급의 유연성을 보장해 낸 것 또한 사실이다(양대종, 2008).

4. 독일 평생교육정책의 추진 체제와 조직

독일의 평생교육은 「직업교육법」과 「노동지원법」을 기반으로 연방 책임 아래 이루어지는 직업계속교육과, 「평생교육법」을 기반으로 주 책임 아래 이루어지는 비직업계속교육의 두 축으로 이루어진다. 독일의 평생교육 체계는 [그림 6-1]과 같다.

직업계속교육은 전통적으로 직업적 전문지식의 심화 또는 보충하는 과정을 위한 교육으로서 추가교육 혹은 자질향상교육(Fortbildung)과 직업 전환을 위한 전직교육(Imschulung)의 하위 개념으로 구분된다. 자질향상교육은 공적인 직업교육 종료 후에 요구되는 직업적 능력 개발을 위해 제공되는 모든 교육 서비스로 독일의 전체 계속교육활동의 60%가 여기에 해당하며 1980년대부터 지속적으로 증가하고 있다. 자질향상교육은 다음 두 종류의 교육을 포함한다(김순임, 2015).

- 적응추가교육(Anfassungsfortbldung): 실업자나 경력 단절 여성들과 같은 유휴 노동자들의 재취업을 위해 실시되는 보수 추가적응교육(kurative Anfassungsfort-bildung)과 변화하는 노동시장 상황의 대처를 위해 준비하는 예방 추가적응교육(präventive Anfassungsfortbildung)
- 승진추가교육(Aufatiegsfortbildung): 경력 개선과 경력 상승을 위한 경력 지향적인 목표에 필요한 교육으로 단순히 지식만이 아닌 보다 나은 자리를 얻기 위해 필요한 추가교육

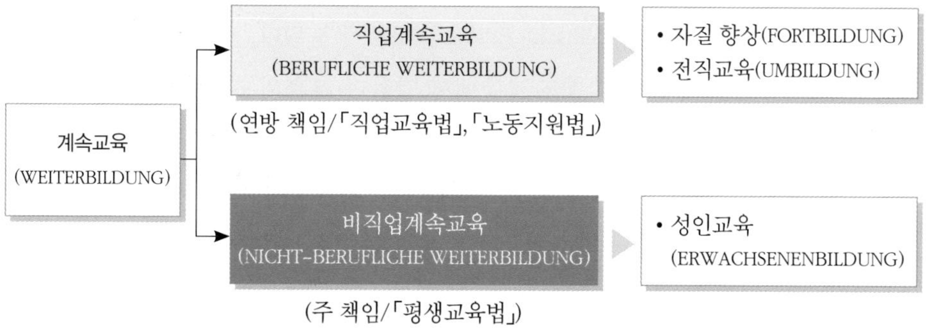

[그림 6-1] 독일의 평생교육 체계

출처: 김춘식, 2017, p. 92.

직업전환교육은 직업계속교육의 특별한 경우로 다른 직업을 얻고 필요한 전문적 자격(Berufsqualifikation)을 습득하기 위해 필요한 교육이다. 따라서 직업전환교육은 특정 노동인력의 직업적 능력을 추가 개발하기보다는 완전히 새로운 지식, 능력, 자질을 습득하기 위한 교육을 의미하며, 이 교육을 통해 다른 직업활동이 가능해야 한다(김순임, 2015).

독일의 직업교육은 현장실습교육과 학교 이론 교육을 동시에 진행하는 이원직업교육 시스템(Duales System)을 채용하고 있는데 현장실습교육은 연방법규에 의해 결정되고, 학교에서의 이론 교육은 각 연방주에 의해 정해지는 독특한 구조를 취하고 있다(김춘식, 2017).

산업체 평생교육은 지난 10년 동안 현저한 변화를 보여, 교육 파트가 독립재산형 Profit-Center로 운영되거나 외부 위탁교육 부분이 늘어나는 추세다. 이는 여러 형태의 교육 서비스 제공업체들을 탄생시켰고, 그 규모는 IT 기술교육으로 특화된 작은 교육회사로부터 독일 피고용자 아카데미(DAA)나 독일 노조가 운영하는 직업향상교육소처럼 천 명 이상의 조직까지 다양하다.

이런 평생교육 실행기관들의 자원화는 평생교육의 계속성과 투명성을 확보해 내는 데 걸림돌이 되기도 한다. 또한 산업체에서 독립한 교육시설들을 비롯한 영리성 사설 교육회사들은 공공부문 및 산업체들과 여러 가지 협력과 이해관계로 얽히게 된다. 교육업체들과 산업체의 전형적인 협력은 '산업체 세미나'로 불리며 직원들을 위해 회사 내에서 교육회사에 의해 진행되는 특별 맞춤 프로그램이다. 약 30%의 평생교육이 이런 형태로 이루어진다.

비직업교육은 일반적으로 개인적 영역인 '일반교양교육(Grundbildung)'과 사회적-공적 영역인 '정치교육(politische Bildung)'으로 구분된다. 일반교양교육은 정규교육과정인 학교를 졸업한 후 학교교육에서 얻었던 교육내용을 다시 살리고 증대하는 데 도움이 되는 모든 교육 서비스를 말한다. 일반교양교육의 특징은 다음과 같다(김순임, 2015). 첫째, 이전에 놓쳤던 기회나 가지지 못한 가능성을 제공받는 보상교육이다. 둘째, 사회의 새로운 발전이나 변화와 관련하여 도전에 직면하게 하는 보완교육이다. 정치교육은 공적 논쟁과 정치적 결정이 요구되는 주제, 문제들에 대한 정보 및 판단 교육을 일컫는다. 이는 시민들의 독자적이고 합리적인 정치적 판단을 도우며, 시민들이 자기 고유의 정치적 행위를 수행할 수 있는 능력을 습득할 수 있도록 한다. 독일에서 정치교육은 중요한 이슈로 제도교육 안에서 체계적인 교육이 이루어져 왔으며, 평생교육 차원에서의 정치교육은 연방정치교육원(Bundeszentrale für politische Bildung: BPB)이 중요한 역할을 담당한다. 연방정치교육원은 1952년 설립된 내무부 산하 연방기관으로 교육기관이 아닌 지원기관으로 정치적 중립성을 유지한다(김순임, 2015).

독일의 성인교육은 다양한 평생교육기관에서 운영하고 있는데 그중에서도 주로 시민대학에서 이루어진다. 독일의 평생교육기관으로는 시민대학(Volkshochschule), 종교기관, 기술제 시민대학(HeimVolkshochschule), 각종 아카데미(Akademien), 사회 및 정치단체의 기관, 부모 및 가정교육기관(Eltern-und Familienbildung), 성인을 위한 학교시설(Schulen für Erwachsene), 야간학교(Abendschule), 대학에서의 계속교육(Universit re Weiterbildung), 통신교육(Fernunterricht), 문화시설(Kulturelle Einrichtungen), 각종 단체(Verein und Verbunde) 등이 있으며, 평생교육시설은 학교처럼 엄격한 법적 규제를 받지 않는다(김춘식, 2017).

이 중 독일의 평생학습기관을 대표하는 시민대학은 지방자치단체의 산하기관은 아니지만, 전국적인 조직체로서 주와 시, 읍, 면 단위에 따라 다양하게 형성되어 있다. 시민대학을 총괄 운영하는 상위 조직인 독일 시민대학 연합체(Deutscher Volkshochschulverband-DVV)는 제2차 세계 대전 후에 창설되었고, 1953년에 사단법인으로 발족하였다.

독일 시민대학 연합체 산하에는 교육연구부(Pedagogische Arbeitstelle), 소협의회(VHS-Abeitskries), 실무협의회(Fachbereichskonferenz), 감사국(Kuratorrium) 등과 같은 부속기관들로 조직되어 있다. 프랑크푸르트에 소재하고 있는 교육연구부(Pedagogische Arbeitstelle)로서 연구를 전담하고 있다. 이 연구기관은 1955년에 창설되었는데 주요 시설로는 문서실, 인쇄실, 도서관 등이 있으며, 주된 임무는 평생교육의 이론과 실제의 연구 소개, 평생교육의 목적, 내용, 방법의 제시, 평생교육 요원들의 재교육, 평생교육기관과의 상호 협조, 평생교육사 연구, 연방정부의 평생교육 프로그램 설계, 도서관 활용 및 국내외의 자료수집, 조사 및 평가, 전문가 및 실무자를 위한 세미나 및 워크숍 실시 등이다.

소협의회(VHS-Abeitskries)는 각 주정부별 대·소도시별 조직되어 있으며, 이의 임무로는 평생교육의 발전을 위한 토의, 평생교육개혁 시도에 관한 홍보활동, 상호 경험 교환 및 상호 활동의 협조, 시민대학의 교육목적에 대한 홍보활동 등이다. 실무협의회는 각 시민대학에 종사하는 실무 책임자로 구성되며, 학과별로 구분되어 있다.

일반적으로 독일 시민대학은 지방자치단체가 운영하는 형태가 가장 많다. 2017년 기준으로 독일의 시민대학은 지자체 소속이 약 55%로 가장 많으며, 다음으로는 공익법인 소속이 약 32%, 그리고 '목적연합(Zwekverband)' 소속이 약 8%, 기타 사설기관이 운영하는 시민대학이 약 5%를 차지한다(신용민, 2017).

시민대학의 재정은 약 40%를 수강료로 충당하며 나머지는 각종 보조금으로 운영된다. 기초자치단체로부터 약 27%의 보조금을 받으며, 그 외에 주정부 보조금이 재정의 약 14%, 연방정부 및 유럽연합의 보조금이 약 19%를 차지한다. 2015년 자료 기준으로 독일의 시민대학 인력 규모는 정규교육 전문가는 3,375명, 교육 강사는 약 192,000명, 관리 인원은 약 667명, 소속행정 직원은 약 4,049명에 이르며 독일 전역에 905개의 시민대학과 3,028개의 지부가 운영되고 있다(신용민, 2017).

그 밖의 평생교육기관으로는 기업체 내에 설치된 평생교육과 사설연구소, 사설교육원들이 있다. 기업체 내의 기관은 직업교육이 높은 비율을 차지하며, 교육은 대개 사내 연수원이나 혹은 타 기업과 공동으로 운영하는 연수원에서 실시한다. 사설연구소나 사설교육원들은 상업적 재교육기관으로 활발하며 무엇보다도 직업전환교육, 직업적 능력의 취득이나 확대, 컴퓨터 교육, 외국어 교육, 검정고시 대비 등의 분야에 집중하고 있다(김경택, 2003).

교육위원회의 구조계획이 세워진 1970년 이래 독일의 평생교육 부문에 대한 통계와 자료수집에 대한 노력은 계속되고 있지만, 아직까지도 독일 전체의 평생교육에 대한 확실한 통계는 발표되지 않고 있다. 부분적으로 쓰일 수 있는 자료로 계속교육 보고 시스템, 시민대학의 통계, 상공 · 수공업 회의소의 통계, 각 연방주들의 보고서 등을 들 수 있다. 이것들에 의하면 독일의 평생교육은 약 2만 5천 개의 교육시설들에서 40만 개 정도의 학과와 프로그램들을 통해 행해지고 있다. 2006년 발간된 교육연구부 9차 평생교육 보고 시스템에 따르면, 이 중 30%를 산업체가, 14%를 시민대학이, 11%를 사설 교육기관이, 5%를 상공 · 수공업 회의소가, 각각 4%씩을 직업협회들과 교회가, 2%를 대학과 전문대학이, 4%를 직업 아카데미가 맡게 되었다. 나머지는 노조, 복지재단, 정당, 통신교육시설, 보험사 등 수많은 작은 기타 기관들의 몫이다. 교육 참가자, 교육학과 수, 재정 부담 면에서 단연 기업체 참여가 두드러지며, 그 뒤를 시민대학과 사설 교육기관들이 따르고 있다. 평생교육에 종사해 주 수입을 내고 있는 인원은 8만에서 10만 명으로 추산된다. 그러나 이 중에서 전 노동자의 수는 매우 적어 직업교육 종사자들의 전문화가 정책적으로 해결되어야 할 문제다.

5. 독일 평생교육 관련 법

독일에서 현대적 의미에서의 평생교육 개념이 본격적으로 공론화되기 시작한 것은 1960년대 이후라고 할 수 있다. 1964년 발의된 '평생교육 및 도서관 제도에 관한 문화부장관회의의 권고', 1970년 발표된 '교육제도 구조계획'에 포함되어 있는 '평생교육'과 관련된 세부 사항들, 1973년 연방 및 각 주 교육계획위원회에서 발의한 '종합교육계획' 등은 평생교육 관련 법의 전반적인 흐름을 대표하는 것들이다(최재정, 2005). 독일은 연방 체제의 나라로서 모든 입법과 행정이 지방자치로 되어 있다. 그래서 독일의 평생교육법에 해당하는 「계속교육법」은 기본적으로 거의 비슷한 내용을 담고 있으나, 각 주정부의 특색과 여건을 반영하고 있다. 그리하여 제1부는 각 주정부가 공히 같은 내용을 담고, 제2부부터는 지역적 특성을 반영하고 있다. 동법은 독일 시민대학연합(Deutscher Volkshochschuleverband)의 주관 하에 주, 시, 읍, 면 단위로 전국적인 행정 조직망을 형성하여 운영하고 있다. 평생교육법의 개념 사용은 각 주에 따라 명칭이 다르기도 하나 최근 들어 평생교육법으로 통일되어 간다.

독일에서의 평생교육의 구조는 상위 개념인 평생교육 아래 직업평생교육과 비직업평생교육이 있으며, 직업평생교육 아래에는 자질향상교육이 있고, 비직업평생교육 아래에는 성인교육이 있다. 직업평생교육은 독일연방의 책임이며, 직업교육과 「노동지원법」이 법적 근거를 제공하고 있다. 반면에 성인교육은 연방주의 책임이며 「평생교육법」이 법적 근거가 된다(한삼수, 2004).

6. 독일 평생교육정책의 방향

2013년 EU에서 발표한 독일의 계속교육 시스템 보고에서는 독일의 계속교육을 다음과 같이 조망하고 있다(김순임, 2015).

① 1979년 이후 독일 계속교육의 참여자 수는 지속적으로 증가하고 있다.
② 계속교육의 최대 영역으로 나타난 직업계속교육이 확대되고 있다.
③ 고용주들이 직원들의 계속교육에 더 많이 투자하고 있다.
④ 계속교육의 최대 수혜자는 동독 지역의 취업자들이다.
⑤ 전문인력의 계속교육 참여가 증대하고 있다.
⑥ 모든 연령대에서 많은 이들이 계속교육에 다시 참여한다.
⑦ 이주 배경을 가진 사람들의 참여는 급격하게 증가하지 않았다.

위와 같이 오늘날 독일에서는 일반 계속교육보다는 직업 계속교육에 초점이 맞추어지고 있으며, 개인뿐 아니라 기업 역시 책임을 가지고 계속교육을 통해 업무 능력 또는 자질 향상에 주력하고 있음을 알 수 있다.

독일 평생교육의 정책과 방향은 전문 의견서인 「독일 평생교육의 상황과 과제(Zur Situation und Aufgabe der deutschen-Erwachsenenbildung)」, 「독일교육심의위원회(Der Deutsche Bildungsrat)」의 구조계획안(Strukturplan), 「미래의 교육정책–교육2000(Zukunftsbildungspolitik-Bildung 2000 der Enquete-Kommission)」 등의 세 개의 주요 문서에 잘 나타나 있다. 각각의 내용을 살펴보면 다음과 같다.

1) 독일 평생교육의 상황과 과제

이 의견서는 독일의 평생교육을 인문적 전통과 접목시켰다는 점에서 의의를 지닌다.

① 독일 평생교육은 인문적 전통(교육을 통한 자아실현)과 현대 직업사회의 요구

(자신의 판단에 따른 행위)와의 연관성 속에서 이루어져야 한다.
② 계몽적 전통을 이어받으며 인간 인식의 협소함을 경계한다.
③ 의식의 계발이 분리된 이성으로 오해되어서는 안 되며, 피교육 대상은 머리(지능)가 아니라 인간이다.

이와 같은 내용을 갖고 있는 '의견서'는 그 이전까지 개인에 종속되었던 평생교육을 장기적이고, 국가가 기획하는 교육의 성격으로 전환시켰다. 또한 이로 인해 이 문서는 독일 각 주의 성인교육 법률안과 계획의 기초 문서가 되었다는 점에서 독일 평생교육의 한 전환점으로 평가된다. 이러한 토론과 의견서를 통하여 1960년대 평생교육은 공교육 체제 안으로 포함된다. 그 후 평생교육이 삶의 한 일부분이 되어야 하며, 성인을 대상으로 하는 평생교육은 직업과 삶에 직접적으로 필요한 지식이 되어야 한다는 현실적 인식을 하게 되었다. 이러한 인식의 바탕 위에 직업교육이 중요 테마로 부각하게 되었으며, 이러한 변화는 1970년대부터 대학교육과정에 도입되었다.

2) 독일교육심의위원회

1970년대에 독일교육심의위원회는 평생교육의 발전을 주도하였으며 거의 모든 주정부에서 평생교육법을 만드는 계기를 마련하였다.

① 평생교육을 상위 개념으로 대체해야 한다.
② 교육휴가제, 학점은행제가 확대 실시되어야 한다.
③ 평생교육의 학교교육에 대한 보상기능을 강조해야 한다.

3) 미래의 교육정책–교육 2000

① 대기업은 기업교육 프로그램을 확대하고 외국어를 비롯한 교양교육도 실시해야 한다.
② 학교기관(직업학교, 전문학교, 김나지움)은 학생 수가 감소하는 경우 평생교육을

제공해야 한다.

③ 기업은 평생교육을 강화해야 한다. 사설 언어학교, 정보학교, 의료보험사, 취미시장, 여행사들도 평생교육을 제공해야 한다.

④ 교육은 새로운 정보기술에 근거한 대중매체-팩스, 비디오테이프, 화상회의-를 이용하여 완벽해진다.

⑤ 젊은 세대는 교육 욕구를 학교 밖의 비형식적인 집단(예: 생태학 집단, 자구 집단)에서 해결한다.

⑥ 학문적 평생교육기관으로 대학의 비중은 크다. 교양교육의 장소로서 노인들에게 대학교육을 제공하는 프로그램으로 대학의 평생교육이 활성화된다.

이러한 구체적인 정책방안은 다양화된 평생교육의 방향을 제시하며, 독일 국민들의 직업능력 배양을 통하여 국가경쟁력을 강화하려는 국가정책으로서 많은 기여를 했다(안이환, 1999; 양대종, 2008).

7. 독일 주요 평생교육정책의 내용

그동안 유럽의 다른 국가들과 비교해 볼 때에 독일 사회에서 평생교육에의 참여는 그 중요성이 논의되어 왔던 것에 비해 상대적으로 저조하였다. 그래서 독일 정부는 평생교육을 유럽 교육행정에 발맞춰 조직적으로 체계화하고, 기존의 장애들을 제거하고 새로운 매력적인 자극들을 이용해 평생학습의 가능성을 개선하고 형성하기 위한 '평생교육 콘셉트'를 발표하였다. 평생교육 콘셉트에 제시된 평생교육정책의 원칙들을 살펴보면 다음과 같다(양대종, 2008).

① 교육과 학습이 평생의 과제이며 개인 삶의 발전적 형성을 위한 기회라는 것을 개개인에게 고무시켜야 한다.

② 평생학습으로의 진입이 각계각층에 용이해져야 한다.

③ 모든 학습과정의 끝은 다음 과정으로의 진입 가능성을 확보해야 한다.

④ 산업체의 인사행정은 평생교육의 틀 속에서 전체 노동기간 동안 필요에 따라

계속되는 직능 획득과 연계되어야 한다.

⑤ 평생학습이 개개인에게 더 매력적으로 되려면 공급과 수요 상황을 동시에 고려한 교육과정이 구성되어야 한다.

⑥ 교육력 취약 집단 역시 쉽게 접근할 수 있는 저렴하고 목표 그룹에 맞춰진 평생교육이 제공되어야 한다.

⑦ 개인의 직업과 노동경력을 고려해 개인의 삶과 학습 상황에 정향한 교육상담과 교육과정들이 필요하다. 이러한 과제들의 해결을 위해서는 과거와 차별되는 평생교육 예산이 필요하며, 각 산업체의 직원 평생교육의 책임이 강조되어야 한다. 나아가 평생교육을 위한 기업의 재정적 기여가 고무되고 지원되어야 한다. 이것은 임금협약 및 계속교육 사회 파트너들에게도 함께 해당된다.

⑧ 교육기관들의 외부에서 이루어지는 다양한 비형식적 학습과정들을 계속해서 평생학습으로 통합하는 작업 역시 지식사회로 가는 길에 필연적이다. 노동과정을 통한 학습이 가능하도록 만들어 노동현장에서의 학습기회가 개선되어야 한다.

⑨ 혁신적인 아이디어들을 제품이나 서비스로 전환시키기 위해 이를 수행할 전문인력이 전 직능 단계에서 필요하다. 따라서 평생교육은 그만큼 하이테크 전략과 연계되어야 한다. 이를 위한 중소기업 지원책이 필요하다.

⑩ 평생교육은 모든 교육의 단계들을 망라한 개념이다. 평생교육의 전제는 어린 시절부터 초·중등, 직업, 고등교육을 거치며, 자발적인 학습의 동기와 능력에 의해 조성된다. 따라서 평생학습의 기본이 되는 학교교육은 만인에게 열려 있어야 하며 재편입학과 학과의 재이수가 가능해야 한다.

이러한 원칙을 바탕으로 평생교육의 전략적 실현을 위해 독일 정부에서 행하고 있는 다양한 조치들은 다음과 같다(양대종, 2008).

1) 교육상여금제도 도입

노동시장의 계속되는 직능향상 요구에 대응하며 성공적인 노동경력을 보장받기 위해서는 개개인이 자발적으로 평생교육에 투자하고 참여하는 것이 필요하다. 교육은 미래를 위한 투자로 인식되어야 한다. 교육상여금제도의 도입은 정부가 교육비의 일부를 지원해 평생교육의 위상과 평생교육 참여율을 높이려는 시도이며, 교육상품권, 평생교육적금, 평생교육대출 등 세 가지 요소로 구성되어 있다. 각 요소들은 원칙적으로 동시 이용이 가능해 교육투자의 가능성을 높이도록 하였다. 이 조치를 통해 지금까지 평생교육에 저조한 참여율을 보였던 저소득층이 고무·자극되도록 하였고, 조기에 젊은 층이 평생교육에 참여할 수 있게끔 유도하였다.

2) 평생교육 캠페인

평생교육 참여는 개인의 자발적인 필요의식이 사회 전반에 정착될 때 늘어날 수 있다. 교육력 취약집단과 고령층의 평생교육 참여율이 저조한 점을 감안하여 이 집단을 캠페인의 주요 대상으로 삼는다. 교육 연구부가 주도, 노동 사회부, 연방직업소개소, 언론사 및 기타 관계자들과 협력하여 지역 성공 사례들을 집중 홍보하고 파급시키는 효과를 기대한다.

3) 교육상담의 개선

다양한 교육과정과 교육 가능성에 대한 일목요연한 개관과 이해 없이 의미 있고 자발적인 평생교육은 이루어질 수 없다. 평생교육의 정착을 위해서 전문적인 교육상담이 필요한 이유다. 그동안 많은 기관과 조직이 무차별한 교육상담을 하면서 일어난 문제점들을 개선하여 상담 내용의 투명성과 개인에게 적합한 상담이 보장되어야 하고 상담원들의 정기적인 교육을 통해 전문화를 꾀해야 한다.

4) 상품 평가 재단의 평생교육 평가

독일에는 현재 약 2만5천 개의 교육시설들에서 40만 개 정도의 학과와 프로그램을 통해 평생교육이 행해지고 있다고 추산된다. 이 제반 교육들의 수준과 질에 대한 정보와 투명성을 확보해 교육기관들의 질 향상 노력을 진작시키기 위한 정부의 노력이 평생교육 상품들에 대한 공정한 평가다. 2002년부터 2007년까지는 독일 교육

연구부와 유럽 사회기금이 약 천만 유로의 예산을 가지고 학과, 교재, 상담 등을 망라하는 100여 가지 정도의 교육상품에 대한 평가를 의뢰했으며, 2008년부터는 교육연구부의 정기 지원에 의해 운영된다. 매년 약 15건가량의 교육상품 평가가 이루어지고 있다.

5) 평생교육 연합 결성

평생교육의 성공적 정착은 평생교육에 관여하는 모든 관계자들의 공동의 노력 없이는 어려운 일이다. 상이한 이해관계로 얽혀 있는 이들을 어떻게 공동목표를 추구하는 한 연합체로 묶을 것인가에 대해서는 아직도 구체적인 대안이 나오지 않고 있으나 독일 정부가 주안점을 가지고 노력을 경주하는 점들은 다음과 같다.

- 산업체 학습시간 구좌: 법적으로 보장된 노동자들의 평생교육 시간을 실제 모든 근로자가 정당하게 이용할 수 있도록 하기 위해서는 산업체의 부도나 매각, 인턴사원 도입, 부분 고용 및 무자격 노동자들의 고용 시, 법적 학습시간이 보장될 수 있는 정책이 개발되고 실험되어야 한다.
- 연령층에 맞춘 산업체 계속교육: 산업체 내부의 작업장에서 이루어지는 프로젝트별 교육이나 인터넷을 통한 평생교육이 각 연령층에 맞춰 개발되고, 산업체 인사행정 속에 반영·정착될 수 있도록 원조되어야 한다.
- 하이테크 부문 산학 연계: 기간 기술의 직능 획득과 이전을 용이하게 하기 위해 하이테크 부문에서 산학이 연계된 서비스가 촉진되어야 한다.

6) 교육을 통한 삶의 질 향상

교육을 통한 삶의 질 향상은 현재 독일에서 사회통합과 경제능력 향상이라는 측면에서 우선적인 과제다. 각 개인의 교육기회를 원조하기 위한 조치로는 향상장학금제의 도입과 「진급 성인교육 촉진법」을 들 수 있다.

- 향상장학금: 독일 교육연구부는 기존에 재능 있는 평생교육 참여자들에게 지급

하던 장학금 제도를 확대하여 근로자가 직업과 병행 또는 전적으로 대학교육을 받을 경우에 이 대학교육을 평생교육으로 인정해 장학금을 지급한다. 기존의 평생교육 장학금은 탁월한 성적으로 직업교육을 이수한 25세 이하의 젊은이에게 5,100유로가 지급되었다. 수혜자는 이 장학금으로 전공 관련 마이스터 과정이나 어학 코스를 이수할 수 있었다. 새로 도입된 향상장학금은 나이 제한을 없앴고, 직업교육과 향상교육에서 탁월한 성적을 보이고 2년 이상의 직업 경력이 있거나, 연방 직업기능대회에서 입상하면 신청할 수 있다.

- 「진급 성인교육 촉진법」의 확대: 독일의 젊은이들은 대학까지의 일반교육과정 및 직업교육과정에서 「연방 교육지원법」에 따라 자신의 사회적 · 경제적 환경과 관계없이 자신에게 맞는 교육을 받을 수 있도록 국가로부터 장기 교육 대출을 받을 수 있다. 이와 유사하게 일차 직업교육 후 평생교육을 희망하는 이들에게 주어지던 대출 혜택의 근거로는 「진급 성인교육 촉진법」이 있다. 독일에서 보통 '마이스터 바'라 불리는데 정부가 이를 2002년 1월 1일부터 확대 적용하여 교육비의 35%까지로 지원금을 늘리고, 건강과 복지 분야의 평생교육에까지 확대해 실시하고 있다.

7) 전문 기술자를 위한 학술적 평생교육 지원책 마련

탁월한 능력을 보이는 전문 기술자들의 학술적 평생교육 지원을 통해 이들이 직업과 병행해 대학교육을 받을 가능성을 열어 주려는 시도다. 같은 맥락으로 대학 등에서 운영하는 학술적 평생교육 분야의 기존 데이터베이스들과 포털들을 네트워크로 통합해 서비스의 투명성을 개선한다.

8) 교육을 통한 통합과 시민사회 내 학습지원 개선

이 분야에서 주안점은 이민자들과 이민자 가정 출신자들의 잠재적 직능을 교육체계 속에서 개인과 사회를 위해 효과적으로 견인해 내는 것이다. 교육을 통한 이민자 사회통합 및 시민사회 내 학습을 지원하기 위해 실업자와 근로자 모두에게 개방된 직업과 연관된 독일어 교육, 다문화 평생교육 서비스의 증원과 다문화 평생교육기관들의 개설, 시민사회 교육을 통한 자발적 사회참여 강화 등을 들 수 있다.

8. 독일 평생교육 재정

다양한 평생교육정책에 대해 독일 정부의 재정적 지원이 이루어지고 있다. 독일의 평생교육정책 중 '학습하는 지역들'과 '시민대학'의 재정을 통해 독일 평생교육정책의 재정적 특징을 파악할 수 있다.

1) 학습하는 지역들

이 프로그램은 독일의 연방연구부가 1억 3천만 유로의 예산을 책정해 2001년부터 2008년 9월까지 진행한 독일 역사상 최대의 평생교육 사업이다. 현재 독일 전역에는 76개의 학습하는 지역 네트워크가 산재해 있다. 지원받는 예산의 규모가 엄청난 만큼 각 네트워크들의 정부예산에 대한 의존성이 커질 수 있기 때문에, 처음부터 연방과 주정부의 재정지원이 단계적으로 감소되도록 프로그램을 설계하였다. 또한 한번 결성된 네트워크들이 정부지원이 종료된 후에도 지속되어 지역의 평생교육 공급 구조를 개선할 수 있도록 해서 이들 중 상당수는 사업의 지속성을 위해 재단이나 사단법인 또는 공익유한회사의 형태로 탈바꿈했다. 이처럼 독일 정부는 평생교육정책에 있어서 철저히 중앙보다는 지역을 중심으로 구상하여 주도하기보다는 지원하는 데서 자신의 역할을 찾고 있다(양대종, 2008).

2) 시민대학

독일의 성인들은 시민대학에서 일반 교육기관보다 훨씬 저렴한 비용으로 원하는 것을 배울 수 있다. 그 이유는 무엇보다도 시민대학이 영리를 추구하지 않기 때문이고, 재정의 약 60%에 해당하는 공적 지원금을 받으므로 수강생들이 재정의 약 40%만을 부담하면 되기 때문이다. 지자체와 주의 지원금은 약 40%, 연방과 EU 차원의 지원금은 약 20%이며 기업의 후원금도 증가하는 추세다. 시민대학에서 제공하는 교육 프로그램은 누구든지 관심이 가는 강좌를 쉽게 찾을 수 있을 만큼 다양하다. 철자법이나 단순한 셈법과 같은 기초교육 강좌부터 시작하여 바퀴벌레 퇴치법, 청소하는 법 등의 생활 강좌, 외국어 강좌, 그리고 하버마스나 데리다의 철학 강좌에 이르기까지 실로 다양하다(강현선, 2012).

9. 독일 평생교육정책의 시사점

지금까지 살펴본 독일의 평생교육정책의 내용과 특징을 간략하게 정리하면 다음과 같다(김경택, 2003).

첫째, '모든 이를 위한 평생교육'을 지향하는 독일의 평생교육은 학습과정의 중심에 교육의 공급기관이 아니라 수요자인 인간을 두고 민주성과 평생교육의 공공성을 강조한다.

둘째, 한 세기가 지난 지금까지 독일의 시민대학은 교육에 있어서 국가의 공적 의무, 시장주의와 이윤추구로부터의 독립이라는 이념적 원칙에 바탕을 둔 채로 현실적인 변환기를 통해 사회의 요구에 자연스러운 변화를 하고 있다. 이렇듯 독일의 평생교육정책은 시대의 변화에 민첩하게 대응하며 법과 제도의 정비를 통해 평생교육을 성공적으로 활성화하고 있다.

셋째, 시민대학이 지역주민들을 위한 평생교육기관으로서 지역의 특성에 맞는 프로그램을 운영하는 가운데 모든 프로그램은 합의된 원칙하에 유지되고 있으며, 사회적 · 직업적 전문성 향상을 꾀한다.

이와 같이 독일의 평생교육정책은 지역주민교육과 인적 자원의 양성 · 배치를 통하여 산업 경쟁력을 제고함으로써 국가경쟁력 강화와 국민의 삶의 질 향상을 목표로 실시되고 있음을 알 수 있다.

우리나라의 평생교육 프로그램과 독일의 평생교육 프로그램은 대부분의 영역에서 큰 차이를 나타내고 있지 않다. 그러나 기본 · 보상교육적인 면과 특히 외국어 영역에서는 상당한 차이가 있음을 알 수 있다. 우리나라가 영어나 인접 국가인 일본어와 중국어 과정만 개설한 것에 비해 독일 시민대학의 외국어 강좌는 매우 다양하다. 이것은 독일 주변에 여러 국가들이 인접하고 있는 것을 감안한다고 할지라도 오늘날의 세계화 추세를 고려해 볼 때에 우리나라 외국어 영역의 평생교육에 상당한 시사점을 준다고 본다(양대종, 2008).

다음으로 기본 · 보상교육 면에서 주로 기업체의 위탁교육과 기초교육을 마친 상태에서의 학점은행제 제도, 독학사 제도 등에만 치중하고 있는 우리나라와는 달리, 문해 기초교육과 그런 교육의 일환으로 산술, 수학교육을 시행하고 있는 시민대학의 프로그램은 외국어 교육과 마찬가지로 우리나라의 평생교육에 시사하는 바가 크다고 할 수 있다.

또한 독일 시민대학을 중심으로 한국 평생교육을 위한 시사점은 다음과 같다.

첫째, 접근성의 보장이 필요하다. 독일은 뮌헨이나 에를랑겐이 속해 있는 바이에른 주에만 200여 개가 넘는 시민대학을 운영하고 있다. 그만큼 각 지역의 시민들이 자신들이 거주하고 있는 곳에서 필요한 교육을 받을 수 있도록 배려하고 있다. 이러한 점에서 우리나라의 평생교육기관들도 언제, 어디서나, 누구나 교육을 받을 수 있도록 수요자의 가까운 거리에 기업, 정부, 대학이 교육시설이나 장소를 확보해야 할 필요성이 있다.

둘째, 재정의 공공성과 전문인력의 배치가 필요하다. 교육의 균등기회와 양질의 학습을 위하여 지방자치단체와 필요에 따라 중앙정부 혹은 지역 소재의 기업으로부터 재정적인 지원을 받을 수 있는 강력한 법적 근거가 필요하다. 독일의 「계속교육법」 제20조에는 평생교육시설에서 근무하는 직원에 대한 최저 기준선의 보수를 주정부가 지급하는 것에 대한 규정이 있고, 제25조 투자금에 대한 규정과 아울러 제30조 경제적 보조에 대한 규정에서는 '주정부에서 경제적 보조를 해야 한다.'고 강력하게 제시함으로써 우리나라 「평생교육법」 제2장 제11조에서 '국가 및 지방자치단체는 평생교육의 진흥에 필요한 경비를 보조할 수 있다.'고 언급한 것과 대조를 이루고 있다. 또한 정규직원 300명, 전문 강사 3,000명의 뮌헨 시민대학의 사례에서 알 수 있듯이, 독일은 평생교육기관에 전문인력의 공급이 충분히 이루어지고 있는 실정이나, 우리나라의 경우에는 현재까지도 평생교육 관련 전문인력이 부족한 실정이다. 따라서 평생교육사를 양성하고, 적절히 배치하며, 계속적인 재교육을 통해 평생교육기관을 효과적으로 운영할 수 있도록 해야 할 뿐만 아니라 지역 간 강사진의 교환으로 보다 다양한 교육을 학습자들이 받을 수 있도록 노력해야 할 것이다.

셋째, 다른 평생교육기관과의 긴밀한 연계가 필요하다. 독일 시민대학은 자체 체제 내에서 교육 프로그램을 개발하고 연구하고 있는 것과 동시에 박물관, 도서관, 극장 등의 대표자들과의 정규적인 상호 교류를 통해서 프로그램의 장단점을 분석하고, 새로운 프로그램을 개발하는 등, 보다 효율적이고 다양한 교육 프로그램을 만들기 위해 지역 내의 다른 평생교육기관과 네트워크를 형성하고 있다. 이것은 평생교육을 담당하고 있는 기관들이 서로 다른 산하의 정부 부서 사이에서 적절한 협조체계를 구축하지 못하는 우리나라의 현실과 대비되는 점이라고 할 수 있다.

마지막으로, 시대 변화와 각 지역의 요구에 민감하게 대응해야 한다. 독일 시민대학은 초창기에는 일반교양교육을 중심으로 운영되던 체제였으나 1980년대의 실업률의 증가를 계기로 직업교육을 점차로 늘려가고 있으며, 변화하는 학습자들의 요구에 맞추어 새로운 강좌를 개설하는 등 교육 프로그램의 종류를 다양화하는 추세다. 이에 따라 우리나라의 평생교육도 급변하는 시대적 요구에 부응하기 위하여 삶의 질을 향상하는 과정, 직업계속교육의 과정, 상급학교 진학의 과정, 다양한 외국어 과정 등을 개설하고 지역 특성에 맞는 교육 프로그램을 개발하여 계속적인 변화를 거듭해 나가야 할 것이다.

참고문헌

강현선(2012). 해외동향: 독일의 계속교육, 세 번째 이야기. 수원평생학습동향 리포트 12. 수원시 평생학습관.

김경택(2003). 독일 성인교육에 관한 연구. 단국대학교 대학원 박사학위논문.

김순임(2015). 독일의 성인교육에 관한 고찰–'계속교육' 개념과 현황을 중심으로. **용봉인문논총**, 47, 5-38.

김춘식(2017). 독일 평생교육의 역사와 한국에의 시사점. **역사와 교육**, 25, 75-109.

신용민(2017). 독일과 한국의 성인 시민교육 비교연구. **독일어문학**, 79, 87-108.

안이환(1999). 평생학습을 실현하는 교육 공간: 독일 계속교육의 발달 과정. **한독교육학연구**, 4(1). 한독교육학회.

양대종(2008). 독일 평생교육 정책동향. **해외 평생교육 정책동향 시리즈 3**. 서울: 평생교육진흥원.

외교부(2018. 9. 검색). 독일 국가정보. http://www.mofa.go.kr/

이병준(2006). 독일 근대의 성인 교육운동에 대한 역사적 탐구. **교육사상연구**, 18. 한국교육사상학회.

최재정(2005). 모두를 위한, 삶의 동반자로서의 학습: 독일. **교육정책포럼**, 109. 서울: 한국교육개발원.

한삼수(2004). 한국과 독일의 평생교육 비교분석. 원광대학교 대학원 석사학위논문.

KOCIS(2018. 9. 검색). 독일 문화정책의 특징과 2018년 동향. http://news.kotra.or.kr/user/nationInfo/kotranews/14/userNationBasicView.do?nation Idx=67

KOTRA(2018. 9. 검색). 독일 경제동향 및 전망. http://news.kotra.or.kr/user/nationInfo/kotranews/14/userNationBasicView.do?nationIdx=67

Nacke, B. (1996). *Lebenslangeslernen. Bundesministerium für Bildung*. Wissenschaft. Forschund und Technologie.

Lifelong Education Policies in Major Foreign Countries

제 7 장

벨기에의 평생교육정책

1. 벨기에 평생교육의 역사적 배경

벨기에는 기원전 5세기경 켈트족과 게르만족이 혼합된 '벨가이'(Belgae)족이 오늘날의 벨기에 지역에 거주하면서 민족을 형성하였고, 기원전 57년에 로마의 카이사르(Caesar)에 의해 정복되어 로마제국의 속령이 되었다. 그 후 8~9세기에는 카를(샤를마뉴) 대제에게 정복되어 프랑크왕국의 중심부에 자리 잡게 되었다. 843년 베르됭(Verdun)조약으로 프랑크왕국이 분열된 후 중세를 거치면서 브라반트(Brabant)와 플랑드르 등의 여러 공국들이 형성되었다. 편리한 교통으로 주변 국가로부터 지대한 관심을 끌면서 때로는 전장이 되었지만, 평화 시기에는 도시의 자유가 보장되고 상공업이 발달하였는데, 특히 12~13세기에 플랑드르의 많은 도시들은 모직물 공업으로 융성하였다. 14세기에 들어 모직물 업자 간의 내분과 도시 부르주아와 지방 농민 간의 반목으로 위기를 겪으며 수많은 모직공들이 잉글랜드로 이주하면서 모직물 공업은 쇠퇴하였다. 이러한 혼란기를 틈을 타서 프랑스의 부르고뉴(Bourgogne) 왕가가 세력을 뻗어 벨기에를 지배하였다. 15세기 후반 부르고뉴공국이 주변 강국들과 혼인 정책을 추구하면서 오늘날 벨기에(와 일부 네덜란드) 지역은 18세기 말까지 스페인과 오스트리아의 지배를 번갈아 받았다.

18세기 초에는 스페인 왕위 계승 전쟁으로 스페인에서 오스트리아로 지배권이 이양됨에 따라 벨기에는 오스트리아의 영토에 편입되었다. 1789년 프랑스 혁명 직후 프랑스가 오스트리아와의 전쟁에서 승리함으로써 벨기에에 대한 영토권을 확립하였다. 벨기에는 특히 1804년부터 10년간 나폴레옹 1세의 통치 아래 그의 반(反)기독교적 · 군국주의적 정책에 저항하였지만, 프랑스의 각종 법령과 발전된 정치제도를 도입하면서 근대 국민국가로 도약하는 데 필요한 체제를 정비하였다. 또한 이 시기 동안 지배계층들은 프랑스로부터 깊은 문화적 수혜를 받았다. 1815년 워털루 전투에서 나폴레옹이 패한 후 개최된 빈(Wien) 회의에서 유럽의 열강들은 프랑스의 팽창을 견제하는 세력 균형의 차원에서 유럽의 각축장이었던 벨기에를 네덜란드에 병합하여 네덜란드왕국을 건국시켰다. 하지만 1830년 정치적 압제와 신교를 강요하는 네덜란드에 대항하여 가톨릭을 신봉하는 왈롱과 플랑드르의 자유주의자들이

동맹을 결성하여 혁명을 성공시킴으로써 벨기에는 마침내 독립을 쟁취하였다(안영진, 조영국, 2008).

이처럼 벨기에가 오랜 외세의 지배로부터 벗어나 짧은 기간 안에 근대 국민국가로 발전할 수 있는 토대를 마련하고 독립과 건국을 쟁취한 것은 프랑스와 네덜란드의 지배하에서는 드러나지 않았지만 이전부터 형성되어 온 이질적인 사회 · 문화적 배경을 지닌 민족과 지역 간의 잠재적 갈등을 일시적이나마 해소할 수 있는 방안을 찾았기 때문이었다. 그것은 곧 벨기에에 내제된 긴장과 반목의 주요 요소들을 새로운 정치 체계를 통해 해결할 수 있었기 때문이다. 프랑스의 재배 하에 토대가 마련되고 네덜란드 왕국의 통치기에도 소멸되지 않은 자코뱅주의의 중앙집권적 체제가 형성되어 갔으며, 1831년에 확립된 국가의 정체도 내각 중심제의 입헌군주제를 바탕으로 하였다. 독립 당시 벨기에의 이러한 정치적 구조는 플랑드르를 포함한 국가 전체가 프랑스어를 공식어로 삼는 단일언어 체제(unilingualism)와 자연스럽게 연결되었다. 신생 국가는 북부의 플랑드르에 거주하며 네덜란드어를 사용하는 인구가 다수를 차지하고 있음에도 불구하고 프랑스어를 구사하는 부르주아 엘리트의 유산과 프랑스의 국가모델에 입각한 통치 체제를 갖춘 프랑스어를 쓰는 국가였다. 당시 벨기에는 적어도 이론상 언어 사용의 자유가 보장되었지만, 모든 법령과 규정은 프랑스어로 공포되었고, 네덜란드어 번역도 나와 있었으나 프랑스어 문건만이 법적 효력을 지니고 있었다. 더군다나 많은 사람들은 공식 언어를 이해하기 어려운 것은 물론이고 배울 기회조차 많지 않았다. 왜냐하면 플랑드르 소재 고등교육기관의 경우에도 프랑스어를 구사하는 사람들이나 부르주아 계층에 속하는 사람들에게만 개방되었기 때문이다. 사회적 계층-상승을 꿈꾸는 사람들은 프랑스어를 습득하지 않으면 안 되었다(안영진, 조영국, 2008).

벨기에에서 종교와 사회적 배경의 전통적 분열이 언어를 통한 차별과 이에 대응한 지역주의의 발흥으로 점차 대체된 것은 19세기 후반에 들어와서다. 즉, 19세기 후반 프랑스어의 독점적 지배와 네덜란드어에 대한 억압으로 플랑드르의 저항운동('Vlaamse Beweging')이 발생하였다. 물론 이러한 움직임도 당시 나타나기 시작한 인구 및 정치구도의 변동과 밀접히 관련되어 있었다. 먼저 벨기에의 총인구에서 왈롱 인구가 차지하는 비중이 최고조에 달한 것은 1880년대였으며 이후로 하락하였다. 1898년에는 네덜란드어가 프랑스어와 동일한 법적 지위를 보장받게 되었다. 그렇지만 1930년 플랑드르의 도시인 겐트에 네덜란드어를 사용하는 정규 대학이 설립되기까지는 건국 후 한 세기가 넘는 시간이 소요되었으며, 플랑드르 저항운동이 지향한 프랑스어 단일언어 체제에서 이중 언어 체제(bilingualism)로의 전환도 결코 순조롭지 않았다.

제2차 세계 대전 후에도 언어갈등에 바탕을 둔 지역주의는 과거와 달라지지 않았다. 벨기에에 서로 다른 언어공동체가 존재한다는 사실이 공식적으로 인정된 것은 1960년대 중반이었다. 전 국토에 공식적인 언어 경계선으로 분리된 두 개의 언어권을 설정한 것은 1932년으로 거슬러 올라가지만, 공식적인 법적 지위는 1963년이 되어서야 부여되었다. 이와 관련하여 벨기에는 마침내 플랑드르와 왈롱, 독일어권 벨기에라는 세 개의 단일 언어권 및 플랑드르의 지자체로 둘러싸인 브뤼셀의 이중 언어권으로 나누어지게 되었다.

오랜 전란의 역사를 경험한 벨기에는 오늘날 국민 전체가 교육에 깊은 관심을 가지고 있다. 독립한 이후 2대 정당의 정쟁(政爭)의 초점이 되는 것은 항상 교육문제였으며 그 때문에 '학교전쟁'이라는 말까지 생겼다(National Center on Education and the Economy, 2006).

벨기에는 세 가지 지역공동체인 플랑드르(Flanders), 왈로니아(Wallonia), 브뤼셀(Brussels)의 수도권 지역으로 연방화된 국가다. 각 지역사회는 자신들만의 정부 및 공공 서비스를 가지고 있다. 이러한 특징은 각 체계 속에서 교육이 어떻게 취급되는지의 문제가 되기도 하였다. 1831년 제정된 「헌법」에서는 일찍이 교육의 자유가 보장되어 있었으나 각 지역과 언어에 따라 상이한 모습을 보였다. 1423년에 창립된 루뱅대학교는 가톨릭 대학으로 2개 언어를 병용하고, 1834년에 창립된 브뤼셀대학교는 종교와는 관계없이 2개 언어를 병용하며, 1817년에 창립된 리에주대학교는 프랑스어를, 겐트대학교는 네덜란드어를 사용하고 있다. 1914년에 6~14세 어린이를 대상으로 의무교육제도가 도입되었고 현재는 18세까지 실시된다. 공립 및 사립학교가 교육을 담당하는 이중적 교육제도를 갖고 있으며, 공립학교가 전체 교육의 43%, 주로 가톨릭 계통인 사립학교가 57% 정도를 담당하고 있다(National Center on Education and the Economy, 2006).

역사적으로 벨기에의 정치 발전은 교육 조직에 중요한 영향을 미쳤다. 1989년 1월 국가의 연방화는 교육과 관련한 거의 모든 책임을 각 커뮤니티가 갖게 되었다. 그럼으로써 커뮤니티는 성인교육을 포함한 경제, 고용, 훈련 등의 다양한 이슈를 통해 권한을 행사하기 시작했다. 교육과 훈련의 공급은 지역적 · 언어적으로 나누어지는 국가의 공동체뿐만 아니라 민간기관의 폭넓은 참여와 많은 수의 정부 부처들, 특히 교육, 문화, 고용 부처들의 역할이 국가적 · 공동체적 차원에서 함께 이루어짐으로써 형성된다.

다른 여러 유럽 국가에서는 복지국가와 공공서비스 민영화의 긴축 기간 동안 성인교육에 대한 투자가 감소했음에도 불구하고 벨기에의 서로 다른 공동체 정부의 성인교육에 대한 노력은 여전했다. 벨기에에서의 공동체 형성은 교육이 그들이 행사할 수 있는 권한의 첫 영역이 되면서 동시에 이루어졌다. 따라서 새로 태어난 공동체는 낮은 가격, 좋은 품질, 공개적인 자금 조달이 가능한 성인교육에의 접근이 가능할 수 있는 공동체의 정체성, 교육, 문화, 가치를 소중히 여긴다.

플랑드르와 프랑스 공동체 모두에서 사회문화적 성인교육은 문화의 영역에 속한다. 유럽에서는 이러한 영역 위치가 매우 독특한 편인데, 그것은 성인교육이 일반적으로 교육 영역으로 분류되기 때문이다. 공동체들은 관련 기관에 대한 인식과 재정 지원의 체계적인 정책을 수립하고 있다. 또한 무형식, 비형식 학습과 시민교육, 평생교육에 많은 관심이 있다. 공동체들은 이니셔티브를 격려하고 지원하는 일에 상당한 주의를 기울이며 조직의 선택과 실천에 관한 비판적 태도 및 성찰을 지원한다. 또한 주목할 만한 점은 사회의 가장 낮은 소외계층에 대한 관심이 많다는 것이다 (GHK & Research voor Beleid, 2011).

2. 벨기에 평생교육정책의 정치, 경제, 사회문화적 환경

오늘날 벨기에의 국가 위기는 네덜란드어를 쓰는 북부와 프랑스어를 사용하는 남부 사이의 해묵은 대립과 분열에 뿌리를 두고 있다. 1830년 벨기에는 유럽 중부에 중립 완충지대가 필요하다는 강대국들의 이해가 맞아 떨어지면서 독립을 쟁취하였다. 가톨릭이라는 종교를 매개로 합쳐 독립한 벨기에는 독립 당시 네덜란드어를 사용하는 플랑드르의 인구가 많았음에도 불구하고 프랑스어를 공식어로 채택하였다. 이에 따라 프랑스어를 쓰는 왈롱이 지배층을 형성하며 정치사회를 주도하게 되었으나, 언어적 차별에 따른 지역감정은 끊이지 않았다. 이에 19세기 말 언어적 차별에 항의하는 '플랑드르 저항운동'이 일어났으며, 그 뒤에 마침내 언어권별 분리가 정착되기에 이르렀다. 즉, 북부 플랑드르는 네덜란드어를, 남부 왈롱은 프랑스어를, 독일과 인접한 동부의 일부 지역은 독일어를 공용어로 삼게 되었고, 수도 브뤼셀만이 예외적으로 주요 언어의 공동 사용 지역이 되었다.

2007년 12월 21일 우여곡절 끝에 연방선거에서 패배한 전(前) 집권당인 플랑드르 자유당(Vlaamse Liberalen en Democraten)이 이끄는 과도내각이 출범함으로써 국가 분열 직전의 벨기에는 한숨을 돌리는 듯했다(안영진, 조영국, 2008). 하지만 과도내각을 끝내고 2008년 3월 20일에 취임한 플랑드르기민당 소속 총리도 취임 4개월을 넘기지 못하고 2008년 7월 14일 사임 의사를 표명하면서 벨기에는 또다시 정치적 혼란에 빠져들었다. 그동안 집권 총리는 플랑드르와 왈롱으로 양분된 벨기에를 하나로 통합하기 위한 개헌작업을 추진해 왔으나 두 지역의 반발로 여의치 않자 사의를 밝히게 된 것이었다. 이에 입헌군주제 국가인 벨기에의 국왕은 총리 사표를 반려하고 3개 언어권(네덜란드어권, 프랑스어권, 독일어권) 출신의 3명으로 구성된 태스크포스를 구성해 국정 혼란의 원인인 지역 반목을 해결하기 방안을 마련하도록 지시한 것으로 알려졌다.

이처럼 유럽연합(EU)의 본부가 위치한 '유럽 통합의 수도' 브뤼셀의 벨기에는 정작 본국의 분열 위기에 깊은 시름을 앓고 있다. 이러한 갈등의 근본 원인이 네덜란드어권인 북부 플랑드르와 프랑스어권인 남부 왈롱 간의 오랜 반목과 갈등에 있다는 점은 잘 알려져 있다. 하지만 이는 언어권 간의 대립에 그치지 않고 그동안 두 지역 간에 확대되어 온 경제적 격차, 특히 왈롱의 플랑드르에 대한 상대적 소외감과도 결부되어 있다. 더군다나 현재의 사태는 오랫동안 벨기에를 하나의 통합된 국가로 유지해 오는 데 관건이었던 타협의 예술을 훼손시키며, 지역 간 봉쇄정치에 따른 정치 · 제도적 한계와도 결코 무관하지 않다(안영진, 조영국, 2008).

오늘날 영국 남동부 런던에서 이탈리아 북부에 이르는 유럽의 중핵 지대에서 벨기에는 가장 도시화되고 상업화된 공간이라고 할 수 있다. 별기에의 총인구는 약 1천만 명 남짓하지만, 대단히 높은 인구밀도를 보여 주며 경제적으로는 가장 번성한 국가 가운데 하나다. 이러한 벨기에의 번영은 석탄을 바탕으로 한 19세기의 산업혁명으로부터 비롯되었다. 벨기에는 일찍이 산업혁명을 겪었는데 프랑스와의 국경에서 몽스(Mons)와 나뮈르(Namur)를 거쳐 리에주(Liege)에 이르는 석탄산지의 개발로 19세기 중반 벨기에는 영국이나 독일보다도 빠른 산업성장을 나타내었다. 이러한 석탄 및 철광 산지의 개발이 벨기에의 남부인 왈롱이 번성하는 경제적 토대였다면, 북부 플랑드르는 1840년대 석유산업의 쇠퇴 이후 경제적 정체를 겪었다. 그런데 국가 경제에서 왈롱의 주도적 위상이 20세기 초반에도 유지되었으나, 전체 산업 노동력에서 차지하는 비중은 이미 1880년대부터 하락하기 시작하였다. 물론 이러한 변화는 산업경제의 발전에서는 자연스러운 과정으로 볼 수 있다. 석탄과 원광 채굴 위주의 1차 산업이 제철업과 함께 다음 단계의 산업 발전으로 보완되고, 북부 플랑드르의 앤트워프 주변 임해공업 지역의 비철금속 및 화학 산업의 발전에 의해 대체되어 왔다. 특히, 벨기에가 1885년에 영유한 본국의 80배에 달하는 아프리카의 식민지인 콩고에 본격적인 지하자원 개발도 임해 지역 주요 항구의 배후지로 산업의 집적을 촉진하였다. 이는 65km에 지나지 않지만 벨기에의 임해 지역을 끼고 있는 플랑드르의 경제적 재도약과 성장을 의미하였다. 20세기에 들어서면서 플랑드르의 산업생산은 1930년대에 절정에 달한 왈롱보다 훨씬 빠른 속도로 성장하기 시작하였다. 이때부터 브뤼셀과 엔트워프를 잇는 산업 축은 1970년대 이후까지 자동차와 석유화학, 물류 등과 같은 산업 부문의 역동적인 성장 중심지로 탈바꿈하였다. 반면에 저렴한 수입 공산품의 증가와 석탄 및 철광에 대한 수요 감소로 왈롱 경제는 쇠퇴를 면치 못하였다. 마침내 1982년 벨기에의 전체 산업 노동력에서 왈롱의 비중이 28%로 떨어진 반면, 플랑드르 제조업은 계속하여 건실하게 성장하였다. 이에 따른 플랑드르 지역은 자신감을 얻고 정치적 권리에 대한 주장을 공공연히 표출하게 되었다(안영진, 조영국, 2008).

근래 벨기에 경제는 여타 선진국들과 마찬가지로 서비스 부문의 성장이 현저하다. 플랑드르에 위치한 브뤼셀은 그동안 이러한 서비스 산업의 중심지로 자리 잡아 왔으며, 특히 1950년대 이후 가파르게 팽창하였다. 그 중요한 계기는 다름 아닌 유럽 경제공동체의 창설과 그 후 유럽연합 산하 각종 기관단체가 브뤼셀에 자리 잡게 되면서부터였다. 이와 동시에 각급 외교관과 기업들도 브뤼셀을 견인하면서 오늘날 200여 개에 달하는 각국의 대사관과 1,000여 개가 넘는 국제기구의 사무실들이 위치하게 되었다. 이처럼 서비스 부문의 거점으로서 브뤼셀의 성장은 바로 왈롱 지역에 심대한 문제점을 가져 왔는데, 왈롱에서는 브뤼셀과 입지적으로 경쟁할 만한 도시들이 거의 발전하지 못하였기 때문이었다. 중세에 이미 번영을 구가한 바 있는 플랑드르와 달리 왈롱에서의 도시 발전은 본질적으로 19세기의 산업혁명에 따른 것이었으나, 산업활동의 다각화와 성장을 뒷받침할 만한 도시와 그 체계는 크게 형성되지 못하였다.

결국 한편으로는 플랑드르의 인구 증가와 함께 경제력의 확대와 다른 한편으로는 왈롱의 중공업에서 새로운 성장산업으로의 구조 전환의 실패로 최근 왈롱의 실업률은 15%로, 플랑드르에 비해 세 배 가량 높은 것은 실정이다. 더군다나 연방정부가 연간 30~60억 달러에 달하는 막대한 자금을 왈롱 지역을 지원하는 데에 대한 북부의 반발과 언어권별로 해당 지역의 의료보험과 실업보험 제도, 나아가 사법기구의 독립적 운영을 추진하려는 정치권의 움직임에 대한 남부의 피해의식(즉, 독자적인 재정 책임에 대한 위기감)이 겹치면서 벨기에에서의 지역갈등은 점점 증폭되고 있다(안영진, 조영국, 2008).

벨기에의 현재 경제활동은 매우 다양하다. 주요 산업 부문을 중요성의 내림차순으로 정렬하자면, 화학 및 석유 화학 산업, 금속 산업, 건축 산업, 식품 산업, 전력, 전기 및 전자 장비, 섬유 및 가죽, 가구 및 관광이 있다. 벨기에는 모든 유럽 국가와 같이 산업 부문의 중요성이 서비스 부문으로 이동하면서 지난 30년 동안 대치되고 있는 상태다.

1990년대 하반기 동안 벨기에는 점진적으로 구조 조정의 위기(약한 성장, 높은 실업률, 재정 적자)에서 회복되었다. 경기 침체는 1993년 상반기 중에 최하점에 도달하였으나 그 이후 고용을 창출하고 국가 부채를 안정시키고 사회적으로 안전한 지출의 균형을 맞추기 위한 대책들이 도입되었다.

경제 성장의 측면에서 지난 몇 년 동안 벨기에는 유럽의 평균보다 더 나은 결과를 기록했다. 작은 개방 경제 체제인 벨기에 경제는 세계 경제 환경의 변동에 취약하다. 2008년 벨기에 경제활동은 2006년 시작된 하락세가 증가되면서 GDP 성장률이 2007년 2.6%에서 2008년 1.1%로 떨어진다. 이러한 악화 추세는 초기에 유로존보다 낮은 수치로 발표되었다. 지속적인 국내 수요 덕분에 GDP 성장률이 2008년 3분기에 유로존이 0.6%인 것에 비해 벨기에는 1.2%를 보여 주었다. 벨기에의 공공 적자는 GDP 0.3%에서 1.1%로 증가했다. 이러한 성장은 인구 고령화에 따른 재정적 비용에 대해 우려를 갖고 있는 최고 재무위원회가 권장하는 예산 확대 정책과는 명백히

불일치함을 나타냈다. 총 부채는 1993년 GDP 137.1%에서 2007년 말 84.9%로 감소되었다. 그러나 공공 부채의 수준은 어려움을 겪는 은행에 정부가 자본을 주입함에 따라 2008년에 GDP 83.9%에서 88.7%로 증가했다. 고용 확대 정책은 2008년 초까지 유지되었으며, 연간 평균적으로 일을 하는 사람들의 수는 2008년에 약 72,000명으로 증가했다(GHK & Research voor Beleid, 2011).

1970년의 첫 국가개혁, 곧 「헌법」 개정은 두 주요 언어권의 서로 상반된 요구를 수용하기 위해 두 가지의 새로운 정치제도를 도입하는 데 맞추어졌다. 플랑드르의 요구에 따라 (언어)공동체(community)가 등장하고 왈롱의 요구에 따라 (자치)지역(Region)이 설정된 것이었다. 전자는 문화적(곧 언어적) 기준에 따라 형성된 실체로, 플랑드르의 네덜란드어권, 왈롱의 프랑스어권 그리고 독일어권에 각각 공동체의 명칭과 문화적·언어적 사안에 대한 자치적 권한을 부여하기 위한 것이었다. 반면에 후자는 영역에 기반을 둔 것이자 사회경제적 자치권을 부여하기 위해 설정된 자치단체로, 벨기에를 플랑드르와 왈롱, 그리고 브뤼셀 수도 지역으로 나눈 것이었다. 두 번째인 1980년의 「헌법」 개정은 세 개의 언어공동체에 보건과 같은 분야의 권한을 확대하고, 동시에 왈롱과 플랑드르 두 자치 지역에 대해 이론상의 자치권을 부여하기 위한 것이었다. 하지만 1988년에 세 번째로 이루어진 「헌법」 개정으로 한층 폭넓은 책임과 권한이 공동체(교육)와 자치 지역(공공사업과 교통)으로 이양되었다. 이 단계에서 국가 예산의 약 30%는 공동체와 자치 지역에 배분되었다. 물론 이러한 재정 확대에 걸맞은 민주적 책임성은 담보되지 않았는데, 그것은 공동체와 자치 지역의 의회는 여전히 간선으로 구성되었기 때문이었다. 이처럼 일련의 「헌법」 개정은 점진적으로 이루어졌으나, 이를 통해 벨기에는 연방국가로의 피할 수 없는 방향으로 한걸음씩 내딛고 있었다. 이러한 변화에 하나의 분수령이 된 것은 생-미셸(Saint-Michel)의 합의로 일컬어지는 1993년의 네 번째 「헌법」 개정이었다. 이는 벨기에를 (언어)공동체와 (자치)지역으로 구성된 연방국가임을 선언한 것으로, 보다 성숙한 연방주의로 다가서는 폭넓은 개혁 내용을 담고 있었다. 세 자치 지역의 위상이 한층 공고해지고 권한의 범위도 크게 확대되었다. 자치 지역이 지역 개발, 교통, 공공사업, 주택, 경제 및 고용정책, 환경문제 그리고 자치시인 코뮌(Commune)과 지방(Province) 간의 관계 등의 업무를 관할하게 되었으며, 공동체는 문화유산, 라디오와 텔레비전, 관광, 청소년 정책, 교육, 공동체 간 협력, 보건 및 가족 정책 등과 함께 행정과 교육 부문에서의 언어 사용 문제에 책임을 위임받았다(안영진, 조영국, 2008).

3. 벨기에 평생교육정책의 추이 발전

1) 플랑드르에서의 역량 의제

2007년 '모든 재능은 각각의 가치가 있다(every talent counts)'라는 원리를 시작으로 플랑드르 정부와 사회적 파트너가 공동으로 학생, 구직자 및 직원의 역량 감지, 개발 및 배포에 초점을 맞춘 역량 의제를 승인했다. 이 의제는 개인의 책임 외에 고용주, 사회적 파트너, 훈련과 커리어 서비스 제공자의 교육 부문의 공동 책임을 요구한다. 총 38만 유로가 할당된 역량 의제(Competence Agenda)의 우선순위를 위해 행동 라인이 개발되었다(GHK & Research voor Beleid, 2011).

Competence Agenda의 10가지 우선순위

① 연구 및 경력의 교육된 선택
② 교육의 모든 형태와 가지에서 더 발전된 직업교육으로 학습과 일을 통한 역량을 획득함
③ 기업교육을 자극하는 행동 계획을 개발함
④ 사전 학습(APL)의 인증을 강화함
⑤ 청년 실업의 액션 플랜을 개발함
⑥ 기업과 조직의 역량 정책을 자극함
⑦ 고령 근로자에 대한 특별한 관심과 함께 직원 자신들의 경력을 통해 지속적인 고용에 투자함
⑧ 평생 학습에 종사하는 직원에 대한 인센티브를 제공함
⑨ 경력과 직업의 변화와 전환의 경우 취업 안내를 제공함
⑩ 여러 부문에 걸친 역량 개발에 관한 헌신을 강화함

2) 왈롱의 미래를 위한 우선적 액션

2005년 이후 추가 자원이 지역의 경제 재배치의 우선적 액션(Marshall Plan이라고도 불림)으로 왈롱 지역에 할당되었다. 이러한 작업은 '취업 역량 생성'을 이루는 다섯 개 주요 포인트를 채택하는 것을 의미한다.

코스의 제공은 특히 외국어 교육과 디지털 기술과 테크놀로지의 핵심 역량 훈련(역량 센터 등에서)에서 발달해 왔다. EU에 의해 정의된 평생학습에 대한 주요 여덟 가지 역량은 IFAPME의 과정에 통합되어 있다.

브뤼셀 수도권 지역에서의 정책은 자격을 갖추지 못한 사람들에 대한 교육 제공과 개발에 중점을 두고 있다. 직업 훈련의 영역에서 이것은 우선순위를 갖추어야 하는데 하나는 자격이 부족한 구직자들에게 훈련제공을 확장하는 것이고, 다른 하나는 실직을 지원하는 계획에서 요구되는 사람들의 훈련 프로젝트에 대한 신속하고 구체적인 반응이 필요한 것이다(GHK & Research voor Beleid, 2011).

3) 성인학습과 경제 개발

벨기에 각 공동체들은 훈련 계획 프로파일링의 목적으로 역량 프로파일 자체 시스템을 개발했다. 훈련 프로그램은 종종 모듈 형태로 각 분야의 사회적 파트너와 함께 각 직업에 필요한 전문 자격증에 기반하고 있다. 이 프로파일은 티칭과 성인교육에도 사용할 수 있다. 고용 서비스 또한 짧고 타깃에 집중되는 구직자 트레이닝 프로그램에 직접 사용할 수 있다. 이 프로파일은 기업 구조 조정의 틀 내에서 경력을 재조정하는 역할을 할 수도 있다. 역량 프로파일의 정의를 위한 공통 프레임 워크의 도입이 지역 간 이동성을 촉진하도록 계획되어 있다. 이 모든 작업은 유럽 자격 체제의 일부로서 개발되고 있다.

벨기에에서 최근 몇 년 동안 괄목할 정도로 다양한 도제교육 시스템이 개선되었다. 플랑드르 젊은이들은 한 주당 28시간 동안 학교나 직장에서 활동할 수 있도록 기회가 제공된다. 도제 학생들의 상태를 표준화하여 완전한 중등교육 졸업장을 부여하도록 한다. 이와 같은 유형의 훈련은 독일어권 커뮤니티에 널리 퍼져 있다. 세 개의 지역 공동체들은 필요한 경우 유럽 기금을 활용하여 기업과 각 분야의 사회적 파트너들과 긴밀하게 협력하고 있다.

벨기에가 정책적으로 우선 초점을 맞추고 있는 부분은 직업교육이다. 플랑드르는 더 개선된 장비, 더 좋은 일자리 수단으로서 직업교육을 발전시키기 위해 학교와 기업을 지원하는 '브리지 빌더들(bridge builders)'을 고용하고 프랑스어 공동체는 '인턴 시장(internship market)'을 실행하고 기술 및 직업학교의 모든 학생들에게 현장교육을 제공하는 틀을 마련하였다. 현장교육 과정은 형식적 성인교육 자격 과정에서도 널리 퍼지고 있다(GHK & Research voor Beleid, 2011).

4. 벨기에 평생교육 관련 법

벨기에의 성인학습 분야는 일반 성인교육, 사회문화 성인교육, 그리고 직업 성인교육의 세 가지 하위 분야로 구별할 수 있다(GHK & Research voor Beleid, 2011).

1) 플랑드르의 형식 성인교육

2007년 형식 성인교육에 대한 새로운 법령이 플랑드르에 도입되었다. 이 법령에 따르면 공식적인 성인교육의 미션(mission)은 다음과 같다.

① 일반교육에 초점을 맞춘 성인교육은 학습 요구와 개인적 · 직업적 상황에 관계없이 각 성인에게 열려 있어야 한다.
② 성인교육은 결과로서 자격이 주어져야 한다. 각 과정은 졸업장 또는 자격증으로 이어져야 한다.
③ 성인교육의 일부 과정은 '두 번째 기회' 교육의 특성을 가진다. 따라서 교육 경력이 중단되었던 이에게 나중에 자신의 교육을 완료할 수 있는 기회를 준다.

이 법령은 또한 경륜과 능력 인증에 관해서 획득된 역량의 검증에 관심을 기울인다. 새로운 법령의 목적은 형식 성인교육 부문의 품질을 향상시키고 시장의 투명성을 높이는 데 있다. 플랑드르의 성인학습 현장에서 상당한 지원이 있으나 일부 지역에서는 특정 대상 그룹으로 또는 특정 콘텐츠가 충분히 지원되지 못하는 것처럼 보인다. 이 법령의 13 컨소시엄 조항에 입각하여 기본교육 및 성인교육을 위한 여러 개의 성인교육센터가 설립되었다. 이러한 컨소시엄은 다음과 같은 여섯 가지 주요 목표를 가지고 있다.

① 서로 다른 센터의 서비스를 연동하여 지역의 서비스 최적화하기
② 지역의 다른 공공 공급자의 제공에 협력 자극하기
③ 지역의 발전과 변화를 표시하고 중앙 정부에 정보 전달하기
④ 성인교육 및 기본 교육센터, 기타 교육기관 및 사회·경제적 행위자 사이의 중간 역할하기
⑤ 센터의 참가자를 위한 서비스 개선하기
⑥ 지역센터 간의 협력을 자극하고 지원하기

2) 사회문화 성인교육

2003년 플랑드르에 사회문화 성인교육에 대한 새로운 법령(sociaal-cultureel volwassenenwerk)이 도입되었다. 사회문화 성인교육은 플랑드르 문화부의 관할 아래 있다. 2003년의 법령은 분야(sector)의 구조, 자금 조달의 조건 및 분야의 지원을 규정하였다. 이 법령은 구조를 보다 투명하게 해서 분야가 더 잘 인식되도록 하였다. 중요시되는 부분은 품질 시스템 의무 이행의 수단으로서의 조직의 전문성 개발에 강조를 두었다.

사회문화 성인교육에 대한 새로운 법령(education permanente)은 2003년 프랑스(French) 공동체에서 도입되었다. 이 법령은 사회 비판적 분석, 민주주의와 공동 이니셔티브의 자극, 적극적인 시민의식 개발, 문화, 사회, 환경, 경제적 권리의 행사, 대중의 적극적인 참여와 문화적 표현을 특권 부여하는 등, 다양한 목표를 지향하면서 계속교육 영역의 발전을 강조한다.

3) 직업 성인교육

공식적인 성인교육과 사회문화 성인교육에 비해, 구체적인 법률 규정을 별도로 가지고 있지 않기 때문에 비형식적인 직업 성인교육은 관련 교육 공급자들에게 상당 정도의 책임이 부여되어 있다.

플랑드르 지역 정부는 훈련 및 고용 서비스(Vlaamse Dienst voor Arbeidsbemiddeling en Beroepsopleiding: VDAB)와 기업가 연수를 위한 플랑드르 기관(Vlaams Agentschap voor Ondernemingsvorming: SYNTRA)과 함께하는 직업 성인교육과 관련한 관리계약을 만든다. 형식교육은 넓은 범위의 직업 성인교육 또한 제공한다.

프랑스어를 사용하는 지역에 있는 직업 훈련과 고용을 위한 사무실(FOREM: Office Communautaire et Regional de la Formation Professionelle et de l'Emploi)은 노동시장과 관련된 성인(직장인과 구직자) 직업 훈련을 담당하고 있다. 왈로니아와 브뤼셀에서의 교육과 독립적인 직업 및 중소기업의 교육기관(Institut de formation en alternance des independants et des petites et moyennes entreprises: IFAPME)과 프랑스어 공동체에서의 그것과 동등한 기관(Service formation petites et moyennes entreprises: SFPME)들은 자영업자 단위 또는 중소기업에서 자격을 갖춘 직원으로 일하고자 하는 직업에 한해 배우거나 자신을 향상시키려는 성인과 청소년의 교육에 대한 책임이 있다.

5. 벨기에 평생교육정책의 추진 체제와 정책 내용

1) 형식 성인교육

플랑드르와 프랑스 공동체에서의 형식 성인교육은 성인기초교육, 중등성인교육, 고등직업교육의 3단계 수준으로 이루어져 있다.

예전엔 OSP(Onderwijs voor Sociale Promotie)라고 불렸던 플랑드르의 형식 성인교육은 제한된 형식 안에서 유연한 교육시간의 활용을 통해 성인에게 중등교육 및 고등교육과 같은 교육과정을 제공해 왔고 프랑스 공동체에서는 EPS(Enseignement de Promorion Sociale)라는 이름으로 같은 교육이 이루어지고 있다.

형식성인교육을 통해 학생들은 지식, 기술 그리고 그들이 필요로 하는 개인 개발, 사회적 역할, 나아가 교육이나 직업에 대한 태도를 학습할 수 있으며 학생들이 인증된 자격들을 취득할 수 있게 도와준다.

의무교육에 온전히 참여하지 않은 학생들은 형식 성인교육의 정식 학생으로 인정하지 않는다. 물론 몇 가지 예외가 존재하며 대부분의 교육과정을 우수한 수준으로 이수하는 경우가 이에 해당한다. 이 과정들은 제한된 형식을 갖고 있고 청년교육 때보다 적은 교육시간을 필요로 한다. 실무 경험을 고려하기 때문에 제한된 교육과정에서의 자격은 전체 교육과정에서와 동일하다.

교육과정들은 기술 및 직업교육 목표의 넓은 범위에서 상업 및 언어교육 확장이 가능하다. 상업 및 언어 부문의 성인교육은 처음엔 직원들의 업무 발전을 위한 기회로 의도되었지만, 오늘날은 가장 흔한 직업 성인학습의 진로가 되고 있다.

2007년 플랑드르에서 성인교육에 관한 새로운 법령이 제정되었다. 이 법령은 성인기초교육의 통합과 확장, 성인교육의 새로운 지원 구조, 수준 높은 직업교육의 도입, 13지방의 협상 플랫폼과 성인교육 협력단의 창조에 관한 것이었다.

2008년부터 13곳의 성인교육 협력단이 운용 중에 있다. 이런 지방의 동반관계는 성인기초교육과 성인교육의 센터에서 제공되는 교육 프로그램을 최적화하고 조화롭게 할 것이다. 또한 협력단은 다른 공공 성인교육 단체와 협력할 것이다.

13곳의 협력단은 각각 성인기초교육센터(CBE:Centrum voor BasisEducatie)를 가지고 있는데 성인교육센터는 중등성인교육과 고등직업성인교육으로 구성되어 있다. 센터는 개인적으로 설립되거나 공적으로 운영되고 있으며, 현재 106곳의 중등 수준의 성인교육센터와 63곳의 준학사 수준의 성인교육센터가 있다.

2008~2009년 동안 플랑드르에선 300,161명의 중등성인교육 등록자와 25,104명의 고등교육 등록자가 있었고, 2009~2010년 성인기초교육 등록자는 57,472명이었다. 전체의 2/3가 제2외국어로 네덜란드어를 가르치는 과정에 참여했다.

네덜란드 어학연수 기관들은 자체적으로 앞서 언급한 성인교육을 제공하지는 않지만, 그와 비슷하게 8개의 네덜란드 어학연수 기관을 비영리 목적으로 조직하여 네덜란드어를 말하지 못하는 성인을 대상으로 교육을 하고 있다. 그들의 임무는 서비스 제공 대상의 범위를 최적화하는 것이고, 그러한 대상으로는 의무교육을 완료한 사람이나 네덜란드어를 사회적 · 전문적 · 교육적인 이유로 배우고자 하는 사람들이다. 앞서 말한 조직은 입학인원수를 편성하고 검사하며 네덜란드어를 제2외국어로서 배우기를 바라는 지원자나 참가자들을 소개하는 역할을 하고 있다.

왈로니아에서는 사회발전교육(Enseignement de Promotion Sociale: EPS)이 지역 곳곳 165개의 기관에서 이루어지고 있다. EPS는 18세 이상 성인을 대상으로 주간/야간을 택일하여 수강할 수 있는 유연한 교육과정으로 구성되어 있다. 이런 교육과정들은 취업이나 교육을 위한 모든 이들에게 열려 있다. 또한 EPS는 부족한 기술을 가진 젊은이, 취업에 대한 기본 소양이 없는 이들 그리고 교육받기를 원하는 다른 모든 이들을 대상으로 사회적이고 전문적인 통합의 역할을 수행한다. 기초생활수급자의 경우 등록비가 면제되기도 한다. 개인적이거나 전문적인 경험을 통해 익힌 기술들은 인식되고 승인될 수 있다. EPS에는 현재 171,945명의 학생들이 있으며 그 수는 꾸준히 증가하고 있다.

2) 원격교육 및 파트타임 미술교육

형식 성인교육센터 외에도 두 가지의 다른 성인교육 유형이 있다. 원격교육(BIS)과 파트타임 미술교육(DKO: 플랑드르, ESAHR: 프랑스 공동체)이 바로 그것이다. 원격교육은 인터넷이나 지원자가 집이나 개인 공간에서 학습할 수 있는 통신강좌를 통해 교육과정을 제공한다. 그러나 BIS의 활동은 2010년 말을 기준으로 완전히 멈췄다. 파트타임 미술교육이 청소년들이나 성인들로 하여금 예술적인 교육의 접근을 더 용이하게 하였기 때문이다. 파트타임 미술교육은 플랑드르 168곳과 프랑스 공동체 112곳에서 이루어지고 있다. 2006년 플랑드르에서는 21,118명의 지원자가 원격교육 분야에 등록하였고, 성인학습자들의 수는 2009~2010년 기간 동안 43,320명으로 증가했다.

3) 플랑드르의 사회-문화 성인교육

플랑드르에서 사회-문화 성인교육은 매우 오랜 전통을 갖고 있다. 사회문화적 작품은 문화, 여가, 교육, 공동체 중심의 활동을 고취시켰다. 사회-문화 성인교육

염 교육 관련 양식은 전문적인 예술작품이나 문화유산 분야에서 찾을 수 있다. 사회-문화 성인교육은 개인 개발 및 사회 변화를 강화하기 위한 것으로 사회에서 개인과 집단의 복지를 증가시키고자 하며 다음과 같은 네 가지 기능을 가지고 있다.

① 문화
② 교육
③ 지역사회 개발
④ 시민의 활발한 사회적 행동 추진

플랑드르 사회-문화 성인교육은 SoCiuS에 의해 조정된다. SoCiuS는 사회-문화 성인교육을 지원하는 플랑드르 지역사회의 보조 자치 조직이다. SoCiuS의 활동 영역은 전문지식, 혁신, 통신의 발달이다. 플랑드르 정부가 보조하는 플랑드르의 사회문화적 조직은 네 가지 범주로 나눌 수 있다.

① 사회문화 협회 (55)
② 지역 민속 고등학교 (13)
③ 전문 사회문화 기관 (24)
④ 사회문화 운동 (30)

4) 직업 성인교육

직업 성인교육은 특히 부문 및 조직별 고용 서비스에 의해 제공된다. 세 지역의 고용 서비스는 교육 프로그램을 제공하면서 또한 정보, 지도 및 기술 복습의 기회를 제공한다.

고용 및 직업 훈련에 대한 플랑드르 서비스(VDAB)는 플랑드르에 걸쳐 68개의 교육센터가 있다. VDAB 및 FOREM은 고용과 실업자의 직업기술 향상을 목표로 하고 있으며 대부분의 마을과 도시에 고용 상황을 모니터링하고 오리엔테이션 및 기본 교육 서비스를 제공하는 센터를 설립했다. 실업자는 고용시장에 접근하는 기본 기술교육과 직업기술을 습득할 수 있다. 교육기간은 다를 수 있지만 구직자의 평균 풀

타임 교육은 15주다.

FOREM는 현재 30개 직업훈련센터를 구성하며 이러한 직접적 관리를 하는 센터 외에 기업, 공공기관, 공공 또는 민간단체와 계속적인 직원교육 계획을 관리하는 일에 참여한다.

5) 중소기업의 교육 및 훈련

기업에서의 도제계약 시스템은 가장 오래된 과외 직업훈련 방식이다. 초기 중세 시대에 Bruges, Ghent, Brussels, Antwerp와 같은 도시의 협동 단체와 조합은 직업 교육 체계를 발전시켰고, 이런 직업교육 체계는 특정 직업의 가입 요건을 감독하는 공예협회나 조합에 연계되어 있는 장인, 노동자, 견습공에게 제공되었다.

플랑드르에서 이런 교육의 책임은 VIZO(Vlaams Instituut voor Zelfstandig Ondernemen)에 있었고, VIZO는 기업 자문, 교육, 훈련 이 세 가지 영역에 관심을 두고 활동하였다. 2002년에 기업교육을 위한 다섯 개의 거대한 플랑드르 통솔기관으로 개편되면서 법률이 개정되었다. SYNTRA는 플랑드르와 브뤼셀에 걸쳐 24개의 캠퍼스를 가지고 있다.

IFAPME(Institut de formation en alternance et des independants et petites et moyennes entreprises)와 브뤼셀의 SFPME(Service formation petites et moyennes entreprises)는 파트타임 교육 형태의 초기 훈련 및 지속적인 훈련과 지원을 자영업자들, 중소기업의 창업자와 그들의 직원들에게 제공한다. IFAPME은 9개의 훈련센터가 있고 왈로니아 전체 지역 14곳에 걸쳐 분산되어 있다. SFPME은 브뤼셀에 3곳이 있다.

6) 민간 교육 및 훈련 기관

훈련 및 교육과정을 제공하는 민간 기관은 직업 성인교육과 인적 자원 개발 분야의 성장에서 중요하다. 2005년의 계속 직업훈련 설문조사는 기업이 주로 직원을 훈련시키는 기관에 초점을 맞춘다는 것을 보여 준다. 2005년 모든 사내 훈련 시간의 44%가 외부 교육업체 및 주요 활동 조직에 초점을 맞추고 훈련을 제공하지 않는 민간 기업에 의해 12.8% 제공되었다. 총 훈련의 56.8%가 민간 사업자에 의해 제공되었다. 공공 훈련 기관에 의한 것은 12.3%이고, 특정 분야 훈련 기관에 의한 것은 8.6%인 것과 비교된다.

1990년에 설립된 독립 기관인 경영 정보관은 민간 및 공공훈련 기관 간의 품질에 대한 정보를 제공한다. 2011년 경영 정보관은 약 1,200명의 훈련 제공자와 벨기에 전체 200개 컨설팅 기관을 관할한다. 이러한 교육 공급자의 대상 그룹은 주로 상업 비즈니스나 정부 기관, 금융 분야나 개인으로 이루어진다. 이러한 교육 공급자의 공급은 매우 다양하지만 직업적 성격(경영 스킬, ICT 관련)을 강하게 가지고 있다. 직업적 제공 이외의 언어 및 사회적 기술의 제공도 있다. 경영 정보관은 훈련 기관 및 컨설팅 기관의 품질 보증에 참여하며 관련된 기관의 450곳이 자격을 획득한다(GHK & Research voor Beleid, 2011).

6. 벨기에 평생교육 재정

1) 비직업 성인교육

플랑드르에서 성인교육을 위한 예산(파트타임 예술교육과는 별도)이 2004년 234백만 유로에서 2009년에 307백만 유로로 증가했다. 이 합계는 교육 총예산의 3.3%에 해당된다.

형식(formal) 성인교육은 플랑드르 교육과 훈련 부처에서 직접 자금이 조달되고 있다. 성인 기초교육의 참석 수강생(CBE)은 등록비를 지불할 필요가 없다. 정부 자금 외에도 성인교육센터(CVO)는 참가비에서 수익을 낼 수 있다. 많은 예외가 있긴 하지만 참가자는 시간당 1유로를 지불한다. 일반 성인교육은 법제화 전에 모든 교육이 무료였는데, 이것은 참가자가 과정을 취득하거나 완료하는 것에 대해 책임을 지지 않는 부정적 효과가 있었다. 따라서 참가자에게 약간의 수수료를 지불하게 함으로써 더 많은 책임과 참여를 실현하고자 했다. 그러나 어떤 이들은 비용 지불의 도입이 특정 그룹의 참여를 도외시할 우려가 있다고 한다. 성인을 위한 사회-문화교육은 플랑드르 문화, 어린이, 스포츠, 미디어 부처에 의해 보조된다. 2005년과 2006년에 52,759,085유로가 플랑드르의 사회문화 부문에 지출됐다.

사회-문화 성인교육의 모든 조직은 5개년 정책 계획으로 실행된다. 모든 자회사의 의사 결정이 정책 계획에 기초하여 만들어진다. 매년 그들은 지출 계정을 제공하기 위해 연례 보고서를 제출해야 한다. 2009년 프랑스어 공동체에서 233개의 기관과 13개의 사업이 지원되었다. 총 예산은 41,637,000유로에 달한다. 기관과 사업 초기에 2년 계약으로 잠정 인증을 받고 이 계약은 시험 기간의 일종으로 오직 해당 활동에만이 자금 지원을 받는다. 잠정 인증이 긍정적으로 평가될 경우 무기한 승인이 내려진다. 그런 다음에 5년 프로그램 계약은 직원을 위한 활동과 운영 비용에 대한 보조금을 체결하고 있다.

2) 직업 성인교육

직업 성인교육 분야에서 타임 크레딧(time credits)은 피고용인들이 노동시장에서 철수할 수 있는 기회를 부분적 또는 완전히 제공하고 할당금을 받으면서 사람들이 훈련에 시간을 투자할 수 있는 기회를 제공한다. 근로자의 급여는 유지되고 결근은 실제 학습 시간으로 제한된다.

고용주와 근로자는 교육 바우처(voucher)의 사용을 통해 교육에 투자하도록 권장되고 있다. 이러한 검사는 훈련 가격의 일부 비용을 지불한다. 2007년 플랑드르에서 175,000명의 근로자 또는 인구의 12%가 이 방법으로 이득(약 1,350만 유로)을 보았다. 이 체제의 목표는 중요한 자리에 오르기 위한 훈련, 자격 훈련과 위험 그룹의 참여를 촉진하는 것에 더 우선순위를 부여하는 것이다. 바우처 시스템은 2010년 8월부터 이러한 방식으로 변경되었다.

왈로니아는 매년 9백만 유로를 훈련 바우처에 투자하고 있으며, 지난 몇 년 동안 어학 훈련에 점차 관심이 증가되었다. 독일어 공동체의 시스템을 개혁하고 고용주나 직원에 의해 시작되는 모든 훈련 선도 기관에 유연한 지원을 제공하고 있다. 159,000유로의 예산이 이 목적을 위해 계획되었다. 브뤼셀은 구직자들을 우선순위에 두고 있으며 따라서 언어교육과 ICT 교육에 자금투자(5백만 유로의 예산)를 하고 있다(GHK & Research voor Beleid, 2011).

7. 벨기에 평생교육정책의 시사점

벨기에는 언어에 따라 구분된 지역공동체 연방구조와 같이 평생교육 및 성인교육의 제도적 구조 또한 복잡성을 지니고 있다. 각 지역공동체 당국은 교육과 문화에 대해 특별한 관심을 가지고 있으며, 성인교육을 발전시키기 위한 법의 실현을 위해 특별한 노력을 기울인다. 더불어 성인교육 및 훈련에 참여하기 위한 재정 시설도 커질 것으로 보인다.

많은 유럽 국가들에서 성인교육은 보다 시장 중심적으로 발전하고 분권화의 추세를 보이며 직업교육과 형식교육 유형인 학교교육에 보다 가까운 경향이 있다. 하지만 벨기에 플랑드르에서는 사회-문화 성인교육을 따로 구성하는 특징을 볼 수 있다. 사회-문화 성인교육의 자율성은 단점을 지닐 수 있는데, 플랑드르 성인교육의 세 가지 하위 분야(형식, 사회문화, 직업) 사이의 연결은 다른 국가에서와 마찬가지로 느슨해지고 있다. 예를 들어, 기본교육을 위한 센터는 사회-문화교육에서 형식교육으로 옮겨졌다. 또 다른 경향은 청소년의 교육 지침 또한 직업 분야에 집중되고 있다는 것이다. 결과적으로 사회 참여, 직업 참여와 기본 자격 사이의 충실한 상관관계 비율이 감소할 수 있다. 이러한 감소는 한 분야에서 다른 분야를 통해 이동하는 참가자를 방해할 수 있다. 그러나 공공 단체는 세계의 교육, 일, 문화/청소년/스포츠 간에 프로토콜과 계약 및 공동 이니셔티브를 통해 협력을 추구한다.

벨기에의 각기 다른 지역공동체의 자율성과 사회-문화 성인교육의 독특성은 한국의 중앙집권적인 체계와는 사뭇 다르다. 한국의 평생교육정책이 개정을 거치며 지역별 분권화의 추세를 따라가고 있으므로 지역의 특징을 살린 평생교육정책을 마련한다면 벨기에의 프레임 워크가 참고가 될 수 있을 것이다. 그러나 분권화와 통합의 문제가 서로 충돌하는 측면은 벨기에에서도 문제가 되고 있으므로 자율성과 협력의 두 마리 토끼를 잡기 위한 정책 연구와 고민은 계속되어야 할 것이다.

벨기에의 성인교육 활동 범위가 투명하고 시민에 관련된 교육을 찾는 이들 중 다양한 이유로 소외되는 사람들에게 보완적인 옵션을 제공하는지는 명확하지 않다. 벨기에에 있는 교육 시스템은 어느 정도 사용자보다 공급자에 의해 가동되는 것으로 보일 수 있다.

특정 그룹은 벨기에의 사회적 참여에서 멀리 떨어져 있는 위험에 놓여져 있다. 특히, 이 그룹에는 장애인, 미숙련자, 장기 실업자와 이민자가 속한다. 몇 가지 흥미로운 선제 조처가 소외계층에 도달하기 위해 특별히 개발되었다. 전통적 구조가 이러한 조처들을 얼마나 촉진할 준비가 되어 있고 해당 그룹의 참여 정도가 얼마나 증가하는 결과를 가져올 수 있는지 알 수 있는 깊이 있는 연구가 필요하다.

이와 같이 우리나라의 정치 체제가 지역의 자율성을 추구하는 시점에 지역공동체가 발달한 벨기에의 평생교육은 참고가 될 만하다. 또한 지역공동체는 사람이 만들어 내는 것이므로 지역공동체 활성화 방안으로서의 평생학습이 강조될 수 있다. 벨기에처럼 지방분권화에 따라 교육의 자율권도 이양된다면 각 지역의 특성에 맞는 다양한 평생교육의 형태가 발전할 것이며, 주민이 주도하는 교육적 서비스가 늘어남에 따라 평생학습의 참여율 또한 올라갈 수 있을 것이라 기대된다.

참고문헌

김현호(2013). **신정부 지역발전 국정과제의 성공적 추진전략**. 서울: 한국지방행정연구원.

안영진, 조영국(2008). 벨기에의 지역주의: 역사 · 문화적 배경과 경제 · 정치적 현실. **지리학연구**, 42(30), 391-404.

Belgium Guide(n.d.). *Further education-Other learning opportunities in Belgium.*

Belgium(2010). Educational structures and systems for vocational training and adult education in Europe(Belgium-Flemish Community).

EACEA(2011). *Adults in Formal Education: Policies and Practice in Europe*. Education, Audiovisual and Culture Executive Agency. emish-Community:Secondary_and_Post-Secondary_Non-Tertiary_Education에서 2017. 5. 28. 인출.

European Commission(2015). *Developments and Current Policy Priorities*. https://European Commission(2015). *Education and Training Monitor 2015-Belgium*. Brussels: EU.

European Commission(2016). *Belgium(Flemish Community)*. https://webgate.ec.euro

European Commission(2016). *Commission Staff Working Document-Country Report Belgium 2016*. Brussels: EU, 41-49.

European Commission(2016). *National Reform Programme 2016_Belgium*. Brussels: EU. 18-20.

GHK, & Research voor Beleid (2011). *Country Report on the Action Plan on Adult Learning (Belgium)*. GHK, & Research voor Beleid.

National Center on Education and the Economy. (2006). *An Overview of Education on Flemish Belgium*. National Center on Education and the Economy.

Lifelong Education Policies in Major Foreign Countries

제 8 장

스웨덴의 평생교육정책

1. 스웨덴 평생교육의 역사적 배경

스웨덴 평생교육정책의 역사적 배경을 이해하기 위해서는 스웨덴 교육의 역사를 살펴볼 필요가 있다. 루터교가 스웨덴의 공식 국교로 되었던 1527년 이전에는 가톨릭교회에서 학교교육의 기회를 제공하였다. 그러나 종교개혁 이후 후원금 감소와 가톨릭교회 관련 직종 감소로 가톨릭교회 학교들이 점차 문을 닫게 되었으며, 교육에 대한 욕구 또한 급격히 감소하게 되었다. 그러나 개신교에서는 사제만이 아닌 모든 이를 위한 복음이 주된 교리였으므로, 이를 위해 복음을 읽고 이해하는 능력이 중요한 교육 문제로 대두되었다.

이후에 주정부와 루터교회는 교육정책의 파트너가 되어 문해력을 높이는 방법의 일환으로 각 가정마다 가장의 가족구성원에 대한 교육을 의무화하는 법을 제정하였다. 이를 통해 등록 시스템이 구축되었으며, 정기 가정방문을 통해 성직자는 모든 사람들이 글을 읽을 수 있는지 확인하였다. 즉, 19세기 스웨덴은 이미 일정 형태의 문해교육 체제를 갖추고 있었다고 할 수 있다(Strömqvist, 2006).

스웨덴의 비형식 교육의 역사 역시 19세기로 거슬러 올라간다. 노동조합, 사회민주당, 금주운동(temperance movement)과 자유교회운동(free church movement), 민중운동(popular movement) 등은 다양한 형태의 교육기관을 파생시켰다. 이 조직들에 의해 운영되는 교육기관은 주로 조직구성원을 대상으로 하는 교육을 실시하기도 하였지만, 반면에 더욱 대중적인 교육을 제공하기도 하였다. 이러한 교육은 이후 스터디 서클(study circles)과 민중학교(folk high schools) 형태 등의 대중교육의 토대가 되었다. 1860년 최초의 민중학교(folk high school)가 설립되었으며, 1950년대에는 야간기술학교, 경영학교, 직업학교 등의 다양한 사립 성인교육기관이 생겨났다. 초기 이들 조직의 비형식 교육은 조직에 의해 운영되었으나, 이후에는 중앙정부 및 지방정부, 지역사회로부터 공적 지원을 받으며 활성화되었다(Sven, 2002).

1950년대까지 스웨덴은 병렬적 교육 시스템을 운영하였다. 모든 어린이들이 같은 형태의 학교를 4~6년간 다니는 것을 시작으로 하여 소수의 학생은 대학 입학을 위해 중등학교로 진학을 하고, 이들을 제외한 대부분의 학생들은 직업훈련을 받는 것으로 교육 시스템에서 벗어나게 된다. 제2차 세계 대전 이후 주요 정당과 기관은 이러한 스웨덴 교육 시스템의 개혁 필요성에 동의하게 되었고, 그 결과 9년의 종합 의무교육기간이 결정되었다. 이후 고등교육은 빠른 성장을 통해 엘리트 집단을 위한 교육이 아닌 대중 고등교육으로 변화하였다(Ministry of Education and Research, 2000).

1967년 의회는 성인교육 체제를 급격히 개혁하고자 하였다. 이전까지 성인교육은 주정부와 지방자치체에서 각각 운영되고 있었다. 개혁 이후 상위중등야간학교(upper secondary night schools)와 주립보완학교는 폐교되고, 1968년 지방자치 성인교육 체제(municipal adult education, komvux)로 대체되었다(Ministry of Education and Research, 2000). 이후 성인교육정책은 사회 소외계층에 관심을 갖기 시작했다. 1970년대 다양한 사회계층 간의 수입 공정한 수입 재분배의 정책이 수립되어 성인교양교육(liberal adult education)의 지원이 시작되었다. 이후 성인교육은 이러한 소외계층에게 좋은 기회를 제공하는 것으로 여겨졌다. 1977년 기초성인교육(basic education for adults, grundvux) 과정이 개설되었으며, 1992년 지방자치 성인교육 체제 속에 흡수되었다. 1986년부터 지방자치체는 스웨덴 이민자 학자금(Swedish tuition for immigrants: SFI) 프로그램을 의무적으로 제공하였다(Nordic Network for Adult Learning, 2001).

2. 스웨덴 평생교육정책의 정치, 경제, 사회문화적 환경

스웨덴은 오랫동안 서구 사회민주주의 복지국가의 전형으로 모든 국민에게 복지제도의 혜택을 부여하는 스웨덴 모델 또는 스칸디나비아 모델로 불리면서 많은 나라의 관심 대상이 되어 왔다(OECD, 2005). 1880대 후반부터 오랫동안 유지된 사민당의 정권 장악과 함께 산업혁명 이후의 금주, 절제운동, 1910년대 여성참정권운동, 1930년대의 노동자의 삶의 질과 노동조건 개선을 위한 노동운동, 1940년대 사회적 협의를 통한 살트셰바덴 협약(노사협력을 위한 협약), 1960년대 반전, 평화국민운동, 1980년대의 환경보호운동 등 범사회적인 시민 참여와 국민운동은 오늘날 스웨덴·복지국가 모델을 정착시킨 가장 큰 원동력이 되었다(한국경제연구원, 2006).

스웨덴의 정치제도는 입헌군주제로 국왕은 정치에 참여하지 않고 국가를 대표하는 상징적 존재로서 국회의 개원, 외교 사절 임명 및 접수 등 의례적인 직무만을 수행한다. 의회는 단원제로 임기 4년의 349명 의원으로 구성되고, 국회의원 선거는 정당 명부제로 실시된다. 의회의 주요 권한은 수상에 대한 불신임권, 입법권, 예산 심의권, 조세권, 중앙행정기관에 대한 감독권이 있다(KOTRA, 2013).

또한 스웨덴은 오랜 전통의 지방자치제도를 운영하고 있다. 지자체는 현재 20개의 광역자치단체(landsting och regioner, country councils)와 290개의 기초자치단체(kommuner, municipalities)로 나누어져 있으며, 각 지자체는 소방, 위생, 보육, 교육, 보건 등 다양한 서비스에 대한 책임을 가지고 있다(Government Office of Sweden, 2014). 스웨덴 지방자치제도의 특징은 높은 수준의 지방자치에도 불구하고 중앙정부의 지자체 관리 · 감독 체계가 강력하다는 점이다(김인춘, 2014).

스웨덴의 총 인구는 약 970만 명이며, 15~74세 경제활동인구는 525만 명으로 전체 인구의 72.8%를 차지하고 있다(Statistics Sweden, 2014. 10. 현황). 또한 15~64세 고용률은 74.2%로 OECD 국가 중 다섯 번째로 높다(OECD, 2014). 이처럼 경제활동인구 비율이 높은 것은 여성의 경제활동 및 취업이 꾸준히 증가한 데 주요 원인이 있다(신필균, 2011). 한편 스웨덴 전체 인구 중 약 100만 정도가 이주민이거나, 적어도 부모 중 한 명이 이주해 온 경우로 1970년대까지는 핀란드로부터 온 이주민들이 절반 이상이었으나 1980년대 이후에는 비유럽인 난민이 증가하면서 이민자의 다문화적 배경이 교육에 영향을 미치게 되었다. 현재 이민자의 교육수준을 살펴보면 동유럽 국가 출신 정치적 망명자들은 일반 스웨덴 국민보다 교육수준이 높은 반면 비유럽 이주민들은 상대적으로 교육수준이 낮은 양극단 현상을 보이고 있어 스웨덴의 교육정책은 이민자에게도 상당한 관심을 보이고 있다(한국직업능력개발원, 2005).

경제적 부를 축적하며 많은 관심의 대상이 되었던 스웨덴은 1990년대 들어 금융위기와 함께 마이너스 성장, 고실업 및 대규모 재정적자를 겪게 되었다. 이에 따라 정부는 대폭적인 복지 프로그램 축소와 연금개혁 등으로 스웨덴 모델을 크게 수정하였다. 그 결과 재정적자 개선 및 국가채무 축소에 성공하고 노동생산성도 현저히 상승하게 되었다. 이는 정부가 완전고용을 추구하는 정책과 더불어 높은 교육, 보건 지출의 수준이 복지, 성장의 선순환 관계가 성립되도록 뒷받침하였기 때문이다

(OECD, 2005).

스웨덴의 노동시장 정책은 기본적으로 세 가지 측면에 중점을 두고 있다. 첫째, 노동력을 정규 노동시장에 배치하고, 둘째, 실업 노동력을 재교육, 재훈련하는 프로그램을 실행하며, 셋째, 최후의 수단으로서 실업 노동력에 대한 현금보조다. 이러한 적극적 노동시장 정책을 통해 사양 산업에서 성장 산업으로 노동인력이 원활하게 이동할 수 있도록 지원한다(신필균, 2011). 최근 스웨덴 정부는 청년층에 대한 취업 지원을 통한 실업률 감소에 정책 주안점을 두고 있으며, 가계 부채 증가에 따른 경기 침체 및 급격한 주택 가격 하락에 대한 우려가 커지고 있어 이에 대한 대책 마련도 중요한 이슈로 떠오르고 있다(KOTRA, 2013).

3. 스웨덴 평생교육정책의 추이 발전

스웨덴의 복지국가 모델은 사회 발전을 위한 개인의 존엄성 및 기회균등의 권리에 기반을 두고 이를 교육을 통해 이루고자 하였다. 즉, 교육은 사회와 개인의 성장을 위한 도구로 여겨졌으며 이는 첫째, 사회적 배경을 고려하지 않은 동등한 교육의 접근을 확립하고, 둘째, 어떠한 형태의 막다른 길도 피하게 함으로써 교육의 평등을 이룰 수 있다고 보았다. 이러한 교육에 대한 이념은 스웨덴 사회에 변혁을 가져온 효과적인 도구가 되었다(Prokou, 2008). 이처럼 스웨덴의 교육정책은 교육이 경제성장의 기초로 인식됨과 동시에 사회적으로는 모든 인간의 성장기회를 제공하고 평등과 공동체, 연대에 기반을 두고 이루어져야 한다는 기본 가치를 가지고 있으며, 국가에 의한 높은 교육투자, 교원의 조직화에 기반을 둔 높은 지위 유지, 의무교육의 탈복선화(종합학교), 평생학습사회 구축(고등교육 무상화, 개방적 성인 정규교육 기회) 등의 특징을 지니고 있다(이윤미, 2011).

스웨덴 국민의 평생학습참여율은 73.4%로 OECD 국가 중 가장 높은 순위를 기록하고 있다(OECD, 2014). 이처럼 스웨덴의 평생학습이 높은 형평성을 가질 수 있었던 요인으로 다음 세 가지의 스웨덴 평생학습의 특징을 생각해 볼 수 있다(변종임, 채재은, 2008).

- 전국적으로 발현되고 있는 민중성인교육(popular adult education)의 전통: 자발적 스터디 서클과 민중학교(folk high schools) 같은 기관들이 평생학습의 중요한 기반이 되고 있으며, 기업 등과 연계하여 지역 단위로 성인학습자들에게 다양한 프로그램을 제공하고 있다.
- 성인교육을 위한 광범위한 공적 지원 체제: 정부 운영 성인교육기관 및 성인학습자들의 자발적 모임에도 공적 지원이 이루어지고 있으며 교육 소외계층의 역량 강화를 위한 프로젝트 등이 정부 차원에서 지속적으로 이루어지고 있다.
- 국가와 기업의 공동 책임 하에서 이루어지는 성인교육과 훈련: 스웨덴에서 인적 자원 개발에 대한 투자는 개인뿐 아니라 기업, 국가 모두의 책임이며 이는 정부, 기업, 노동단체 간의 사회적 파트너십을 강조하는 스웨덴 전통에서 유래한다.

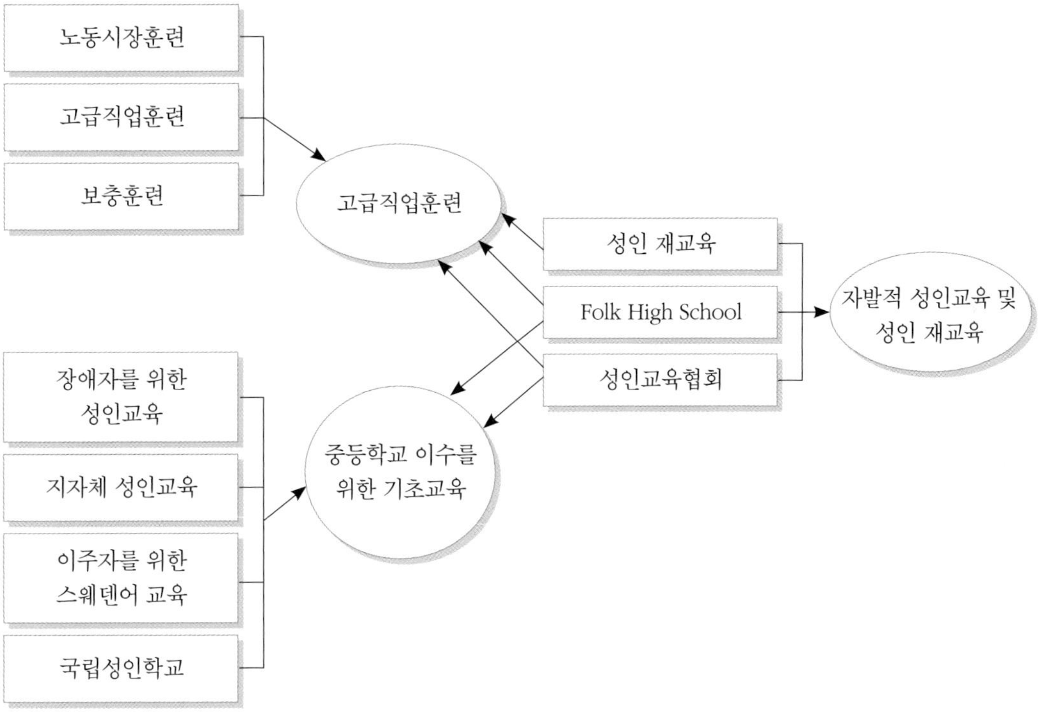

[그림 8-1] 스웨덴의 성인학습 체계

출처: 한국직업능력개발원, 2005, p. 63에서 인용.

또한 스웨덴 성인학습의 특징 중 하나는 학교 기반 시스템에 따라 운영되고 있다는 점이다(한국직업능력개발원, 2005). 스웨덴 성인학습은 중등학교 이수를 위한 기초교육, 고급직업훈련, 자발적 성인교육 및 성인 재교육의 세 가지 주요 영역으로 나눌 수 있으며 이를 그림으로 나타내면 [그림 8-1]과 같다.

4. 스웨덴 평생교육정책의 추진 체제와 조직

스웨덴은 의회와 정부, 지방자치단체 및 중앙부처 평생교육 연구기관들의 다양한 체제 속에서 서로 협력하며 역할과 기능을 수행하고 있다. 의회와 정부가 공적 재정지원이 이루어지는 교육에 대해 전체적으로 관장한다. 의회에서 교육 보조금 분배 등에 관한 안건들을 통과시키면 정부는 그것에 관한 시행령과 시행규칙을 다양한 형태의 교육기관에 공표한다. 정부는 또한 모든 교육기관의 교육활동을 평가하고 학습자의 학비지원도 평가하는 역할을 한다(UNESCO-IBE, 2007). 의회와 정부에서 지정한 교육 방향에 따라 지방자치단체(kommun)는 교육활동 집행, 개발, 자원분배, 평가 등의 임무를 수행한다. 또한 정신장애를 지닌 성인에 대한 교육과 민중학교(fork high school)를 담당하고 있다. 학교 내에서 행해지는 농업, 산림업, 원예, 간호에 대한 교육은 지방정부위원회가 운영한다(한국직업능력개발원, 2005).

교육과 관련한 중앙부처 기관들은 전체 스웨덴 교육 시스템의 수준 향상 및 목표달성을 지원하는 역할을 수행하고 있다(한국연구재단 해외주재사무소, 2011). 평생교육정책과 관련한 스웨덴 중앙부처 기관들을 간략히 살펴보면 다음과 같다.

1) 교육연구부

국회와 교육연구부(Ministry of Education and Research)는 스웨덴의 모든 학교에 적용되는 교육정책을 입안하며, 특히 교육의 질과 전체적인 교육평등을 보장하고자 노력한다. 과거 2장관 체제(교육장관, 양성평등장관)로 운영되었던 교육연구부는 2014년 9월 총선으로 집권한 사민-녹색 연정의 조직 개편을 통해 3장관 체제(교육장관, 중등교육 및 지식함양장관, 고등교육 및 연구장관)로 변경되고 나서 교육 분야의 집중 투자를 도모하였다(주 스웨덴 대한민국 대사관, 2015). 교육연구부는 초·중등학교, 고등학교, 학생재정지원, 성인교육, 연구정책, 고등교육 관련 정책을 운영하며 학교부, 고등학교 교육부, 학생재정지원 및 성인교육부, 연구정책부, 고등교육부, 청소년 정책 및 시민사회부, 평등부의 7개 부서와 법률사무국, 국제사무국, 조정사무국의 3개 사무국으로 구성되어 있다. 또한 교육 관련 정부 예산안을 준비하는 책

표 8-1 스웨덴 교육연구부 부서별 주요 소관 업무

부서	업무	유관기관
학교부 (DIvision for Schools)	예비학교 활동 및 학생복지 관련 사항, 초·중학교, 특별학교 및 사미학교(스웨덴 사미족), 자율학교(사립학교와 유사) 등 관련 사항, 교사 및 학교 책임자들에 대한 교육 및 역량강화, 교재 및 장애학생 관련 사항, 교육계획 및 과목별 시간분배 관련 사항, 기타 부처 소관 업무와 관련한 법률 제안 업무	
고등학교 교육부 (Division for Upper Secondary Education)	일반고등학교 및 특수고, 자율고등학교 및 특수고 관련 사항, 각 고등학교 관할 지방정부 활동 사항 점검 및 분석, 관련 예산 업무 및 법안 업무 등 수행	
고등(대학)교육부 (Division for Higher Education)	대학 및 대학원 교육, 대학에서의 연구수행 관련 사항, 국회 및 중앙정부에서 결정된 대학 관련 분야 사항들의 이행 및 결과 점검, 입학 및 수학, 학생들의 사회참여 형식 등 관련 사항, 대학 및 관련 산하 기관들로의 예산 분배 관련 정부 제안서 업무, 대학교육의 국제적 사항 등	고등교육청, 고등교육 서비스청, 스웨덴 인터넷대학 기관, 국립대학
학생재정지원 및 성인교육부 (Division for Student Financial Support and Adult Education and Training)	모든 교육 부문에 대한 학생재정지원 및 학업 관련 사항, 성인교육, 직업교육, 성인능력 개발 등 일반 대학에서 다루지 않는 기타 교육 분야 관련 사항, 실업자들을 위한 교육지원을 포함한 고용시장 연관 사항 등	중앙재정기관(CSN), 국가자율(flexible)교육센터, 재정지원 항소기관, 직업학교기관 등
연구정책부 (Division for Research Policy)	EU 관련 사항 연구, 양성평등, 왕립도서관, 지중해 극지연구, 우주연구 등 관련 사항, 주요 학문 분야별 전문가 소관 업무, 기초연구지원 관련 업무 등 수행	스웨덴 연구협의회(Sweden Research Council), 기술혁신청(VINNOVA), 각종 공공 및 민간 연구재단

출처: 외교부, 2009, pp. 2-3을 표로 구성.

임을 맡고 있다(외교부, 2009). 스웨덴 교육연구부의 주요 부서별 소관 업무를 정리하면 〈표 8-1〉과 같다.

2) 국립교육청

스웨덴 교육청(National Agency for Education)은 스웨덴 교육연구부 산하 초·중등교육 관할 중앙행정부처로서 주로 학교 시스템, 유치원, 학생복지 및 성인교육 업무를 담당하고 있다. 주요 임무로는 국가목표 및 조정수단, 국가 학교 발전 지원, 각종 연구 및 분석을 통한 교육활동 심층 평가, 사후 관리 등으로 구분할 수 있으며, 임무에 따른 주요 관할 업무는 다음과 같다(한국연구재단 해외주재사무소, 2011).

① 국가목표 및 조정수단: 스웨덴 교육 방향 및 틀 제시
- 교육 관련 문건의 지속적 관리 및 수정
- 국가평가 시스템 및 관련 자료 관할, 지원
- 정부지원금의 적절한 분배

② 국가 학교 발전 지원: 유치원 및 초·중등학교 발전 지원
- 각종 국내 및 국제 보고서들을 통한 문제점 발견 및 이에 대한 개발 투자 실시
- 교장교육, 교사지원교육 등과 같은 능력 개발 지원 업무
- 학교 교육 관련 인력과 유관되는 연구 및 지식의 방법/경험의 확산

③ 평가: 각종 연구 및 분석을 통한 교육활동 심층 평가
- 국가적 발전이 필요한 분야를 중심으로 하는 전문적 국가평가 실시
- 국제평가 업무 참여를 통한 해외 국가들과의 비교 평가 및 적용

④ 사후 관리(Follow-up): 업무 수행과정 및 결과에 대한 조치
- 지방자치단체(kommun)로부터의 지속적인 정보 수집을 통해 여러 업무 수행 상황 비교

4) 국립성인교육협의회

국립성인교육협의회(National Council of Adult Education)는 크게 국립학습협회 연맹(National Federation of Study Associations), 스웨덴 지역 당국 협의회(Swedish Association of Local Authorities and Regions), 대중운동 민중학교 이익 기관(Interest Organization of Popular Movement Folk High School)으로 구분된다. 이곳 협의회에서는 성인교육협회, 민속학교의 적절한 보조금의 배분을 담당하며, 주정부에 회계보고 및 연중보고를 제출하고 교양 성인교육 활동 평가를 책임지고 있다(한국교육개발원, 2007).

5) 국립평생학습센터

2001년 설립된 스웨덴 국립평생학습센터(National Centre of Lifelong Learning: ENCELL)의 주요 역할은 평생학습 분야의 연구 수행 및 다양한 성인교육기관의 파트너십과 네트워크를 통한 성인교육학습 분야의 지식을 보급하는 것이다. ENCELL의 연구 분야는 평생학습의 형식적·비형식적 교육환경과 내용, 학습자의 성인학습 특성 등이다. ENCELL에서 발간하는 학술지로는 「삶의 학습(Learning in Life)」이 있다(ENCELL, 2014).

6) 스웨덴 성인교육위원회

1991년에 설립된 스웨덴 성인교육위원회(The Swedish National Council of Adult Education: SNCAU)는 주의 공식적인 기관은 아니지만 대중 성인교육(popular adult education)과 관련된 주의 업무를 담당하고 있다. 일반 성인교육에 대한 주정부의 자금을 할당하고 스터디 협의회 및 민중학교에 대한 평가, 일반 성인교육 네트워크 개발 및 관리를 담당한다. 이외에도 일반 성인교육 정책을 모니터하고 국제협력을 촉진하는 업무도 담당하고 있다(한국직업능력개발원, 2005).

5. 스웨덴 평생교육 관련 법

1) 교육법

「스웨덴 교육법(the Education Act)」에 의하면 주정부는 지방자치 성인교육(Municipal Adult Education), 학습장애 성인교육(Education for Adults with Learning Disabilities), 스웨덴 이민자 학비지원(Swedish Tuition for Immigrants: STI)을 통해 성인교육을 제공해야 한다. 즉, 일반 성인교육, 학습장애 성인교육, 스웨덴 이민자 학비지원은 국가 성인교육 체제를 구성한다. 보완교육(supplementary education) 또한 국가 성인교육 체제를 구성하는 특별한 형식이다(Ministry of Education and Research, 2008). 「스웨덴 교육법」 제1장 제9조에는 다음과 같은 성인교육의 내용을 담고 있다.

> 국가 성인교육 체제는 성인 개인의 희망에 맞는 교육 보완의 기회를 부여해야 한다. 우선적으로 최소한의 교육을 받은 이에게 그들의 직업생활 및 문화 정치적 생활을 강화시키기 위한 기회를 제공해야 한다. 국내에서 제공되는 각각의 형태의 학교교육은 동일해야 한다. 국가 성인교육 체제의 활동들은 근본적 민주주의 가치에 부응해야 한다. 이러한 학교 체제에 속한 개인 혹은 모든 국민은 인간 및 일반 환경의 내적 가치에 대한 존중을 장려해야 한다(Ministry of Education and Research, 2008, The Education Act Chapter 1, 9).

2) 신교육법

2010년 3월 23일 스웨덴 정부는 '지식, 선택 및 보안을 위한 신교육법(The new Education Act-for knowledge, choice, and security)'이라는 법안을 제출했다. 2011년 7월부터 적용된 이 법안의 주요 쟁점은 성인교육 정책 목표가 일반 성인교육, 학습장애를 가진 성인들을 위한 특수 성인교육 및 스웨덴 이민자 교육(SFI) 등 세 가지 유형의 학교 모두에 도입된다는 것이다(EAEA, 2011).

현재 스웨덴의 성인교육은 일반 성인교육(Komvux), 특수 성인교육(Srvux), 그리고 이민자를 위한 스웨덴어 교육(SFI)의 세 분야로 분류된다. 이 과정들은 모두 정부 주도로 설립되고 운영되고 있으며, 교육을 원하는 성인들은 지원과 입학을 통해 정규교육과정 이수로 인정받을 수 있는 인증서(Certificate)를 받는다. 「신교육법」으로 인해 이 세 분야의 성인교육은 정부의 체계적인 지원 아래 이루어지게 되었으며, 각 분야별로 그 내용을 간략히 살펴보면 다음과 같다(교육부, 2018).

- 일반 성인교육(Komvux): 1968년 정부의 「교육법」 발효로 시행되었다. 이 교육의 취지는 당시까지의 스웨덴 교육이 너무 인문사회 분야에 치우쳐 있었다는 점을 고려하여 이를 보완하기 위하여 기술 중심 교육을 강조하자는 데 있었다. 일반 성인교육과정은 기초 과정과 2차 과정이 있는데 기초 과정에서는 정규 교과과정(16세 이하 교육)에서 제공하는 기술 중심의 지식을 전수한다. 이 과정을 이수한 성인들은 해당되는 의무교육 이수 인증서를 받을 수 있다. 2차 과정에서는 19세까지의 고등교육과정에 준하는 지식과 기술을 교육한다. 실전에서 바로 사용할 수 있는 기술을 성인들에게 교육함으로써 이 과정 이수자는 고등교육과정 이수에 상응하는 인증서를 받을 수 있다. 따라서 당시의 나이에 사정상 교육과정을 완수하지 못한 성인들은 이 과정을 통해서 지식, 기술, 그리고 인증서까지 받을 수 있다.
- 특수 성인교육(Srvux): 이 과정도 일반 성인교육과정과 동일하게 기초 과정과 2차 과정으로 나뉜다. 이 특수 성인교육과정은 지식 습득에 어려움이 있거나 특별한 관리가 요구되는 성인들을 대상으로 한다. 그러한 습득 수준에 맞추어서 기초 과정에서는 지식과 기술을 교육한다. 이 과정을 이수하면 습득한 기술을 현장에 적용시킬 수 있도록 실용성에 중점을 둔다.
- 이민자를 위한 스웨덴어 교육(SFI): SFI는 스웨덴에서 생활하는 데 필수인 스웨덴어를 정부 차원에서 교육하는 것이 그 취지다. 성인 학생의 언어 수준을 토대로 반이 배정되며 이 과정의 이수를 통해서 스웨덴 사회에서 직업을 갖고 생활할 수 있는 토대를 마련해 주는 것에 주된 목적이 있다.

3) 차별에 관한 법

「교육법(the Education Act)」이 적용되는 교육기관의 학습자의 평등권을 신장시키기 위해 2006년 4월 의회는 「차별에 관한 법(the Discrimination Act)」을 채택하였다. 이 법을 통해 학습자는 어떠한 형태의 차별로부터 보호를 받게 되며 모든 지방자치체와 교육기관은 본 법에 의거하여 성별, 인종, 종교, 성적 성향(sexual orientations) 혹은 장애 여부 등으로 인한 차별과 모욕감에 대한 차별 문제를 다루어야 하며, 예방적 대책도 세워야 한다고 명시하였다(UNESCO, 2008).

4) 성인교육계획

1995년 고용에 관한 「2000년 실업률 반감계획(Halving unemployment by 2000)」이라는 법률에서 정부는 성인의 지식을 확대시켜야 하는 이유를 명시하였다. 다른 나라들과 경쟁하기 위해 고급 노동력은 필수적이다. 이에 따라 정부는 교육이 가장 요구되는 성인 그룹의 지식을 확장시키기 위해 성인교육에 대한 특별 5개년 계획인 '성인교육계획(the Adult Education Initiative, Kunskapslyftet)'을 수립하였다. 1997년 7월 1일에 시작된 성인교육계획은 그 당시 비교적 높은 실업률을 낮추는 데 기여하였다. 본 계획의 목적은 정부와 지방자치체가 낮은 수준의 교육을 받은 성인에게 교육을 제공함으로써 고용의 기회를 창출하고 학습을 지속시키는 것에 있었다. 대략 80만 명의 성인이 참여하여 교육수준을 고등학교 과정까지 끌어올렸다. 5년간의 성인교육계획에 현재까지의 스웨덴 성인교육 분야 중 가장 많은 투자가 이루어졌다(Stenberg, 2005).

5) 성인학습 및 성인교육 발전에 관한 안건

2001년 스웨덴 의회는 '성인학습 및 성인교육 발전'(Adult learning and the development of adult education)에 관한 안건을 승인하였다. 이 안건은 성인학습 및 오늘날의 사회에 부응하여 경쟁력을 갖춘 개발, 성인학습을 위한 기반시설, 교육의 질 표준화 등의 영역에서 목표 달성에 대한 전략 등에 관한 내용을 담고 있다. 또한 본 안건 역시 모든 성인의 교육에 있어서의 평등성을 추구하고자 하였다. 안건 내용의 일부는 다음과 같다. "모든 성인은 개인의 개발, 민주화, 기회의 평등성, 경제성장, 고용, 그리고 부의 공정한 재분배를 위해 그들의 지식과 역량을 넓히고 깊게 하는 기회를 제공해야만 한다"(Nordic Network for Adult Learning, 2001).

6. 스웨덴 평생교육정책의 방향

스웨덴 교육정책의 목표는 경제성장과 정의를 위한 질 높은 평생학습에 의해 특징되는 지식기반 국가를 이끌어 나가는 것이다. 교육과 지속적 개발은 민주사회와 시민참여에 있어 중추적 역할을 한다. 성인교육의 목적은 사회적 관점과 개인적 관점을 포함한다. 즉, 성인교육을 통해 경제 개발 및 성장을 도모하는 동시에 민주주의를 신장시킬 뿐만 아니라 개인의 성장과 발전을 위한 기회를 제공함으로써 사회의 다양한 계층 간의 격차를 줄이는 데 목적이 있다(Rubenson, 1994). 2008년 교육연구부(Ministry of Education and Research: MER)는 성인교육을 활성화하기 위해 정부가 지원하는 성인교육에 대해서는 전체적 목표를 세우고 성인교육에 대한 권리와 교육 제공자에 대한 의무를 규정화하며 지방자치단체(municipalities), 민중학교(folk high schools), 성인학습협회(adult study associations) 및 다른 교육 관련 단체들에게 재정적 지원을 포괄적으로 시행한다고 하였다. 또한 성인에게 학습 관련 다양한 지원 시스템을 구축하여 성인교육을 장려해야 한다고 제시하였다(Ministry of Education and Research, 2008).

스웨덴 정부는 성인이 다양한 방법으로 학습에 참여할 수 있도록 기회를 제공하는 것에 적극적이다. 유연성과 평생학습은 스웨덴의 평생교육정책 개발에 있어 주요한 이슈다. 즉, 평생교육정책을 통해 정부는 개인의 요구와 능력을 기반으로 한 학습욕구를 충족시키도록 평생학습을 지원하고자 한다. 현대의 IT 기술과 발전된 교수방법은 지리적 조건을 뛰어넘어 유연성 있는 개별화된 교육을 가능하게 한다. 이러한 평생교육은 성별에 관계없이 직업현장 및 개인 생활 속에서 모두 제공된다. 정부의 역할은 다목적 학습에 대한 기회를 창출하며 형식적 · 무형식적 교육환경 모두를 지원할 수 있는 국가 전략을 개발하는 데 있다. 또한 각기 다른 정치적 환경에서 서로 협력할 수 있는 체제를 마련하는 것 또한 평생학습을 지원하는 데 있어 중요한 요소로 언급되고 있다(Ministry of Education and Research, 2008).

최근 스웨덴 교육청(National Agency for Education)이 발표한 평생학습의 개념은 다음과 같다.

> 평생학습은 교육에 대한 총체적 관점이며, 다양한 환경에서의 학습을 인정하는 것이다. 이 개념은 평생과 생활 전반이라는 두 개의 차원으로 구성된다. 평생 차원은 개인이 자신의 생애를 통해 학습한다는 것이며, 생활 전반 차원은 모든 형식적 · 비형식적 · 무형식적 학습을 포괄한다(National Agency for Education, 2000, p. 7).

위와 같은 평생학습의 두 가지 차원은 평생교육정책에서 교육과 훈련에 대한 책임이 공공 영역에서 민간 영역으로, 정부에서 개인으로 이동하는 것을 의미한다. 그 결과 현재 스웨덴은 평생학습과 관련하여 교육과 훈련의 경계가 없어지고 하나의 통합된 시스템으로 전환되어 운영되고 있다. 또한 사회적 파트너들 간 상호 협력과 대화를 통해 평생학습이 진행되고 있으며, 이런 과정에서 개인의 선택과 결정을 가장 중요시하는 제도를 갖추고 있다(한국직업능력개발원, 2005).

7. 스웨덴 주요 평생교육정책의 내용

1) 지방자치 성인교육

1968년부터 각 지방자치제도에서 운영하는 지방자치 성인교육(Municipal Adult Education)은 성인학습자들에게 초 · 중등교육에 해당하는 공교육을 무상으로 제공하는 학력인증 성인교육기관이다. 지방자치 성인교육에서는 정규 교과과목뿐 아니라 고급성인직업훈련(advanced vocation training) 프로그램도 제공하며, 전통적 고등학교의 의미보다는 주민들에게 중등교육 및 약간의 중등 후 교육을 제공하기 위한 일종의 학습센터(learning center)로서의 의미가 강하다. 지역주민들은 지방자치 성인교육을 통해 학습상담과 교육기회를 제공받을 수 있으며 교육훈련은 무상으로 제공된다(한국교육개발원, 2005).

2) 학습장애 성인교육

지방자치에 의해 제공되는 또 다른 교육 체제 중 하나는 학습장애 성인교육(Education for Adults with Learning Disabilities)이다. 학습장애 성인교육은 학습장애를 지닌 성인을 대상으로 하고, 국립 학습장애 고등학교 혹은 학습장애 고등과정 프로그램을 졸업한 성인을 위한 교육이며 학습자의 교육, 경험, 능력을 기반으로 제공한다(한국교육개발원, 2007).

3) 스웨덴 이민자 학비지원

스웨덴 이민자 학비지원(Swedish Tuition for Immigrants: STI)은 새로운 이민자를 위한 스웨덴어 구사능력 및 스웨덴 사회에 관한 기본 지식에 관한 교육을 제공하는 특별한 형태의 교육으로 지방자치에 의해 제공된다. 교육과정은 수업 형태로 제공되며 스웨덴 이민자 학비지원 프로그램의 대상자로 결정된 성인은 즉시 수업을 들을 수 있게 된다. 모든 지방자치체는 본 교육의 의무가 주어지며 성인학습자의 참여를 북돋아야 한다. 지방자치체는 사업주 및 지역 노동자 조직체와 함께 대상자의 수업 및 수업 스케줄에 대한 논의를 해야 한다(UNESCO, 2008).

4) 정부지원 후기중등 직업교육훈련

(1) 고급직업훈련

2001년 스웨덴 의회는 다양한 경제 관련 기관의 인적 자원에 관련한 요구를 충족시키기 위해 새로운 고급직업훈련의 형태인 고급직업훈련(advanced vocational training)을 기본교육 체제의 일부분으로 포함시켰다. 커리큘럼은 지역 사업장과 연계하여 개발되며 1/3의 수업시간은 직업 현장에서 이루어진다. 수업료는 무료이며 대략 6,000명 이상의 학생이 본 훈련과정에 참석하고 있다(최상덕, 2007).

(2) 노동시장훈련

스웨덴에서 노동시장훈련(Labour market training)은 실업률을 극복하는 수단으로 매우 중요한 역할을 한다. 2000년 노동시장훈련에 참여한 학습자는 38,000여 명이었다. 노동시장훈련의 궁극적 목적은 노동시장 요구에 맞는 개인의 훈련 혹은 재훈련에 있다. 재원은 취업청(National Board for Employment)으로부터 조달되며 참여자는 무료로 훈련을 받을 수 있다(Gibbsons-Wood & Lange, 2000).

(3) 학습휴가

1975년 이래 모든 노동자는 무급 학습휴가(Leave of absence)의 권리를 부여받았다. 노동자는 또한 직위와 무관하게 노동조합의 수업에 참석할 수 있는 권리를 가진다. 개개인은 자신이 무엇을 학습할 것인가에 대한 선택권을 갖고 있으며, 사업자 혹은 조합은 교육 프로그램의 선택에 관여할 수 없다. 또한 이들은 학습기간에 대한 제약을 할 수 없다(Ministry of Education and Research, 2008).

(4) 민중학교

민중학교(folk high school)는 스웨덴 성인교육의 주요 공적 체제로 현재 대략 150개의 민중학교가 단/장기 성인교육과정을 제공하고 있다. 장기 과정에 등록한 학생의 대부분은 학기 중 기숙사에 머무르고 있으며, 단기 과정의 학생들은 보통 주말에 며칠 정도를 학교에서 지낸다(Ministry of Education and Research, 2008). 교육과정은 학습자의 관심과 학교의 이익에 따라 자유롭게 구성되며 대학 입학의 자격을 주는 일반교육과정과 음악, 미디어, 미술, 수공예, 연극, 언어 등 직업교육과 관련된 특별교육과정이 있다. 모든 교육과정은 무상으로 제공된다(한국교육개발원, 2005).

(5) 스터디 서클

대부분의 민중운동기관 및 정당들은 학습조직 혹은 학습협회와 연계하여 민주사회 환경의 상호 교환 및 학습을 목표로 하는 교육을 스터디 서클(Study circles) 형태를 통해 제공하고 있다(Ministry of Education and Research, 2008). 현재 노동자교육연합(ABF), 시민대학연합(Folkuniversitetet), 금주운동교육연합(NBV), 센서스 스터디협회(Sensus studieförbund), 스웨덴 스포츠 협회 교육연합(Sisu Idrottsutbildarna), 학습장려협회(Studiefrämjandet), 교육연합(Studiefräbundet Bilda), 시민 성인교육협회(Studieföbundet Medborgarskolan), 시민학교(Medborgarskolan)의 9개 스터디 연합이 정부로부터 지원을 받고 있으며, 스터디 서클은 스터디 연합의 가장 대중적인 형태로 다양한 주제들을 참여 학습자들의 희망에 따라 제공하고 있다. 매년 전국적으로 약 32만 개의 서클이 조직된다(한국교육개발원, 2005).

(6) 사업자 지원훈련

사업자 지원훈련(Employer-sponsored training) 혹은 직원훈련은 성인교육 체제에 있어서 가장 큰 부분을 차지하는 영역이다. 1999년 상반기에 대략 1천 8백만 명의 성인들이 2천 8백여 가지의 과정에 등록하였다. 2001년에는 취업인구의 43%가 직원훈련에 참여하였다. 훈련 비용은 사업장에 따라 다양하지만 주로 사업자를 통해 지원된다. 본 훈련의 참여자는 주로 고등교육을 받았으며 최종 학력이 중등교육인 직원의 80%만이 참여, 의무교육만 받은 직원 중 오직 31% 정도만이 사업자 지원훈련 과정에 참여하고 있다. 또한 공공기관이 사립기관보다 직원들에게 더 많은 훈련의 기회를 제공한다(Strömqvist, 2006).

8. 스웨덴의 평생교육 재정

스웨덴의 성인교육 참여와 관련한 스웨덴 통계청 보고서에 따르면, 성인교육 참여의 장애 요인은, 첫째, 직장 상황으로 인한 시간 부재이고, 둘째, 가족 상황으로 인한 시간 부재이며, 셋째, 재정적 상황으로 인한 장애였다(Strömqvist, 2006). 그만큼 재정적 지원은 성인교육에 있어 매우 중요하다.

2005년 OECD 보고서에 따르면, 스웨덴은 총 공공교육 지출 비용의 30%를 성인교육에 투자하고 있다. OECD 가입국의 공공교육 지출 대비 성인교육 비중이 17.1%인 것을 감안하면 결코 적지 않은 예산이 성인교육에 배분되고 있음을 알 수 있다. 성인교육 추진 내용의 분류에 따른 스웨덴의 성인교육 지출 총액은 〈표 8-2〉와 같다. 하지만 성인교육기관 및 과정의 다양성을 고려할 때 재정지원 체제는 매우 획일화, 단일화되어 유연하지 못한 단점이 있다. 또한 OECD는 성인교육의 큰 부분을

표 8-2 2006년 성인교육 지출 총액

	총 지출 비용(SEK 백만 마르크)
형식 성인교육	
지방자치 성인교육	4,820
학습장애 성인교육	168
스웨덴 이민자 학비지원	1,023
독립보완교육	334
고급직업교육훈련	1,200
계	7,545
비형식 교육	
성인교육기관의 스터디 서클	1,400
민중학교	1,300
계	2,700

출처: Statistics Sweden, 2006. Statistics from the Swedish National Agency for Education. http://www.scb.se.

표 8-3 2006~2007년 다양한 형태의 교육 참여도
(Participation in different types of education in 2006/2007)

	참여자 수 2006~2007년	남/여 비율	
		남	여
형식 성인교육			
지방자치 성인교육	205,080	33	67
-기초 성인교육	36,848	36	64
-고등과정 성인교육	116,043	32	68
-보완교육	2,189	41	59
학습장애 성인교육	4,941	51	49
스웨덴 이민자 학비지원	65,200	43	57
독립보완교육	5,631	31	69
고급직업교육훈련	32,600	46	54
국립유연학습청의 원격교육	456	44	56
계	518,988		
비형식 교육			

민중학교	102,500	41	59
성인교육기관의 스터디 서클	1,500,000	43	57
계	1,602,500		

출처: OECD, 2008, p. 18을 한글로 재구성.

차지하는 직원교육의 경우, 이미 충분한 교육이 이루어진 젊은 연령의 남성들에게 교육이 치우치는 성향이 있다고 평가한 바 있다(OECD, 2005). 이는 〈표 8-3〉의 교육 형태별 참여도에서도 나타난다.

성인교육에서 학생당 지출 총비용은 〈표 8-4〉에서 참고할 수 있듯이 비교적 높은 편이다. 스웨덴 성인학습자는 대부분 독립보완교육이나 고급직업교육에 많은 비용을 투자하는 것을 알 수 있다.

표 8-4 2006년 학생당 지출 총비용

지방자치 성인교육	29,400 SEK
학습장애 성인교육	34,200 SEK
독립보완교육	96,500 SEK
스웨덴 이민자 학비지원	30,700 SEK
고급직업교육훈련	55,000 SEK

출처: Statistics Sweden, 2006. Statistics from the Swedish National Agency for Education. http://www.scb.se

스웨덴은 학자금 지원 대상이 학위과정뿐 아니라 '중등 이후 비학위과정', 그리고 '성인 기초교육과정'까지 포함하는 포괄적 체제를 가지고 있다. 또한 2009년 제정된 「고등직업교육법(Higher Vocational Education Act)」에 따라 '중등 이후 직업교육 프로그램'도 정부학자금을 지원 받을 수 있다. 학자금 지원은 학비 보조(grant)와 대출(loan)로 구성되며, 학자금 대출은 '소득연계형 요소를 가진 일반 대출'의 형태로 진행된다. 교육과정 이수 후에는 보통 일반 대출과 같은 방식으로 정액 상환이 이루어지지만, 대출자의 연체 방지를 위해 50세가 넘을 경우 소득의 5~7% 범위 내에서 소득연계 상환이 이루어지는 방식이다. 학자금 보조와 대출은 '전일제'뿐 아니라 '시간제' 학위과정에 등록한 경우에도 받을 수 있으며, 56세까지 받을 수 있으나 47세부

표 8-5 스웨덴의 고등평생학습 학자금 지원제도(2015년) (단위: SEK)

구분		대학 학자금 (general grant)	성인 후기중등교육 학자금 (higher grant)	보충적 지원 (supplementary aid)
지원 대상		대학 학위과정 등록자 (전일제, 시간제)	후기중등교육을 이수하지 못한 25세 이상 학습자(단, 20~24세의 경우, 실업자이면서 2012~2015년 사이에 학업을 시작한 경우 지원받을 수 있음)	1) 보충적 보조: 부양 자녀(18세 이하)가 있는 학습자 지원(단, 부양자녀 수와 등록 형태에 따라 차등 지원) 2) 보충적 대출: 25세 이상 지원 가능(단 전년 소득 184,675크로나) 이하
최대 지원기간		학사, 석사, 박사과정 이수기간	중등이후교육: 최대 240주 전기중등교육: 80~120주 성인의무교육: 20~80주	
지원액	보조	707	1,646	111~335
	대출	1,780	841	881
	계	2,487	2,487	N/A

출처: 채제은, 2016, p. 46.

터는 대출에 일부 제한이 있으며, 학자금 대출액은 신청자 연령에 따라 차이가 있다. 또한 18세 이하의 부양 자녀가 있는 성인학습자의 경우 보육보조금을 신청할 수 있다(체재은, 2016). 스웨덴의 고등평생학습 학자금 지원제도는 〈표 8-5〉와 같다.

9. 스웨덴 평생교육정책의 시사점

스웨덴의 학교 체제는 모든 학습자를 교육 체제 안에 포함시키려고 하는 강한 의지로 특징지어진다. 1960년대에 시작된 의무교육 체제는 현재까지 지속되고 있고 상급중등교육, 유아교육 및 학습장애 교육기관에서는 통합의 원리 하에 더 많은 기회를 학습자에게 제공하고 있다. 지방자치 성인교육은 모든 국민의 기초교육을 보장하고 교육의 수준 또한 상위중등교육 수준으로 향상시키려는 데 그 목적이 있다. 이러한 환경 속에 평생교육정책의 체제는 유소년기에 이루지 못한 성인학습자에게 제2의 기회를 제공한다. 또한 장애학습자의 학습 실패 여부가 아닌 학습환경에 정책적 중점을 두는 점, 스웨덴어가 모국어가 아닌 이민자들에게 국가적 차원의 스웨덴어 학습의 기회를 제공하는 점 등은 한국의 소외계층 평생학습정책과 다문화교육 정책이 중점을 두어야 할 부분에 대해 시사하는 바가 크다.

스웨덴의 기본적 교육 형태는 거의 대부분 특성화한 교육기관이 아닌 일반 교육기관에서의 통합을 유도한다. 전체적으로 스웨덴의 학교 체제는 통합과 참여를 도모하고 교육 소외계층에 속한 시민을 소외로부터 벗어날 수 있도록 개인의 요구를 반영한 평생교육을 정책에 반영시키는 것으로, 우리나라의 정책 개발의 모델이 될 수 있다. 참여 및 동등한 기회는 교육의 통합적 측면에 대한 국내외적인 합의로 강조되고 있다. 이러한 정책 환경은 전체적으로 성인학습의 참여를 높이는 결과를 가져오게 되었다. 더불어, 학습비 지원에 관한 스웨덴의 교육정책 역시 다양한 계층의 성인교육에 대한 참여율을 높이는 원인이 되고 있다. 정부는 사회적 · 재정적 · 지역적 장애요인을 최소화시킴으로써 교육 소외계층을 포함한 모든 성인이 학습을 이루도록 적극적인 정책적 지원을 펼쳤다.

이러한 평등성의 특징을 가지고 있는 평생교육 체제의 배경에는 스웨덴 정부의 평등에 대한 명확한 개념이 있기 때문이다. 스웨덴 교육연구부는 "평등한 교육은 같은 장소에서 같은 학습자료를 동등하게 배분하는 것을 뜻하지 않는다. 다양한 환경, 학습자의 요구 및 학습목표를 성취시키기 위한 다양한 방법들을 고려하는 것이다."(UNESCO, 2008, p. 26)라고 명시하였다. 한국의 평생교육정책은 이와 같은 교육평등에 대한 개념을 명확히 하고 구체화시켜 평생교육 현장에서 교육의 평등성이 실천될 수 있도록 장려해야 할 것이다.

참고문헌

교육부(2018. 9. 검색). 평생교육의 선진국, 스웨덴. http://happyedu.moe.go.kr/happy/bbs/selectHappyArticle.do?bbsId=BBSMSTR_000000000216&nttId=2872

김인춘(2014). 스웨덴의 지방세 제도. **지방세포럼, 16**, 56-68.

변종임, 채재은(2008). 스웨덴과 덴마크의 학습 · 노동 · 복지 연계 정책 분석. **비교교육연구, 18**(2), 181-205.

신필균(2011). **복지국가 스웨덴**. 서울: 후마니타스.

외교부(2009). 스웨덴 교육행정체계.

이윤미(2011). 평생학습과 복지-스웨덴 사례. **교육비평, 30**, 43-62.

주 스웨덴 대한민국 대사관(2015. 5. 28.). 스웨덴 교육제도. http://overseas.mofa.go.kr/se-ko/brd/m_8009/view.do?seq=1144917

채제은(2016). 고등평생학습 학자금 지원 제도의 설계 방향에 대한 탐색: 영국과 스웨덴 사례의 비교 분석을 토대로. **평생학습사회, 12**(1), 33-57.

최상덕(2007). **1980년대 이후 유럽의 학교 · 직업 이행 정책의 변화와 평생학습과의 관계에 관한 연구-영국, 독일, 프랑스, 스웨덴을 중심으로-**. 서울: 한국교육개발원.

한국경제연구원(2006). **유럽복지모델 발전과 개혁의 시사점**. 서울: 한국경제연구원.

한국교육개발원(2005). **북유럽 평생학습정책 추진 사례분석을 통한 한국의 평생학습추진 전략 수립 연구**. 서울: 한국교육개발원.

한국교육개발원(2007). **외국의 교육안전망 사례**. 서울: 한국교육개발원.

한국연구재단 해외주재사무소(2011). 스웨덴의 교육시스템 개관.

한국직업능력개발원(2005). **스웨덴의 평생학습 법 · 제도**. 서울: 한국직업능력개발원.

EAEA(2011). Country report on adult education in Sweden: Helsinki.

ENCELL(2014. 10. 19. 검색). *About ENCELL: Mission*. http://center.hj.se/encell/en/about-encell/mission.html.

Gibbsons-Wood, D., & Lange, T. (2000). Developing core skills-lessons from Germany and Sweden. *Education & Training, 42*(1), 24-32.

Government Office of Sweden(2014. 10. 16. 검색). *Central, regional and local government*. http://www.government.se/sb/d/2102.

KOTRA(2013). **스웨덴의 정치 · 사회 동향**. 서울: 대한무역투자진흥공사.

Ministry of Education and Research(2000). *EFA Report 2000 from Sweden. Division for School*. Stockholm: Ministry of Education and Research.

Ministry of Education and Research(2008). *National Report on the Development and State of the Art of Adult Learning and Education*, 6th International Conference on Adult Education.

National Agency for Education(2000). *Lifelong learning and lifewide learning*. Stockholm: Skolverket.

Nordic Network for Adult Learning(2001). *Adult Education in Sweden*. http://www.nordvux.net.

OECD(2005). *Promoting Adult Learning*. Paris: Organizational for Economic Co-operation and Development Publishing.

OECD(2005). **스웨덴 복지국가 모델과 시사점**. Paris: 주OECD 대한민국 대표부.

OECD(2008). *Society at a glance 2007: OECD indicator*. Paris: Organizational for Economic Co-operation and Development Publishing.

OECD(2014). Education *at a glance 2014: OECD indicator*. Paris: Organizational for Economic Co-operation and Development Publishing.

Prokou, E. (2008). A comparative approach to lifelong learning policies in Europe: The cases of the UK, Sweden and Greece, *European Journal of Education: Research, Development and Policies, 43*(1), 123-140.

Rubenson, K. (1994). Adult education policy in Sweden: 1967-1991. *Policy Studies Review. 13*(3), 367-390.

Statistics Sweden(2006). Statics from the Swedish National Agency for Education. http://www.scb.se.

Statistics Sweden(2014. 10. 16. 검색). *Labour Force Survey*. http://www.scb.se/en_/Finding-statistics/Statistics-by-subject-area/Labour-market/Labour-force-surveys/Labour-Force-Survey-LFS/

Stenberg, A. (2005). Comprehensive education for the unemployed-evaluating the effects on uneployment of the adult education initiative in Sweden. *Labour, 19*(1), 123-146.

Strömqvist, S. (2006). *Forms of student support in Sweden: past, present and future*. International Institute for Educational Planning: Paris.

Sven, S. (2002). Adult eduacation and lifelong learning in Sweden. In UNESCO. (Ed.), *Integrating lifelong learning perspective*(p. 289). Paris: UNESCO.

UNESCO(2008). *The development of education*. Paris: UNESCO.

UNESCO-IBE(2007). *World Data on Education, 6*. The Information network on education in Europe.

Lifelong Education Policies in Major Foreign Countries

제 9 장

핀란드의 평생교육정책

1. 핀란드 평생교육의 역사적 배경

19세기 시민사회에서 시작된 핀란드의 평생교육은 Nikolai Grundtvig의 자유교육 사상(Grundtvigian idea of liberal education)에 뿌리를 두고 있다(OECD, 2001). 덴마크의 사상가 Grundtvig은 국민 계몽을 위하여 국민의 삶과 직접적인 관련을 가지는 새로운 학문과 새로운 교육기관의 필요성을 주장하였으며, 국민을 위한 학문(Volksturnliche Wissenschaft) 혹은 국민교육(Volksaufklarung)을 새 학문으로 이해하고 삶의 경험에 바탕을 두고 독창성과 자립성을 배양할 수 있는 교육을 강조하였다(이화여자대학교 사범대학 교육학과 편집부, 1987). Grundtvig의 이러한 교육이념을 기반으로 북유럽은 민중학교(folk high school)가 성인을 위한 공교육의 모델로 확산되기 시작했으며, 이는 핀란드에도 도입되어 1889년 시민사회교육의 형태인 첫 번째 민중학교가 설립되었다(OECD, 2001).

이와 같은 민중학교 설립의 배경에는 공공기관이 아닌 다양한 민간기관과 민중운동의 강력한 움직임이 있었다. 여기에 민중학교는 기독 운동이 힘을 합치며 급격히 늘어나 1920년대에는 40개 이상의 지역에서 운영되었다. 민중학교를 통해 젊은 이들, 특히 농촌 지역의 젊은 성인들의 일반교육 및 직업교육의 참여 기회가 확대되었으며, 시민교육도 활성화되었다(Pantzar, 2007).

1970년대에는 성인교육이 하나의 독립된 분야로 지위를 획득하고 성인교육의 전영역이 국가 성인교육계획의 일부로 통합되기 시작되었다. 이 시기 자율적 시민사회교육이 성인교육의 주요 부분이라고 인정되었음에도 교육정책은 직업교육에 중점적으로 형성되었다. 1980년대에는 성인교육의 커리큘럼이 학령기 커리큘럼 구조와 연계될 필요 없이 독자적인 성인 커리큘럼으로 개발되었으며, 비형식 · 무형식 교육에 대한 성인학습자의 인식 역시 높아지기 시작했다(한국교육개발원, 2005). 이후 1987년에 KVS(Kansanvalistusseura, 문화교육협회)가 설립되었으며 이는 오늘날 핀란드 평생교육 체제의 시작이었다(Pantzar, 2007).

2. 핀란드 평생교육정책의 정치, 경제, 사회문화적 환경

덴마크를 중심으로 시작된 북유럽국가 정치경제 체제의 모형은 1930년대 민주주의 확대를 통한 대공황 위기 극복으로 주목을 받기 시작했다. 이후 정착된 북유럽 국가들의 정치경제 체제의 일반적 특징은 다음과 같다(한국노동연구원, 2009). 첫째, 정치 체제가 다수당 지배를 강조하는 다수주의 민주주의(majority democracy)가 아닌 비례대표제 의회에 입각한 합의제 민주주의(consensus democracy)로 운영되고, 정책결정 과정이 사회적 합의에 기초한다. 둘째, 활발한 시장경제와 강력한 재산권 보호제도를 유지하면서도 국가가 정책적으로 시장에 깊이 개입한다. 셋째, 포괄적인 수혜 영역을 재분배와 생산능력 제고의 기반이 되도록 보편적 복지제도를 실시한다. 넷째, 시민들의 사회참여와 사회조직의 발달이 사회 변화의 원동력이 된다.

핀란드 역시 이러한 북유럽 국가 모형의 특징을 따르고 있으며, 이 모델 위에 다양한 이념을 가진 조각 정당(fragmented party)들이 연립정부를 구성하고 합의 형성 과정을 통해 정책을 수행하며 모범적 의회주의를 발전시키고 있다. 또한 베를린 소재 국제투명성기구(Transparency International)를 포함한 국제적인 평가기구로부터 투명성, 환경, 교육, 정보통신, 남녀평등 분야에서 세계 최상위의 평가를 받고 있으며, 적극적인 중립정책(active neutrality)을 통해 축적한 외교 경험을 토대로 민주주의 신장, 평화, 인권, 환경 분야 등에 많은 노력을 기울여 국제사회에서의 위상을 높이고 있다(주 핀란드 대한민국 대사관, 2008).

핀란드의 경제는 IT 산업 분야에서 눈에 띄는 위치를 차지하고 있다. 본래 전통적으로 펄프, 제지, 목재 등을 주산업으로 해 온 1차 원료산업 국가였던 핀란드는 1990년대 초 경제 위기를 극복하는 과정에서 국가정책의 주안점을 IT 부문에 두고 과감한 산업구조조정과 자유화 조치를 취함으로써 현재와 같은 위치를 확립할 수 있었다(김기홍, 김종기, 2002). 혁신주도형 국가(Towards an Innovative Society)를 표방하면서 독자적인 발전 모델과 전략을 시도한 핀란드는 OECD 국가 중 가장 먼저 '국가혁신 체제(NIS)' 개념을 도입하였으며, 이를 기반으로 과학기술정책의 방향을 기획하였다. 핀란드가 제시하는 혁신주도형 국가의 특징은 기술과 기술 체제가 사회 전 부분의 핵심 요소로 작용한다는 점이며, 혁신정책이 사회 전반의 목표와 활동을 포괄하여 추진된다는 점이다(성지은, 2010). 이처럼 핀란드가 단시일 내 지식기반경제 체제로 전환될 수 있었던 것은 무상교육, 산학연 협력을 기반으로 하는 인력양성 등의 우수한 교육제도와 연구개발(R&D) 투자의 경쟁력이 뒷받침되었기 때문이다(주 핀란드 대한민국 대사관, 2008).

핀란드는 약 520만 정도의 적은 인구를 가진 국가이며, EU 국가들 중 가장 노령화된 국가이기도 하다(정형우, 2003). 그러나 양성평등과 고령화정책이 잘 시행되고 있어 고용률이 남성 71%, 여성 68%로 비슷한 수치를 기록하고 있을 뿐만 아니라(OECD 평균 여성 고용률 60%, 남녀 노동 참여율 격차 12%), 고령(45~55세) 및 노령(55~65세) 근로자에 대한 처우, 고용유지 및 구직을 국가고령화정책(National Policy on Aged Workers)을 통해 실질적으로 지원하고 있다(나유리, Lamblin, 2014). 이는 사회복지를 통해 사회 내 평등을 제고하고 지속적인 경제성장을 촉진시키는 핀란드의 '사회복지와 경제성장 간 선순환' 모델을 통해 나타난 결과라 할 수 있다(주 핀란드 대한민국 대사관, 2008).

핀란드는 12세기에 받아들인 스웨덴 모델을 자국에 맞게 수정 · 보완해 오면서 끊이지 않는 혁신을 꾀하고 있다. 이후 17세기에는 '계속교육(continuous education)' 원칙을 핀란드 교육 시스템 개발의 기초로 삼은 이래, 평생학습은 갖가지 실용적인 문제해결을 위한 참고가 되었을 뿐 아니라 핀란드 교육정책의 주요 목적이 되어 왔다(Makela & Hulkko, 1999; 한국교육개발원, 2005에서 재인용).

3. 핀란드 평생교육정책의 추이 발전

교육 강국으로 평가받고 있는 핀란드의 교육정책은 모든 국민이 참여하는 평생교육을 중심으로 기획, 실행되고 있다. 초등교육부터 평생교육까지 핀란드의 모든 교육은 무상으로 실시되며, 매년 약 100만 명의 성인들이 학위 및 자격증 취득을 위한 교육, 시민교육, 직업교육, 레크리에이션 등 다양한 형태로 평생교육에 참여하고 있다(Centre for International Mobility, 2013).

이러한 핀란드 평생교육의 특징은 북유럽 국가들의 평생학습 체제 특징과 관련된다. 한국교육개발원(2005)의 연구는 북유럽 평생학습 체제의 네 가지 특징을 다음과 같이 제시하고 있다.

첫째, 북유럽 평생교육 체제의 핵심은 덴마크에서 시작되어 스웨덴, 핀란드로 전파된 민중교육의 개념과 실천에서 파생되었다. 북유럽 사회민주주의의 실천은 교육의 평등과 성인학습 공동체 구축에서 도출된 것이며, 이러한 교육의 적극성은 민중교육의 개념에서 탄생한 것으로 이는 북유럽 평생학습사회의 의식적 기반이 되어 왔다.

둘째, 국가, 시민사회, 노동시장의 강한 연대가 구축되어 있다. 국가의 성인교육정책 및 노동시장교육은 시장과 기업의 적극적인 참여로 진행되고 있다. 또한 활발한 시민사회 활동이 높은 성인학습 참여율을 이끄는 원동력이 되고 있을 뿐 아니라 평등성의 가치 이념에 따라 성인교육이 공공교육 체제의 한 부분으로 인식되어 이에 대한 국가의 공적 역할이 강조되고 있다.

셋째, 학교교육과 성인교육이 구조적으로 연계되어 있다. 비교적 학력으로부터 자유로운 핀란드 및 북유럽 국가들은 성인 비형식 직업교육과정이 학교교육 체계와 교류가 가능하도록 체계화 및 구조화되어 있다.

넷째, 국가기간 학제 안에 평생학습 체제가 구축되어 있다. 북유럽 국가들은 학교 체제를 중심으로 평생학습 체제를 구축하고 있으며, 평생학습을 통해 지속적으로 학력을 보완할 수 있는 장치가 기본 학제 안에 마련되어 있다.

이처럼 핀란드 평생교육정책은 북유럽 평생학습 체제의 공통적인 특징을 기반으로 하고 있으나, 북유럽 모델을 자국의 특징에 맞게 수정해 오면서 다른 북유럽 국가들과 구분되는 핀란드 평생교육정책의 특성 역시 나타내고 있다. 핀란드만의 평생교육정책의 특징을 간략히 살펴보면 다음과 같다(한국직업능력개발원, 2006).

첫째, 평생교육 참여 확대를 위한 국가 정책의 강력한 추진이다. 핀란드는 세계 최고 수준의 성인 평생학습 참여율을 나타내고 있으며, 이러한 배경에는 「학습의 즐거움(The Joy of learning-A national strategy for lifelong learning)」과 「교육부 전략 2015」 등의 보고서를 통해 평생학습 활성화로 미래사회를 대비하는 국가경쟁력 강화 전략으로 제시하고 정책적으로 추진한 정부의 노력이 있다.

둘째, 폴리테크닉(Polytechnic) 체제 구축이다. 한국의 전문대학과 유사한 핀란드의 폴리테크닉은 정규 학사학위 수여, 성인학습자 중심, 대학원 과정 개설 등의 특징을 가지고 있으며, 핀란드 성인의 고용 가능성과 직업능력을 높이고 기술 개발 센터 체제로서의 역할을 수행하고 있다.

셋째, 초등에서 평생교육까지의 무상교육 실현이다. 핀란드는 초·중등교육뿐 아니라 대학 및 폴리테크닉, 성인교육센터, 민중학교 등도 대부분 무상으로 이루어져 성인교육 활성화에 기여하고 있다.

넷째, 도서관 교육 활성화다. 1928년 북유럽 국가 중 최초로 「공공도서관법」을 제정한 핀란드는 개인의 자아 개발, 소양증진, 평생교육을 위해 국가 및 지방자치단체가 도서관 지원 확대에 주력하고 있으며, 도서관 이용의 생활화로 공공도서관이 국민 평생교육기관의 중요한 위치를 차지하고 있다.

4. 핀란드 평생교육정책의 추진 체제와 조직

핀란드의 교육을 담당하고 있는 부서는 교육문화부(Ministry of Education and Culture)다. 핀란드 교육문화부는 교육, 연구(과학), 문화, 스포츠, 청소년 정책 등 전반적 평생교육 영역을 관장하고 있다. 교육문화부 산하의 '교육국(Finnish National Board of Education)'은 교육 영역에서의 실행, 모니터, 전반적 개발 업무를 수행한다. 핀란드 학술진흥재단(The Academy of Finland)는 연구 지원을 위한 주요 재정지원 기관으로서 대학 및 정부출연 연구소들을 대상으로 기초과학 및 관련 기술과 인문과학 분야 연구를 위한 장기자금 지원 업무를 담당하고 있다. 또한 CIMO(Center for International Mobility)는 웹 사이트 등을 통해 문화적 소통을 넘나드는 서비스와 전문지식을 제공하고 있다. 이 밖에도 평생교육 관련 국가기관으로는 Finnish ENIC(European Network of National Information Centres of Academic Recognition and Mobility), Finnish NARIC(Network of National Academic Recognition Information Centres)이 있다(Centre for International Mobility, 2014).

평생교육과 관련한 주요 외부 기관으로는 평생학습협의회(the Council for Lifelong learning)가 있다. 이들은 교육문화부와 협력하여 교육과 일터의 연계뿐 아니라 성인교육 개발과 평생학습 환경 조성 관련 이슈들을 다루고 있다(Finnish Ministry of Education and Culture, 2014).

교육문화부에서 성인교육은 성인교육국(the Division for Adult Education)과 고등

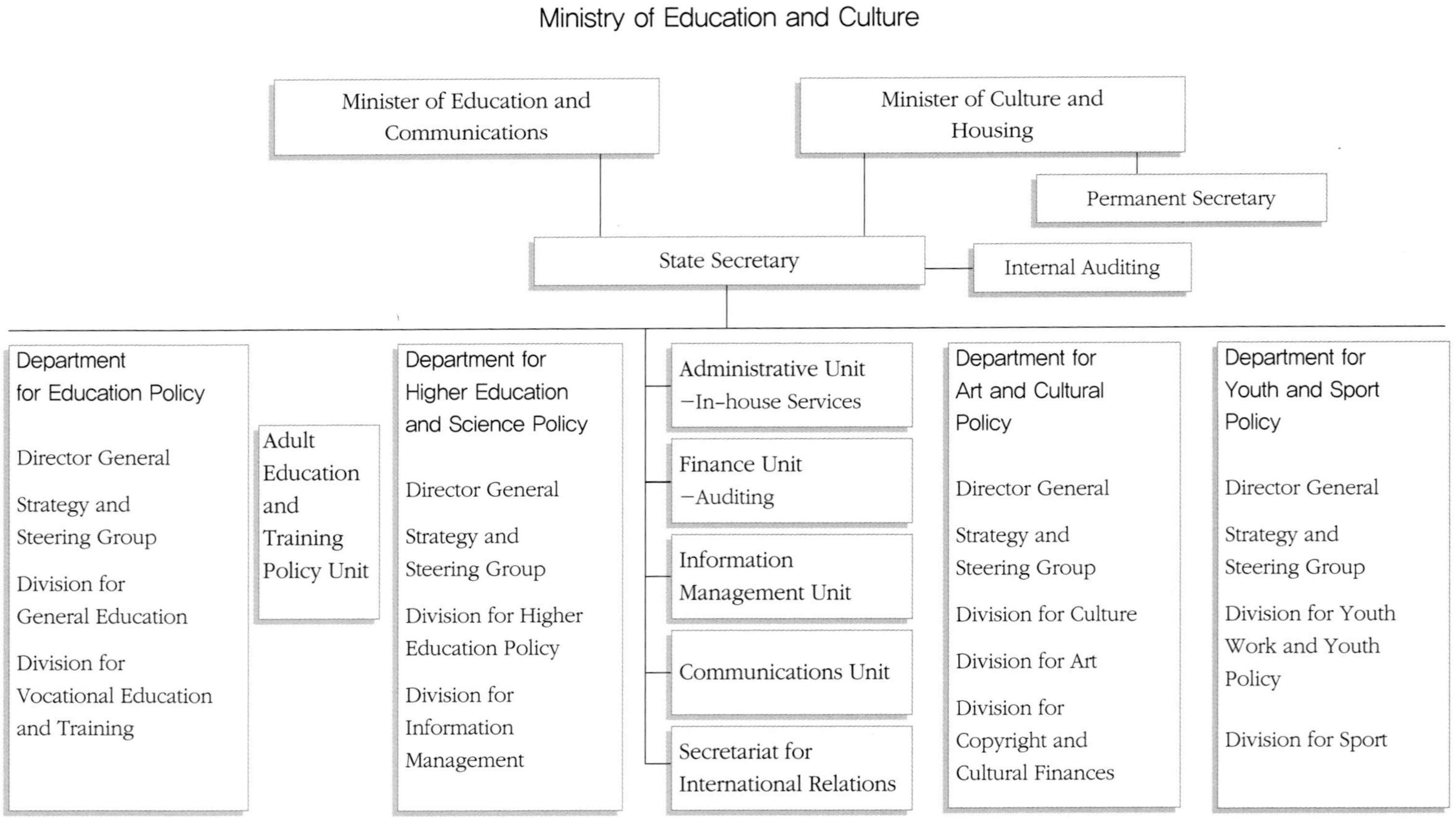

[그림 9-1] 핀란드 교육문화부(Finnish Ministry of Education and Culture) 조직도

출처: Finnish Ministry of Education and Culture, 2014, Departments and units in the Ministry of Education and Culture. http://www.minedu.fi/export/sites/default/OPM/Ministerioe_ja_hallinnonala/liitteet/organigram.pdf.

교육 및 과학정책과(the Department for Higher Education and Science Policy)의 교육 훈련 정책 중 하나로 다루어진다. 관련 부서는 평생학습의 원칙에 따라 성인교육, 자유 성인교육 정책을 추진해 나간다. 교육문화부에서 관장하는 성인교육 및 훈련의 정책적 범위는 다음과 같다(Finnish Ministry of Education and Culture, 2014).

① 국가 평생교육정책 개발 및 평생학습환경 조성
② 성인직업교육, 도제교육, 역량기반 자격 취득 교육
③ 고등교육기관 및 열린 학습(Open Learning)에 의해 제공되는 성인교육
④ 일반 성인교육과 국가인증 언어능력 자격증
⑤ 자유 성인교육의 교육 및 지도 기관
⑥ 성인교육, 상담, 다른 방법으로 취득한 능력 인정
⑦ 성인교육의 지도 평가
⑧ 교직원과 이민자 교육
⑨ 성인교육 부문에 대한 입법, 재정 계획
⑩ 성인교육의 국제협력활동 및 평가

핀란드 교육문화부의 조직도는 [그림 9-1]과 같다.

핀란드 정부는 1960년대와 1970년대에 국가 복지 증가를 위한 교육의 중요성을 인식하고 교육수준의 제고와 교육 기회의 확대를 위한 구체적 전략 수립을 위해 일반교육위원회와 직업훈련위원회를 운영하였다. 이 위원회들은 1991년 교육부 산하 국가교육위원회(Opetyshallitus, Finnish National Board of Education: FNBE)로 운영되면서 오늘날까지 국가교육 전반에 대한 정책 수립과 지원 기능을 종합적으로 수행하고 있다. 조직은 크게 일반교육 · 유아교육 · 보육, 직업후기중등 성인교육훈련, 교육 부문 서비스, 훈련 서비스 및 출판, 스웨덴어 교육 담당 부서로 구성되어 있으며, 약 300여 명의 전문가들이 다양한 구성원으로 조직되어 있다(한국교육개발원, 2016). 핀란드 국가교육위원회의 조직도는 [그림 9-2]와 같다.

또한 핀란드에서는 정책 추진 주체로 지역의 역할을 강조하고 있다. 정보사회에서의 지식은 지역사회의 문화를 기반으로 창출된다는 신념으로 교육에서의 문화 및 전통을 중시하며 지역 격차 해소, 국민 모두의 다양한 정보 활용 활동을 유도하

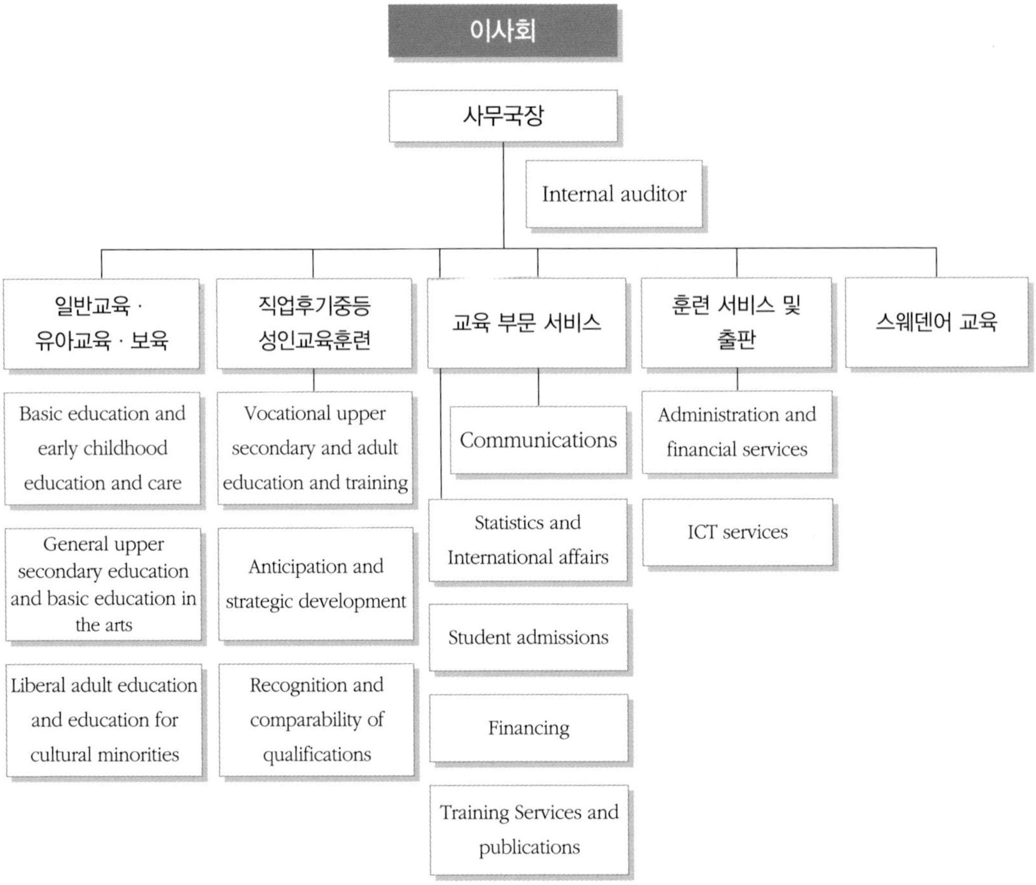

[그림 9-2] 핀란드 국가교육위원회 조직도

출처: 한국교육개발원, 2016, p. 230.

고 이에 국가예산을 집중적으로 투자하고 있다(교육인적자원부, 2006).

지역 수준의 평생교육정책 실행은 각 지역 자치구 내의 교육문화부서(Education and Culture Department)에 의해 행정이 이루어지며, 성인교육은 각 도시나 도시 사이의 통합위원회 혹은 등록기관에서 교육 및 훈련을 담당한다. 각 교육기관의 활동의 종류는 기관장과 교장이 결정한다. 그중 성인의 직업교육 및 훈련은 각 지역에 위치한 성인 직업교육센터, 혹은 대학 부설 직업교육센터에서 이루어진다(교육과학기술부, 2012). 핀란드의 성인교육 및 훈련기관을 종류별로 분류하면 〈표 9-1〉과 같다.

표 9-1 핀란드 성인교육 및 훈련기관

종류	기관	기관 수
비형식 성인교육	성인교육센터(adult education centers)	254
	민중학교(fork high school)	91
	스터디센터(study centers)	11
	계절 연합대학(summer nuiversities)	21
	국민체육센터(physical education centers)	14
학력 취득을 위한 성인교육	성인고등학교(upper secondary education providers)	54
직업훈련	기초 직업교육기관(initial vocational education providers)	135
	특별 직업교육기관(specialized vocational institutions)	54
	성인 직업교육센터(vocational adult education centers)	47
합계		731

출처: 한국교육개발원, 2005, p. 177.

5. 핀란드 평생교육 관련 법

핀란드의 교육 관련 법은 1999년 초에 개정되었으며, 교육의 목표와 내용 수준을 고려하여 개정되었고, 학생 각자의 권리와 의무에 대하여 명시하고 있다. 특히, 개정된 법은 교육과 관련된 판단을 각 지역 자체의 독자적 권한에 맡기는 데 중점을 둔다(한국직업능력개발원, 2009). 핀란드의 교육 관련 법 중 평생교육과 관련된 법들을 간략히 살펴보면 다음과 같다(European Commission, 2012).

1) 직업교육훈련법

1999년부터 개정된 핀란드의 「직업교육훈련법(the Vocational Education and Training Act)」은 청소년과 성인학습자들을 위한 중등직업교육훈련의 교육과정을 기반으로 하는 조직을 관리한다.

2) 성인직업교육법

「성인직업교육법(the Vocational Adult Education Act)」은 직업 관련 기술을 습득하는 방법에 관계없이 능력 테스트(competence tests)로 획득할 수 있는 고등직업자격, 추가직업자격과 전문직업자격 수여 과정뿐 아니라 자격 테스트를 위한 준비 훈련에 대해 규정하고 있다. 2006년 법 개정에 따라 역량기반 자격, 학생의 개별 계획, 능력 테스트 배치와 테스트 완료를 준비하기 위한 교육/훈련을 다루게 되었다.

3) 성인교양교육법

교육에 관한 최근의 법률은 성인교육센터(adult education centres, kansalaisopisto/työväenopisto), 민중학교(folk high schools, kansanopisto), 교육센터(study centres, opintokeskus), 체육교육센터(physical education centres, liikunnan koulutuskeskus), 하계대학(summer universities, kesäyliopisto) 등의 성인교육기관을 다루는 「성인교양교육법(The Liberal Adult Education Act)」을 포함하고 있다. 이 법률에서는 성인교양교육의 목적을 학습자 개인 개발 지원과 평생학습 원리에 기초한 민주주의 평등 실현으로 규정하고 있다.

4) 국가공인 언어능력 평가에 관한 법

2004년 제정된 National Certificates of Language Proficiency와 Decree on National Certificates of Language Proficiency는 언어능력 테스트를 통한 자격증 수여 과정에 대해 다룬다.

5) 대학, 폴리테크닉 관련 법

핀란드의 성인교육은 대학과 폴리테크닉(polytechnic), 계속전문개발센터(continuing professional development centres)에 의해서도 제공된다. 대학교육은 「대학법(the Universities Act)」과 「대학 시행령(the Universities Decree)」에서 다루어지는 반면,

폴리테크닉은 「폴리테크닉 법(the Polytechnics Act)」과 「폴리테크닉 시행령(the polytechnics Degree)」을 따르고 있다. 성인교양교육을 제공하는 대학, 폴리테크닉, 기관들은 법률 체제 안에서 성인교육을 자율적으로 조직할 수 있는 권한을 가진다. 대학 및 폴리테크닉은 정기적으로 핀란드 고등교육평가위원회(Finnish Higher Education Evaluation Council: FINHEEC)에 의해 평가되며, 성인교양교육을 실시하는 기관들은 교육평가위원회에서 평가한다. 대학 평생교육센터는 일반적으로 자치 규정을 따르는 별도의 교육기관으로 존재한다.

6. 핀란드 평생교육정책의 방향

핀란드 정부는 평생학습을 국가경쟁력 증진과 급변하는 미래사회에 효과적으로 대비하는 핵심 전략으로 설정하고, 국민 개개인의 학습력 제고를 목표로 '학습의 즐거움(Joy of Learning)'을 모토로 하는 평생교육 활성화를 추진하고 있다. 1997년 발간된 보고서 「학습의 즐거움: 평생학습 국가전략(The Joy of Learning: A National Strategy for Lifelong Learning)」은 핀란드 평생교육정책의 획기적 전기를 마련한 보고서로 평가되고 있으며, 미래사회를 대비하는 인재 개발과 개인 능력 개발을 위한 국민의 평생학습 요구에 따라 이를 충족할 수 있는 평생교육정책 수립 방향을 제시하고 있다(교육인적자원부, 한국교육개발원, 2005).

「학습의 즐거움: 평생학습 국가전략(The Joy of Learning: A National Strategy for Lifelong Learning)」에서 제시하는 비전은 다음 세 가지다. 첫째, 학습은 행복의 원천이다. 즉, 학습은 생의 활력 및 지력 증진을 가져와 자아실현할 수 있는 도구가 된다. 여기서는 특히 집단이나 공동체 학습을 강조하고 있다. 둘째, 기술 발달은 국력 강화의 원천이다. 셋째, 교육 및 문화정책은 미래의 열쇠다. 따라서 지식 및 사회적 자본(intellectual and social capital)에 대한 투자는 가장 중요한 국가사업으로 추진되어야 한다(이희수 외, 2004, 교육인적자원부, 2006에서 재인용).

핀란드는 또한 2003년 'Ministry of Education Strategy 2015'를 발표하며 국가경쟁력 강화를 위해 평생교육을 시민의 복지 차원에서뿐 아니라 경제, 현대 문명의 핵심 요소로 강조하고 개인의 학습과정과 학습을 장려하기 위한 지역사회와 정책 지원활동을 활발히 전개하였다(한국교육개발원, 2004).

Ministry of Education Strategy 2015에서 제시하는 여섯 가지 핵심 전략은 다음과 같다. 첫째, 교육과 문화적 평등을 보장한다. 둘째, 지적 성장과 학습을 촉진한다. 셋째, 교육 참여 기회를 증진한다. 넷째, 핀란드의 교육, 문화, 경제적 경쟁력을 지원한다. 다섯째, 국제사회에서 핀란드의 영향력을 다각화한다. 여섯째, 교육부의 성과를 향상한다(교육인적자원부, 2006).

한편 핀란드 교육문화부는 5년 주기로 교육 · 연구 발전계획을 수립하고 있으며, 성인의 기초교육, 학습능력, 학습기회, 학습인증, 학습상담, 학습지원에 대해 강조점을 두고 정책 목표를 제시하고 있다. '2011~2016 교육 · 연구개발계획(The Development Plan of Education and Research 2011~2016)'에서 제시하는 성인교육훈련을 위한 정책 목표는 다음과 같다(European Commission, 2012).

> 핀란드 국민은 활동적인 성인학습자다. 2010년 유럽연합의 노동인구조사에 따르면 25~64세 핀란드 성인 중 23%가 4주간 교육 및 훈련에 참여한 바 있다. 2016년까지 성인교육의 목표는 25~64세 성인 중 27%가 4주간 교육 및 훈련에 참여하는 것이며, 18~64세 성인의 80%가 1년간 교육 및 훈련에 참여하는 것이다. 또한 성인교육 및 훈련에서 영구적으로 제외되는 성인 인구는 전혀 없어야 한다. 이를 위해 정부는 직업 자격이 없는 성인에게 역량 기반 자격 획득을 위한 훈련에 소요되는 수수료(58유로)를 면제하기로 결정했다. 이는 성인교육과 훈련의 참여 문턱을 낮추기 위함이다(European Commission, 2012. 12. 19.).

7. 핀란드 주요 평생교육정책의 내용

1) 폴리테크닉

폴리테크닉(Polytechnic)은 핀란드가 1996년부터 대학의 직업교육 기능을 강화하기 위하여 설치 · 운영하고 있는 직업교육 중심 대학이다. 2002년 8월부터는 대학원 과정이 개설 · 운영되고 있다(한국교육개발원, 2005).

과학응용대학(Universities of Applied Sciences: UAS)으로도 알려져 있는 폴리테크닉은 특히 지역 수준에서 기업, 산업, 서비스 분야와 연계된 교육을 강조하고 있다. 폴리테크닉의 학위는 일터의 변화와 개발 요구에 부합하는 전공과목으로 구성되어 있으며, 2014년 현재 100개의 학사학위 프로그램과 20개 이상의 석사학위 프로그램이 진행되고 있다(Centre for International Mobility, 2014).

현재 총 24개의 폴리테크닉이 교육문화부의 정부 부처 아래 운영되고 있으며, 운영 주체로는 지자체(3개), 유한(주식)회사(21개)가 있다. 2014년 운영 중인 핀란드의 폴리테크닉은 다음과 같다(Finnish Ministry of Education and Culture, 2014).

- Arcada University of Applied Sciences
- Centria University of Applied Sciences
- Diaconia University of Applied Sciences
- HAAGA-HELIA University of Applied Sciences
- HAMK University of Applied Sciences
- Helsinki Metropolia University of Applied Sciences
- HUMAK University of Applied Sciences
- JAMK University of Applied Sciences
- Kajaani University of Applied Sciences
- Karelia University of Applied Sciences
- Kymenlaakso University of Applied Sciences
- Lahti University of Applied Sciences
- Lapland University of Applied Sciences
- Laurea University of Applied Sciences
- Mikkeli University of Applied Sciences
- Novia University of Applied Sciences
- Oulu University of Applied Sciences
- Saimaa University of Applied Sciences
- Satakunta University of Applied Sciences
- Savonia University of Applied Sciences

- Seinäjoki University of Applied Sciences
- Tampere University of Applied Sciences
- Turku University of Applied Sciences
- Vaasa University of Applied Sciences

폴리테크닉 관련 재정은 교육문화부와 폴리테크닉의 성과협상을 통해 결정된다. 대부분 재정은 학생 수에 따라 책정되는 핵심 재정(Core funding), 폴리테크닉 개혁을 위해 지원되는 프로젝트 재정(Project funding), 일반적인 준거나 핀란드 고등교육평가위원회(FINHEEC)에 의한 평가에 근거하여 책정되는 성과 기반 재정(Performance-based funding) 등이 있다(한국교육개발원, 2005).

2) 직업교육훈련정책

핀란드의 직업교육 체제는 상급 중등교육 단계에서 이루어지는 3년간의 직업학교 과정과 고등교육 단계의 기술대학 과정(3.5~4.5년), 폴리테크닉의 대학원 과정으로 이루어진 고등학교부터 대학원 과정까지의 포괄적 체제로 구성되어 있다. 상급 중등 직업학교 과정은 3년간 총 120학점을 이수하여 해당 분야의 자격증을 취득하게 되어 있으며, 최소 6개월의 현장훈련을 포함한다. 폴리테크닉은 전공 영역별로 140~180학점을 이수하고 학사학위를 받게 된다. 운영예산은 기본적으로 교육부가 부담하고 지방정부가 집행하며, 학생들은 교재비를 부담한다(National Board of Education, 2001; 한국직업능력개발원, 2003에서 재인용).

한편 성인을 대상으로 하는 직업교육은 고등직업교육과정(upper secondary vocational education and training)과 추가직업훈련과정(further vocational training)으로 나뉜다(Finnish National Board of Education, Ministry of Education and Culture, 2010). [그림 9-3]은 핀란드의 성인 직업교육훈련 체제를 정리한 것이다.

여기에서 고등직업교육과정은 고등직업 자격 취득과정과 학습자들이 고등직업교육을 준비하는 직업교육 준비 프로그램을 다루고 있다. 또한 추가직업훈련과정은 추가직업 자격과 전문직업 자격뿐 아니라 개인 학습자의 요구에 따라 조직되는 다양한 종류의 추가직업훈련을 포함하는 과정이다. 2010년 핀란드 교육부가 발표

<table>
<tr><th colspan="10">VOCATIONAL EDUCATION AND TRAINING (VET)</th></tr>
<tr><td colspan="10">Upper secondary VET</td></tr>
<tr><td colspan="6">School-based VET</td><td colspan="4">Apprenticeship training</td></tr>
<tr><td colspan="2">Pre-vocational programmes</td><td colspan="2">Programmes leading to upper secondary vocational qualfications</td><td colspan="2">Preparatory training for competence-based qualifications</td><td colspan="2">Preparatory training for competence-based qualifications</td><td colspan="2">Programmes leading to upper secondary vocational qualfications</td></tr>
<tr><td colspan="10">Further vocational training</td></tr>
<tr><td colspan="5">School-based VET</td><td colspan="5">Apprenticeship training</td></tr>
<tr><td colspan="3">Preparatory training for competence-based qualifications</td><td colspan="2">Programmes not leading to a qualfications</td><td colspan="3">Preparatory training for competence-based qualifications</td><td colspan="2">Programmes not leading to a qualfications</td></tr>
</table>

[그림 9-3] 핀란드의 성인 직업교육훈련 체제

출처: Finnish National Board of Education, Ministry of Education and Culture, 2010, p. 6.

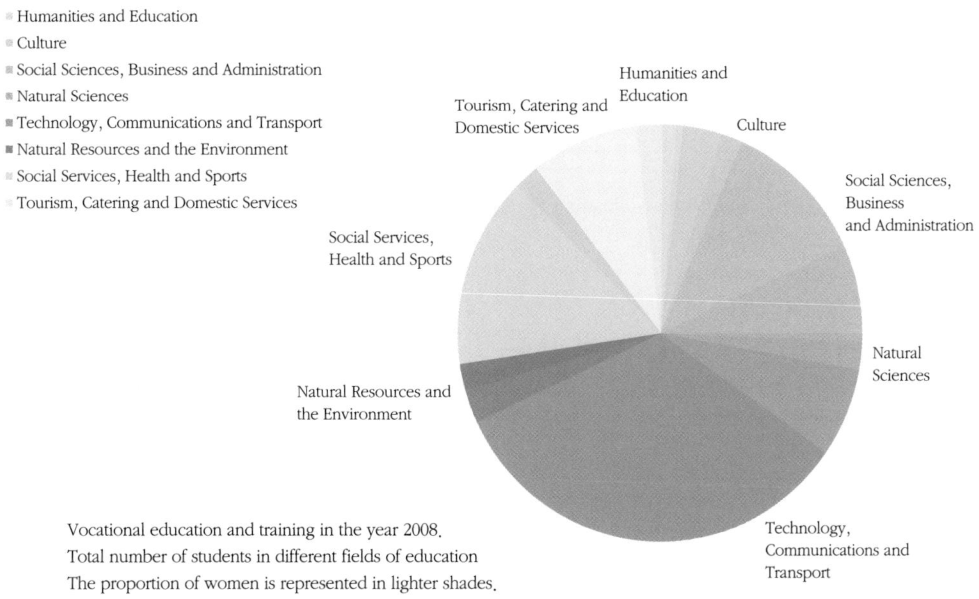

[그림 9-4] 핀란드 직업교육훈련의 영역별 프로그램 비중

출처: Finnish National Board of Education, Ministry of Education and Culture, 2010, p. 5.

한 직업교육훈련의 여덟 가지 영역은 인문교육, 문화교육, 사회과학과 사업 및 관리, 자연과학, 기술 · 통신 · 운송, 자원과 환경, 사회복지와 보건 · 스포츠, 요식과 가사 서비스다. 각 영역별 프로그램 비중을 도표로 제시하면 [그림 9-4]와 같다.

3) Ministry of Education Strategy 2015

2003년 핀란드 Ministry of Education이 발표한 'Ministry of Education Strategy 2015'는 교육, 문화, 여가 증진을 통한 국가혁신과 교육, 문화의 동등한 기회 보장

표 9-2 'Ministry of Education Strategy 2015' 추진 내용

핵심전략	세부 내용	유관 정책
교육과 문화적 평등의 보장	• 모든 개인에게 평등한 교육기회의 제공: 모든 연령대의 개인이 사회와 노동시장에서 필요한 최소한의 교육과 지식을 습득할 수 있도록 지원 • 지역 간 격차 해소 –정보통신기술을 활용하여 지리적 문제 해소 –지역 산업의 성공 지원: 기업과 교육 연계, 정보통신기술의 활용, 문화 산업 개발 등	• Education and research 1999~2004 Development Plan • Education, Training and Research in the Information Society. A National Strategy 2000~2004 • Art and Artist Policy Programme, 2002 • Library Strategy 2010 • Ministry of Education regional Strategy 2003~2013, Regional Development of Higher Education • Cultural Information Society 2010-Strategy and Programme • Ministry of Education Immigrant Programme • Museum 2000-Museum Policy Programme • Architectural Heritage Strategy, 2002
지적 성장과 학습의 촉진	• 종합적 학습(comprehensive learning)을 통한 새로운 기회 제공 –다양한 학습내용 제공 –학교 커뮤니티 운영 –유연한 교육훈련 시스템 구축: 비형식학습과 형식학습 간 연계 구축 • 평생학습의 촉진 –기초교육 지원 –다양한 평생교육 주체 간 네트워크 구축 • 지식과 기술 쇄신 지원 –일터에서의 지식과 시민성 관련 지식을 지속적으로 업데이트할 수 있는 기회 제공 –노인을 위한 새로운 형태의 학습, 교수방법 지원	• Education and research 1999~2004. Development Plan • Education, Training and Research in the Information Society. A National Strategy 2000~2004 • Recommendations of the Adult Education and Training Committee, 2002 • Curriculum Reform 2003~2006 • Strategy of the Ministry's Sport Division 2001~2003

참여 기회의 증진	• 시민정신 관련 학습을 통하여 민주주의가 증진될 수 있다는 신념 • 공동체 정신과 자원봉사활동이 증진될 수 있는 조건 형성 • 포용을 통한 배제의 방지 –공동체 정신에 관한 학교교육 강화 –공공 영역과 시민 영역 간 연계 강화 –학교 단계별 진급 시 소외가 일어나지 않도록 특별한 관심 부여 • 예술과 체육 분야에서 취미활동을 할 수 있는 기회 부여	• Art and Artist Policy Programme, 2002 • Strategy of the Ministry's Sport Division 2001~2003 • Education, Training and Research in the Information Society. A National Strategy 2000~2004
핀란드의 교육, 문화, 경제적 경쟁력 지원	• 핀란드의 국가경쟁력은 창조력, 교육수준, 혁신 시스템의 구축, 핀란드의 고유문화, R&D에 달려 있음을 인식 • 창조성과 지식의 발전 –미래사회와 노동시장의 요구를 반영하는 교육 –기업과 교육기관 간의 연계 협력 –문화교육의 강화 • 모든 시민이 정보기술을 활용할 수 있도록 함 –인터넷에서 정보와 문화의 접근 기회 확대 –시민의 ICT 활용능력 강화 –다양한 콘텐츠 개발 • 문화유산 존중	• Science and Technology Policy Council of Finland: Knowledge, Innovation andInternationalization, 2003 • Art and Artist Policy Programme, 2002 • Education and research 1999~2004 Development Plan • International Strategy of Higher Education Institutions 2010, Committee Report 2001 • Cultural Information Society 2010-Strategy and Programme • Digital Content Production: Strategic Aims and Action, 2003 • Museum 2000-Museum Policy Programme • Architectural Heritage Strategy, 2002
국제사회에서 핀란드의 영향력 다각화	• 국제화 사회에서 핀란드의 국가위상은 '세계화된, 윤리적으로 타당하며 지속가능한' 교육, 과학, 문화정책으로 유지 가능함 • 문화적 정체성을 유지하되, 공통의 가치인 인권과 관용의 정신 함양 • EU 가입국, 노르딕 국가, 에스토니아, 러시아 등과 국가 협력 강화 • 핀란드 문화만의 특성 살리기	• Agenda 21 for Education in the Baltic Sea Region Baltic 21E, 2002 • Russia Action Programme, 2003 • Education and research 1999~2004 Development Plan • International Strategy of Higher Education Institutions 2010, Committee Report 2001
교육부의 성과 향상	• 법률 근거와 예산을 통한 교육부의 조정 권한 강화 • 교육부 지식조직화	• The Ministry's Personnel Programme • Communications Strategy, 2003 • Development Programme for Information and Knowledge Management 2003~2007

출처: Ministry of Education, 2003, Ministry of Education Strategy 2015. Helsinki: Ministry of Education를 재구성한 교육인적자원부, 2006, p. 180의 표 인용.

을 통하여 개인의 사회복지를 구현하고자 하는 정책 내용을 담고 있다. 'Ministry of Education Strategy 2015'의 핵심 전략에 따른 세부 내용과 유관 정책들을 표로 정리하면 〈표 9-2〉와 같다.

4) 공공도서관 정책

핀란드는 교육기관 외에 전국 약 2,300개의 공공도서관이 있으며 그 시설이나 이용률이 세계 최고 수준을 기록하고 있다. 특히, 책과 신문의 소비가 높아 국민 한 명이 도서관에서 대출하는 책이 연간 9.7권으로 이는 세계에서 가장 높은 수치다(한국교육개발원, 2005).

2009년 출간된 「핀란드 공공도서관 정책 2015」는 네트워크화된 정보, 문명, 학습사회에서 시민들에게 정보와 문화 접근과 이용권을 보장하는 것을 목표로 이를 위한 자치단체 지원과 법적 근거를 마련하고 있다. 본 정책을 통해 각 지역 도서관은 자치단체 운영비의 1~1.5%에 해당하는 도서관 운영을 위한 예산을 책정 받는다.

핀란드 공공도서관 정책은 지역주민 모두 동등한 기회를 보장받을 수 있도록 가상공간을 통한 온라인 학습 콘텐츠 개발에도 주력하고 있으며, 지자체 교육기관과 협력하여 도서관을 개방학습센터로 운영하기도 한다. 또한 핀란드어뿐만 아니라 스웨덴어, 사미어(Sami) 서비스를 동일한 기준으로 제공하고, 기타 언어 서비스 요구 또한 고려하는 다문화 서비스를 제공하고 있다(국립중앙도서관 도서관연구소, 2012).

8. 핀란드 평생교육 재정

핀란드에서 성인교육은 공적 부담 영역에 포함되므로 대부분 무료로 제공된다. 성인교육 예산 가운데 40%는 직업교육훈련과 도제훈련이며, 25% 정도는 고등교육기관에서 제공되는 성인교육, 그리고 20% 정도는 인문성인교육, 약 5%는 교사들을 위한 계속교육에 투입된다(한국교육개발원, 2016).

핀란드 교육의 재정은 교육문화부와 지방정부가 공동으로 부담한다. 정부는 지방자치단체에 교육과 문화 서비스에 대한 비용을 예산으로 부여하며, 각 지역의 극장, 오케스트라, 박물관, 도서관 등에 대한 보조금은 연 단위 비용을 기준으로 인구수에 따라 책정한다. 2013년 핀란드 교육문화부 예산은 총 국가 예산의 13%를 차지하는 66억 유로였으며, 이 중 교육과학부 예산은 총 예산의 74%인 49억 유로다. 분야별로는 일반교육에 14%인 9억 7천만 유로, 직업교육에 11%인 7억 3천만 유로, 성인교육에 7%인 5억 유로, 대학교육에 41%인 27억 유로가 책정되었다. 2012년과 2013년의 핀란드 교육문화부 예산을 비교하면 〈표 9-3〉과 같다(Finnish Ministry of Education and Culture, 2014).

그러나 최근에 핀란드 중앙정부가 재정 압박에 따른 대대적인 교육예산 삭감을 단행하면서 교육문화부의 조직 개편의 중심에 있는 성인교육 분야에 큰 타격을 주고 있다. 정부는 그간 성인교육에 투입되었던 정부 보조금 약 7,000만 유로를 지방 보증 대여금으로 전환할 예정이라고 밝혔는데, 이는 곧 정부 보조금의 예산 삭감을 의미한다(한국교육개발원, 2016).

표 9-3 2012, 2013년 핀란드 교육문화부 예산 (단위: 백만, 유로)

	2012년	2013년
total	6,643	6,656
Administration, Church Affairs and International co-operation	118	122
Sector of the Minister of Education and Science	4,941	4,957
General education	964	976
Vocational education	731	737
Adult education	515	506
University education	2,731	2,739
Sector of the Minister of Culture and Sport	1,584	1,577
Student financial aid	937	916
Culture and the arts	429	435
Sport	147	152
Youth work	70	74

출처: Finnish Ministry of Education and Culture, 2014, Key statistics and indicators, The state budget 2013 The Ministry of Education and Culture sector. http://www.okm.fi/OPM/Linjaukset_ja_rahoitus/tilastoja_ja_taulukoita_taloudesta/toimialat.html?lang=en

핀란드 평생교육 재정은 중앙정부가 지자체에 재정지원을 하지만 직업교육 재정에 관한 사항은 각 시도별 지자체가 전담한다. 이에 따라 시도별 지자체는 관할 구역 내 직업교육 대부분의 재정지원을 담당하고 있다. 재정지원은 개별 기관의 성과에 기초하여 지원된다. 최근에는 핀란드 지방정부 역시 중앙정부와 마찬가지로 여러 분야의 예산 삭감을 단행하면서 핀란드 지자체 연합은 성인교육 관련 재정을 전적으로 중앙정부가 부담해야 한다고 주장하고 있다(한국교육개발원, 2016).

한편 연구개발 · 혁신에 대한 투자를 중점 지원하는 핀란드에는 핀란드 내 R&D 활동 촉진 및 이를 통한 사회혁신과 국가경쟁력 강화를 목적으로 장기 자금을 지원 또는 투자하는 3대 R&D 및 혁신 자금 지원 기관이 있다. 이들 기관은 핀란드 학술진흥재단, 국가기술혁신지원청, 국가연구개발기금이며 이 세 기관을 비교한 표는 〈표 9-4〉와 같다.

표 9-4 핀란드 R&D · 혁신 지원 기관 비교

구분	핀란드 학술진흥재단 (AoF)	국가기술혁신지원청 (TEKES)	국가연구개발기금 (SITRA)
명칭	Academy of Finland	Finnish Funding Agency for Technology & Innovation	Finnish National Fund for Research & Development
기본 특성	핀란드 내 R&D 활동 촉진 및 이를 통한 사회 혁신과 국가경쟁력 강화를 목적으로 장기 자금을 지원 또는 투자를 하는 기관(핀란드의 3대 R&D 및 혁신 자금 지원 기관)		
로열티 지급 의무	지원 프로젝트 결과에 대한 지적 소유권에 대해 기본적으로 로열티를 받지 않음		투자이익 환수
소관 부처	교육부	고용경제부	국회
지원예산 출처	전액 정부예산	정부예산 및 EU의 구조조정자금(2.1억 유로)	자체자산운용 소득 및 투자소득
지원예산 · 투자액 규모	2.57억 유로(2006년)	4.29억 유로(2005년)	매년 5백만 유로 수준 1.5억 유로 (2004년 말 누계)
중점 지원 분야	기초과학 연구 및 인문과학	응용과학 연구	Venture Capital
중점 지원 대상	대학 및 연구소	민간기업(중소기업), 대학, 연구소	민간기업(의료 · 바이오테크 · 정보통신 분야)

출처: 주 핀란드 대한민국 대사관, 2008, p. 99.

9. 핀란드 평생교육정책의 시사점

핀란드의 평생교육정책은 미래사회를 대비하는 국가경쟁력 강화의 주요 전략으로 평생교육을 강조하면서 모든 국민이 평생학습에 참여할 수 있도록 참여 기회와 학습이용의 평등권을 보장하고 있다. 또한 정부 주도 아래 지방자치단체와 민간, 시민단체, 기업이 연계하여 효과적인 산·학·관 협력모델을 구축하고 있다. 이와 같은 핀란드 평생교육정책에서 얻을 수 있는 시사점은 다음과 같다.

첫째, 평생학습의 이념 아래 모든 국민의 평등한 학습권을 보장하고자 하는 다각도의 정책적 배려와 노력이다. 핀란드 평생교육정책은 학습에서 소외되는 국민이 한 사람도 없도록 다양한 정책적 배려를 보이고 있다. 이는 기본적인 무상교육뿐만 아니라 성인교육, 직업교육훈련에서의 학습자 지원, 상담 지원 등의 프로그램 등에서 찾아볼 수 있으며, 지역적 격차를 해소하기 위한 지역균형 정책에서도 이러한 노력을 엿볼 수 있다. 또한 국민의 평생학습 참여를 확장하기 위하여 각 지역의 특색에 맞게 다문화 서비스, 온라인 서비스를 제공하는 세심한 배려도 눈에 띈다. 한국 역시 변화하는 성인의 학습환경과 지역적 특색에 맞는 정책적 배려를 통해 국민의 평생학습 참여율을 높일 수 있는 방안을 모색할 필요가 있다.

둘째, 인적 자원 개발을 위한 정부 주도의 장기간의 계획 수립과 투자다. 핀란드는 단기간의 성과 도출을 목표로 하지 않고 연구 개발과 혁신, 인적 자원 개발에 장기간에 걸친 계획과 투자를 지원한다. 이러한 정부 주도의 계획은 지방자치단체와 민간, 기업이 협력하여 공동으로 재정을 분담하고 정책을 실행해 나감으로써 효과적인 자원 분배를 가능하게 하고 있다.

셋째, 성인 직업교육훈련에서 IT 산업 등의 기술교육뿐 아니라 인문학, 전통문화 교육을 강조하고 있다는 점이다. 전통적으로 핀란드는 지역문화를 기반으로 지식이 창출된다는 신념을 가지고 있으며, 이러한 신념은 IT 산업과 기술 개발이 중점 산업이 되는 핀란드에서 여전히 인문학과 전통, 문화교육과 같은 성인교양교육의 높은 참여율로 나타나고 있다. 인적 자원 개발을 위한 기술, 직업, 전문 교육 역시 중요하지만 학습자의 요구에 맞는 다양한 형태의 평생교육 프로그램을 지원 및 실시하는 것 역시 중요할 것이다.

참고문헌

교육과학기술부(2012). 평생학습사회의 직업교육훈련 체계 개선방안 연구. 교육과학기술부.

교육인적자원부(2006). 국가경쟁력 확보 및 사회통합을 위한 평생 · 직업교육 중장기 발전 방안 수립연구. 교육인적자원부.

교육인적자원부, 한국교육개발원(2005). 평생교육백서. 교육인적자원부.

국립중앙도서관 도서관연구소(2012). 핀란드 「공공도서관을 위한 권고서」. 도서관연구소 웹진, 88, 1-16.

김기홍, 김종기(2002). 핀란드 IT산업의 현황과 정책시사점. 월간KIET 산업경제, 43, 14-24.

나유리, Lamblin, M. (2014). 핀란드 슬로우 라이프. 서울: 미래의 창.

성지은(2010). 핀란드 혁신 시스템 전환 과정에서 나타난 대학 및 산학 협력 시스템 변화. 과학기술정책, 20(3), 42-52.

이화여자대학교 사범대학 교육학과 편집부(1987). 미국 · 덴마크와 한국의 사회교육에 대한 일 연구: 사회교육기관을 중심으로. 교육연구, 55, 5-24.

정형우(2003). OECD위원회 리포트: 고용 · 노동 · 사회위원회. OECD FOCUS. 2003년 7월호, 1-5.

주 핀란드 대한민국 대사관(2008). 핀란드의 국가경쟁력: 국가발전을 위한 주요 정책 사례. 주 핀란드 대한민국 대사관.

한국교육개발원(2004). 학습국가로의 제2도약을 위한 평생교육 발전전략 탐색 연구. 서울: 한국교육개발원.

한국교육개발원(2005). 북유럽 평생학습정책 추진 사례분석을 통한 한국의 평생학습추진 전략 수립 연구. 서울: 한국교육개발원.

한국교육개발원(2016). 21세기 글로벌 교육개혁 동향분석 연구 (Ⅳ): 고령사회 대응을 위한 평생교육체제 구축. 서울: 한국교육개발원.

한국노동연구원(2009). 미래 한국의 경제사회정책 패러다임 연구 2. 서울: 한국노동연구원.

한국직업능력개발원(2003). 직업교육훈련 재정제도 국제비교. 서울: 한국직업능력개발원.

한국직업능력개발원(2006). 핀란드 평생교육체제와 우리에의 시사점. 서울: 한국직업능력개발원.

한국직업능력개발원(2009). 북유럽의 직업교육 실태 및 혁신 사례. 서울: 한국직업능력개발원.

Centre for International Mobility(2013. 7. 24.). Adult education for everybody. Study in Finland. http://www.studyinfinland.fi/destination_finland/education_system/adult_education.

Centre for International Mobility(2014. 9. 10.). Polytechnics provide professional higher education. http://www.studyinfinland.fi/where_to_study/polytechnics.

Centre for International Mobility(2014. 10. 17.). Educational authorities. Study in Finland. http://www.studyinfinland.fi/destination_finland/education_system/educational_authorities.

European Commission(2012. 12. 19.). Finland. The Adult education: Legislative Framework. https://webgate.ec.europa.eu/fpfis/mwikis/eurydice/index.php/Finland:Adult_Education_and_Training.

Finnish Ministry of Education and Culture(2014. 1. 5.). Departments and units in the Ministry of Education and Culture. http://www.minedu.fi/export/sites/default/OPM/Ministerioe_ja_hallinnonala/liitteet/organigram.pdf.

Finnish Ministry of Education and Culture(2014. 11. 12. 검색). Adult Education and the Ministry of Education and Culture. http://www.minedu.fi/OPM/Koulutus/aikuiskoulutus_ja_vapaa_sivistystyoe/?lang=en.

Finnish National Board of Education, Ministry of Education and Culture(2010). *Vocational education and training in Finland: Vocational competence, knowledge and skills for working life and further studies*. Helsinki: Finnish National Board of Education.

OECD(2001). Thematic review on adult learning: Finland.

Pantzar, E. (2007). Introduction to lifelong learning and adult education in Finland. *International Course of Lectures: Trends in Adult and Continuing Education in Europe*. University Duisburg-Essen.

Lifelong Education Policies in Major Foreign Countries

제 10 장

중국의 평생교육정책

1. 중국 평생교육의 역사적 배경

중국에서 평생교육의 필요성과 인식은 오래전부터 대두되었다. 중국 춘추전국시대의 사상가이자 교육자였던 공자가 밝힌 '유교무류(有敎無類)'는 신분이나 연령을 가리지 않고 누구에게나 교육을 제공해야 하며 또한 누구든지 교육을 받아야 함을 나타낸 것이었다. 이것은 모든 국민들에게 평생을 통한 교육, 즉 평생교육의 기회를 부여해야 한다는 평생교육 이념을 잘 나타낸다고 하겠다. 중국 평생교육의 역사적 배경을 단계별로 정리하면 다음과 같다(우화, 2007).

1) 1단계(1912~1949년)

이 시기는 중국 평생교육의 태동기(胎動期)로 중화민국정부와 중국공산당 두 정권이 동시에 양립하였고 각각 다른 평생교육 조직을 가지고 있었다. 중화민국정부는 주로 직업교육, 서민교육, 민중교육을 중심으로 평생교육을 구성하였다. 직업교육은 기업의 직업훈련과 공공직업훈련을 통해 생산현장에 있는 직원과 노동자에게 전문지식을 전수하였다. 서민교육은 주로 도시의 서민과 농촌의 농민을 대상으로 문해교육을 실시하였으며, 민중교육은 모든 국민을 대상으로 기초교육과 계속교육을 실시하였다. 이러한 교육의 특징은 실질적으로 국민의 살림, 노동 등 일상생활과 긴밀한 관계가 있다. 그와 동시에 중국 공산당 정권은 혁명 근거지와 해방구에 문해교육, 농공교육 및 간부교육을 중심으로 평생교육 조직을 만들었으며, 대중성, 계몽성 및 정치와 계급투쟁의 수단으로 쓰는 것이 특징이었다.

2) 2단계(1949~1976년)

이 시기의 중국 교육은 사회주의 교육 체제로의 개조기와 중국식 사회주의 교육 체제 확립을 위한 갈등기로 볼 수 있다. 소련식 교육제도의 개혁이 중국 실정에 맞지 않아 실패한 이후 중국은 중국식 사회주의 교육 체제 확립을 위한 노력을 기울이게 되는데, 이 시기에는 중국 내부의 이념적 · 정치적 갈등으로 인하여 교육정책도 갈등을 겪게 된다.

초기에는 반우파 투쟁이 전개되어 대내적으로는 대약진 정책이 채택되고, 대외적으로는 제국주의와 정면 대결하는 등 강경 일변도의 외교 정책이 수행되었다. 그러나 대약진 정책이 실패하게 됨에 따라 이를 적극 추진하였던 모택동은 주석직을 이양하게 되었고, 유소기 주석, 등소평 당 총서기를 대표로 한 실권파가 주도하면서 이념적으로는 수정주의 노선을 채택하여 사회주의 경제구조조정 정책이 추진되었다.

교육은 모택동이 중심이 되어 추진한 대약진 운동에서 유소기가 등장하면서 전문지식을 강조하는 방향으로 전환되었다. 직업교육, 서민교육 및 민중교육이 문해교육, 직원교육, 간부교육으로 대체되었다. 국무원은 1950년 6월 공표한 「근로자 업여교육의 발전에 관한 지시(勤勞者業余敎育發展相關指示)」에서 근로자 업여교육의 대상, 내용, 학습기간, 경비, 설비 등을 명확하게 규정하였다. 1952년 11월 전국문해퇴치위원회(全國文盲退治委員會)를 조직하였고, 이 시기에 170만 명이 문해교육을 받았다.

프롤레타리아 문화 체제 확립을 위한 혁명기, 이른바 교육대혁명으로 불리는 문화혁명시기의 교육 혼란은 정치적 혼란만큼이나 컸다. 1966년 8월 제8기 11차 전중대회(全中大會)에서 채택한 '무산계급 문화대혁명에 관하여(소위 문혁 제16조)'에 따라, 모택동이 제시한 '교육은 무산계급의 정치실현을 위해 공헌하며 생산노동과 긴밀히 연결시키는' 차원에서 수행되었다. 문화혁명 시기의 교육목표와 교육방침은 사회주의 신념과 교양을 갖춘 노동자의 양성에 있었다. 교육은 무산계급의 정치를 실현하는 데 공헌하는 것이며 생산노동과 결합에 의하여 이루어졌다. 부르주아적 교육제도를 철폐하고 노동자와 농민의 생산계급을 위한 교육제도를 확립하자는 것이었다. 문화혁명은 종래의 교육질서와 규범을 전면 부정하고 문화전제주의와 허무주의 관점에 빠져 지식인을 박해함으로써 교육의 질을 대폭 하락시켰으며, 교육사업 자체를 황폐화시키는 결과를 초래하였다.

3) 3단계(1976년~현재)

이 시기는 중국 평생교육의 발전기다. 모택동이 사망하고 1978년부터 등소평이 집권하면서 정치개혁과 경제적 개방정책을 단행하여 교육 부문에도 변화와 개혁을 일으켰다. 화국봉의 부주석직 박탈은 실용주의 정책노선의 강화를 보여 주었다. 실용주의 노선은 이념지향적인 모델을 벗어나 실사구시가 중공사회의 지도 이념이 되어야 함을 강조한 것으로서 미국의 실용주의와는 근본적으로 다르다. 즉, 공산주의 기본 노선을 유지하며 경제사회적 측면에서 '중국식 사회주의 건설'이라는 구호가 내세워졌기 때문에 자본주의적 생산모델에 기반한 실용주의와는 차이가 있었다. 고전적 마르크스 이론의 한계를 극복하여 중국 경제, 사회발전을 위해 부분적으로 자본주의적 생산양식을 원용하는 시도가 이루어졌다.

이러한 실용주의 정책기반 형성을 위하여 중국은 '사회주의 4대(농업, 공업, 국방, 과학기술) 현대화건설' 정책을 제시함으로써 이때부터 교육은 혁명가 양성 체제에서 현대화를 위한 전문기술자 양성 체제로 전환되었다. 1982년 제12기 전중대회 제5기 全人大 제5차 회의에서 채택된 「신헌법」에서는 절대적인 당의 지도적 권위를 제한시키고 중국 사회에서 계급투쟁의 종식을 선언함으로써 국가의 성격을 프롤레타리아 독재가 아닌 '인민민주 전정정책'으로 명문화하였다. 숙청되었던 지식인들이 복권되었고, 유능하고 학식 있는 인재 등용을 선언하고 현대화에 요청되는 능력 있는 인간을 양성해야 할 시대적 사명이 교육에 요구되었다. 개혁개방정책을 실시하면서 국가 발전의 중심이 점진적으로 경제건설로 바뀌었다. 공장과 기업은 실용적 기술인재를 필요로 하고, 국민들도 더 좋은 직업과 살림을 위해 적극적으로 직업교육에 참가했다. 1980년 4월 전국근로자교육위원회가 조직되었고, 1981년 2월 국무원은 「근로자교육 강화에 관한 결정」에서 근로자교육의 향후 방침, 역할, 목표 및 정책을 공포하였다. 각 시 자치구에서도 근로자교육위원회를 조직하여 청장년 근로자의 문화, 기술교육을 강화였다. 이 시기의 평생교육은 성인교육의 범위에 편입되었고 직업훈련, 기술교육 등 실용성 있는 방향으로 발전되었다. 민국 시기의 직업기술교육은 다시 긍정적으로 평가되면서 현재의 중국 평생교육정책에 통합되었다.

2. 중국 평생교육정책의 정치, 경제, 사회문화적 환경

중국의 평생교육은 중국의 역사적 배경과 사회적인 요청에 의해 하나의 새로운 영역으로 발전되어 다음과 같은 양상을 띠고 있다(박복선, 1995).

첫째, 평생교육은 개혁, 개방과 경제 발전에서 사회의 현대화를 위한 인력 자원 개발에 중점을 두고 있다.

둘째, 평생교육은 각종 교육형식을 통하여 성인들에게 충분한 연수 및 재직 훈련 기회를 주고 있다.

셋째, 평생교육을 전담하는 전문관리기관을 설치하는 것이 평생교육 발전에 유리하다.

넷째, 학력 교육 및 비학력 교육의 다양한 형식의 교육방법을 활용하고 있다.

다섯째, 평생교육 학원 같은 성인교육기관을 독립적으로 설치하여 성인학습자들에게 학위과정, 비학위과정 및 연수교육 등을 제공하고 있다.

또한, 정치, 경제, 사회, 문화 등의 환경으로 인한 중국 평생교육의 주요 특징은 다음과 같이 몇 가지로 정리할 수 있다(최돈민 외, 2003).

첫째, 인구의 방대함이다. 1980년대에 이르기까지 교육을 받은 자는 1,032백만 명이다. 그 가운데 전문대학 교육을 받은 자는 약 4,415,000명이고, 중등 단계는 245백만 명이고, 기초 혹은 초등학교 단계에는 35,000만 명이며, 식자 혹은 반식자는 235백만 명이다.

둘째, 행정의 중앙집권화다. 평생교육의 정책, 계획, 교육과정 및 학습준거, 재정 등이 중앙 집중으로 관리되고 활동이 이루어지며 학습 조직과 교재는 집중화되어 있지 않다.

셋째, 다양화다. 교수 형식에는 정규반과 학교 및 관계 교육과정, 텔레비전, 방송 및 독학시험 등의 방식으로 이루어지고 있다. 수업시간은 업여 시간학교(야간 포함)는 6-2(즉, 6시간 일하고, 2시간 학습)와 4-4(4시간 일하고 4시간 학습)가 있으며, 2~3년 전일제도 있다. 교육 설립자 및 지지자에 있어서는 각종 정부 혹은 국가기관, 공업 기업 단위, 도시, 학교 혹은 사인기업 및 개별 설립자 등이 설립한 각종 계속교육기관이 있다.

넷째, 정규교육의 특성을 구비하고 있다. 중국의 평생교육은 타 국가에 비하여 정규교육의 성격을 지니고 있다. 학칙과 자격에 있어 기타 정규교육과 동일시한다.

다섯째, 합작과 협조로 이루어지고 있다. 주관기관, 협회, 교육 부문, 무역단체, 부녀연맹 및 상관협회가 당정과 충분한 협조를 하고 합작으로 그 기능을 발휘하고 있다.

여섯째, 전국적인 네트워크를 형성하고 있다. 전국적으로 기초교육에서 중학교, 고등학교 및 대학교육에 이르기까지 교육기구가 네트워크로 형성되어 있다. 일반교육을 포함하여 직업교육 및 업무 향상을 위한 재교육의 기구가 전국적으로 보급되어 있다.

한편 21세기 중국은 전면적 샤오캉(小康)사회 실현을 국가의 중대 목표로 설정하고 이를 실현하기 위한 방안 중 하나로 평생학습 체제 및 학습사회 건설을 강조하고 있다. 샤오캉(小康)사회란 1979년 덩샤오핑(鄧小平)에 의해 강조된 이래, 장쩌민(江澤民)이 1997년 제15차, 2002년 16차 전국인민대표에서 강조한 개념으로 경제, 정치, 문화가 조화롭게 발전하는 사회를 의미한다. 중국 정부는 '2020년까지 전면적 샤오캉(小康) 사회 건설'을 국정 운영의 핵심 목표로 내세우고 있으나 이러한 목표를 달성하기에는 아직 질적 성장 저조, 혁신능력 부족 등의 문제가 존재하고 있다. 이를 해결하기 위해 중국 정부는 중국 국가경쟁력의 핵심 자산인 '인적 자원'을 개발하기 위하여 평생학습 체제 건설을 통한 전 국민 역량 제고를 도모하고 있다(한국직업능력개발원, 2013).

3. 중국 평생교육정책의 추이 발전

중국의 평생교육정책을 이끌고 발전시켜 온 3대 주체는 정부(교육부), 대학, 민간단체라고 할 수 있다. 여기서 '3대 주체'라는 용어는 평생교육을 논할 때 통용되는 중국학계의 용어다. 이 3자의 영향을 통해 중국의 평생교육은 태동 및 성장하여 21세기를 맞이하였다(박영진, 2007).

평생교육의 초보적인 발전과정에서 중국 정부는 거시적으로 정책 및 법률적으로 평생교육을 현실화시킬 수 있는 근거를 마련해 주었으며, 대학은 연구를 통해 이론적 토대를 제공했다. 그리고 민간단체는 현실적인 교육활동을 실천하여 평생교육이 성장하는 데 주도적인 역할을 했다. 그러나 미시적으로 3대 주체의 관계 및 역할은 상호 협력적이라기보다는 독자적이라고 할 수 있다. 사실 정부는 정규교육에 비해 평생교육에 대한 인식이 부족하였기 때문에 대학 및 민간단체를 육성·보호하지 못했으며, 대학 역시 정부를 견인하거나 민간단체와 긴밀한 관계를 갖지 못하였다. 특히, 민간단체와 공동 프로그램 개발 및 협동학습 등을 희망하는 대학보다는 자체적으로 평생교육기관을 운영하는 대학이 대다수다. 또한 민간단체는 종교적·경제적 수익을 위하여 개별적으로 운영되어 왔기 때문에, 정부의 법률이나 정책을 규제처럼 받아들이고 있으며 대학과의 협력은 이론과 현실의 벽을 넘기 어렵다고 인식하고 있다. 중국의 평생교육을 이끌어 온 3대 주체 간의 독립성은 평생교육 발전의 한계성으로 나타나기도 한다. 이에 따라 각 기관과의 협력과 상호 연계성을 위한 인식도 높아지고 있다(박영진, 2007).

2020년까지 중국은 '전면적 샤오캉(小康)사회' 건설이라는 목표 아래 학교교육, 사회교육 및 기업교육, 형식 교육과 비형식 교육이 유기적으로 연계된 평생학습 체제 구축 및 학습사회 건설을 추진할 예정이다. 이에 대한 구체적인 목표는 다음과 같다(한국직업능력개발원, 2013).

첫째, 2020년까지 중국의 교육공급 능력을 강화시킴으로써 평생학습 체제 및 학습사회 건설에 대한 발전의 기초를 다진다.

둘째, 국민의 광범위한 교육요구를 충족시킬 수 있는 교육훈련 체제를 설립하고, 개방적이고 융통성 있는 학습환경을 조성하여 사회구성원들로 하여금 새롭게 등장하는 지식과 기술을 습득할 수 있도록 한다.

셋째, 평생학습 체제와 학습사회 건설을 촉진하고 지원하기 위한 법률 및 정책 기반을 확립한다.

4. 중국 평생교육정책의 추진 체제와 조직

중국에서 평생학습이란 학교교육과 기업교육 및 사회교육이 유기적으로 연계된 형태를 일컬으며, 정규 교육과 비정규 교육을 모두 포괄한 용어다. 여기서 직업교육

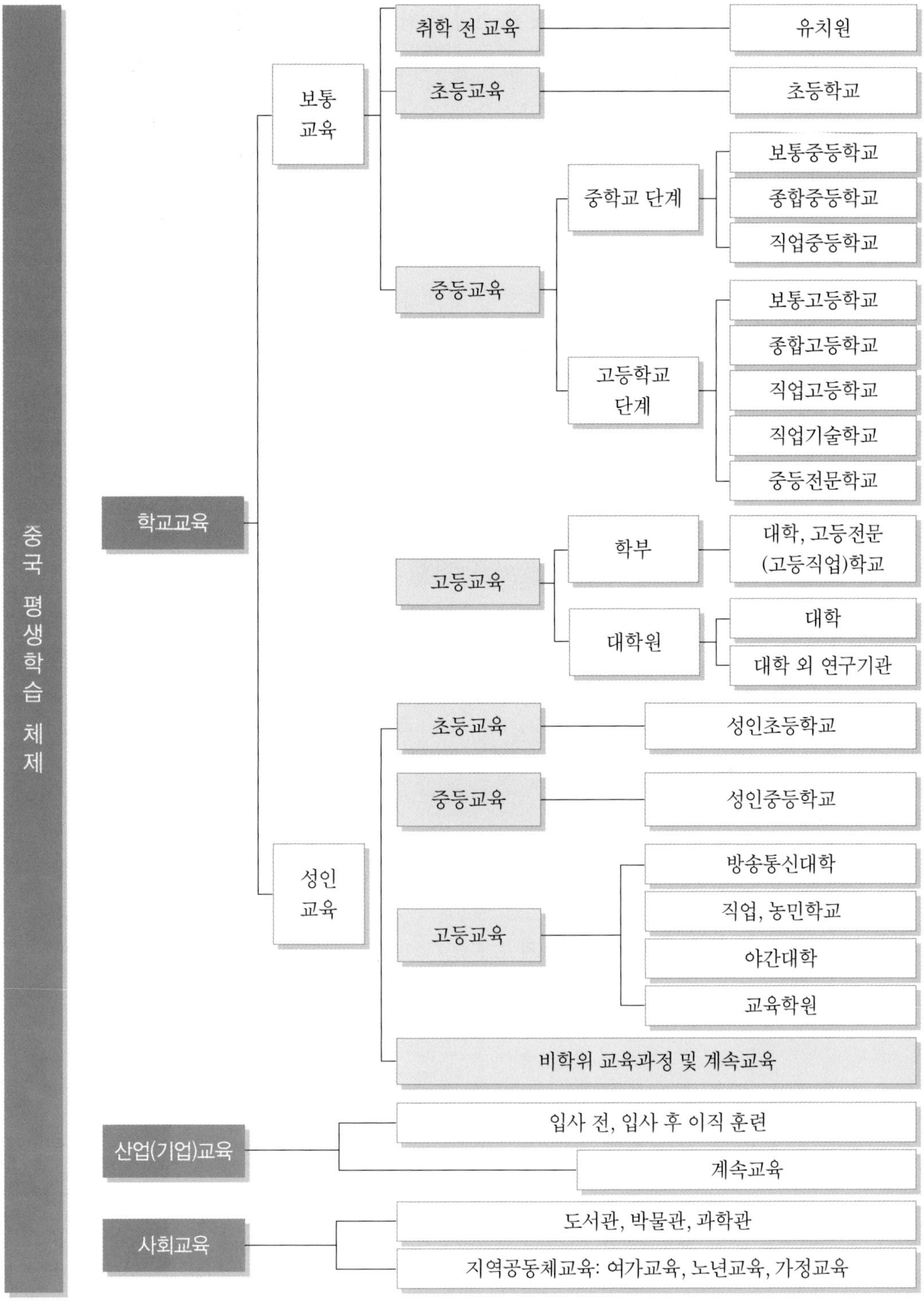

[그림 10-1] 중국의 평생학습 체제

출처: 한국직업능력개발원, 2013, p. 300의 그림 인용.

은 평생학습의 일환으로 이를 촉진하기 위해 중요한 교육방안 중 하나로 여겨진다(한국직업능력개발원, 2013). 중국의 평생학습 체제는 [그림 10-1]과 같다.

중국 정부 조직은 우선 중앙정부와 지방정부로 구분되어 있으며, 교육행정 체제는 종과 횡으로 조직화되어 있다. 평생교육 행정관리 체제는 중국의 제반 교육행정 기구, 기업, 사업 단위별 교육행정 조직에 설치되어 있으며 통제 및 권한 분배 체제로 구성되어 있다. 횡적 조직관계는 중국의 각 정부 부문과 업무에 평생교육을 맡는 교육행정 기구가 관여하며 종적 조직관계에서는 각 정부 부문이 소속된 학교교육을 학교 급별로 통제하고 있다(변종임 외, 2006).

[그림 10-2]와 같이 중앙의 교육부는 국무원 교육행정 부서로서 전국 교육 업무를 주관하고, 전국의 교육사업을 통괄 · 기획하고 있다. 각 직할시에는 교육위원회가

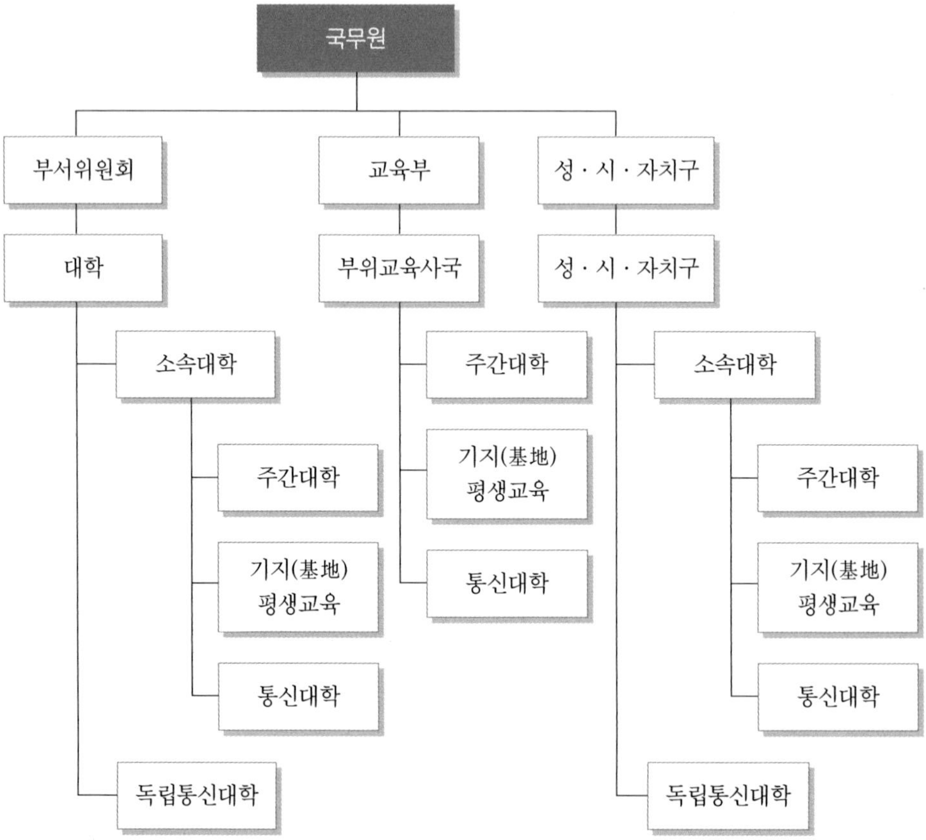

[그림 10-2] 중국 평생교육 행정조직도

출처: 우화, 2007, p. 27.

설치되어 있고, 각 성과 자치구에는 교육청이, 각 지방 시 · 구 · 현에는 상응하는 교육국 혹은 교육관공실이 설치, 운영되고 있다. 평생교육은 중앙의 교육부에 '직업교육과 성인교육사'라는 부서에서 전담하고 있으며, 직업교육과 성인교육사의 직무는 일반교육 및 성인중등직업학력교육, 성인문화기술교육을 통괄, 관리하고 있다. 평생교육과 관련한 주요 업무는 지역교육, 농촌성인교육, 농촌교육종합개혁, 도시교육종합개혁, 기업교육종합개혁, 빈곤탈피교육, 근로자교육 등이며, 주로 성인의 기술훈련, 성인의 고등교육 및 문맹퇴치교육 등을 포함한다(변종임 외, 2006; 우화, 2007).

5. 중국 평생교육정책의 방향

최근 중국 정부가 구상하고 있는 중국 평생교육의 정책 방향은 2010년 국무원에서 발표한 '국가중장기교육개혁과 발전계획 요강'과 교육부에서 발표한 '중등직업교육개혁의 새로운 행동계획' 방안에서 평생교육, 계속교육에 대한 목표와 임무를 구체적으로 제시하고 있다. 이 두 가지 정책 방안을 중심으로 중국의 평생교육정책 방향을 살펴보면 다음과 같다.

첫째, '인구대국'에서 '인력자원강국'으로 발전하여 평생학습사회를 건설한다. 2020년까지 기본적으로 교육 현대화를 통해서 학습사회를 조성하여 인력자원강국의 행렬에 진입하는 것이다. 특히, 비학력 과정의 계속교육을 발전시키고, 다양한 지역사회교육을 확대시켜 모든 국민이 공평하게 학습할 수 있는 학습사회를 구축하는 것이다. 이것은 향후 10년간 중국의 교육개혁 발전의 중심 정책으로서 평생교육의 이념과 평생학습사회 구축을 중요시하고 있음을 알 수 있다.

둘째, 농촌의 직업교육을 강화하여 평생교육을 발전시킨다. 중국의 직업교육의 핵심은 중등직업교육으로서 농촌의 직업교육 발전에 매우 중요한 부분이기 때문에 농촌에 새로 증가하는 근로자들의 직업기술 훈련 항목을 가속화시켜 수시로 교육을 받게 하고, 성인직업교육의 훈련 및 지역사회교육의 추진계획과 성인직업훈련 서비스 능력 배양에 힘쓴다.

셋째, 직업교육과 보통교육의 상호 교류로 성인들의 평생교육 참여율을 높인다. '교육개혁 요강'에서 2020년까지는 기본적으로 교육 현대화를 실현하여 학습사회를 구축하고 인력자원강국의 대열에 진입하기 위하여 '체계적이고 완벽한 평생교육 체제 기반을 구축한다.' 학력교육과 비학력교육을 균형 있게 발전시키고, 직업교육과 보통교육의 상호 교류를 통하여 취업 전과 취업 후의 교육을 효율적으로 연결하여 재직자의 계속교육 참여율을 연간 50%로 증가시킨다.

넷째, 지역사회의 네트워크를 구축하여 평생교육 체계의 기반을 조성한다. 지역사회교육의 활발한 활동을 통해 각종 학습 조직을 구성하고, 기본적으로 전 국민이 학습할 수 있는 기반을 조성하기 위한 지역사회의 네트워크를 구축한다. 학교, 연구소, 기업 등을 장려해서 상응하는 프로그램을 개설하여 계속교육을 발전시키고, 농촌이나 도시 지역사회 교육기관과 인터넷을 강화하여 지역사회의 교육자원을 발전해 나간다. 이러한 학습 조직의 발전과 지역사회의 네트워크 구축을 통해서 평생교육 체계의 기반을 조성한다.

다섯째, 학교교육과 연계하여 신직업교육 체제를 건립하고 각종 평생교육을 발전시킨다. 2020년까지는 의무교육을 보편화하고, 고등교육 단계의 입학률을 90%로 하여 학교교육을 성장 · 발전시키고, 직업교육 체제를 강화시켜 근로자들의 역량을 강화한다. 그리고 성인들의 대학에서 계속해서 학력교육과 각종 비학력 프로그램에 참여하여 훈련과 연수를 받을 수 있도록 고등학교 학제를 개방하고 다양하게 운영하는 등 기존의 교육 체제를 재조정하여 학교교육, 직업교육, 성인교육, 고등교육이 자유롭게 연계되어 누구나, 언제, 어디서나 학습할 수 있는 평생교육 체제 기반을 조성하여 학습사회 구축에 노력한다.

여섯째, 각종 관련 규정을 제도화하기 위해서 '평생학습법' 제정을 추진하고 있다. 최근 교육부는 '평생교육법' 초안을 제정하여 입법 절차 추진을 위하여 노력하고 있다. 각 지역에서 제정한 평생교육 법규를 검토하여 빠른 시일 내에 평생교육 체제가 형성될 수 있도록 성인들의 '계속교육'에 관한 사항을 법률, 법규로서 주장하고 있다.

일곱째, 성인들의 계속교육을 강화하기 위하여 직원들의 '학습휴가제도'를 도입하여 성인들에게 학습의 기회를 제공하기 위한 필요한 조건을 보장해 주고, 직장인들을 위한 계속학습제도를 구축한다. 그리고 점진적으로 '평생학습카드' 제도를 운영하고 성인들이 계속교육의 성과와 결과를 승진 및 연봉 승급에 참고하는 계속교육의 성과평가제도와 '학점인증제도'를 도입하여 실시한다. 중국은 2020년까지 평생학습 체제를 완비하고 학습사회를 건설하여 인력자원강국의 진입에 매진하고 있다(박복선, 2013).

6. 중국 주요 평생교육정책의 내용

중국 평생교육정책을 크게 네 가지로 분류하면 성인교육 참여율 증진을 위한 정책, 새로운 재정 시스템 구축 정책, 성인교육 교수와 규정을 위한 정책, 평생교육 시스템 설비를 위한 정책으로 나눌 수 있다.

첫째, 성인교육 참여율 증진을 위한 정책이다. 중국에서는 아직 성인교육에 참가하는 성인학습자 비율이 낮다. 성인교육 참가 비율에 대한 조사에 따르면, 30시간 이상 교육에 참가하는 비율이 높게는 30%에서 낮게는 14%로 나타났다. 특히, 소외계층을 위한 학습접근 기회를 향상시키기 위한 성인교육 비용의 지원이 필요하다.

성인학습자들에게 학습 기회를 제공하는 중국의 대표적인 평생교육정책은 자학고시제다. 자학고시제는 우리나라의 독학학위제와 유사한 개념으로 실제 우리나라가 1990년 독학학위제를 도입할 당시 모델로 참고했던 제도다. 자학고시제는 1980년 제종된 「고등교육자학고시령」에 의해 1981년 본격적으로 실시되었으며, 이후 1990년대에는 과열된 입시경쟁에서 탈락한 사람들에게 희망을 주는 제도로, 2000년대 이후에는 학위과정과 비학위과정을 포괄하는 고등교육 수준의 평생교육 체제로 자리잡고 있다(교육부, 한국교육개발원, 2016).

둘째, 새로운 재정 시스템 구축을 위한 정책이다. 공정하게 성인교육 비용을 공유할 수 있도록 새로운 재정 시스템을 설정하여야 한다. 또한 성인교육에 대하여 더 많은 공적 자금이 지원되어야 하며, 이를 위하여 성인학습에 대한 지출의 비중을 측정하고 평가하기 위한 주요 지표가 개발되어야 한다. 특히, 성인교육의 진흥을 위하여 소외계층에게 우선적으로 재정을 지원해야 한다. 마지막으로, 민간 부분의 성인교육 참가 또한 적극 격려되어야 한다.

셋째, 성인교육의 교수와 규정을 위한 정책이다. 이를 위하여 민간 성인교육기관과 기업의 중요한 역할에 대하여 제고하며 적극적으로 격려되어야 한다. 기업에서의 직업교육과 훈련의 중요성을 인식하고, 이를 위한 규정의 설립이 필수적이다. 나아가 지역 커뮤니티 안에서의 역할 강화도 매우 중요하다. 또한 학교 안에서의 성인 교육의 교수법도 향상되어야 한다. 교과목 중심의 교육에서 실전 중심으로 변화되기 위하여 새로운 교수법과 프로그램이 개발되어야 한다.

마지막으로, 평생교육 시스템 설비를 위한 정책이다. 중국은 방대한 인구에 따른 다양한 교육 시스템이 존재한다. 그러나 현존하는 교육 시스템의 통합과 연계가 부족하다. 따라서 학교교육과 성인교육의 연관성을 찾고 통합하려는 노력이 필요하다(Min, 2009).

중국 정부에서 추진하고 있는 평생교육 시스템 성립 전략은 다음과 같다(한국직업능력개발원, 2013).

첫째, 학점은행제를 실시한다. 각종 정규 고등교육기관의 상호 유기적 연계, 비학위 교육과정과 학위과정 간의 유기적 연계 등을 통해 학점의 상호 인정 체계를 마련하고, 복합 졸업증서 제도를 통해 직업교육 과정을 이수한 학습자들이 학위 취득과 동시에 관련 자격증을 획득할 수 있도록 한다.

둘째, 각종 제도 마련 및 개선을 통해 교육 영역과 산업 현장 간의 장벽을 무너뜨리고 평생학습 체제 구축을 마련한다. 고등교육기관의 문호를 개방하고, 유급교육휴가제 실시, 산학협력 시스템 개선 등을 추진한다.

셋째, 학교 및 지역공동체와의 협력을 강화한다. 교육과 사회생활 영역 간의 장벽을 깨뜨리고 지역과의 협력을 강화함으로써 다양한 교수 · 학습 자원을 확보할 수 있도록 한다.

이와 같이 중국은 성인교육의 발전을 위하여 다양한 대안 정책들을 내놓고 이를 위하여 노력하고 있다. 실제로 1999년 국제 교육 콘퍼런스에서 장쩌민 전 주석은 평생교육의 세계적 흐름을 인지하고, 이를 위하여 완벽한 교육 시스템을 설정하여야 한다고 주장하면서 일반교육, 직업교육, 성인교육, 그리고 학습자를 위한 다양한 교육 서비스의 구분과 통합을 강조하였다. 2001년 장쩌민은 APEC 인적 자원 개발 포럼에서 인적 자원 개발을 위한 다섯 가지 제안을 하였다. 그중 하나는 평생교육 시스템을 구축하는 것이었으며, 중국 공산당 16차 전국 의회 보고서에서는 모든 사회를 위한 학습과 평생학습을 형성하고, 국민의 전반적인 발전을 촉진하기 위한 목표가 공산당의 공식 문서로 작성되었다. 2003년 10월 NCCPC의 보고서는 교육제도 개혁을 심화해야 한다고 주장하였다. 이를 위하여 먼저 학교교육 시스템을 구축하고 다음으로 학교교육 밖에서 벌어지는 무형식 교육과 학습활동 시스템의 구축을 강조하였다. 게다가 평생교육 시스템 형성을 위해 중국 공산당 중앙위원회와 국가이사회는 2003년 12월 최초의 국립 인재 회의를 열었다. 이 콘퍼런스에서 중국의 방대한 인구를 풍부한 인재로 만들기 위한 목적을 설정하는 등 학습사회 건설의 지침이 다시 한번 확인되었다(Huan & Shi, 2009).

7. 중국 평생교육 재정

중국의 평생교육 예산은 정부의 지원으로 이루어지고 있다. 정부는 성인교육의 재원과 훈련, 회계의 독립항목 편입을 요구하고, 전체 노동자 봉급의 일정 비율의 지출을 여가 훈련에 쓰도록 하였다. 이로 인해 성인교육기관의 독립 경향이 나타나고, 재원에 의한 성인교육 지출의 구조가 변화되기 시작하였다(우화, 2007).

1950년대에 중국 교육부는 고등교육기관의 성인교육은 모든 교육 체계의 일부분이 되어야 하며 성인교육에 필요한 경비를 전일제 학교경비 예산에 포함시켜야 한다고 지적하였다. 그러나 실제로는 성인교육에 대한 오해 때문에 정부 재정지원을 받기가 결코 용이하지 않았다. 1995년 이전에는 국가의 성인보통교육에 투입한 자금은 국가예산 범위 내에서였다(우화, 2007). 또한 시장 중심의 경제 개혁으로 인해 중등교육과 성인교육은 상대적으로 독립성을 띠게 되었고, 정부의 재정적인 지원 감소도 다양하게 나타났다. 이에 따라, 성인학습자에 대한 개인에 대한 수업료 및 기타 비용의 의존도도 점차 증가하고 있다(Min, 2009).

실제로 중국 정부의 성인교육 부분의 예산책정을 살펴보면, 1994년에는 3.5%이며, 2001년에는 2.4%로 감소하였다(우화, 2007). 성인학습자의 학비 부담은 학습의 적극성과 능동성을 높이고 학습효과를 높이는 데 주요한 동기로서 중요한 자극제가 될 수 있다. 그러나 성인교육의 비용 부담이 계속 증대됨으로써 빈곤계층에게는 큰 부담이 될 수 있다.

이에 최근 중국 정부는 정부가 주축이 된 재정지원 시스템 구축을 추진하고 있으며, 주요 내용은 다음과 같다(한국직업능력개발원, 2013).

첫째, 공익성 성인교육 서비스, 지역사회 주민 소양교육, 국가 공무원 교육 등에 필요한 경비는 정부가 전액 혹은 대부분을 부담한다.

둘째, 기업 및 비영리 사업기관, 사회단체, 기타 사회기관, 민간 성인교육기관의 운영 경비는 기본적으로 운영자가 조달하되 각급 정부가 일부 지원한다.

셋째, 농민교육 중 문맹교육, 교사자격교육, 교재 편집 등에 소요되는 비용은 각급 교육 부문의 교육 경비에 의해 충당한다.

넷째, 현(県) 단위에 속한 농민 기술학교 등과 관련된 경비는 현(県) 인민정부 계획에 근거하여 현(県)에 할당된 교육 경비에서 충당한다.

다섯째, 중국 정부는 농촌 성인교육 경비에 대해 2020년까지 1인당 3~5만 위안까지 지원하는 것을 목표로 한다.

8. 중국 평생교육정책의 시사점

중국은 방대한 인구를 갖고 있는 만큼 다양한 평생교육기관 및 프로그램을 가지고 있으나 반면에 평생교육의 질에 대한 문제점이 도사리고 있다. 또한 중국은 각 교육기관의 분리 체제를 가지고 있으며, 이는 각 기관 간의 폐쇄성 및 내용의 한계성을 지니게 된다. 즉, 평생교육 관련 기관은 많지만 그 기관 간의 통합 및 연계는 부족하다고 할 수 있다(변종임 외, 2006).

이렇듯, 중국은 열악한 교육환경, 어려운 경제적 여건에 거대한 인구 문제까지 안고 있기 때문에 교육의 근본적인 개혁 없이는 교육사회의 발전을 기대하기 어렵다. 중국은 우리나라와는 다른 사회주의 체제를 고수하고 있는 나라다. 하지만 중세 보편주의 시대에 오랜 시간 비슷한 사상과 문화를 가지고 살아왔고, 그렇게 때문에 50년이 조금 넘는 시간 동안 서로 다른 정치 체제를 유지해 온 것에 비해 중국이라는 나라가 우리에게 주는 시사점은 적지 않다(조금주, 2006).

첫째, 국가 장기발전 하에 추진되는 교육개혁을 들 수 있다. 우리나라의 경우 모든 교육개혁안을 중앙에서 안을 짜고 집행하며 지방정부나 학교는 중앙의 지시에 따라서 수동적으로 교육개혁안을 집행한다. 그러나 중국의 경우 중앙정부는 거시적인 차원의 개혁안을 제시하고, 구체적인 것은 지방정부 수준에서 개혁안을 다시 세워 집행하도록 역할을 분담함으로써 지역 실정을 고려한 교육개혁이 되도록 노력하고 있다.

둘째, 교육의 수월성 추구다. 중국이 교육의 수월성 추구를 위하여 추진하고 있는 것들로는 교수 · 학습 방법의 개혁, 입시제도의 개혁, 교육과정의 개혁, 교육평가의 강화, 중점 대학의 육성 등이 있다.

셋째, 중국의 '두 다리로 걷는' 교육정책은 성인들에게 다양한 고등교육 기회의 선택과 연수 기회를 마련해 주는 것으로 우리도 성인들에게 다양한 교육 기회를 선택할 수 있도록 학제 개방을 통해서 성인들이 대학에서 자유롭게 학습할 수 있는 기회를 확대해야 한다. 중국은 빠른 시일 내에 많은 인재를 양성하기 위한 목적으로 '두 다리로 걷는' 교육정책을 실시하여 일반대학과 성인대학을 동등하게 발전시켜 왔다. 중국은 일반교육 체제와 똑같이 초등–중등–고등 단계의 완전한 성인교육 체제를 갖추고 있다(박복선, 2013).

넷째, 중국의 성인대학이 지식기반사회에서 직업기술대학으로 전환하거나 통폐합되고 성인교육의 새로운 모델을 찾는 데 노력하고 있다. 우리도 향후 성인대학의 설립 방향을 고민해야 한다. 한국도 대학과 부설 '평생교육원'의 역할을 재정립하여 21세기 지식기반사회에 적합한 새로운 '성인대학'의 모델이 필요하다. 최근 중국 '성인대학'의 감소현상과 문제에 대한 내용을 주시할 필요가 있다(박복선, 2013).

마지막으로, 현재 우리나라도 중국과 마찬가지로 평생교육에 대한 관심과 수요가 급격하게 증가되고 있으며, 이에 따른 질 저하 문제와 제도 및 정책의 효율적인 변화가 대두되고 있는 실정이다. 따라서 위와 같은 시사점을 주의하여 평생교육의 진흥을 위한 노력이 추진되어야 할 것이다.

참고문헌

교육부, 한국교육개발원(2016). 주요국의 교육정책 비교연구.

박복선(1995). 보통교육과 성인교육: 두 다리로 걷는 개방적 교육. **새교육, 489**. 한국교육신문사.

박복선(2013). 중국의 평생교육정책의 변천과정과 방향. **한국동북아논총, 66**(0). 한국동북아학회, 185-203.

박영진(2007). 중국 평생교육의 세 가지 체계성 강화 방안. Andragogy Today, 10(1). 한국성인교육학회, 55-91.

변종임, 이희수, 최돈민, 구교정, 김동은, 김옥남, 박형충, 최종철, 최정하(2006). **각국의 평생교육정책**. 서울: 교육과학사.

우화(2007). 중국 고등교육기관의 평생교육정책 연구. 숭실대학교 대학원 석사학위논문.

조금주(2006). **대륙별 교육제도 비교**. 경기: 한국학술정보(주).

최돈민, 변종임, 이지혜, 이세정(2003). **주요국의 평생교육체제 분석**. 서울: 한국교육개발원.

한국직업능력개발원(2013). **평생학습체제 및 학습사회 건설을 위한 중국의 교육전략과 정책**. 한국직업능력개발원.

Huan, J., & Shi, W. (2009). Policies and practices of lifelong learning in China. *International Journal of Lifelong Education, 27*(5), 499-508.

Min, H. (2009). Social transformation and lifelong learning in China: Observation from adult education. *The National Centre for Education Development Research(NCEDR)*, 1-14.

Lifelong Education Policies in Major Foreign Countries

제 **11** 장

일본의 평생교육정책

1. 일본 평생교육의 역사적 배경

일본은 국내외적으로 제2차 세계 대전 이후 정치 · 경제적인 면에서 괄목할 만한 발전을 이룩해 왔다. 이 발전의 요인에는 서양의 과학적 합리성 및 실용성과 동양의 유교적 문화의 융합이 있었으며, 그중 무엇보다 결정적인 역할을 담당한 것은 교육이었다. 특히, 일본의 사회교육은 오래전부터 학교교육의 보완 · 보충적 역할, 민중의 계몽 · 교화의 역할을 맡아 왔으며, 오늘날에는 국민의 학습권 보장을 위한 통합, 연계의 구축으로 발전하고 있다(김득영, 1995).

1868년부터 시작된 일본의 대변혁 과정인 메이지유신은 신문 및 잡지의 창간, 독서와 학술활동 등 사회교육 활용을 급속히 확산시켰다. 이에 따라 정부는 사회교육이 민족운동으로 확산되는 것을 우려하여 이를 통제하는 한편, 1886년부터는 사회교육이란 용어 대신 통속교육이라는 용어를 사용하였다. 1921년 다시 공식어로 사용해 오던 '통속교육'은 '사회교육'으로 개칭되었다. 그리고 1924년에는 문부성 보통학무국에 사회교육과를 창설하고 이후 청소년교육과, 성인교육과, 서무과를 두는 등 사회교육 행정제도를 확충 및 정비하였다. 그러나 제2차 세계 대전이 한창이던 1942년 사회교육국이 국민교화국으로 개편되면서 일본의 사회교육은 일시적으로 중단되었다(변종임 외, 2006).

이후 미 점령 하에 1946년 일본의 「신헌법」이 제정되어 교육권을 기본적인 인권으로 인정하였고, 이에 따라 교육 입법 상의 법률주의 및 법률에 의한 교육행정의 원리가 성립되었다. 또한 1947년 제정된 「교육기본법」에서는 사회교육이 적극적으로 「교육기본법」 내에 위치하게 되었으며, 학교교육뿐 아니라 사회교육에 있어서도 교육 기회를 보장해야 한다는 이념이 마련되어 사회교육법의 입법 필요성이 제기되었다. 그러나 사회교육의 개념 및 영역의 모호성 등으로 인해 법제화 작업이 지연됨에 따라 결국 「사회교육법」은 1949년 6월에야 공포될 수 있었다(권두승, 1997).

일본의 「사회교육법」은 '공민관법'이라고 불릴 정도로 공민관의 역할이 강조되었다. 공민관은 일본 지방행정의 가장 기초 단위인 시정촌(市町村) 단위로 세워지며, 사회교육주사라고 불리는 공무원이 파견되어 업무를 담당하는 일종의 주민학습센터를 말한다(김종두, 2014). 1940년대는 전후 궁핍함 속에서 향토 재건의 의지가 사회 전반에 넘쳐났던 시기로서 설립 초기 공민관은 지역 기반 복지, 산업, 보건위생 등의 종합시설로 시작되었다. 이후 「사회교육법」의 제정에 따라 공민관은 교육기관으로서의 독자성을 부여받았으며, 관장 임명권에 대한 의견 청취권과 사회교육위원 겸임의 가능성 부여 등 주민자치적 성격이 강조되었다. 물론 창설기의 공민관은 시설 면에서 열악하였으나 지역사회를 바탕으로 펼쳐졌던 전사적(前史的) 시설 및 단체활동을 기반으로 민주주의, 자기교육, 상호교육이라는 사회교육의 이념을 제도로서 뿌리내리게 하고 이를 빠르게 확산시켰다는 긍정적 평가를 받고 있다. 또한 1959년 「사회교육법」의 개정에 이르기까지 일본의 평생교육제도의 탄생과 기반을 다져왔다는 데 큰 의미를 가지고 있다(김미향, 2010).

2. 일본 평생교육정책의 정치, 경제, 사회문화적 환경

일본은 입법권이 국회에, 행정권이 내각에, 사법권이 재판소에 속해 있는 삼권분립 체제다. 특히, 영국과 유사한 의원내각제를 취하여 삼권의 견제 및 균형을 유지하고 있다. 이 중에서도 행정부는 일반적으로 '나라의 행정기관'이라고 칭하는 곳을 가리키며 내각부, 총무성, 법무성, 외무성, 재무성, 문부과학성, 후생노동성, 농림수산성, 경제산업성, 국토교통성, 환경성, 방위성, 국가공안위원회의 1부 12개 청이 있다. 내각총리대신은 국회의원 가운데서 선출되며 국무대신은 국회의원 중 수상이 임명하여 선출된다(KOTRA, 2014).

1940년대 제2차 세계 대전의 패전으로 빈민국으로 전락했던 일본은 1960년 이후 약 10년간 연평균 10%의 초고속 경제성장을 이룩하였다. 1968년에는 국민총생산(GNP)이 미국 다음으로 높은 세계 2위를 기록하였으며, 소니, 혼다, 도요타 등 세계적인 기업들이 성장하고, 고속도로망, 신칸센 등 교통의 발달과 농촌 및 서민생활의 풍요가 이루어졌다. 1970년대 중동 석유위기를 겪을 때에도 일본은 오히려 에너지 절약기술을 발달시켜 경제적으로 더 강해지는 모습을 보였다. 그러나 1980년대 후반부터 1990년대 중반까지 겪은 버블경제 붕괴로 일본의 경제호황은 막을 내렸으며, 이후 일본은 경제적으로 저조한 성장을 이어 나가고 있다(KOTRA, 2013).

2011년 선출된 제96대 총리 아베 진조가 내건 일본의 경제정책을 아베노믹스(Abenomics)라고 부른다. 아베와 경제학을 합친 신조어로서 디플레이션과 엔고 탈출, 명목 3% 이상의 경제성장 달성 등을 내걸고 있으며, 이를 실현하기 위한 경제정책이 논의되고 있다. 이는 다음과 같은 세 가지 정책으로 분류된다. 첫째, 대담한 금융정책(2%의 인플레이션 목표, 엔고 시정, 정책 금리의 마이너스화, 무제한 양적 완화), 둘째, 기동적인 재정정책(대규모 공공투자), 셋째, 민간 투자를 자극하는 성장전략(일본경제 재생, 산업경쟁력 강화법, 제정에 의한 제조법 활성화, 법인세 인하)으로 아베 정권은 이 세 가지 기본 방침을 '3개의 화살'이라고 표현하고 있다. 아베노믹스의 효과는 니케이 평균 주가의 상승으로 나타나고 있다(대외경제정책연구원, 2014).

일본의 총 인구는 약 1억 2천 7백만 명이며, 이 중 65세 이상이 약 3천 3백만 명으로 25% 이상을 차지한다(Statistics Bureau of Japan, 2014). 1970년대부터 시작된 출산율의 감소와 노인의 사망률 감소에 기인한 평균수명의 증가는 현재 일본을 세계 최고 수준의 초고령 국가로 만들었다. 2006년 국립 인구 및 사회보장연구소(National Institute of Population and Social Security Research: IPSS)에서 발표한 인구 전망에 따르면, 일본은 2055년까지 인구의 약 30%를 잃을 것으로 예상되며, 0~14세의 비율은 2005년 14%에서 2055년에는 8%로 줄어들고, 15~64세 비율은 66%에서 거의 50% 아래로 떨어질 것으로 전망된다. 또한 65세 이상 인구 비율은 약 40%까지 증가할 것으로 보고 있다(이상림, 박성재, 마사타카 나카가와, 2011).

이에 일본은 수차례 출산장려 종합정책을 펼쳐 왔으나 일·가정 양립과 양성평등이 이루어지지 못하는 환경에서 제대로 효과를 거두지 못하였으며, 외국인 고용정책 역시 실험적 수준에 머물러 있다. 또한 그간 일본의 저출산·고령화정책은 주로 사회보장제도 재구축에 치우쳐 있었으나, 최근 일본에서는 사회복지와 성장의 두 측면을 연계시키는 정책을 수립하기 시작하였다. 이에 일본은 저출산·고령화를 둘러싼 환경요인에 초점을 두고 '강한 경제·강한 사회보장·강한 재정'의 신성장전략을 통해 일본 경제의 지속적인 성장, 발전을 도모하고 있다(대외경제정책연구원, 2010).

3. 일본 평생교육정책의 추이 발전

1970년대부터 본격적으로 추진된 일본의 평생교육정책은 1970년대 정비 · 신장기, 1980~1990년대 평생교육에서 평생학습으로의 이행기, 2000년대 이후 확충 · 전환기로 구분할 수 있다(이영호, 2004; 김미향, 2010).

1970년대 일본에 평생교육 이념이 도입되면서 평생교육정책의 수립과 정부 차원의 사업 전개는 시작되었다. 1969년 국토청의 '신전국종합개발계획'과 1970년 경제기획청의 '신경제 · 사회개발계획'은 이 시기 평생교육정책 수립의 배경이 되었다. 초기 평생교육정책은 국가와 사회 발전에 대응하기 위한 사회경제적 요구 분석과 학교 · 사회 · 직업교육을 통한 평생교육의 체계적 검토를 목적으로 하였으며, 장기적 안목으로 교육의 종합적 확충 · 정비를 위한 기본적인 정책들을 제안하였다. 1971년 발표된 사회교육심의회의 '급격한 사회구조 변화에 대처하는 사회교육의 존재방식에 관하여'와 중앙교육심의회의 '앞으로 학교교육의 종합적인 확충 정비를 위한 기본적인 시책'은 평생교육 관점에서 교육 체제 개편을 주장함으로써 1970년대 일본 교육정책의 기틀이 되었다(김도수, 김득영, 1998).

1985년 파리에서 개최된 제4차 세계성인교육국제회의에서 결의된 '학습권 선언'은 일본의 교육 체제 정비에 획기적인 변화를 가져왔다. 일본의 임시교육심의회는 교육개혁의 기본 방향으로 '평생학습 체제로의 이행'을 제시하고 이에 필요한 제반 조치들을 제안하였다. 이에 일본 문부성은 1988년 하위 수준에 머물러 있던 '사회교육국'을 수석국의 위치인 '생애학습국'으로 개편하여 평생학습 진흥에 관한 종합적 시책을 담당하도록 하는 첫 번째 변화를 꾀하였다(이영호, 2004). 또 다른 변화는 1990년 「평생학습진흥법」이 제정 · 공포된 것으로, 이 법은 시정촌 중심의 공민관과는 달리 도도부현 단위의 생애학습센터를 설치하고 광역자치단체 수준에서 지역 내의 생애교육협의체를 구성하는 한편, 민간 부문의 생애학습지원을 위한 각종 세제혜택 등의 조치를 주요 골자로 하였다(한숭희, 2007).

1990년대 말 새로운 시대를 준비하는 세계의 움직임과 함께 일본 역시 평생학습을 지칭하는 말로 '생애학습'이라는 용어를 본격적으로 사용하면서 이와 관련된 일련의 '생애학습시책'을 확충 및 추진하기 시작하였다. 이때부터 현재까지 추진되고 있는 주요 정책은 다음과 같은 네 가지 방향으로 분류될 수 있다(이영호, 2004). 첫째, 기초교육 강화를 위한 지역사회의 교육환경 정비대책이다. 1999년 생애학습심의회는 '지역사회 교육환경 정비대책'을 문부과학성에 제출하고 기초교육을 위한 지역사회의 다양한 체험활동, 환경, 민간사업자와의 연대 등을 제안하였다. 둘째, 초·중등 및 고등교육을 연계한 평생학습 기반 개선책이다. 2000년 일본 중앙교육심의회는 UNESCO와 OECD의 평생학습 체제 구축 및 정책추진의 방향과 마찬가지로 평생학습의 기반이 되는 학교교육의 중요성을 강조한 개선책을 주장하였다. 셋째, 정보통신기술의 활용이다. 생애학습심의회는 2000년 11월 '정보통신 기술을 활용한 생애학습시책'을 제안하였으며 본 정책은 현재까지 일본 평생학습정책의 근간이 되고 있다. 넷째, 자주적 학습 집단의 활성화다. 1990년부터 일본 정부가 추진한 구조개혁은 분권화된 사회를 지원하고 정책 형성과 개발에 참여할 수 있는 시민교육을 필요로 하게 되었으며, 이에 따라 평생학습정책은 자발적인 시민활동 단체의 활성화를 지원하는 방향으로 형성되었다.

4. 일본 평생교육정책의 추진 체제와 조직

일본에서 평생학습 추진 체제란 평생학습을 지원하고 추진하기 위한 국가, 도도부현(都道府縣), 시정촌(市町村) 조직을 말하며, 평생학습 기회의 장은 사회교육과 학교교육뿐 아니라 일반 행정과 민간에서도 이루어지고 있다. 일본의 평생교육 체제는 일찍이 지역사회에 기반하여 지자체의 독립성과 자율성에 무게를 두고 발전해 왔다는 점에서 중앙집권적으로 추진되어 온 한국의 평생교육 추진 체제와 차이가 있다. 일본의 문부과학성을 비롯한 중앙 행정부처들은 '평생학습사회'를 이상사회로 선정하고 이에 따른 평생학습정책을 확립 및 추진하며, 도도부현과 시정촌의 지방자치단체에서는 평생학습 추진 체제를 구축하여 평생학습 진흥계획을 수립함으로써 지역주민들을 위한 평생학습사업을 정착시켰다(김미향, 2010).

일본 평생교육을 주관하는 중앙정부 조직은 문부과학성이며, 문부과학성 산하 생애학습정책국에서 주도하고 있다. 각 도에는 평생학습 거점시설로서 생애학습추진센터가 있다. 중앙정부의 생애학습정책국은 정책기획·조직과, 교육정보미디어

정책과, 생애학습추진과, 사회교육과, 양성평등학습과, 조직 및 지역사회과로 구성되어 있다(Ministry of Education, Culture, Sports, Science and Technology, 2013). 각 도의 거점시설인 생애학습추진센터에서는 평생학습 정보 제공, 학습상담 체제 정비, 학습수요 파악과 학습 프로그램 연구 · 기획, 관계기관과의 연계 · 협력과 위탁사업, 평생학습 지도자의 양성 · 연수, 평생학습 성과에 대한 평가, 지역 설정에 맞는 강좌 제공, 방송대학 등과의 연계 · 협력 등을 담당하고 있다. 중앙교육심의회는 문부과학성의 자문기관으로 생애학습 관련 기회의 정비에 관한 주요 사항의 조사, 심의 등의 사무를 담당하며 임기 2년, 30명 내외의 위원으로 구성된다(최은수 외, 2010).

평생학습심의회는 도도부현, 시정촌과 같은 지방공공단체에서 평생학습을 추진하기 위해 설치한 협의회로서 현(縣)이 처리하는 사무에 관해 평생학습 추진을 위한 정책의 종합적 추진에 관한 중요 사항을 조사 · 심의한다. 평생학습 추진 계획 입안, 지역주민의 학습요구 파악, 행정 부서 간의 평생학습 관련 정책과 사업의 통합 · 조정 · 평생학습 장려 · 보급 등과 같은 지역의 평생학습에 관계되는 주요 사항들을 조사하고 심의한다(변종임 외, 2006). 일본의 평생교육 추진 체제는 [그림 11-1]과 같다.

한편 일본 사회교육의 대표기관인 공민관은 생활에 기반을 둔 다양한 교육, 예술, 과학, 문화활동을 통해서 생활 문화 증진 및 도시 · 마을 또는 기타 지역사회 주민의 사회복지 개선을 목표로 한다. 즉, 공민관은 다기능적, 지역 중심적 생활문화센터다. 오늘날 일본에는 1만 8천 개 이상의 공민관이 시 교육청(국)에 의해 설립, 관리되고 있으며, 공민관마다 각각의 특징이 존재한다. 통계 보고서에 따르면 2층 건물에 로비 · 홀 · 몇 개의 방 · 워크숍실 · 운동실 · 소도서실 등을 갖추고 있으며 3명의 직원에 의해 관리된다. 또한 매년 10개의 스터디 과정과 12개 강의를 제공하고, 100개 이상의 주민단체가 다양한 활동을 위해 매달 공민관을 사용하고 있으며, 총 사용자 수는 연간 1만 2천 명을 상회하고 있다(김타니 카즈아키, 2002).

일본의 평생교육정책 추진 체제를 알아보기 위해서는 지정관리자제도 역시 살펴볼 필요가 있다. 지정관리자제도는 지방자치단체가 운영해 온 공공시설을 민간이 운영할 수 있도록 하는 제도이며 2003년 「지방자치법」이 개정되면서 실시되었다. 지정관리자제도를 통해 이전까지 지방자치단체가 해 온 공공시설의 관리를 NPO(사회비영리단체, Non-Profit Organization)나 주식회사, 기업과 같은 민간사업자

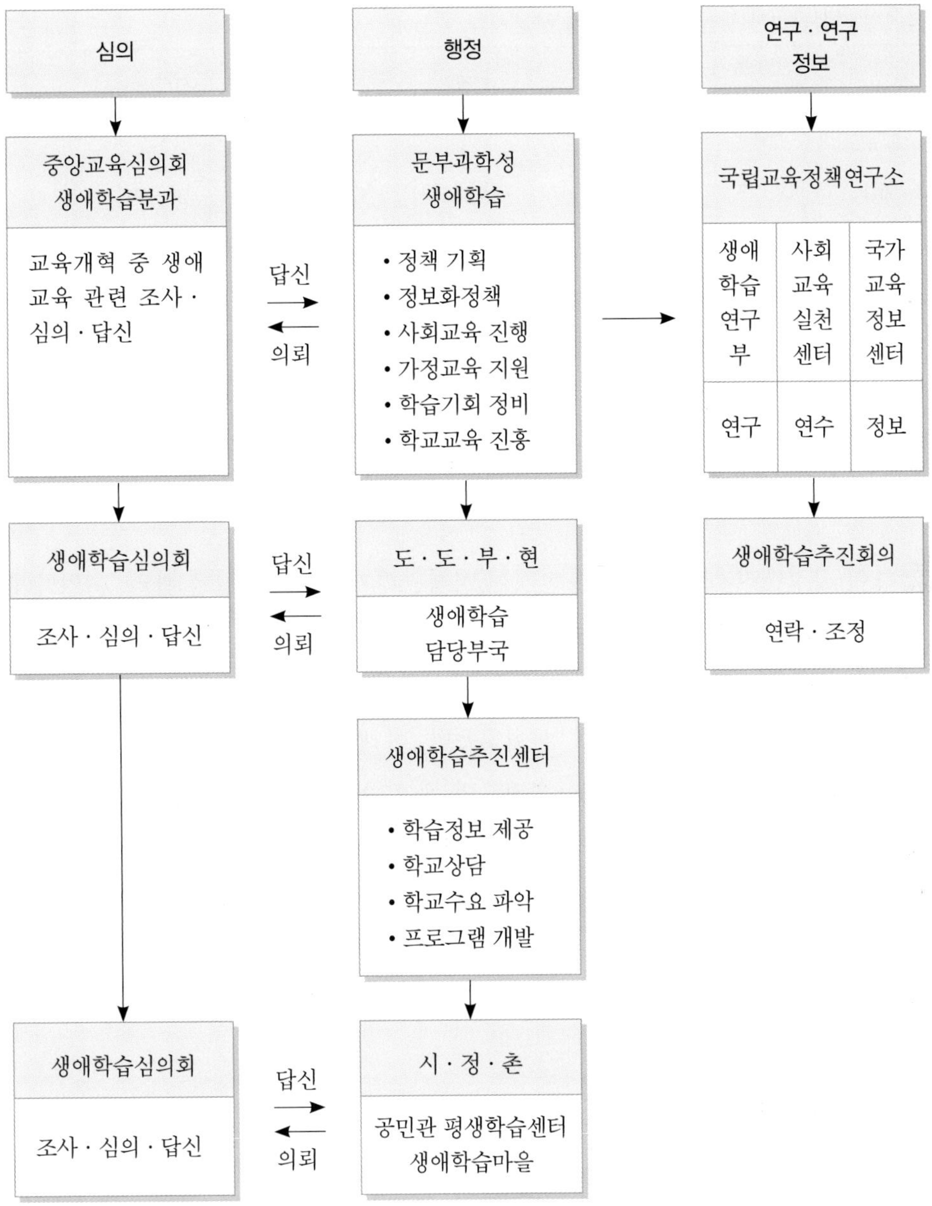

[그림 11-1] 일본의 평생교육 추진 체제

출처: 최돈민 외, 2003, p. 13; 변종임 외, 2006, p. 263; 김종두, 2014, p. 64에서 재인용.

가 가능하도록 하게 하는 것이다. 지방자치단체가 어떤 시설에 지정관리자제도를 도입할 것인가를 정하게 되면 선정위원회가 설치되어 해당 시설에 관한 설명회 등을 거쳐 공모를 하게 되고, 이에 응모한 기업이나 NPO 등이 낸 사업계획서 등을 참

표 11-1 종류별 지정관리자(관리수탁자 포함)별 시설 수

구분	합계	공민관 (유사 시설 포함)	도서관	박물관	박물관 유사 시설	청소년 교육시설	여성 교육시설	사회체육 시설	문화회관
공립 시설수	56,111	18,173	2,955	667	3,356	1,320	91	27,800	1,749
합계	8,005	672	54	93	559	221	14	5,766	626
공립시설 수에서 차지하는 비율	14.3%	3.7%	1.8%	13.9%	16.7%	16.7%	15.4%	20.7%	35.8%

출처: 문부과학성, 2006, p. 4의 표를 평생교육진흥원, 2008, p. 15에서 발췌하여 인용.

고하여 지정관리자가 선정되면 선정된 지정관리자가 공공시설을 관리, 운영하게 된다(평생교육진흥원, 2008). 평생교육에서의 지정관리자제도와 관련하여 2005년 일본 문부과학성이 발표한 관리자별 시설 수는 〈표 11-1〉과 같다.

일본의 평생교육 추진 체계는 「사회교육법」 아래 기초지자체를 중심으로 학습환경을 마련해 나가는 축과 「평생학습진흥법」에 기반한 광역단체를 중심으로 학습환경을 마련해 나가는 두 축으로 구분할 수 있다. 또한 평생교육의 사업이 추진기관이나 시설에 따라 무한한 다양성을 가지고 있으므로 추진 주체에 따른 시설이나 기관 다양성에 주목하여 추진 체계를 정리할 필요가 있다(한국교육개발원, 2016). 일본의 평생교육 추진 주체에 따라 평생교육의 장을 정리하면 〈표 11-2〉와 같다.

표 11-2 추진 주체에 따른 평생교육의 장의 유형

생애학습의 장/시설 타입	예
교육위원회 계열의 생애학습시설	공민관, 생애학습센터, 도서관, 박물관, 사회체육시설, 청소년 교육시설, 여성센터, 아동문화센터, 시청각센터, 시청각 라이브러리
일반 행정 관련의 생애학습시설 A. 교육행정 이외의 계열 시설 B. 수장부국 관할의 시설/장	문화센터, 현민회관, 커뮤니티센터, 유스호스텔, 아동관, 근로청소년홈수장부국이 관할하는 시설이나 장, 생애학습 도시선언에 기초한 것

학교 형태의 생애학습시설 A. 초 · 등중등학교 개방 B. 고등교육 개방 C. 새로운 타입의 학교 창설 D. 각종 학교, 전문학교 등	생애학습룸, 학교 개방 대학 개방, 사회인 대학원, 시니어학부 방송대학, 인터넷 대학 전문학교에의 사회인 참여
민간 생애학습의 예	기업의 사회공헌사업, 컬처센터, 기업박물관
단체에 의한 학습의 장	NPO 법인, 청년단이나 노인클럽, YWCA/YMCA 등이 제공하는 학습의 장
그 외	개인이 운영하는 서클, 다방에서의 학습사, 인터넷상의 커뮤니티

출처: 한국교육개발원, 2016, p. 200의 표 인용.

5. 일본 평생교육 관련 법

일본에는 최상위 「헌법」 아래 「교육기본법」이 있으며 그 아래 「학교교육법」과 「사회교육법」이 있다. 「평생학습진흥법」은 위계상 「교육기본법」과 같은 위치에 놓여 있다. 일본은 기존의 「학교교육법」과 「사회교육법」은 「교육기본법」 아래에 그대로 두고, 국민의 평생학습진흥 차원에서 「교육기본법」과는 별도의 법으로 「평생학습진흥법」을 제정하였다. 다시 말해 기존의 「사회교육법」을 폐지하여 이를 「평생학습진흥법」으로 대체시키는 것이 아니라, 「사회교육법」을 「학교교육법」과 대

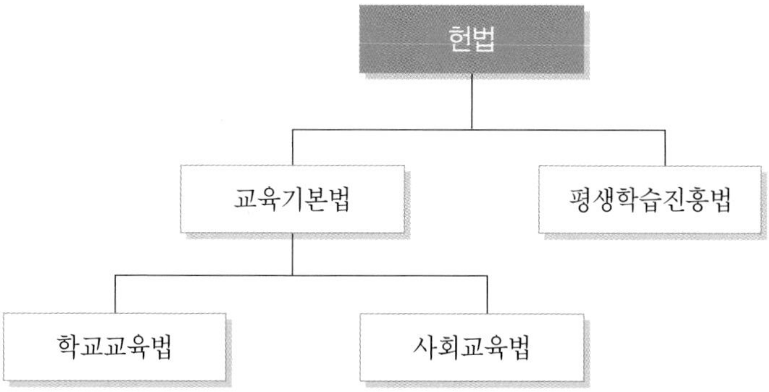

[그림 11-2] 일본의 평생교육 관련 법 체계

출처: 김종두, 2014, p. 63.

등한 위치에 그대로 유지시키고 「평생학습진흥법」을 제정함으로써 평생교육 체제의 구축 기반을 마련하였다(이정연, 1999). 일본의 평생교육 관련 법 체계는 [그림 11-2]과 같다.

1) 사회교육法

1946년 제정된 일본의 「신헌법」과 1947년 제정된 「교육기본법」에 법적 근거를 두고 1949년 제정, 공포된 「사회교육법」은 미군 점령 하에 시행되었던 정책에 영향을 받아 근대적 교육이념을 도입하는 데 그 목적을 가지고 있으며, 단체 중심이 아닌 시설 중심의 사회교육 활동을 전개하기 위한 행정적 기반을 조성하였다.

권두승(1997)은 「사회교육법」 제정의 의의를 다음과 같이 정리하였다. 첫째, 국민이 사회교육이 주체이고 사회교육의 자유를 보장하였다. 둘째, 국민의 자유로운 자기교육 활동을 장려하고 촉진하기 위한 환경 조성의 역할을 국가 및 지방 공공단체의 임무로 규정하고 있다. 셋째, 사회교육 행정에 있어서 국가 권한의 한정과 지방분권에 근거를 둔 '지역주의' 원칙을 가지고 있다. 넷째, 사회교육 관계 단체에 대한 '불간섭, 비지원(no control, no support)'의 원칙을 지닌다. 다섯째, 사회교육위원, 공민관 운영심의회의 제도 등을 통해서 볼 수 있는 사회교육 활동에 대한 주민 의지의 반영을 조직화하고 있다. 여섯째, 종합적인 사회교육시설로서 공민관의 법적 기초를 명확히 하고 있다.

1951년 실시된 「사회교육법」 개정은 사회교육의 사무를 담당하는 사회교육 주사를 교육공무원으로 조치하고 사회교육 주사의 설치, 자격, 강습 등을 규정하였다. 이후 1953년에는 「청년학급 진흥법」의 제정에 따라 제6조 도도부현 교육위원회의 사무에 '청년학급의 장려에 관한 사항'을 부가하였다. 1959년 실시된 「사회교육법」의 개정은, 첫째, 사회교육 주사의 배치를 시정촌까지 확대, 둘째, 사회교육위원회의 권한 강화, 셋째, 공민관에 대한 국가의 규제 강화, 넷째, 사회교육 단체에 대한 보조금 지출 금지에 따라 국가 및 지방 공공단체가 사회교육 관계 단체의 활동을 재정적으로 지원할 수 있게 하는 네 가지 주요 내용을 다루고 있다. 1959년의 「사회교육법」 개정은 사회교육 이념에 대한 후퇴 및 행정의 강화현상을 가져왔다는 비판을 받고 있다(권두승, 1997).

2006년 「교육기본법」 개정으로 인해 2008년 「사회교육법」 역시 다시 한번 개정되었다. 2008년 실시된 「사회교육법」의 개정은 학교교육과의 연계를 강조하고 있다. 주요 개정 내용은 다음과 같다(평생교육진흥원, 2008).

① 제5조-시정촌 교육위원회 사무에 '주로 학령기 아동 및 학생에 대해 학교 수업 종료 후 또는 휴업일에 학교, 사회교육시설 그 외 적절한 시설을 이용해서 하는 학습 그 외 활동의 기회를 제공하는 사업의 실시 및 그 장려에 관한 것'을 더함
② 제3조 제3항-학교, 가정 및 지역주민 그 외 관계자 상호 간의 연계 및 협력의 촉진에 이바지하도록 노력할 것
③ 제5조 제15항-사회교육의 학습기회를 이용한 학습성과를 활용해서 학교, 사회교육시설 그 외 지역에서 하는 교육활동, 그 외의 활동 기회를 제공하는 사업의 실시 및 그 장려에 관한 것
④ 제9조 제3항-사회교육주사 및 사회교육 주사보의 활동으로 학교가 사회교육 관계 단체, 지역주민, 그 외 관계자의 협력을 얻어 교육활동을 할 경우에는 그 필요에 응해 필요한 조언을 할 것

2) 평생학습진흥법

1981년 중앙교육심의회는 '생애교육에 대해'의 답신을 통해 사회교육 기능을 생애교육의 관점에서 종합적으로 고찰할 필요성을 언급하였다. 이에 1984년 임시교육심의회는 '생애학습 체계로의 이행'을 제언하였으며, 1987년 정부는 교육추진개요에 '생애학습 체제의 정비'를 포함시켰다. 이후 1990년 제정된 「평생학습진흥법」 혹은 「생애학습진흥법」이라 불리는 법률은 그 목적을 다음과 같이 규정하고 있다(평생교육진흥원, 2008).

> 이 법률은 국민이 생애에 걸쳐 학습할 기회를 널리 필요로 하고 있는 상황을 거울삼아 생애학습의 진흥에 이바지하기 위한 도도부현의 사업에 관해 그 추진 체제의 정비와 그 외 필요한 사항을 정하고 특정 지구의 생애학습에 관한 기회의 종

> 합적 제공을 촉진하기 위한 조치에 대해 정함과 동시에 도도부현 생애학습시의회 사무에 대해 정하는 등의 조치를 강구함으로써 생애학습의 진흥을 위한 시책의 추진 체제 및 지역의 생애학습과 관련된 기회 정비를 꾀함으로써 생애학습의 진흥에 기여하는 것을 목적으로 한다(사회교육추진전국협의회 편, 2005, pp. 62-63; 평생교육진흥원, 2008, p. 9에서 재인용).

「평생학습진흥법」의 주요 내용은 다음과 같은 세 가지로 나누어 살펴볼 수 있다(변종임 외, 2006).

첫째, 「평생학습진흥법」은 평생학습이 학교교육뿐 아니라 사회교육 및 문화활동까지 포함하고 있음을 나타내고 있으며, 국민의 평생학습에 관한 정책 방향을 명확하게 제시하고 있다. 제3조에서는 평생학습의 진흥을 위한 도도부현의 사업을 '학교교육, 사회교육 및 문화의 진흥에 관련된 학습을 위한 사업'으로 규정하고 있으며, 제10조에서는 평생학습심의회의 기능을 '학교교육, 사회교육 및 문화의 진흥에 관하여 평생학습에 도움이 되는 시책의 주요 사항 등을 조사 · 심의' 하는 것으로 규정한다. 또한 평생학습정책 추진 체제의 정비와 실시에 관한 규정들 역시 제시하고 있다.

둘째, 대도시 이외 주민들의 학습기회 제공을 포함하고 있으며, 이는 지역의 평생학습 진흥을 위한 기본 구상에 대한 규정이라 할 수 있다.

셋째, 평생학습심의회의 역할 등을 규정함으로써 평생교육 제도 운영 및 정책에 책임을 담당하는 기관에 관한 규정을 두고 있다.

6. 일본 평생교육정책의 방향

1990년대부터 2000년 이후 일본의 사회교육과 평생학습은 정체와 혼미, 전환과 재생이라는 다난한 세월을 겪었으며, 최근 일본의 지방자치단체는 중앙정부와 신자유주의 정책에 따른 행 · 재정 개혁의 추진과 함께 사회교육의 전환기를 맞고 있는 동시에 지역 만들기, 마을 만들기에 대한 역할을 사회교육에 기대하는 움직임도 두드러지고 있다(문정애, 윤정익, 2013). 이러한 움직임과 함께 공민관 역시 지방분권・지방자치제의 본격화와 행・재정의 개혁 등과 맞물린 공공시설 민영화의 진전으로 인해 보다 주민자치적 운영에 힘을 기울임과 동시에 평생학습의 역기능이 약화된 커뮤니티 활성화를 위해 제도적인 노력을 기울이고 있는 중이다(김미향, 2010). 뿐만 아니라 최근에는 연이은 일본의 재해로 그간 개발 위주와 공동체 붕괴로 인해 일본 사회에 만연하였던 개인주의 성향을 돌아보자는 목소리가 높아지면서 공공성과 공동체적 삶을 지향해 왔던 사회교육적 요소가 재조명되고 있다(정현경, 2013).

경제적으로 일본 사회는 어려운 시기와 청소년의 부모에 대한 의존의 장기화, 사회적 자립의 지연 등으로 소위 프리터와 니트(Not in Education, Employment or Training: NEET)가 증가하고 있는 것과 동시에, 여전히 장년 실업 문제가 심각한 상태다. 또한, 저출산과 고령화의 진행을 배경으로, 2007년에는 총 인구가 감소하기 시작하면서 같은 시기에 소위 '베이비 붐 세대'가 일제히 은퇴기를 맞는 등 노동인구의 변화가 예측되고 있다. 이러한 다양한 사회적 이슈뿐 아니라 아이들의 학습 의욕 저하 및 기본적인 생활 학습의 습관이 몸에 배어 있지 않는 것을 지적하고 있는데, 일본 사회는 앞으로 이러한 사회적인 문제와 자녀에 관해 다양한 우려할 만한 현상을 직시하고, 사회 전체가 과제 해결을 위한 노력을 더욱 추진해 나갈 것을 요구하고 있다(한숭희, 2007). 또한 최근 문부과학성은 『문부과학백서(文部科學帛書)』에서 생애학습사회를 "자유롭게 언제든지 학습기회를 선택하고 배울 수 있으며, 그 성과가 적절하게 평가되는 사회"로 정의하고 있으며, 이러한 사회 조성을 위하여 다음과 같은 목표 아래 평생교육정책을 수립, 추진하고 있다(한국교육개발원, 2016).

① 생애를 통한 자립, 협동, 창조를 위한 힘의 획득
② 사회적・직업적 자립을 위한 능력, 태도의 육성
③ 호혜, 공조에 의한 활력 있는 커뮤니티의 형성

이처럼 오늘날 대두되는 사회적 과제를 해결하고 공동체적 지역학습을 촉진하기 위한 일본의 평생교육정책 방향은 [그림 11-3]으로 요약될 수 있다.

과제	중점 시책
경기 불황으로 인한 고용 문제 직업능력의 향상 →	학교: 배움의 의사와 방법 기술을 교육 직업관의 육성 봉사활동, 체험활동을 통한 사회성, 직업의식, 정조관 등의 육성 대학, 전문대학: 커리어 업(career up) 학습지원 사회인 학습의 교육내용과 방법의 개선 재학생의 학습의욕을 환기시키기 위한 인턴십과 유관기관과의 연계 방안 모색 사회인의 직업능력 향상을 위한 원격교육의 충실 사회교육시설: 직업능력 향상을 위한 학습기회 확충 대학과 전수학교 직업훈련시설과의 연계 강좌 내용과 시설의 개선, 개관시간의 연장 도서관: 비즈니스 지원을 위한 서비스 충실 유관기관과의 연계 강화 민간 사업자: 직업능력 개발에 관련된 자격 질의 확보 기업: 근무시간의 탄력화 등 학습활동 참가 환경 정비 학습자 지원: 교육훈련 급부금 등을 통한 학습자 지원 충실
가정과 지역의 교육력 저하 가정의 교육력 향상 →	학교: 아동과 학생의 보육 체험의 충실 학교: 학부형회 강좌 개설 사회교육시설: 가정교육 관련 기회의 제공 사회교육시설: 가정교육 관련 강좌의 개설과 충실 도서관: 육아 지원을 위한 서비스 충실 NPO: 육아 지원을 구체적으로 추진(행정과의 연계 필요)
지역의 교육력 향상 →	학교: 방과 후 주말 학교 개방 학교: 사회교육시설과의 연계 강화 사회교육시설: 청소년 체험활동의 충실 사회교육시설: 성인 지도자를 위한 학습기회의 확충 사회교육시설: 학습활동의 사회 환원을 강화 민간사업자: 직업능력 개발에 관련된 자격의 질 확보 도서관: 아동의 조사 학습 서비스 지원 도서관: 자원봉사의 자질 향상 서비스의 충실 박물관: 아동에 대한 대응 강화, 지역 학습자 일의 제공 NPO: 사회참여 지원의 추진(행정과의 연계 필요) 기업교육시설 및 스포츠 시설: 사회 자본으로 활용
고령화에 따른 사회보장 문제 고령화 대책 →	사회교육시설: 고령자의 건강 대책 충실 사회교육시설: 고령자 학습 프로그램의 개발 사회교육시설: 고령화사회에서의 학습성과의 활용 도서관: 고령자를 위한 서비스 충실
지역 활성화를 위한 지역과제 지역과제의 해결 →	학교: 방과 후와 주말의 학교 개방 대학: 연구교육의 측면에서 지역 과제의 해결 사회교육시설: 학습기회의 충실 도서관: 지역 니즈(needs)에 따른 서비스 충실 도서관: 지역 독자의 콘텐츠 발신 박물관: 향토 문화의 진흥, 자연환경 학습과 관광 거점을 위한 전시기획 능력의 향상 지역 만들기 지원실: 2004년 1월 문부과학성에 설치된 지원실의 충실

[그림 11-3] 일본의 평생교육 중점 시책 방향

출처: 김미란, 2005, p. 186.

7. 일본 주요 평생교육정책의 내용

1) 평생학습도시

1979년 일본에서 가케가와시는 세계 최초로 평생학습도시를 선언하였다. 이후 중앙정부가 평생학습도시 시범시를 지정하여 조성사업을 벌인 지 30여 년 만에 140여 개의 도시가 평생학습도시를 선언하였다. 일본에서 평생학습도시는 교육 구조와 산업 구조를 재편하는 가운데 지방자치단체 주도로 지역 살리기 전략에 평생학습 개념을 접목시키면서 도출되었다. 평생학습도시 정책의 목표는 지역 만들기와 인간 만들기를 통한 지역재생이며, 지역 만들기는 인간 형성과 생활 향상에 필요한 통합적인 시스템 개발을 도모하고 있다. 일본의 평생학습도시 정책은 OECD에 비해 문화적 요소가 강하다는 특징을 가지고 있으며, 지역사회 경제 회생, 문화창조, 교육회생을 위한 통합적인 도시경영 전략으로 평가받고 있다(경기개발연구원, 2006).

일본의 평생학습도시 정책은 마을 조성의 목표와 평생학습의 목표를 일치시키는 것을 시작으로 평생학습을 진흥시키기 위한 지역 환경을 조성하고, 평생학습 축제와 같은 행사를 통하여 특성화된 평생학습도시 조성을 진척시키는 단계로 진행된다. 추진 사업으로는 학교교육과 사회교육의 연계, 학습정보 제공 및 상담, 자원봉사자 활동, 학습 서클, 학습 프로그램의 개발과 실천, 노동자 학습기회 확충, 평생학습 추진 시민대회 실시, 지역을 둘러싼 사회참가 활동의 실시, 시설의 네트워크화, 기타 시정촌 평생학습 추진에 적절하다고 생각되는 사업 등으로 구성되어 있다(제주시 평생학습관, 2003). 평생교육진흥원(2009)은 일본의 평생학습도시 정책에 따른 지역 만들기의 당면 과제를 다음과 같이 정리하고 있다.

첫째, 지역 만들기 평생학습은 끊임없는 인간 만들기 평생학습으로 진행되어 인재를 육성하는 것이 필요하다.

둘째, 지역 만들기와 평생학습이 통합적으로 이루어지는 시정촌이 많지 않고 행정의 관료제 조직이 이 문제를 더 심화시키는 원인이 되고 있으므로 행정 내부, 특히 일반행정 부문과 교육행정 부문의 연계가 시급하다.

셋째, 대학 등 고등교육기관과의 파트너십 개발이 필요하다. 지역과제 해결에 있어 대학 자원이 필요할 뿐 아니라 대학 역시 지역의 신뢰가 대학 존립의 기본 요건이 되고 있다.

넷째, 자금의 조성과 자금 투자 단체의 개발이 있어야 한다. 커뮤니티 활동이나 지역 만들기 평생학습 활동의 재정지원 없는 지속적인 활동은 불가능하다.

2) 평생학습축제

일본은 학습문화를 확산하고 개개인의 평생학습 의욕을 고취시키고, 학습성과를 인정하고 평가해 주는 사회를 구축하며, 평생학습의 범사회적 붐 조성을 위해 1989년부터 매년 평생학습축제를 개최하고 있다. 평생학습축제는 각 지역의 특성을 살려 지역 살리기 이벤트와 교육·문화·스포츠 산업을 결합한 새로운 지역축제문화를 창조해 오고 있다. 주로 참가·체험·교류·도전 등을 중심으로 학습의 즐거움과 중요함을 가르치며, 고장의 역사·문화·자연을 소중히 하면서 새로운 지역 창조의 비전을 가지고 진행해 오고 있다. 즉, 일본의 평생학습축제는 교육·문화·스포츠 그리고 지역산업 등의 종합적이고 입체적인 축제로 이루어진다(김도수, 김득영, 1998).

일본의 평생학습축제 정책은 전국적으로 다수가 참여하여 평생학습 의욕을 환기시키고 평생학습 추진의 다양한 정보와 상담을 통해 평생학습사회를 전 지역으로 확산시키는 계기를 만들고 있다. 또한 관의 주도 하에서 관과 민이 협동하고 지역주민이 주체적으로 참여하는 축제로 발전하면서 지역의 자원봉사자와 그 단체의 적극적인 참여로 새로운 평생학습 마을 만들기와 지역 만들기에 기여하고 있다. 그러나 평생학습축제를 통해 지역주민의 평생학습에 대한 높아진 관심과 형성된 네트워크를 축제 이후 어떻게 활용할 것인가에 대한 문제는 평생학습축제 정책의 과제로 남아 있다(김득영, 2005).

3) 인적 자원 개발

일본에서 인적 자원 개발은 개인의 능력 개발, 근로 시스템 및 훈련을 통한 마스터 수준(masterly level)의 인적 자원 형성, 인적 자원 관리를 통한 인적 자원 육성과 같은 의미로 사용된다(Harada, 1999; 김신복, 이영환, 2008에서 재인용). 일본의 인적 자원 개발 정책은 교육과 직업능력 개발을 중심으로 이루어지고 있으며, 문부과학성은 산업 구조의 고도화, 인구 구조의 노령화, 정보화의 가속화, 행정 및 교육 체계의 비효율성과 같은 문제들을 해결하기 위한 교육개혁 수행을 목적으로 '21세기를 위한 일본교육개혁 계획(The Education Reform Plan for the 21st Century)'을 수립 및 시행하고 있다(김신복, 이영환, 2008).

현재 일본 사회의 청년들 사이에서는 아르바이트나 파트타임 근무자 혹은 근무를 원하는 무직자인 프리터(Freeter)와 니트(NEET: Not in Education, Employment or Training)족이 이슈가 되고 있다. 이러한 문제의 해결을 위하여 일본 정부는 직업능력개발계획 수립을 통해 기존 기업 내 훈련에 의존하였던 인적 자원 개발 영역을 공공의 영역으로 가져와 능력평가제도, 교육훈련 시스템, 커리어컨설팅 시스템, 직업정보 시스템 등을 구축하였다(고용노동부, 2012). 또한 신규 졸업자에 대한 취업지원, 청년직장 선택지원, 미취업 졸업자에 대한 취업지원 등 청년층 지원 프로그램들을 운영하고 있는데, 신규 졸업자의 경우 직업지도 및 직장적응지도 강화와 직업소개소 프로그램을 지원하고 있고, 미취업 졸업자를 대상으로는 기업 및 위탁교육기관에 단기 직업교육훈련 프로그램을 위탁, 운영하고 있다. 또한 구직을 희망하는 청년들에게 직업정보 및 직장체험 기회를 제공하는 청년직장 선택지원 프로그램도 실시한다(차상로, 2008; 장석인, 2010에서 재인용).

일본의 인적 자원 개발 정책에서 직업교육훈련은 공공직업훈련, 학교 단계에서의 직업교육, 민간직업훈련의 세 부분으로 나누어 볼 수 있다. 기존의 일본 직업교육훈련은 문부과학성 산하의 학교 중심 직업교육과 노동성 산하의 기업체 중심 직업훈련으로 역할 분담이 이루어져 왔으나 최근 평생학습사회 및 평생직업능력 개발 체제를 구축해 나가는 과정에서 그 구분이 다소 희미해지고 있다(정재연, 2006).

공공직업훈련은 「직업능력촉진법」에서 규정하고 있으며, '고용 · 능력개발기구'에서 관장하고 있다. 공공직업훈련은 '이직자 훈련'과 '재직자 훈련', 그리고 '학교 졸업자 훈련'으로 나누어진다. '이직자 훈련'은 3~6개월 이내의 훈련기간을 가지며 정부 운영의 교육기관이나 민간 위탁교육기관에서 실시한다. 훈련비는 전액 정부가 부담한다. '재직자 훈련'과 '학교 졸업자 훈련'은 정부가 운영하는 교육기관에서 실시하며 '재직자 훈련'은 2~5일간의 단기 코스로, '학교 졸업자 훈련'은 1~2년의 코스로 이루어지고 있고, 학습자가 훈련 비용을 지불한다(한국직업능력개발원, 2010).

공공직업훈련은 또한 훈련 레벨에 따라 기초 직업능력 및 지식 습득을 목표로 하는 '보통직업훈련'과 보다 전문적 숙련도 형성을 위한 훈련과정인 '고도직업훈련'으로 나누어진다(고용노동부, 2012). '보통직업훈련'과 '고도직업훈련'의 내용을 살펴보면 〈표 11-3〉, 〈표 11-4〉와 같다.

표 11-3 일본 보통직업훈련의 내용

훈련과정	보통과정	단기과정
대상자	중학교 졸업자, 고등학교 졸업자 등	재직 노동자, 이전직자 등
교과과목	다양한 기능, 지식을 가진 노동자가 되기 위해 필요한 기능, 지식을 습득하기에 적절한 과목	직업에 필요한 기능(고도기능 제외) 지식을 습득하기에 적절한 과목
훈련기간	중졸 2년(경우에 따라 2년 이상 4년 이하) 고졸 1년(경우에 따라 1년 이상 4년 이하)	6개월 이하(경우에 따라 1년 이하)
훈련시간	중졸 2,800시간 이상 고졸 1,400시간 이상	12시간 이상(관리감독자 코스는 제외)
훈련생 수	1단위당 50명 이하	관리감독자 코스 훈련: 1단위당 7명 이상 10명 이하 기능사 코스 훈련: 1단위당 10명 이상 50명 이하(통신제의 경우 30명 이하)
직업훈련 지도원	훈련생 수에 따라 적절한 수, 1단위당 3명(1단위 훈련생이 30명을 초과하면 4명)	관리감독자 코스 훈련: 감독자훈련원 등 특별 훈련을 받은 자 기능사 코스 훈련: 해당 교과과목에 대하여 상세하고 실무 지식을 가지고 정확하게 지도가 가능한 자
시험	학과와 실기로 구분하여 연 1회 이상 보통 학과는 생략 가능	
공공직업능력 개발시설	직업능력개발학교	직업능력개발학교 직업능력개발촉진센터 직업능력개발단기대학교 직업능력개발대학교 직업능력개발종합대학교

출처: 인재개발연구회, 2008; 한국직업능력개발원, 2010, p. 261에서 재인용.

표 11-4 일본 고도직업훈련의 내용

훈련과정	전문과정	전문단기과정	응용과정	응용단기과정
대상자	고등학교 졸업자 등	재직 노동자 등	전문과정 고도직업훈련수료자 등	재직 노동자 등
교과과목	고도의 기능, 지식을 가진 노동자가 되기 위해 필요한 기능, 지식을 습득하기에 적절한 과목	기업에 필요한 고도의 기능, 지식을 습득하기에 적절한 과목	고도의 기능, 지식을 가진 노동자가 되기 위해 필요한 기능, 지식을 습득하기에 적절한 과목	직업에 필요한 고도의 전문적이며 응용적 기능, 지식을 습득하기 위해 적절한 과목
훈련기간	2년(경우에 따라 1년 연장)	6개월 이하(경우에 따라 1년 이하)	2년(경우에 따라 2년 연장)	1년 이하
훈련시간	2,800시간 이상	12시간 이상	2,800시간 이상	60시간 이상
훈련생 수	1단위당 40명 이하		1단위당 40명 이하	
직업훈련 지도원	훈련생 수에 따라 적절한 수	고도의 기능, 지식을 가지고 교육훈련에 관하여 적절하게 지도할 수 있는 능력을 가진 자	훈련생 수에 따라 적절한 수	고도의 기능, 지식을 가지고 교육훈련에 관하여 적절하게 지도할 수 있는 능력을 가진 자
시험	교과과목별로 연 1회 이상, 보통 학과는 생략 가능		교과과목별로 연 1회 이상, 보통 학과는 생략 가능	
공공직업 능력개발 시설	직업능력개발단기대학교 직업능력개발대학교 직업능력개발종합대학교	직업능력개발단기대학교 직업능력개발대학교 직업능력개발촉진센터 직업능력개발종합대학교	직업능력개발대학교 직업능력개발종합대학교	직업능력개발대학교 직업능력개발종합대학교

출처: 인재개발연구회, 2008; 한국직업능력개발원, 2010, p. 262에서 재인용.

한편 일본의 인적 자원 개발 정책에서는 비즈니스커리어 제도를 도입하여 사무직 근로자를 위한 직업능력 향상을 도모하고 있다. 직무 분야별 교육 코스 수료자에게 중앙직업개발협회가 수료인정시험을 실시하여 합격자에게 수료인정서를 교부하고 있으며, 인정서는 이력 증명뿐 아니라 전문직종에 대한 유사자격제도의 기능을 가진다. 또한 일본형 이원화제도를 도입하여 기업실습(On the Job Training: OJT)과 교육훈련기관에서의 Off-JT(Off the Job Training)를 병행하고 있으며, Job Card 제도를 실시하여 구직자들이 커리어 컨설팅과 기업실습, 교육훈련 프로그램을 지원받을 수 있도록 하고 있다(고용노동부, 2012).

5) 노인교육정책

세계 최고 수준의 고령화 국가인 일본은 고령화사회 문제 해결을 위하여 1995년 「고령사회대책기본법」이라는 법령을 제정하였다. 우리나라의 노인교육이 여가활동의 일환으로 실시되고 있는 것과 달리 일본의 「노인복지법」에서는 '노인교육'을 '노인 건강 유지사업'으로 규정하여 사회보장 비용 절감을 위한 예방 대책이라는 의미를 부각시키고 있다(이이정, 2003).

일본 노인교육의 실천은 대학 부설 노인교육보다 정부 차원의 노인교육이 우세하며 문부성과 후생성 산하의 노인교육기관에서 실시하고 있다(기영화, 2004). 문부성이 실시한 노인교육정책은 제1기(1965~1970년): 고령자 학급 위촉, 제2기(1971~1972년): 고령자학습활동촉진방책에 대한 개발 사업 실시, 제3기(1973년): 고령자 교실 개설, 제4기(1978년): 고령자 인재활용사업에 대한 조성, 제5기(1984년): 고령자 삶의 보람 촉진 종합사업에 대한 조성 개시, 제6기(1989년): 장수학원개설사업에 대한 조성 개시, 제7기(1994년~): 고령자 사회참가촉진 종합사업을 들 수 있다. 또한 후생성에서 실시하고 있는 노인교육정책은 노인클럽 관련 사업, 노인들의 취업을 위한 고령자능력개발정보센터 운영, 삶의 보람과 건강 만들기 추진사업 등이 주를 이루고 있다(이이정, 2003).

기영화(2004)는 일본 노인교육의 현황을 분석하면서 일본 노인교육정책의 패러다임이 첫째, '개인'에서 '사회'로 전환되었으며, 둘째, 단순한 학습욕구의 충족이 아닌 노인들의 '삶의 만족'을 추구하는 것으로 전환되었다고 주장하였다. 또한 일본 노인교육정책은 노인학습자를 '의존적 존재'가 아닌 '독립적 주체'로서 인정하고 있다고 하였다.

8. 일본 평생교육 재정

일본에서 교육과 관련된 예산은 전체 예산에서 비교적 적은 비율을 차지하고 있다. 2010년 OECD는 32개국의 교육 상황 자료를 소개하면서 교육기관에 지출된 일본의 공공지출 비율이 국내총생산(GDP)의 3.4%로 자료가 확인된 28개국 중에 최하위라고 발표했다. 또한 동 자료에서는 일본의 교육지출 가운데 사비 부담이 33.3%를 차지하여 OECD 국가 평균 17.4%와 큰 차이를 보이는 것으로 나타났다(한국교육개발원, 2010). 이에 문부과학성 자문기관인 중앙교육심의회는 2013~2017 회계연도의 교육목표를 담은 '제2기 교육진흥기본계획'에서 교육지출을 OECD 평균인 국내총생산 대비 5.8%로 늘린다고 발표하였으며, 이는 약 9~10조 엔의 증액을 의미

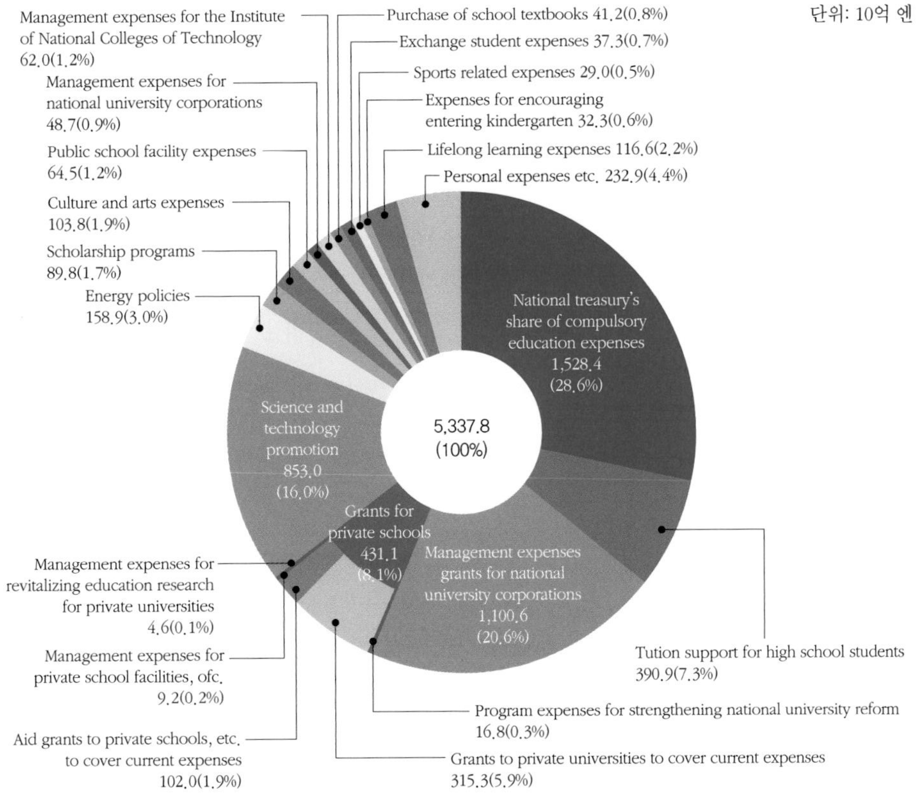

[그림 11-4] 2015년 일본 문부과학성 예산

출처: http://www.mext.go.jp/en/policy/budget/index.htm

하였다(이충원, 2013).

일본에서 평생학습은 문부과학성을 비롯해 14개 부처가 담당하고 있다. 일본 평생학습 관련 예산은 전체 약 1조 엔으로 14개 부처 중에서 후생성 예산이 가장 많고, 노동성, 농림수산성, 문부과학성 순으로 배정되어 있다(조용하, 2003).

평생교육의 주요 정책을 주도하는 문부과학성의 2015년 예산은 5조 3,378억 엔으로 이 중 평생교육 예산은 1,166억 엔으로 전체 예산의 약 2.2%를 차지하였다(Ministry of Education, Culture, Sports and Science and Technology, 2018). 2015년 문부과학성의 예산은 의무교육비 분담금(28.6%), 국립대학 보조금(20.6%), 과학기술진흥(16.0%), 사립학교 보조금(8.1%) 등의 순으로 비중을 두고 배분되었으며, 주요 예산은 [그림 11-4]와 같다.

문부과학성의 지방교육조사에 따르면 교육위원회 소관의 사회교육 관련 비용은 주로 국고보조와 시정촌의 재원을 토대로 하고 있고 단체장 소관의 지사부국에 속한 생애학습 관련 부분은 국고보조와 광역단체인 도도부현의 재원을 토대로 하고 있다. 지자체의 평생학습 관련 사업의 지출은 사회교육비와 생애학습 관련비 명목으로 지출된다. 사회교육비란 사회교육시설의 경비 및 교육위원회가 행한 사회교육활동을 위하여 지출된 경비로 체육, 문화관계, 문화재 보호를 포함하는 사업 경비를 일컬으며, 생애학습 관련비란 지방공공단체가 조례에 따라 설치하고 지사부국이 소관하는 생애학습 관련 시설의 경비를 의미한다. 일본의 평생교육 재정은 주로 교육위원회가 관리하는 사회교육에 높은 비중을 할애하고 있으며, 시설지원비를 통하여 지역 평생학습을 지원하는 구조로 운영된다(한국교육개발원, 2016).

9. 일본 평생교육정책의 시사점

지금까지 살펴본 일본 평생교육정책은 다음과 같은 몇 가지 특징으로 요약될 수 있다(김병묵, 김욱경, 정복철, 1998; 변종임 외, 2006). 첫째, 일본 평생교육정책은 오랜 역사를 가진 근대적 사회교육 체제를 가지고 있다. 둘째, 평생교육정책이 학습내용의 고도화, 전문화의 진전에 의하여 공적으로 추진된다. 셋째, 평생학습의 주요 관심이 여가에 집중되어 왔으나 최근 교양 및 직업 분야의 관심이 증가하는 추세다.

넷째, 평생교육정책의 구체화 과정은 평생학습도시 건설로 통합되는 형태를 띠고 있다. 다섯째, 지역 내 다양한 인프라가 구축되어 있다.

이와 같은 일본 평생교육정책의 특징을 바탕으로 우리에게 주는 시사점을 생각해 보면 다음과 같다. 첫째, 일본 평생교육정책에서 중앙정부의 기획조정력을 주목해야 한다. 우리나라 역시 평생교육에 대한 명확한 윤곽을 제시하고 지방정부에 권한을 이양하여 지방 특성에 맞는 자율적 운영을 가능하게 할 수 있는 정부의 기획조정력이 필요하다. 이를 위해서는 중앙과 지역 행정의 연계 시스템을 구축해야 할 필요가 있다. 우리나라 「평생교육법」에는 중앙의 평생교육센터, 시・도 단위의 지역 평생교육정보센터, 시・군・구 단위의 평생학습관을 운영하도록 되어 있으나, 중앙과 지역은 물론이고 다른 부처 및 단체에서 운영하는 평생학습시설과의 연계장치를 제대로 갖추지 못하여 역할 분담이나 유기적 연계가 이루어지지 않고 있다. 무엇보다도 통합적인 인프라를 구축해야 할 것이며 이를 위한 재정지원이 강화되어야 할 것이다.

둘째, 일본 평생교육정책이 국가경쟁력의 기반 조성을 위하여 지역 만들기와 인간 만들기에 초점이 모아지고 있다는 점은 우리나라 평생교육정책 역시 각 지역의 특성을 살릴 수 있고, 인재를 육성할 수 있는 지역 기반의 정책으로 활성화되어야 함을 생각해 보게 한다. 이를 위해서는 대도시 이외의 모든 지역에서의 평생학습 기회 및 시설의 확충이 필요할 것이며, 이를 위한 정보 네트워크 구축 역시 선행되어야 할 것이다(김종두, 2014).

참고문헌

경기개발연구원(2006). **경기도 평생학습도시 기반 조성에 관한 연구**. 경기: 경기개발연구원.

고용노동부(2012). **기업환경 변화에 따른 인적자원개발 체계 마련 연구**. 서울: 고용노동부.

권두승(1997). 일본 사회교육법의 변천 과정에 관한 연구. **교육문제연구**, 9, 155-176.

기영화(2004). 일본의 노인평생교육과 노인직업교육에 관한 연구. **고용직업능력개발연구**, 7(1), 63-83.

김도수, 김득영(1998). 일본 평생학습체계화 과정 연구. **평생교육학연구**, 4(1), 177-216.

김득영(1995). 일본 평생교육 정책의 변천에 관한 연구. 단국대학교 대학원 박사학위논문.

김득영(2005. 9. 23.). 일본 평생학습축제 동향 분석. http://uriul.or.kr/board/index.php?mid=property&page=2&document_srl=46467

김미란(2005). 일본의 평생학습정책의 전개와 실천-지역재생 정책을 중심으로. **평생교육학연구**, 11(2), 118-203.

김미향(2010). 지역평생교육 사례로서의 일본 공민관 제도의 전개과정과 그 특질에 관한 연구. **평생교육학연구**, 16(3), 127-150.

김병묵, 김욱경, 정복철(1998). 평생교육의 현황과 전망에 관한 연구: 미국과 일본의 평생교육 실태를 중심으로. **경희문제연구**, 5(1), 117-153.

김신복, 이영환(2008). 인적자원개발 기획체제 비교분석: 한국, 미국, 일본을 중심으로. **행정논총**, 46(4), 202-228.

김종두(2014). 일본 생애교육 추진체제와 정책 효과 탐색. **한국엔터테인먼트산업학회 논문지**, 8(1), 61-71.

김타니 카츠야키(2002). 일본 공민관의 구조적 전환. **월간 너울** 6월호, 126.

대외경제정책연구원(2010). **주요국의 저출산 · 고령화 대비 성장전략 연구와 정책 시사점**. 서울: 대외경제정책연구원.

대외경제정책연구원(2014). 일본 아베노믹스에 대한 평가 및 전망. **오늘의 세계경제**, 14(4), 38-40.

문정애, 윤정익(2013). 일본의 '다문화공생과 평생학습' 정책을 통해 본 지역평생학습의 탐색. **한국일본교육학연구**, 18(1), 19-41.

변종임, 이희수, 최돈민, 구교정, 김동은, 김옥남, 박형충, 최종철, 최정하(2006). **각국의 평생교육정책**. 서울: 교육과학사.

이상림, 박성재, 마사타카 나카가와(2011). **한국과 일본의 인구구조 고령화와 노동시장**. 경기: IOM 이민정책연구원.

이영호(2004). 일본의 평생교육체제 정비와 생애학습시책에 대한 연구. **비교교육연구**, 14(2), 119-141.

이이정(2003). 일본의 노인교육정책. **인간과 문화 연구**, 8, 235-260.

이정연(1999). 한국과 일본의 평생교육체제 비교. 동국대학교 대학원 석사학위논문.

이충원(2013. 3. 17.). 일본 교육예산 OECD 평균으로 대폭 확대. 연합뉴스.

장석인(2010). 선진국들의 청년층 실업과 인적자원개발에 관한 국제비교 연구: 프랑스 · 독일 · 일본을 중심으로. **한독사회과학논총**, 20(4), 211-244.

정재연(2006). 우리나라 직업교육훈련제도의 개선방안에 관한 연구: 직업능력개발 사업을 중심으로. 창원대학교 교육대학원 석사학위논문.

정현경(2013. 3. 4.). 일본의 공동학습 ① 사회교육, 풀뿌리 주민자치의 공동학습의 힘. 수원시 평생학습관. http://www.suwonedu.org/suwon/issue/2457

조용하(2003). 일본 평생학습정책의 동향과 과제분석. **부산교육학연구, 16**(1), 111-140.

제주시 평생학습관(2003). **각국의 평생학습도시 조성 (1)-일본.** 제주: 제주시 평생학습관.

최은수, 진규동, 한우섭, 최영준, 김대식, 김주섭, 송민열, 신재흥, 최용범(2010). **평생교육론.** 서울: 학지사.

평생교육진흥원(2008). **일본 평생교육 정책 동향.** 서울: 평생교육진흥원.

평생교육진흥원(2009). **일본 평생학습도시 운영 사례.** 서울: 평생교육진흥원.

한국교육개발원(2010. 9. 27.). 국가별 교육동향: 일본은 후진국인가? 교육예산 OECD 최하위. http://edpolicy.net/EpnicGlobal/Epnic/EpnicGlobal01Viw.php?PageNum=57&Ac_Group=1&searchSel=&searchKeyword=&Ac_Code=D0060105&Ac_Num0=9807&Ac_Name2=

한국교육개발원(2016). **주요국의 평생교육 정책 및 사례분석: 정책, 이행, 재정, 참여, 질 관리 중심으로.** 서울: 한국교육개발원.

한국직업능력개발원(2010). **G20 국가의 직업교육훈련제도: 주요국 우수 사례를 중심으로.** 서울: 한국직업능력개발원.

한숭희(2007). **평생교육론-평생학습사회의 교육학.** 서울: 학지사.

KOTRA(2013. 12. 26.). 일본 경제의 역사와 그 흐름. http://www.globalwindow.org/gw/overmarket/GWOMAL020M.html?BBS_ID=10&MENU_CD=M10103&UPPER_MENU_CD=M10102&MENU_STEP=3&ARTICLE_ID=5009426&ARTICLE_SE=20301

KOTRA(2014). 일본의 정치 체제. http://www.globalwindow.org/quasar_jsp/inc/gw_downloadpdf.html?fileName=/gw_files/NationPDF/101003/101003_102_5000371.pdf

Ministry of Education, Culture, Sports, Science and Technology(2011). *Ministry of Education, Culture, Sports and Science and Technology FY2011 Budget Highlights.* http://www.mext.go.jp/english/budget/

Ministry of Education, Culture, Sports, Science and Technology(2013. 7. 1.). *Organization of Ministry of Education, Culture, Sports, Science and Technology.* http://www.mext.go.jp/english/organization/1304922.htm

Ministry of Education, Culture, Sports, Science and Technology(2015). *Ministry of Education, Culture, Sports and Science and Technology FY2015 Budget Highlights.* http://www.mext.go.jp/en/policy/budget/index.htm

Statistics Bureau of Japan(2014. 1. 1.). *The population of Japan.* http://www.stat.go.jp/english/

Lifelong Education Policies in Major Foreign Countries

제 **12** 장

홍콩의 평생교육정책

1. 홍콩 평생교육의 역사적 배경

홍콩의 평생교육은 계속교육의 개념으로 1950년대부터 시작되었다. 1950년대 홍콩의 계속교육이라는 개념은 학령기 이후 학습자들에게 교육을 제공한다는 의미를 지니고 있었다(허준, 2006). 홍콩 교육부 산하의 성인교육 분과와 주민협회는 기초교육을 받지 못한 성인들에게 교육을 제공하기 위한 교육정책으로서 계속교육을 제안했다. 홍콩의 평생교육은 지식기반사회에서 정보·기술을 습득하고 직업능력을 향상하기 위한 계속교육의 개념으로 바뀌게 되었다.

1956년 홍콩 대학에 대학교외연구부(Department of Extramural Studies of University)가 설립되었고, 1956~1957년에 330명의 학생들에게 12개의 교육과정을 제공했다. 이 기관들은 기초교육을 제공했으며, 학교를 졸업한 성인들의 교육에 관심을 기울였다. 1978년 이후 기초교육에 집중되었던 계속교육은 기초교육과 함께 직업능력을 개발하기 위한 직업교육의 형태를 띠게 된다. 이것은 홍콩이 1970년대부터 경제가 성장함에 따른 결과로 볼 수 있다. 경제성장의 발달로 홍콩 시민들의 평생교육 인식 변화에 대한 참여 인원은 증가하게 된다. 지금은 학교 명이 Baptist University 이지만 1975년 당시 Baptist College였던 대학의 계속교육학부(The Division of Continuing Education)는 현재 계속교육학교(the School of Continuing Education)로 발전했다(HKBU, 2006). 홍콩 중문대학(Chinese University of Hong Kong)에는 교외부(Extramural Department)(1994년, School of Continuing Studies로 개명)가 설립되었다. 이 두 기관에서 고등교육을 받은 소수의 성인들에게 고급 교육과정을 제공하기 시작하였다. 1년 후 민간종교단체인 크리스타스 홍콩(Cristas Hong Kong)은 성인교육을 제공하기 위하여 계속성인교육 분과(Continuing and Adult Education Section, 현재 Caristas Adult and Higher Education Service로 개명)를 설립하였다.

이처럼 1950년대에서 1970년대까지 홍콩의 평생교육은 계속교육의 영역으로서 성인의 평생교육에 대한 관심이 점차적으로 증가하기 시작하였고, 이를 위한 형식교육기관이 구축되기 시작하였다. 또한 대학의 교외부를 중심으로 성인 대상 기초교육과 고급교육과정을 실시하였다. 하지만 평생교육에 대한 관심이 증가함에도 불구하고 재정적인 부분에 있어서는 정부의 정책적인 지원보다는 주로 개인 투자에 의해 이루어졌다.

1970년대 이후 산업구조의 변화로 섬유산업의 쇠퇴와 함께 그 분야에 종사했던 많은 근로자들이 직장을 잃게 되어 이들의 재훈련이 필요하게 되었다. 이 당시 자격제도의 도입으로 교육의 틀이 체계적으로 변모하고 교육기간도 길어졌다. 이후 평생교육에 대한 관심이 더욱 증가하기 시작하여 평생교육에 있어 중요한 역할을 담당하게 된 2개 기관이 설립되었다. 지금의 홍콩 과학기술 전문대학(the Hong Kong Polytechnic University)의 전신인 홍콩 과학기술 전문교육학교(the School of Professional Education and Executive Development of the Hong Kong)와 홍콩무역협동조합연합과 여가시간 공부기관(the Hong Kong and the Spare Time Study Centre of the Hong Kong Federation of Trade Unions)이다. 이 두 기관은 직업교육 프로그램을 통하여 노동시장의 근로자들을 위해 주요한 훈련을 제공하고 있다.

1988년과 1989년에 각각 홍콩기술전문계속교육센터(the Center for Professional and Continuing Education of the Hong Kong Polytechnic, 1994년 Hong Kong Polytechnic University로 개명)와 홍콩시립기술전문계속교육학교(the School of Continuing and Professional Education of the City Polytechnic of Hong Kong, 1994년에 the City University of Hong Kong으로 개명)가 설립된다. 그리고 1989년에는 정부에 의해 홍콩개방학습기관(the Open Learning Institute of Hong Kong, 현재 the Open University of Hong Kong: OLI)이 설립된다. 처음에는 정부 지원금으로 운영되다가 1993년에 자체적으로 자금조달이 가능해져 자립재정으로 운영이 된다. 1989년 OLI의 설립으로 홍콩 정부가 계속교육에 적극적으로 관여하게 되는 계기가 마련되었다. 또한 OLI는 홍콩 내 다른 학력 인정 교육기관과 동등한 지위를 가지고 학습자의 선행 학력과 상관없이 성인에게 대학 수준의 시간제 원격학습을 제공하게 된다. OLI 설립으로 많은 성인이 고등교육에 참여하게 되었지만, 홍콩 정부가 평생교육에 대해 핵심적인 정책을 펼치지는 못하였고, 1997년에 홍콩 개방대학(The Open University of Hong Kong: OUHK)으로 명칭이 바뀌게 되었다. 같은 시기에 많은 전문기구와 상업적인 벤처기업들이 계속교육 분야에 등장했다. 이들은 조직 규모와 프로그램 내용, 그리고 교육기간도 다양했다. 그러나 대부분의 교육 제공자들이 학력을 인정해 주는 체제나 기구의 감독을 받지 않았기 때문에 교육수준이나 질이 관리되지 않았으며, 학습자의 학습에 대해서도 공식적으로 인정되지 않았다. 즉, 수적으로 교육기관의 수는 늘었지만, 공식적인 학위를 취득할 수 있는 데에는 풀어야 할 숙제가 남아 있었다(허준, 2006).

2. 홍콩 평생교육정책의 정치, 경제, 사회문화적 환경

1) 정치

1840~1842년 청나라와 영국 사이에 벌어졌던 아편전쟁에서 청나라가 패하면서 1842년 남경조약에 의해 홍콩섬이 영국에 영구 할양된다. 뒤이어 애로호 사건을 계기로 1856~1860년 동안 제2차 아편전쟁이 발발한다. 이때도 청나라가 영국에 패하게 되어 1860년 북경조약에 의거 구룡반도와 스톤 커터섬(Stone Cutter)이 영국에 영구 할양되고, 또다시 1898년 제2차 북경조약에 의거하여 신계지 및 235개 부속도서가 99년간(1898년 7월 1일~1998년 6월 30일) 영국의 통치하에 놓이게 된다. 이는 청일전쟁을 계기로 영국이 홍콩 방위 목적으로 교섭한 결과였다. 그러나 1941년 12월부터 1945년 일본이 제2차 세계 대전에서 패할 때까지 홍콩은 일본의 통치를 받다가 일본 패전 후 1946년 홍콩에 영국 홍콩 총독부가 재수립되고 1967년 홍콩 총독부가 홍콩정청으로 개칭된다. 1997년 7월 1일 북경조약에 의한 조차기간이 만료됨으로써 중국의 홍콩에 대한 주권이 회복되고, 홍콩은 '홍콩특별행정구'로 지정되어 이전의 경제와 정치 사회제도를 계속 유지해 오고 있다(허준, 2006).

1997년 홍콩 주권의 중국 반환 이후, '일국양제', '홍콩인에 의한 홍콩 통치' 원칙 등 고도자치제(高度自治制)를 유지하고 있으며, 2047년까지 50년간 현 체제 유지를 보장하고 있다. 홍콩 특구에 대한 외교 및 국방 기능은 중국 중앙정부가 관장하며, 홍콩에는 중국 외교부와 중국 중앙인민정부가 파견 및 설치되어 있고, 인민해방군 약 12,000명이 주둔하고 있다(KOTRA, 2016).

홍콩 반환 이후 국방과 외교는 중앙정부가 관장하는 것으로 되어 있으나 실제로는 홍콩 정부의 자치 범위는 넓다. 토지와 자원은 홍콩 특별행정구 정부가 그 운영권을 보유하며, 기본법 해석 등에 관련된 중요 결정사항은 중국 전국인민대표대회

상무위원회에 보고 및 승인을 받는다. 홍콩 정치제도의 기본적인 구조는 행정장관을 정점으로 하는 행정회의와 주요 정부기구, 입법 기능을 가진 입법회, 그리고 각급 법원으로 구성된 사법기구로 이루어져 있다(KOTRA, 2016).

2) 경제

홍콩은 세계 최대 중계 무역항 및 자유무역도시다. 무역과 외환 거래에 관한 규제가 없으며 사후 신고로도 통관 절차 마무리가 가능하다. 담배, 술, 메틸알코올, 탄화수소 등의 4개 품목 이외에는 관세 및 소비세가 없고, 소수 제한품목을 제외한 모든 물품의 거래가 자유로우며 1973년부터는 외환 거래를 완전 자유화하였다(KOTRA, 2018).

홍콩의 경제는 대외 무역에 의존하는 시장경제 체제로 천연자원이 부족하여 주로 해외 수입에 의존하고 있다. 홍콩은 2017년 기준 상하이, 싱가포르, 선전, 닝보에 이어 세계 5위의 물동량을 기록한 바 있다. 특히, 홍콩 경제는 중국에 높은 의존도를 보이는 특징을 가진다. 2017년 자료에 따르면 홍콩 총 수출량의 98.8%가 재수출되는 높은 대외 의존도를 보이고 있는데 홍콩의 1위 교역 상대국은 중국이며 중국과 홍콩의 교역량은 전체의 50.2%를 차지한다(KOTRA, 2017).

2015년 이후 홍콩 경제는 잠재성장률 미만의 성장률을 보이고 있는데, 이는 글로벌 무역환경의 악화와 중국으로부터의 관광객 감소 등으로 인해 소매 판매, 민간투자와 수출이 부진한 이유로 분석되고 있다. 2016년 중반 이후 관광객 수가 바닥을 벗어나고, 부동산 가격의 반동 등으로 소비가 개선되고 있으나, 산업생산과 소매판매, 소비자 심리지수는 여전히 더디게 회복되는 추세다(외교부, 2017).

그러나 홍콩 시장은 '자유로움'이라는 경쟁력을 가지고 있다. 2017년 기준, 홍콩은 미국 헤리티지 재단이 발표하는 세계 경제자유도 평가에서 24년 연속 세계 1위를 차지하였으며, 전 세계 4위 외국인 직접 투자 유치 지역으로 선정되었다. 현재 홍콩은 중국 성장과 더불어 중국 투자 진출의 거점 도시로 활용도가 높아지고 있어 홍콩의 투자지로서의 매력은 계속 높아질 것으로 예상된다. 특히, 홍콩에는 다양한 국적의 사람이 모여 있고 중국, 서양과의 교류가 활발하여 세계 기업들이 향후 글로벌 마켓에서의 성공 여부를 홍콩에서 타진하는 경향이 있다. 이에 홍콩에는 글로벌 기업과 바이어가 모이는 연간 약 500여 개의 전시회 및 콘퍼런스가 개최되며, 최근에는 이들 박람회가 중국 시장 확대로 중국 진출을 노리는 기업들의 교두보 역할을 하고 있다(KOTRA, 2018).

3) 사회

홍콩은 동아시아의 남중국해와 중국에 접경하고 있으면서 오랫동안 영국의 지배를 받아 오다가 1997년에 중국의 특별행정구로 지정되었다. 대부분의 인구는 중국계로 구성되어 있으며, 종교는 주로 불교와 도교를 신봉하고 있고 기독교는 10%를 차지한다. 언어는 중국어 중 특히 광동어가 사용되고 있으며, 영국 식민통치의 영향으로 영어도 널리 쓰이고 있다(허준, 2006).

홍콩과 중국 정치의 친밀도가 높아지고 있긴 하지만, 사회 전반적으로 중국에 대한 감정은 그다지 좋지 못하다. 2016년 여론 조사에서 홍콩 시민 중 중국 국민으로서의 정체성에 자긍심을 느끼지 못한다고 답한 사람이 65%였으며, 전체 응답자 중 38%는 중국 정부의 홍콩 정책에 대해 부정적인 견해를 가지고 있다고 답하였다(KOTRA, 2016).

홍콩은 150여 년 동안 영국의 식민 지배 덕으로 서구의 문물과 제도가 정착되었다. 특히, 서구식 자본주의에 기초한 상업 · 금융 등, 서비스 산업이 고도로 발달해 있으며 주민의 상당수가 이에 종사하고 있다. 반면에 선진화된 사회 체제와 제도에 불구하고 주민들의 의식 구조와 가치관은 동양적인 요소가 많이 남아 있다. 빈부격차는 극심한 상태이나 사회보장제도가 발달되어 있어 저소득층의 반발이 심각한 사회문제로 비화되지는 않고 있다. 대표적인 사회보장제도로는 65세 이상의 노인과 생활 무능력자에게 주택 임차료를 지원하는 포괄적 사회보장 지원(Comprehensive Social Security Assistance Scheme)제도와 형사범 및 형사 피해 보상(Criminal & Law Enforcement Injuries Compensation Scheme)제도, 교통사고 희생자 지원(Traffic Accident Victims Assistance Scheme)제도, 긴급 구조(Emergency Relief) 등이 있다. 홍콩 주민의 약 반수인 310만 명이 공공주택(Public Housing)에 주거하고 있는데 사실상 무료에 가까운 의료 혜택을 받고 있다(허준, 2006).

3. 홍콩 평생교육정책의 추이 발전

홍콩의 사회교육은 VTC(Vocational Training Council)와 같은 노동 관련 정부 기관 산하 직업훈련소에서 실시하는 학령기 미취학자들과 실업상태나 이직을 원하는 사람들을 대상으로 하는 직업교육과 고등교육기관에서 실시하는 계속교육이 주를 이루고 있다. 1999년 교육통수국장인 Joseph W. P. Wong은 국정 연설에서 미래 지식기반사회에 대비한 홍콩 경쟁력의 핵심은 사람의 질이라고 명명하고 경제발전과 지속적인 삶의 질 향상으로 교육이 그 역할을 수행할 수 있다고 밝혔다. 이를 통해서도 알 수 있듯이, 홍콩의 평생교육은 '인간자본'을 기반으로 한 사회경제 성장을 지향하며 '인간자본'을 홍콩의 경제성장의 기본적인 핵심으로 삼고 있다. 이와 같은 정부의 태도는 홍콩의 사회적 특성과 관련이 있다. 아시아 금융위기 이후 급속한 실업률과 이직률의 증가는 직업전문교육에 대한 요구를 증대시켰다. 이러한 상황에서 특히 두드러지게 '계속교육'에 대한 수요와 공급에 대한 논의가 확산되고 있다. 최근 홍콩에서는 고등교육 영역에서의 계속교육에 대한 논의가 활발하게 이루어지고 있으며, '대학교육위원회'에서 '계속교육'에 대한 언급을 하며, 전 생애 동안 계속해서 고등교육에 참여할 필요를 역설하고 있다. VTC, 교육부, 무역협회 등에서 이러한 문제의식 하에 계속교육 프로그램을 확대하고 있는 실정이며, 섬유산업과 제조업이 쇠퇴함에 따라 노동자 재교육의 문제가 불거지면서 이러한 계속교육에 대한 요구가 한층 가열되고 있다(허준, 2006).

1997년 이후 추진되어 온 홍콩의 교육개혁정책 이면에는 평생교육 개념이 꾸준히 강조되고 있음을 알 수 있다. 1999년 9월 교육위원회(EC)는 「교육개혁을 위한 교육 시스템의 검토: 삶을 위한 학습(Review of Education System Framework for Education Reform: Learning for Life)」이라는 보고서를 통하여 고등교육의 '다양화된 다중 채널, 다층적인 고등교육 시스템의 발전'에 대한 요구를 직접적으로 제시하며 평생학습 체제로의 전환을 모색하기 위해 전면적인 교육 시스템 개혁을 권고하였다. 2000년 9월에 제안한 보고서에도 '삶을 위한 학습, 삶 속에서의 학습'(Learning for Life and Learning through Life)이라는 표제가 붙었다(양은아, 2016). 이 과정에서 커뮤니티 칼리지(Community College)를 도입하여 4년제 대학 안에 2년제 학위 프로그램을 장착하고, 이를 기반으로 노동시장의 눈높이에 맞는 준학사학위 프로그램들이 다중적인 경로(전일제, 시간제)를 통해 제공되면서 새로운 고등교육의 영역군이 형성되었다. 이로부터 기존 학문 중심 대학의 핵심적인 기능을 여전히 유지하면서 이와 동시에 비전통적 고등교육기능을 복합트랙으로 장착한 고등평생교육 체제가 전문화되기 시작하였다.

최근 홍콩의 계속교육은 정부가 주도했던 이전과는 달리 민간 분야의 계속교육 부문들이 성장하고 있다. 대부분은 직업훈련소, 대학 계속교육센터 등 공공 분야에서 성인교육이 이루어지고 있지만, 상업성을 띤 교육기관도 증가하였다(허준, 2006).

4. 홍콩 평생교육정책의 추진 체제와 조직

홍콩 평생교육 시스템을 구성하는 상호 연관되어 있는 두 개의 하위 기관은 전통적인 교육기관과 계속교육기관이다. 이러한 두 개의 하위 구조는 일반적인 자격제도 하에 통합되어 있다. 통상적인 대학교육에 보충적으로 주요한 기초교육과 중등교육 및 계속교육은 학위과정 혹은 비학위과정 등, 두 개의 프로그램을 제공하는 형식교육에 긴밀하게 연계가 되어 있거나 평행적으로 운영되고 있다. 이 구조는 학습자에게 다양한 학습의 시작과 종료 시점을 유동적이고 다양하게 제공한다. 계속교육은 홍콩 평생교육의 주류다.

홍콩은 계속해서 지식기반사회로 빠르게 변화하고 있다. 이것에 대응하기 위해 일반 공립학교는 수단으로서뿐만 아니라 삶의 필수적인 부분으로서 평생학습을 포함하고 있다. 홍콩의 계속교육을 위한 요구조사에 따르면, 점점 참여인구가 늘고 있다. 2002년 18%였던 평생교육 참가율이 2009년 28%까지 증가했다. 2009년의 평생교육 참가 인원은 139만 명으로 추정하고 있다. 2007년의 조사와 비교했을 때 16만 명이 증가한 숫자다. 계속교육을 위한 홍콩 정부의 다양한 자금지원과 여러 후원을 통해 평생교육이 촉진되어 평생교육에 참가하는 인원이 증가하게 되었다.

고등교육에서 계속교육을 위한 홍콩의 평생학습을 촉진하기 위해 1994년 고등교육기관 계속교육연합(The Federation of Continuing Education in Tertiary Education)이 설립되었다. 다음의 기관이 대표적인 홍콩의 계속교육을 위한 기관이다.

- Caritas-Hong Kong
- City University of Hong Kong
- Hong Kong Baptist University
- Hong Kong College of Technology
- Hong Kong Institute of Technology
- Lingnan University
- The Chinese University of Hong Kong
- The Hong Kong Institute of Education
- The Hong Kong Polytechnic University
- The Hong Kong University of Science and Technology
- The Open University of Hong Kong
- The University of Hong Kong
- Vocational Training Council

현재 FCE는 홍콩의 교육과 인적 자원 개발에 있어 핵심적인 역할을 하고 있다. 예를 들면, FCE에 속한 기관에 참여하는 성인학습자 수가 2000년에 30%, 2004년에 53%, 2008년에는 67%까지 증가했다. 대다수의 학습자들은 더 높은 학위를 얻기 위해 제도적 지원 아래 학습 참여를 지원받는다. FCE의 출현은 국가 차원의 지원과 함께 홍콩의 평생학습에 대한 인식이 높아짐에 따라 나타난 것이라고 할 수 있다. 고등교육과 중등 후 교육 영역에 있어서 FCE의 역할이 점점 증대된다고 할 수 있다 (Shi, 2010).

5. 홍콩 평생교육정책의 방향과 내용

1) 성인교육

홍콩의 교육국(Education Bureau: EDB)은 지정된 각 센터에서 야간 중등 과정에 다니는 성인학습자들에게 보조금을 지원하기 위해 야간 성인학습과정에 대한 재정

지원계획을 시행하고 있다. 성인교육과정은 VTC(Vocational Training Council)와 다양한 대학 및 민간교육기관에서 실시되고 있다(Education Bureau, 2016).

2) 직업전문교육훈련

홍콩의 직업교육은 '일반학교 유형', '산업과 학습 결합형', 그리고 '산업학습연구훈련 결합형'의 세 가지 유형으로 나눌 수 있다. 일반형으로는 문법, 공업, 직업선수학습을 제공한다. 산업학습형은 전문교육학원과 공업훈련 및 발전 센터가 있다. 산업학습연구훈련 결합형은 고등교육기관과 여러 훈련기관이 협력하여 산업 수요에 맞는 인재를 양성하는 것이 주요 목적이며, 개개인의 역량과 능력에 따라 개별화된 커리큘럼을 제공하는 것이 핵심이다(应雅泳, 2007).

VTC는 홍콩 정부의 인력 수요조사 및 개발에 적합한 직업전문교육훈련(Vocational and Professional Education and Training: VPET) 시스템을 추진하고, 이에 대한 발전 방안을 정부에 제시하고 있다. VPET 프로그램이 제공되는 VTC 소속 기관들은 〈표 12-1〉과 같다.

표 12-1 홍콩 VTC 소속 기관(2015년 기준)

	기관 명	설립 연도	프로그램
1	• THEi(Technological and Higher Education Institute of Hong Kong)	2012년	지역 학생들을 위한 직업중심 학사학위 프로그램
2	• SHAPE(School for Higher and Professional Education)	2003년	계속교육을 위한 HD 프로그램(지역 타 기관 및 해외 대학과 협력)
3	• PEAK(Institute of Professional Education And Knowledge)	2003년	직장인을 위한 준학사 프로그램(지역 타 기관 및 해외 대학과 협력)
4	• IVE(Hong Kong Institute of Vocational Education)	1999년	9개의 단과대학을 운영하는 넓은 영역의 교육을 제공
5	• HKDI(Hong Kong Design Institute)	2007년	창조적 산업 영역의 HD 프로그램
6	• ICI(International Culinary Institute)	2014년	청소년을 위한 요리 HD 학위 프로그램
7	• HTI(Hotel and Tourism Institute)	1984년	청소년을 위한 호텔관리 학위 프로그램
8	• YC(Youth College)	2004년	청소년을 위한 8개의 단과대학 직업교육 제공

9	• CCI(Chinese Culinary Institute)	2000년	중국요리 수업(신입/초급 요리사)
10	• Pro-Act	1985년	10개의 훈련기관센터가 운영하는 여러 레벨의 교육 프로그램(고졸 대상)
11	• MSTI(Maritime Service Trainint Intitute)	2003년	청소년을 위한 HD 학위 프로그램
12	• Integrated Vocational Development Centre	2008년	5개 훈련기관이 직장인에게 제공하는 현장교육 프로그램
13	• Shine Skills Centre	1968~1995년	3개의 훈련기관이 제공하는 장애인을 위한 특수 프로그램

출처: Research Office Legislative Council Secretariat, 2015, p. 4의 표를 번역하여 수정.

YC는 2학년 3레벨 이상의 학교 졸업자들을 위한 학점 기반 직업교육 프로그램을 포함한 다양한 프로그램을 제공하고 있으며, IVE는 전문기술인 양성 프로그램을 실시하고 있다. 또한 2007년 창조산업 발전을 위해 설립된 HKDI는 디자인 관련 프로그램에 참여할 수 있으며, THEi는 산업 수요에 적합한 직업인을 양성하는 학사학위 프로그램을 제공하여 청년들의 다양한 진로 결정을 돕고 있다(Education Bureau, 2016).

VTC는 회원 기관들을 통해 매년 약 250,000개의 교육 훈련 장소를 제공하고 있다.

3) 자격증 제도화(Establishment of a Qualification Framework)

자격제도의 수립은 홍콩의 계속교육에 있어서 주요 정책 중의 하나다. 2002년 홍콩 정부는 자격제도를 구축하기 시작했는데, 그 당시는 관심이 증대되고 있는 평생교육의 영역을 촉진하고 육성하기에는 부적절했다. 자격제도는 학문적 영역과 직업적 혹은 계속교육에 있어 필수적인 영역이라고 할 수 있는데, 정책의 목적은 각기 다른 자격의 기준을 명확히 하고, 각자의 실제 능력에 맞는 자격증의 취득으로 그들의 능력을 보장하기 위한 것이라고 할 수 있다. 그리고 사람들은 자격제도를 통해 그들의 직업능력 혹은 자격에 관한 로드맵을 그릴 수 있으며, 자신의 기술과 능력 향상에 방향과 목적을 명확히 할 수 있다. 또한 계속교육의 영역에서 기술능력을 배양할 수 있도록 환경적인 부분을 제공함과 동시에 계속교육에 참가하는 학습자와 계속교육이 필요한 산업에 있어서 요구를 충족시키기 위한 교육과 훈련 개발을 촉진할 수 있다. 이러한 목적으로 홍콩에서는 자격제도가 실시되고 있다(Cheung, 2006).

4) 일터영어캠페인

일터영어캠페인(The Workplace English Campaign)은 2000년에 공식적으로 실시되었다. 이 캠페인은 우선 근로자의 직장 내 영어 구사능력을 향상시키는 것을 목표로 직종별로 일터에 맞는 영어 역량의 기준 지표를 수립하였다. 홍콩은 비즈니스, 금융, 관광의 국제적인 중심지로서 경쟁력을 유지하기 하기 위해 직장 내 영어능력을 강화할 필요가 있었다. 이를 통해 여러 다양한 직군들 사이에 필요한 영어 구사능력의 기준이 되는 지표를 제시할 수 있었고, 근로자들은 영어 공부를 위한 자금보조 정책에 의해 능력 향상 교육에 참여하는 데 지원을 받고 있다. 2006년에는 캠페인을 통해 30,000명의 근로자들에게 62만 달러의 자금을 투입하였다(Cheung, 2006).

5) 계속교육재정(The Continuing Education Fund)

계속교육에 있어 정책적인 자금은 2002년 5월에 공식적으로 발표했다. 이것은 계속교육에 참가하는 18~60세까지의 성인학습자에게 자금지원을 해 주는 정책이다. 등록을 먼저하고 난 후 교육비를 환급을 해 주는 제도로서, 다음의 계속교육 영역에서 지원이 이루어지고 있다. 법, 금융 서비스, 비즈니스 서비스, 관광, 언어, 생산과 디지털 디자인, 그리고 가치와 태도를 포함한 창의적인 산업적 영역뿐 아니라 다른 사람과 함께 일을 하는 데 있어서 갖추어야 할 직장 내에서의 인간관계 향상 기술과 생활에 필요한 필수 기술에 대한 것이다(Cheung, 2006).

6) 무담보 대출제도 확장
(Extension of the Non-means Tested Loans Scheme)

무담보 대출제도는 2000학년도와 2001학년도에 시작되었고 학생들에게 저금리로 학자금을 대출해 주는 제도다. 적은 이율로 대출을 해 주어 경제적으로 어려운 학생들에게 계속 학업을 유지할 수 있도록 지원해 주고 있다. 이 정책의 계획안에 따르면 대출의 이윤은 이익과 손해가 없는 비율의 무담보 대출로 정부가 위험을 감당할 수 있는 위험을 조정하는 요인을 플러스하여 실행되고 있다. 이 제도를 통하여 학생들이 비싼 학비 때문에 학업을 중단하는 일이 없도록 고등교육의 참여율을 장려하고 있다(Cheung, 2006).

7) 조세사정 자기-개발금 할당 증가 (Increase in Self-Development Allowance in Tax Assessment)

홍콩의 계속교육에 있어 세금추징 관련해서 자기-개발금 할당의 지속적인 증가는 1996~1997년에 처음 소개된 정책이다. 급여를 받는 봉급생활자들은 자신의 교육비에 대해 지속적으로 세금공제를 실시할 것을 주장하였다. 2000년 홍콩 정부는 계속교육 참가자들을 지원하기 위해 자기-개발금에 대해 최대한 세금 감면의 혜택을 주고자 이 정책을 시작하였다. 이 제도의 정책적 지원 대상은 산업현장에 참가하는 근로자들이며 점차적으로 최대 공제금액이 증가하게 되었다(Cheung, 2006).

홍콩의 평생교육정책은 홍콩의 정치 · 경제적 상황을 비추어 볼 때에 경제성장에 필요한 인적 자원 개발을 위한 평생교육에 중점을 두고 있다. 특히, 정책적으로 직업능력 개발과 직업기술 능력 습득 혹은 고등교육의 참여 증진에 중점적으로 지원을 하고 있다.

홍콩에서는 앞에 소개한 정책들에 대하여 수많은 문제점과 보완점이 제기되고 있다. 그들의 공통적인 정책적 이슈와 문제점은 지식기반사회에서 경쟁력 제고를 위한 인적 자원 개발 정책에 중점을 두었지만 인적 자원 개발에 있어서 얼마나 효과적인 결과가 도출되었는지 대해서는 일부에서 회의적인 시각으로 바라보고 있다. 구체적으로 인적 자원 개발을 위해 여러 가지 정책적인 지원을 시도했지만 지식기반사회에 적절한 인재를 제대로 양성하지 못했으며, 고등교육 참여자의 부족으로 고급 인력의 수급에 문제점을 가지고 있다. 또한 아시아권의 다른 나라와 비교해 볼 때에 홍콩의 문맹률은 2005년 0.52%로, 싱가포르와 한국의 0.20%에 비해 다소 높은 편이라는 점도 지적받고 있다. 또한 영국, 미국, 그리고 호주의 평생교육 참여율이 50%에 달하는 데 비하여 홍콩은 25%에 이르고 있다는 점이다(Cheung, 2006).

6. 홍콩 평생교육정책의 시사점

홍콩의 평생교육은 일종의 직업계속교육의 형태라고 규정할 수 있다. 국가의 지리적 · 사회적 위치로 인해 중국의 특별구이고 경제성장의 모델로서의 역할을 완수해야 하는 국가적 상황이 평생교육의 방향을 설정하는 데 영향을 미쳤다. 작은 도시에 인구가 밀집되어 있어 교육열이 우리나라 못지않게 높은 데다가 세계적인 정세에 국가의 경제력이 좌우되는 부분에 있어 평생교육의 영역 중 직업교육에 집중하게 되었다. 정책적으로도 직업교육과 고등교육에 계속교육의 영역이 집중되어 있으며 고등교육기관인 대학을 중심으로 직업기술교육과 고등교육이 실시되고 있다. 하지만 민간 차원의 평생교육 영역이 많이 증대되기는 했지만 아직 우리나라와 비교했을 때 정책적 · 중점적으로 이루어지지 않고 있으며 아직 정비되어야 하는 상황이다.

정책적으로 직장 내 영어 사용 캠페인을 실시한 것은 우리나라에서도 시범적으로 실시해 볼 만한 정책이라고 할 수 있다. 홍콩의 사회경제적 특성으로 가능한 정책이었을 수도 있지만, 이미 우리나라에서도 영어 사용이 빈번한 직장이 늘고 있으며 그런 일터를 중심으로 직업능력교육의 향상과 업무 증진을 위해 영어 사용에 대한 기준을 명확히 하는 것은 필요하다.

홍콩은 지속적인 지식기반사회에서 살아남기 위해 계속교육에 정책적으로 지원을 계속했지만, 얼마나 효과적인 결과가 있었는지에 대한 의문이 제기되고 있다. 우리나라도 직업정책에 집중적으로 정책적 자금이 투입이 되고 있는 시점에서 한 번쯤은 작금의 직업교육정책이 얼마나 효과성을 띠고 있는지 살펴볼 필요가 있을 것이다.

참고문헌

권동택, 김정희, 주동범(2015). 홍콩의 고등교육 평가인증제도의 운영 실태분석과 시사점. **비교교육연구**, 25(4), 119-143.

양은아(2016). 홍콩 고등평생학습복합체제 구조적 특징 분석-HKU SPACE 사례를 중심으로-. **평생교육학연구**, 22(2), 161-192.

외교부(2017). 홍콩경제 동향 및 전망. http://overseas.mofa.go.kr/hk-ko/brd/m_1506/view.do?seq=1284549&srchFr=&srchTo=&srchWord=&srchTp=&multi_itm_seq=0&itm_seq_1=0&itm_seq_2=0&company_cd=&company_nm=&page=3

허준(2006). **홍콩의 평생교육**. 서울대학교 아시아태평양교육발전연구단.

應雅泳(2007). **香港職業教育辦學模式, 質量保障机制及其啓示**. 浙江工業大學 教育科學与技術學院.

Cheung, K. S. (2006). Recent continuing education policies in Hong Kong: A focus on short-term performance through inducements. *International Education Journal, 7*(7), 992-1006.

Education Bureau(2016). *Education in Hong Kong*. Education Bureau.

HKBU(2006). https://www.hkbu.edu.hk/eng/about/abouthkbu.jsp

KOTRA(2016). 국가정보: 홍콩. 서울: 대한무역투자진흥공사.

KOTRA(2017). 중국, 홍콩 출장자료. 서울: 대한무역투자진흥공사.

KOTRA(2018). 중국, 홍콩 출장자료. 서울: 대한무역투자진흥공사.

Research Office Legislative Council Secretariat(2015). *Review of development of vocational education in Hong Kong*. Research Office Legislative Council Secretariat.

Shi, J. (2010). *The federation of continuing education in tertiary education*. The Federation for Continuing Education in Tertiary Institutions.

Lifelong Education Policies in Major Foreign Countries

제 13 장

호주의 평생교육정책

1. 호주 평생교육의 역사적 배경

1788년 금광 발견에 따른 호주 경제의 급부상과 해군기지 건설의 전략적 목적에 따라 영국은 죄수들과 더불어 새로운 꿈을 실현하고자 하는 일부 영국인들을 호주로 이주시키기 시작하였다. 이주민들의 숫자가 계속 증가됨에 따라 호주 식민지 정부는 이들의 사회 적응을 목적으로 성인교육이 필요하게 되었다. 식민 초기에는 식민지 정부 관계자와 정착민들, 특히 상류층 지역주민들을 위한 문학과 음악, 농업과 과학, 조직체와 사업경영 등과 같은 회원제 성인교육 프로그램이 주종을 이루었다.

1827년 호주에 영국의 평생교육을 모델로 한 기술학교(Mechanic Institution)와 예술활동학교(School of Art Movement)가 건립되면서 호주의 평생교육은 사회 전체에 급속히 확산되기 시작하였다. 당시의 기술학교는 노동자 계층의 삶의 질을 높이거나 생활수단을 얻기 위한 목적으로 생겨난 것이 아니라 무역 중개자, 기업 경영주와 농장 지주 등 중간 계층 사람들이 자신의 필요에 의해 현지의 근로자와 잠재적 고용자들을 훈련시키기 위한 필요성으로 조직 및 운영되었다(McCulla, 2007).

호주의 직업교육훈련은 19세기 중반부터 기술을 가지고 있는 상인에 대한 요구로 도제제도가 시작되면서 근로자들 중심의 기술교육에 뿌리를 두게 되었다. 호주 전역이 주정부 차원의 식민지역으로 발전하면서, 각 주정부들은 지역발전과 생산인력 확보 차원에서 점차적으로 기술학교의 필요와 가치를 인식하게 되었다. 주정부는 각 지역에 노동인구의 기술을 개발하기 위하여 기계전문학교, 광산학교 그리고 노동자대학을 설립하였다. 거의 모든 기술학교는 자체적으로 운영되었으며 교육 프로그램의 다양화, 수강료 인하 등을 통하여 지역주민들에게 기술교육 기회를 부여하였다. 그러나 그 당시 거의 모든 훈련과 교육기관은 남성들에게 집중되어 운영되었다.

1886년과 1890년에 정규 대학인 시드니 대학교(The University of Sydney)와 멜버른 대학교(The University of Melbourne)가 각각 설립되면서 초등 및 중등학교와 연계된 직업교육과 전문교육을 단계적으로 이수할 수 있는 평생학습 체제가 구축되기 시작하였다.

1900년대에 들어서서 각 주정부가 인수하여 지원하던 기술학교들이 직업기술학교로 전환되었다. 각 주정부는 지방에 산재해 있던 직업기술학교를 전국적으로 통합하고 전문적인 기술교육을 위한 TAFE(Technology And Further Education) 운영 체계를 확립하여 고등교육기관 수준으로 위상을 높이고자 노력하였다. 또한 호주 교육부는 급변하는 사회경제적인 요구에 적극적으로 대처하기 위하여 교육훈련 분야의 개혁을 단행하였다. 산업과 사회가 점차적으로 변화하기 시작하면서 새로운 산업이 등장하자 변화된 노동시장에 남성에게 집중되었던 훈련과 교육기관들이 여성을 위한 교육도 필요하다는 것을 인식하게 되었다. 특히, 1960년대와 1970년대에 산업사회가 변화하게 되어 전통적인 제조업, 농업, 광업에서 벗어나 통신이나 금융업 등에 초점을 맞추게 되면서 기술교육에 대한 국가적 체제 수립에 많은 변화를 겪게 되었다. 그러자 1992년 본격적으로 모든 주와 연방정부는 직업교육과 후년의 통합적인 체계인 호주국립훈련위원회(Australian National Training Authority: ANTA)를 설립하기로 합의하였으며, 1994년 1월에 연방 입법에 따른 공식기구로 발전하였다(강순희, 1998). ANTA는 호주의 평생직업교육 훈련을 위한 새로운 국가전략인 '미래에의 가교(A Bridge to the Future)'를 추진하여 국가적인 목표를 지식과 기술 및 정보 경제력을 키우는 데 중점을 두었다.

호주의 평생교육은 개인의 사회, 경제, 고용기회를 극대화시키기 위해 평생학습에 대한 중요성을 인식하여 사회와 경제생활에 효과적으로 참여하는 데 필요한 계속교육이 강조되는 정책을 추진해 왔다. 호주의 평생교육은 경제성장에 따른 노동시장의 변화에 따른 개인마다 원하는 교육과 훈련을 제공하여 고용기회를 극대화하는 데 초점을 두고 있다.

2. 호주 평생교육정책의 정치, 경제, 사회문화적 환경

호주는 다민족, 다문화 중심사회로서 중립과 평화, 진보와 혁신, 그리고 자유와 정의가 공존하며 정부가 중심이 되어 소외계층을 포함한 모든 개개인에게 교육접근의 기회를 평생교육 차원에서 평등하게 능동적으로 실현하고 있는 다민족 연합국가다. 이러한 환경적 요인으로 호주의 평생교육정책은 개인의 요구와 이를 충족시키기 위한 성인학습 정책구조가 국가를 중심으로 체계화되어 왔다(박정우, 2010).

1900년대 초기부터 인류평등주의자, 즉 사회주의자들이 사회 전 분야의 모든 시설이나 교육훈련과정을 무료나 낮은 가격으로 제공해야 한다고 주장하였고 이는 주 연방정부의 정책에 반영되었다. 경제성장보다는 부의 분배를 중요시하였고 부유층으로부터 세금을 징수하여 노동계층의 대학 등록금과 병원비 등을 무료로 지원하였다. 그 결과 정부는 재정이 고갈되고 노동자들이 직장을 잃게 되면서 호주의 경제 상태는 파국에 이르게 되었다. 그러자 1983년 노동정책 변화를 시도하면서 경제발전을 주 목표로 삼게 되었으며, 정책에서도 기업 우선 정책과 노동계급 일자리 확보 및 가난 대물림 방지를 위하여 대학 개방과 기술교육 확대를 통해 전문직 종사자를 배출할 수 있는 기술학교를 대학으로 승격시키는 변화를 시도하였다. 실제로 1996년부터 2001년까지 직업 구조의 변화를 살펴보면, 고숙련을 요구하는 전문가 및 준전문가의 비율이 30.5%에서 37.7%로 늘어난 반면 같은 기간 동안 단순노동자의 비중은 21.6%에서 18.0%로 줄어들었다(NCVER, 2003). 그 결과 정부는 전국의 직업교육훈련 담당 기관이었던 TAFE를 대학으로 승격시키고 TAFE 운영기금을 지원하였다. 그 후, 호주 연방정부는 다양한 직업 관련 기술교육기관(Institute Technology)을 고등교육기관 수준의 대학으로 승격하여 종합대학(University) 체제로 재편성하였다. 노동력의 고령화도 역시 기술교육에 역점을 두는 데 중요한 요소로 작용하였다. 노동력의 평균연령이 높아짐에 따라 인력 개발을 위한 재훈련이 필요하게 되었다. 이처럼 사회, 경제적 변화로 인해 호주의 평생교육정책은 직업교육훈련을 포함하여 모든 교육 부문 전반에 자격제도 개혁을 재정비하게 되었다.

1996년에 들어선 보수 연합정부는 고등교육정책에 대한 변화를 가속화하였다. 우선 모든 대상에게 무상으로 실시하였던 고등교육 기회를 수익자 부담 원칙으로 바꾸고 학생 스스로 학비를 부담하여 경쟁력을 키워 나갈 수 있는 교육정책을 전격 도입하였다. 정부 지원이 대폭 삭감되자 대학들은 교수들을 정리해고하거나, 전액 학비 부담학생들의 선발 비율을 높이고 대학운영기금과 교수연구비를 지원받기 위하여 기업과 연계된 프로젝트를 얻고자 노력하였다(Norman, 2007). 이러한 격동기를 거친 호주 대학은 지역주민에게 다양한 직업교육훈련을 제공하여 자격증 취득을 하도록 유도하였고, 대학의 교육과정도 산업체와 연결이 용이한 정보기술, 경영관리, 시장경영과 같은 분야를 확대하였으며, 약학, 법학, 간호학과 같은 전문인력

양성에도 힘썼다. 그 결과 이들 교육과정에의 성인학습자의 참여도는 전체 성인학습자의 20%가 넘게 되었다(DEST, 2004).

호주 정부가 주로 직업교육훈련 부문의 개혁 추진에 중점을 두고 추진한 변화에는 고부가 가치 제품과 서비스 수출에 따른 전문지식과 기술 인력의 필요성, 인구의 노령화와 특정 분야에 대한 숙련 노동인구 부족으로 인한 직업교육훈련 정책 변화 등이 있었다(이기성, 2004). 사실상 호주는 19세기 양털과 금광과 같은 자원으로 인하여 경제호황을 누렸으며, 20세기에는 밀, 석탄과 철광석, 그리고 최근에는 와인으로 경제발전을 이끌어 왔다. 그러나 21세기 들어 호주 정부는 인적 자원의 향상이 호주의 지속적인 경제발전을 위한 주요 요인으로 작용할 것이라는 인식 하에 인적 자원 개발을 위한 정책적 노력을 계속하고 있다. 기술에 대한 학습이 강조됨에 따라 호주가 가지고 있는 사회적 · 경제적 · 문화적 특성의 영향으로 직업교육훈련 체제가 점차 자리 잡기 시작했다.

호주에서는 성인들의 대학 입학 기회는 다양한 방법으로 주어진다. 중등학교를 졸업하고 대학에 바로 입학하는 정규학생의 입학 절차보다 더 간소하다. 실제로 성인들에게는 대학 입학 시험 자격증(HEC: Higher Education Certificate)이 필요하지 않다. 고등학교 수준의 교육훈련과정을 이수한 후 자격증이나 수료증을 발급받은 경우 대학별 특별입학전형 기구인 AEPs(Alternative Entry Programs)에 서류를 제출하고 통과하면 바로 입학이 가능하게 되었다. 이러한 대학의 개방은 평생학습사회로 가게 하는 원동력이 되었다.

3. 호주 평생교육정책의 추이 발전

호주의 평생교육정책은 1996년 OECD가 평생학습의 주요 목표의 하나로 제시한 교육과 훈련, 직장 간 이동을 촉진시키는 통로와 연계학습의 확립을 근간으로 발전되어 왔다. 호주의 평생교육정책은 교육 관련 중앙부서인 '교육과학훈련부(Department of Education Science and Training)'를 중심으로 교육, 과학, 훈련의 모든 영역들이 평생학습에 대한 계속적인 요구에 대응하기 위하여 다양한 정책 사업들을 지원하고 있다. 평생에 걸쳐 개인의 끊임없는 능력 개발을 보장하기 위하여 프로그램의 연속성을 제공하고 개인의 학습성과가 정책적으로 인정되는 체제를 추진하는 것이 목적이다. 호주의 평생교육정책은 지역 기반으로 이루어지고 있으므로 연방정부의 역할이 간소화되면서 주정부와 지방정부에서 책임을 지고 있다.

1970년대 후반의 경제적 위기로 인하여 호주 평생교육정책은 직업교육훈련에 대한 중요성을 강조하고 적극적으로 지원하고 있다. 이러한 정책의 기조로 성인 직업기술교육을 담당해 온 TAFE와 성인학습자를 위한 ACE 기관들도 직업교육훈련(VET) 영역을 확대하여 운영하고 있다. 1990년대에 들어 급변하는 노동시장의 변화, 고령화사회, 그리고 이민자 수의 증가 등, 제반 사회 변화에 대처하기 위하여 '당신도 역시 할 수 있다(You can too)'는 슬로건과 함께 성인학습 증진을 위한 정책을 강조하고 있다. 이러한 배경에서 미래의 노동시장은 새로운 산업이나 기술보다 전문화된 기술과 유동성이 있는 노동시장의 운영과 고령화 노동력에 대한 필요성을 전제로 하여 지식과 기술 및 정보력을 키우는 데 중점을 두고 있다. 1992년 연방정부와 주 및 자치주가 합의하여 호주국립훈련위원회(Australian National Training Authority: ANTA)가 설립된 이후, 사용자 선택(user choice)의 개념이 도입되고 주와 자치주의 표준에 따른 학점 인정 및 승인의무 부과, 산업계의 훈련에 관한 자문체계 수립이 시도되었다. 1990년대 후반에는 국가경쟁력을 뒷받침하고 개개인의 잠재력을 극대화하기 위하여 도제제도와 훈련생 제도를 결합한 신도제제도(New Apprenticeship), 국가훈련계획(National Training Framework: NTF) 수립, 학교에서의 직업교육훈련 도입(VET in Schools), 훈련 패키지(Training Package) 등을 개발하여 국가 차원의 시스템을 설정하였다.

4. 호주 평생교육정책의 추진 체제와 조직

호주는 6개의 주(state)와 2개의 자치구(territory)로 이루어진 연방국가로서 주정부에 많은 권력이 분산되어 있다. 전반적인 호주의 교육 체제는 일반적으로 6년의 초등교육 과정, 4년의 전기 중등교육 과정, 2년의 후기 중등교육 과정과 2년 과정의 기술교육 과정(TAFE: Technical and Further Education), 그리고 일반대학 과정으로 이루어져 있다. 초등교육 6년을 마치고 10학년까지의 의무교육 기간을 마치면, 기술을 배우고자 하는 학생들은 고등학교에 진학하지 않고 기술전문학교(TAFE)에 바로 진학할 수 있다. 호주의 정규 부문 교육의 특성은 고등교육 부문과 함께 직업교육훈련 부문이 정규교육에 속해 있다는 것이다. 아동 및 청소년 대상의 학교교육은 초·중등학교와 직업교육, 그리고 TAFE 및 대학을 포함한 고등교육과 연계되어 하나의 축을 이루고 있다. 학생들은 이 축을 토대로 연령 단계별 인성교육과 상급학교 진학 및 직업 준비교육, 그리고 고등교육과 전문직업훈련 과정에 입학하고 성인이 되어서도 자신의 학습욕구 충족을 위하여 지속적으로 평생학습 활동에 참여할 수 있다(박정우, 2010). 즉, 대학을 중심으로 하는 학사학위 이상의 학위과정을 제공하는 고등교육기관과 국가훈련제도의 틀 아래 능력 중심의 체제를 채택하고 있는 직업교육훈련기관으로 구성되어 있는 것이 특징이다. 호주의 평생교육 체제는 성인들을 위한 평생교육으로 성인지역사회교육(Adult & Community Education: ACE)과 직업교육훈련(Vocation Education and Training: VET) 체제가 통합된 형태로 나타나며, 소정의 수료증을 취득하게 되면 HE(Higher Education) 분야를 수직 혹은 수평적으로 참여할 수 있도록 하는 평생학습 체제가 구조화되어 있다(Townsend, 2006).

호주의 '교육훈련부(Department of Education and Training)'는 유·초등교육, 중·고등교육, 직업교육 및 훈련, 국제교육 및 훈련에 대한 국가적 수준의 정책 수립과 프로그램 제공을 담당하고 있다. 교육훈련부의 주요 기능은 교육훈련 동향에 대한 정부 정책 및 사업에 대한 시사점을 분석하여 사업의 효율성과 정책의 일관성을 평가하고 모든 국민에게 교육뿐만 아니라 고용에 이르는 경로까지 제공하는 것이다. 여기에는 호주 토착민들과 소외 계층의 지원을 위하여 기술을 습득하고 배울 수 있도록 평등한 정책과 사업을 관리하는 것을 포함한다. 평생교육과 관련한 주요 업무는 기술훈련(Skill and Training) 부서가 담당하며, 교육훈련부의 조직 체계는 [그림 13-1]과 같다.

이외에도 호주는 '온라인 학습공동체 촉진기구(Learning Community Catalyst: LCC)'를 설립하여 각 지역의 학습도시 사업, 학습공동체 사업, 지역사회 e-learning 사업 등을 추진하고 있다. LCC는 학습도시에 관심을 갖는 지역사회, 의회, 정부, 사업가, 정책 담당자들에게 학습도시에 관한 정보, 연구 결과, 우수 사례 정보 등을 나누는 정보 교환소의 역할을 수행한다.

호주의 평생학습 체제는 초·중등교육에서 성인 지역사회교육으로 이어지는 과

[그림 13-1] 호주 교육훈련부(Department of Education and Training) 조직도

출처: 호주 교육훈련부 홈페이지(https://www.education.gov.au/)

정과 대학 및 전문직업 교육과정을 통해 학습할 수 있는 이원적인 교육 및 훈련 체제를 통해 평생학습자들이 학문적 · 인성적 · 직업적 교육 및 훈련을 받을 수 있도록 되어 있다. 이들 두 개의 축은 연령에 따라 출발 지점만 다를 뿐 결국 모든 이에게 열려 있는 평생학습 체제로서 학교교육과 그 후의 계속적인 성인교육이 가능한 교육 구조가 호주의 교육 체계의 특징이다(박정우, 2010). 이러한 맥락으로 호주의 평생교육은 직업교육과 성인교육이 통합된 형태로서 학습자 중심의 개방학습 체제를 마련하여 평생교육 기회를 제공하기 위한 체제를 확대 · 구축하며, 평생직업교육 훈련을 국가 자력으로 연계할 수 있는 평가 인정 시스템을 개발하고 있다(한숭희, 2004). 호주는 평생학습 제공의 중요한 역할로서 직업교육훈련 체계를 세우고 1992년 연방 차원의 '호주국립훈련위원회(Australian National Training Authority: ANTA)'를 만들었다. ANTA는 직업교육과 훈련에 대한 계획을 수립하고 재원을 확보하는 독립적 기구로서 개인의 기술 수요와 산업 기업의 숙련된 노동자에 대한 수요에 부응하는 데 초점을 두는 통합적인 국가 시스템이다. 또한 ANTA는 다른 기구와 연합하여 직업교육훈련에 관한 다양한 정책을 수립하고 국가적으로 인정받을 수 있는 자격을 지원하고 있다(변종임 외, 2006).

ANTA는 집행부 외에 별도의 독립적인 위원회를 설치하여 지원을 받고 있다. 이를 살펴보면 다음과 같다.

① 호주국립훈련위원회 장관회의(ANTA Ministerial Council: MINCO)가 있다. 국가의 직업교육훈련 체제 전반의 핵심적인 의사결정기구로서 국가의 정책 및 전략은 MINCO의 의사결정에 따라 ANTA에 의해 승인되어 호주국립훈련위원회의 조약(ANTA Agreement)에 의해 국가 차원에서의 의사결정을 하게 된다.

② 호주국립훈련위원회 간부위원회(ANTA CEO's Committee)로서 MINCO에서 국가 차원의 직업교육훈련에 대한 의사결정을 내리기 전에 정책 및 전략을 살펴보고 조언의 역할을 하는 기구다.

③ 국가훈련 질 관리 위원회(National Training Quality Council: NTQC)로서 직업교육훈련 체제의 일관성을 보장하기 위한 질 관리를 하고, 개발 및 재정지원을 할 수 있도록 ANTA 집행부에 정책적 조언의 역할을 하는 기구다. 위원회의 구성은 ANTA 집행부 임원, 산업체 대표, 노조 대표, 정부 대표로 이루어져 있다.

④ 국가훈련 일관성 자문위원회(National Consistency Advisory Committee: NCAC) 로서 국가 수준의 직업교육훈련의 일관성과 질 관리에 관한 의사결정의 범위를 설정하는 역할을 수행한다.

이 외에도 다양한 국가훈련 자문위원회가 구성되어 ANTA의 사업을 지원하고 있다.

1998년 호주는 호주성인학습연합회(Adult Learning Australia: ALA)를 설립하여 성인교육에 필요한 연구와 각종 프로그램을 제공하고 지역공동체 네트워크를 형성하여 질 높은 교육을 제공하고 있다. ALA의 주 중앙기구는 캔버라에 위치하고 있으며 모든 주와 지방에 배치되어 대학과 TAFE의 성인교육자, 공동체 교육 제공자, 공동체 노동자, 개인교사, 훈련자, 그리고 봉사자들을 포함하는 다양한 구성원을 가지고 있다. ALA는 ANTA로부터 재원을 지원받고 있으며, ANTA의 예산 가운데 가장 많은 비율을 차지하고 있다. ALA의 사명은 성인학습자들이 언제든지 접근하기 쉽고 질 높은 교육을 받을 수 있도록 하며, 성인학습 정책의 개발과 학습하는 사회를 만드는 데 있다(변종임 외, 2006). ALA의 운영목표는 성인학습과 공동학습의 발전을 지원하고 이에 대한 관심을 고양하는 데 있으며, 구체적으로 성인교육에 필요한 연구와 프로그램을 제공함과 동시에 지역공동체 내의 네트워크 형성, 가족 단위 학습동아리 형성, 산업과 역사 관련 공동체 형성, 박물관 건립, 전문 성인교육기관 설립과 개인 상담실 등을 운영하는 것이다. 최근 ALA에서 시행하고 있는 주요 성인교육 프로젝트는 다음과 같다(한국교육개발원, 2016).

① Adult Learners' Week
- 성인학습을 촉진하기 위해 1995년 이후 매년 개최되는 성인학습 페스티벌
- 호주 성인교육의 발전 방향과 정책을 논의하는 장

② Broadband for Seniors
- 컴퓨터와 빠른 인터넷 서비스를 필요로 하는 호주 노인들을 위한 정보통신 및 교육 프로젝트
- 빠르게 변화하는 테크놀로지 환경에서의 디지털 리터러시 증진

③ A Greenhouse Around the Corner
- 에너지 효율 및 친환경 관련 정보와 교육을 제공하는 프로젝트

④ Learn Local

- 개인 성인학습자들에게 다양한 프로그램을 제공하는 지역 평생교육기관
- 교육 프로그램 예시: 읽기, 쓰기, 수학 프로그램, 영어 프로그램, 컴퓨터와 인터넷 관련 프로그램, 초·중등학교 프로그램, 직업기술교육 프로그램, 공동체 봉사 프로그램, 기업 및 비즈니스 기술 관련 프로그램, 서비스 직종 지식 및 기술 향상 프로그램, 건설, 건강 분야 관련 프로그램

호주의 평생학습은 평생에 걸친 교육과 훈련 전체를 의미하며, 이는 성인지역사회교육(Adult Community Education: ACE) 조직을 중심으로 성인들에게 평생학습에 참여할 수 있는 기회를 제공하여 지역사회 구성원의 사회적·문화적·경제적 발달에 기여하고 있다. ACE는 성인지역사회교육센터, 대학, TAFE, 그리고 지역센터와 같은 기관에 자유로운 교육 민주주의를 형성하기 위해 계속교육을 제공하고 있다. ACE의 예산은 연방정부와 주정부의 자금으로 운영되고 있으며 주정부에 의해 관리되고 있다.

5. 호주 평생교육 관련 법

호주 연방정부는 국가 경제 개발에 대한 정부의 책임이 높아짐에 따라 그 일환으로 1975년 「사회교육평의회법(Technical and Further Education Commission Act)」을 제정하였다. 그러나 이 법은 1977년 중등교육 단계 이후의 대학교육과 성인교육을 의미하는 「고등교육 및 사회교육평의회법(Tertiary Education Commission Act)」으로 흡수되었다. 호주의 평생교육은 「사회교육의회법」에 의해 체계화되어 있는데, 실제적인 활동은 각 주의 정부 단위로 이루어지고 있다.

1992년 호주는 연방 차원의 직업교육훈련에 대한 기금과 관련된 기능을 가진 국가적인 훈련 기구를 설립하기 위하여 「직업교육훈련재정법(Vocational Education and Training Funding Act)」과 「호주국가훈련법(Australian National Training authority Act, 1992)」을 만들었다. 「직업교육훈련재정법」과 「호주국립훈련법」의 목적은 직업교육훈련 정책의 토대를 마련한 법으로 안정적인 재정을 통하여 연방정부와 각 정

부 그리고 산업체가 협력하여 국가적인 직업교육훈련 시스템의 개발을 촉진하고, 의사결정 합의와 계획에 따라 그 개발을 장려하기 위한 것이었다(변종임 외, 2006).

직업교육훈련의 안정적인 재정 확보를 위하여 제정된 「직업교육훈련 재정법」은 2000년 「직업교육훈련법(Vocational Education and Training Act)」으로 개명되었다. 이 법에 따르면 직업교육훈련 관계 장관회의(ANTA MINCO)의 의사결정에 따라 국가 수준에서의 직업교육훈련 전략을 수립하여 재정지원 금액을 집행할 수 있도록 규정하고 있다. 연방정부뿐만 아니라 주 정부에서도 직업교육훈련 법령을 제정하여 직업교육훈련에 대한 실질적인 관리 및 실행에 중요한 기여를 하고 있다. 주정부의 직업교육훈련 법령에 관한 특이한 사항은 〈표 13-1〉과 같이 각 주마다 법령 명이 상이하며 법적 체계 및 내용 또한 지역적 특성을 반영하여 각각 차이를 보이고 있다.

표 13-1 주정부의 직업교육훈련 법령 현황

구분	법령 명	제정 연도
NSW	「직업교육훈련 인정법 (Vocational Education and Training Accreditation Act)」	1990년
	「직업교육훈련 위원회법 (Board of Vocational Education and Training Act)」	1994년
VIC	「직업교육훈련법 (Vocational Education and Training Act)」	1990년
QLD	「직업교육훈련 및 고용법 (Vocational Education, Training and Employment Act)」	1991년
WA	「직업교육훈련법 (Vocational Education, Training Act)」	1996년
SA	「직업교육, 고용, 훈련법 (Vocational Education, Employment and Training Act)」	1994년
ACT	「직업훈련법 (Vocational Training Act)」	1995년

출처: 강경종, 2002, p. 76.

「호주국가훈련법」의 법적 체계 및 주요 내용은 〈표 13-2〉와 같이 여덟 가지 영역으로 구성되어 있으며, 크게 호주 국립훈련원의 기능 및 권한, 재정, 기구 및 인적 구성에 대한 원칙 등을 포함하고 있다. 또한 산업훈련자문위원회에 대한 정의와 기능에 대한 내용과 ANTA 운영 전반에 대한 자문기구의 설치에 따른 인원 구성을 정부 대표, 산업체 및 노조 대표, 기타 기구 대표 등으로 명시함으로써 국가의 직업교육훈련 전략 수립에 다양한 이해 당사자들을 포함시켰다는 것이 특징이다(강경종, 2002).

여성 정책에 관한 법을 살펴보면, 1984년 성차별 금지 법안이 통과되었으며, 1986년에는 여성들을 위한 평등한 고용기회를 적극 추진하도록 하는 차별 철폐 법령이 통과되었다. 또한 여성교육을 위한 국가적 정책 보고서인 「재구조화된 호주」를 통하여 여성들을 위한 기술훈련의 중요성을 강조하였다. 1988년부터 국가적 차원의 직업교육 및 훈련 시스템을 설립하여 여성들을 위한 국가 정책적 교육목표를 성취하기 위해 우선과제를 선정하여 1994년 훈련 개혁의 실시를 재고하였다. 결과적으로 여성을 위한 직업교육 분야를 확장할 수 있게 되었으며, '여성을 위한 국가적 행동계획'과 직업기술교육훈련은 주정부와 지방정부의 승인을 받고 계속적으로 발전하게 되었다(〈표 13-2〉 참조).

표 13-2 「호주국가훈련법」의 체계

구분	주요 내용
서문	법명, 법 제정 목적, 용어 정의
ANTA의 기능 및 권한	ANTA의 기능 및 권한 제시 자문 및 위원회 구성의 원칙 제시
재정 할당 및 지급	「직업교육훈련재정법」과의 연계 연방, 주정부로부터의 재정지원 명시 재정 지급의 원칙 제시
보고 체계	연간 보고서 및 감사 보고 명시
재정	ANTA 운영비에 대한 규정
기구 구성	집행부 및 위원회 구성에 대한 원칙 제시
인적 구성	원장, 구성원, 자문위원 구성에 대한 원칙 제시
부칙	각종 규칙 및 부칙 제시

출처: 강경종, 2002, p. 75.

마지막으로, 호주의 장애인교육 법령으로 1992년 「장애인차별금지법(Disability Discrimination Act)」이 통과되었으며 교육, 고용, 주거, 스포츠 등의 접근성에서 장애인들의 차별이 금지되었다. 따라서 교육기관들에 의해 제공되는 장애인 차별이 금지되어 동등하게 평생교육을 받을 권리를 보장받게 되었다. 호주 장애인 교육은 평생교육부(Department of Technical and Further Education: TAFE)에 의해 이루어지며, TAFE의 모든 프로그램에는 모든 장애인들이 평등하게 참여할 수 있다. 특히, 각 주마다 장애인들을 위한 특수한 직업교육 프로그램을 제공하여 다양한 전문과정의 프로그램을 제공하고 있다.

6. 호주 평생교육정책의 방향

호주는 UNESCO가 제시한 학습의 4대 목적인 '존재를 위한 학습(Learning to Be), 알기 위한 학습(Learning to Know), 행하기 위한 학습(Learning to Do), 더불어 살기 위한 학습(Learning to Live Together)'을 균형 있게 발전시키기 위하여 노력하고 있으며, '학습자 중심', 그리고 '평생학습 지향성'을 위해 계속 진화하고 있다(연세대학교 동서문제연구원 호주연구센터, 2011). 이에 따라 호주의 평생교육정책은 개인과 사회 및 경제적 측면에서 고용기회 극대화와 개인의 정신건강과 행복 추구를 지향한다. 또한 계속해서 급변하고 있는 사회에 능동적으로 대처함과 경제생활의 효능성 추구에 기여함을 전제로 한다.

호주의 인구는 급속도로 고령화되어 가고 있으며 이에 따른 성인을 위한 교육과 훈련의 필요성을 절감하고 있다. 호주는 성인학습정책 '당신도 할 수 있다(You can too: Adult Learning in Australia)'를 통하여 교육 및 훈련 체제가 미래의 전문화된 기술과 유동성이 있는 노동시장의 요구에 대처할 수 있도록 정책의 방향을 설정하고 있다. 이러한 성인학습정책에서 우선적으로 고려하는 사항은 무엇보다 성인학습자의 요구를 이해하고 서비스 제공자, 고용주, 정부 그리고 지역사회 간의 관계를 구축하고 성인학습의 가치를 증진하며, 노년의 변화를 도와주고 작업장에서의 학습을 지원하고 기호에 대한 접근을 보장하며, 지역사회와의 연계를 강화하는 것이다. 1990년대에 이르러 호주는 급변하는 사회・경제적 요구에 대응하기 위하여 교육훈련 분야의 개혁을 단행하여 평생교육의 국가적인 목표를 지식과 숙련, 정보, 경쟁력을 키우는 데 초점을 두고 있다. 호주에서 평생교육이 중요하게 인식되는 요인은 무엇보다 '정보화시대'와 '지식 경제' 시대에 도래하여 세계화, 기술혁명, 직업 특성의 변화, 사회의 급속한 변화에 직면하게 되었다. 이러한 변화에 따른 문제점들을 해결하기 위하여 기술, 학습 그리고 인간 정신의 계속적인 개발에 역점을 두어 평생학습의 필요성이 대두되었다. 이에 따라 호주의 평생교육은 직업훈련과 성인교육이 통합된 형태로 나타나며, 직업교육훈련의 국가적 목표 달성을 위하여 직업교육, 훈련영역의 국가전략계획을 수립하고, 국가적 차원에서 프로그램을 관리하고 재정을 지원하며, 직업교육, 훈련 체제를 개발하고 있다(교육인적자원부, 한국교육개발원, 2004). 호주 평생교육은 급속하게 변화하는 환경 속에서 사회통합을 위한 강력한 도구의 역할을 하며 국민들이 공동체 함양과 경제, 사회, 문화생활에 참여할 수 있는 기회를 부여하는 데 중요한 역할을 한다. 이와 같이 평생교육이 사회에서 중요한 위치를 차지하고 있음에 따라 호주 정부와 산업은 매년 수십 억 달러를 지출하고 있으며 상당수의 호주 시민들은 다양한 형태의 평생학습에 참여하고 있다.

평생학습을 도모하기 위한 정책으로 첫째, 국민들에게 일생 동안 학습을 계속하도록 장려하는 교육훈련제도를 마련한다. 둘째, 학습에 방해가 되는 모든 걸림돌을 제거한다. 셋째, 모든 형식의 학습을 중시한다. 넷째, 국민들이 교육과 훈련을 진작시킬 수 있도록 두 분야 간의 경로를 구축한다. 다섯째, 모든 비형식 교육을 제도적으로 인정한다. 여섯째, 교육과 훈련의 기회에서 소외되는 사람이 없도록 보장하는 것 등에 초점을 두고 있다(변종임 외, 2006).

호주에서 평생교육의 목적과 교육 간 기능 분담과 상호 보완이 활발히 논의되고 있다. 평생교육이 단순히 성인들의 여가 욕구를 채워 주는 교육의 한 영역이 아니라 '제4부분'의 교육으로 재정립하기 위한 필요성을 강조하고 교육과 훈련제도의 확장을 도모하고 있다. 거시적인 경제 상황, 변화하는 노동시장 구조, 젊은 층의 높은 실업률, 경제의 지구촌화 현상과 국제경쟁력 확보의 필요성 등은 모두 교육과 훈련을 재정비하는 계기가 되었으며, 이러한 결과들이 모두를 위한 평생교육의 가능성을 향해서 나아가는 데 중요한 요인으로 작용하고 있다(최돈민, 2003).

특히, 최근 호주에서는 현재의 직업교육훈련 시스템이 기술, 직무 및 산업환경의 급속한 변화에 대응하지 못하고 있다는 인식을 가지고 이를 개혁하기 위한 정책적 방향이 논의되고 있다. 2016년 8월 호주 정부협의회(COAG)의 산업기술위원회(ISC)와 기술고위관리네트워크(SSON), 국가직업훈련리서치 센터는 직업교육훈련과정의 개혁을 위한 심포지엄을 개최하고, 지난 40여 년간 지역별, 산업별 요구에 따라 필요 이상으로 복잡해진 현재의 직업교육훈련 시스템과 훈련 프로그램을 단순화해야 한다는 데 의견을 일치한 바 있다. 이에 호주의 직업교육훈련 정책은 실질적인 고용과의 연계를 강화하는 동시에 취약계층을 대상으로 기본적인 국어 및 수리능력, 고용 가능성이 높은 유망 직종에 필요한 기술교육 등을 강화하는 방향을 도모하고 있다(한국직업능력개발원, 2017).

7. 호주 주요 평생교육정책의 내용

1) 평생학습도시 정책

호주의 평생학습도시에 대한 논의는 1992년 호주에서 개최된 OECD의 학습도시에 대한 포럼의 영향으로 커지게 되었다. 1998년 최초로 학습도시로서 빅토리아 주에 있는 Wodonga 시가 구체적으로 논의되어 형성되기 시작하면서 빅토리아 주의 주 정부 내에 있는 9개의 타운이 재정적 지원을 받아 학습타운(learning town)이 만들어졌다. 호주의 학습도시는 학습공동체(learning community)로서 대표적인 공동체는 '호주성인학습연합회(Adult Learning Australia)'를 들 수 있다. 학습공동체에서는 평생학습 기회가 보장되는 학습사회를 만들어 가는 데에 필요한 역량을 시민들이 갖출 수 있도록 지원하며(Adult Learning Australia, 2000), 자신의 미래를 위하여 다양한 법의 변화에 대하여 인지할 수 있도록 하였다.

호주 평생학습도시는 다음과 같은 몇 가지 목적을 가지고 추진되었다. 첫째, 시민들의 능력을 개발하고 지역사회 역량을 향상시켜 지역사회 문제를 스스로 해결할 수 있는 역량을 갖출 수 있게 한다. 그러므로 시민들을 위한 문해력과 수리력과 같은 기초능력에서부터 ICT 활용능력과 같은 고차원의 기술을 함양할 수 있도록 도와준다. 둘째, 향상된 개인과 지역사회의 역량을 통하여 유망한 사업들이 지역사회에 유치될 수 있도록 하여 지역경제의 발전을 도모하는 것이 목적이다. 셋째, 학습도시와 관련된 교육, 사업, 정부기관, 시민단체 등과 같은 이해기관 간의 협력을 촉진하는 것이다. 이러한 협력을 통하여 학습도시는 커다란 성과 결과를 가져올 수 있으며, 효율적으로 자원들을 활용할 수 있다. 넷째, 지역사회가 지속적으로 발전할 수 있도록 강화하는 것이다. 지역이 가지고 있는 학습을 통한 역량 개발은 지역의 보건, 환경, 경제 등과 같은 기타 부분의 발전도 가져와 지역사회 발전의 지속성을 강화할 수 있기 때문이다.

호주 정부는 각 지역의 파트너십을 통하여 지역의 학습을 도모하고 지역주민의 직업능력을 강화하여 강력한 호주 건설을 목적으로 한다. 호주 정부의 파트너십 정책은 지역에 대한 세분화된 투자를 강화하여 지역마다 자신들의 활동능력을 자발적으로 개발하도록 하여 지역의 경제적 · 사회적 참여기회를 증대시키는 것이다.

이러한 파트너십 정책을 통한 전략으로 호주의 평생학습도시 사업이 추진되었으며, 교육과학 훈련부(Department of Education, Science and Training)도 학습도시와 관련하여 'e-러닝을 통한 공동체 파트너십 형성(E-learning Creative Community Partnership)'을 도모하였다. 이것은 e-러닝 활성화를 통해서 학습도시의 발전을 추진하려는 것으로 기술 개발을 통하여 지역사회의 발전 역량을 강화하고 소외계층을 지원하는 것이 목적이다(변종임, 2006).

최초의 평생학습도시 Wodonga 시는 인근에 위치한 Albury 시의 동참으로 Albury-Wodonga 학습타운이 형성되어 두 도시의 의회, 교육훈련기관, 대학, 기업 및 산업체, 학교 및 공동체 조직 간의 파트너십을 구축하여 성공적으로 운영하고 있다. 두 도시는 학습헌장(Charter of Learning)을 제정하고 연간 운영 계획을 공동으로 수립하여 추진하였다. 이 두 도시의 성공 요인은 효과적인 파트너십의 결과로서 평가되고 있다.

또한 호주의 평생학습도시 정책은 대학을 중심으로 지역 특성에 맞게 조정하여 전략적으로 운영하였다. 예를 들어, Salisbury West는 호주 남부에 위치한 도시로 남호주 대학교와 호주 항공대학이 있어 교육 여건이 우수함에도 불구하고 높은 실업률과 학습자들의 참여율이 저조한 도시라는 특성을 가지고 있다. 시 정부는 지역주민들의 대부분이 기초 실력이 부족하여 추가 교육을 받기가 곤란하다는 사실을 파악하여 주민들의 문해력과 수리력을 높일 수 있도록 하는 '뉴밀레니엄 시대의 학습과 고용 프로젝트(Learning and Working in the New Millennium)'를 추진하여 다른 학습도시와 차별화하는 정책을 펼쳤다.

반면에 남호주에 위치한 Mawson Lakes 시는 대학을 중심으로 하는 계획도시로서 평생학습도시 조정과정에 반영되어 주민들의 의지보다는 주정부에 의한 경제발전 전략을 목적으로 추진되었다. 이에 학습도시의 특징도 경제적 · 환경적 지속성, 정보통신기술의 활용, 도시 계획 및 운영에 대한 새로운 모델 구축, 학습공동체의 창조 등으로 다른 학습도시의 목적과 다르다(변종임, 2006).

2) 직업훈련기관

호주는 국가인증 자격취득 훈련의 필요성 인식과 함께 직업훈련과 직무환경 개선, 사회정의 등의 목적을 실현하고자 직업교육훈련(Vocation Educational & Training: VET)의 발전을 위한 지원계획을 수립하였다. 노동조합 연합도 정부의 정책을 신뢰하고 현직 고용근로자의 지식과 기술능력을 자체적으로 인증하고, 교육훈련이 필요한 근로자는 교육훈련을 이수하도록 했다. 고용주도 근로자들이 직업훈련 환경 개선을 위하여 적극 노력하고 정부의 직업훈련 개선 정책을 한층 더 지지해 나갔다. 이렇게 노사 양측은 이해관계가 상통하여 근로자들은 직업훈련을 수용하고, 정부는 지원을 강화했다(박정우, 2010).

호주는 직업교육훈련의 발전을 위하여 2004~2010년까지 '우리 미래 만들기(Shaping our Future)'라는 네 가지 목표를 설정하였다. 첫째, 세계 경제에 커다란 업적을 이루기 위하여 숙련된 노동력을 갖는 것이 필요하다. 둘째, 고용주와 개인은 직업교육과 훈련의 중심에 있어야 한다. 셋째, 지역공동체는 학습과 고용을 통해 경제적 · 사회적으로 강화되어야 한다. 넷째, 공유할 수 있는 학습문화를 만들고 실용적인 직업을 위한 기술을 갖추어야 한다. 이와 같은 목표를 위하여 직업교육훈련기관(VET)은 일생 동안 직업을 위한 기술과 지식을 지원하여 고용가능성을 높이는 데 가치를 둔다. VET의 가치를 살펴보면 다음과 같다. 첫째, 학습 및 기술 개발과 고용 상호 간의 연계에 중점을 둔다. 둘째, 기업이 규정하고 대부분의 직업에 적용되는 기술표준에 가치를 두어 국가적으로 훈련과 평가에 적용한다. 셋째, 국가가 인정하는 자격을 강조하고 중점을 둔다. 넷째, 차별화된 제품과 서비스를 제공하여 고객의 요구를 충족시킨다. 다섯째, 학습장애 요인을 적극적으로 대처한다. 여섯째, 국가적으로 합의된 협정을 통해 엄격한 질 보증 제도를 운영한다. 일곱째, 재정지원을 적재적소에 투명하게 배분하다. 여덟째, 다양하게 훈련을 받을 수 있도록 선택의 기회를 제공한다. 아홉째, 직업교육, 훈련, 학교, 대학, 성인, 공동체교육 상호 간을 개방하여 운영한다(변종임 외, 2006).

이러한 정책 시행의 결과, 여성과 불우 소외계층 그리고 지방과 원거리 농촌 사람들도 이상과 같은 정부의 새로운 직업훈련 체계에 적극 참여하면서, 국가 AQF 인증 직업 관련 교육훈련 프로그램 이수와 자격증을 취득하였다. 정부가 이처럼 그들의 교육훈련 결과를 인정해 준 동기는 각종 분야의 근로자들의 재교육과 훈련과정 참여 체계를 개혁하기 위한 목적도 있었고, 더불어 고용의 융통성과 장래의 경제적 성장을 꾀하기 위한 수단이었다(변종임 외, 2006).

직업교육훈련기관으로서 주도적 역할을 담당하는 VET는 국가 차원에서 산업체 요구에 따라 복합적 훈련(Training Package)과 자격증 취득 연계 과정으로 발전하였다. VET는 중소 개인 기업체에서도 직업교육을 소규모로 영세하게 실시하기도 하고 공식적으로 국가 AQF에 등록을 하고 훈련담당을 전문으로 하는 사설 VET도 각 지역별로 운영되고 있다. 이들 사설 VET는 일터나 기업 등을 방문하여 방문교육 실시는 물론 그룹이나 기업이 요구할 경우 교육훈련 프로그램도 개발하여 제공하기도 한다. 고숙련 인력을 양상하기 위한 훈련도 포함되어 있다. 훈련참여를 보다 쉽게 할 수 있도록 훈련경로가 다양하게 설정되어 있으며, 유연성 있게 운영되는 것이 장점이다. 훈련에 대해 평가할 때 훈련생의 수와 훈련시간 등을 투입하는 것보다는 VET를 통해 획득된 자격, 기술, 능력 등과 같은 산출을 중시하는 것도 특징이다. 이러한 훈련성과에 대한 강조는 VET가 일방적으로 결정하는 시스템이 아니라 훈련생 개개인과 산업이 견인하는 시스템으로 운영되고 있다는 의미로 해석될 수 있다. 호주에서 직업교육훈련에 참여하고 있는 학습자 수는 2015년 기준, 약 450만 명이며 총 4,277개 기관이 교육과정을 제공하고 있다. 대부분의 직업교육훈련기관은 중, 소 규모로 80% 이상의 훈련기관이 1,000명 미만의 등록생을 보유하고 있고, 30% 이상의 훈련기관은 100명 미만의 훈련생들이 등록하여 운영되고 있다. 직업훈련기관으로는 전체 직업교육훈련기관의 1%를 차지하는 전문기술대학(TAFE)에 전체 학습자 중 21%가 등록되어 있으며, 전체 직업교육훈련기관의 72%를 차지하는 민간 직업교육훈련기관에는 67%의 학습자들이 등록되어 있다. 직업교육훈련기관별 등록

표 13-3 직업교육훈련기관별 등록 교육생 현황 (단위: 개, 명)

기관	기관 수	등록 교육생	평균 등록생	중앙값	최대 등록생
기술전문대학(TAFE)	53	932,267	17,590	15,634	90,904
대학	15	81,923	5,462	888	21,245
일반학교	442	150,587	341	141	16,036
지역 기반 직업교육훈련기관	468	205,674	439	123	24,128
전문 직업교육훈련기관	207	112,820	545	140	18,032
민간 직업교육훈련기관	3,099	3,012,078	972	231	115,527

출처: 한국직업능력개발원, 2017, p. 143의 표 인용.

교육생 현황은 〈표 13-3〉과 같다.

3) 성인지역사회교육

호주의 성인지역사회교육(Adult Community Education: ACE)은 지역주민을 대상으로 평생교육 프로그램을 제공하는 학습 체제다. ACE는 공공 재원을 조달 받는 지역사회에 기반을 두고 있는 민간기관으로, 호주 정부는 이들에 대하여 정규적인 교육체계와 더 많은 연계를 갖도록 지원하고 있다. ACE는 자유로운 교육 민주주의를 형성하기 위해 계속교육을 제공하여 개인과 지역사회 구성원들의 사회적 · 문화적 · 경제적 발달에 중요한 역할을 한다. ACE에서는 각종 생활방식에 대한 교육과 레크리에이션, 직업교육 및 훈련 프로그램, 일반적 교양 프로그램 등을 제공한다. ACE는 공공성을 지향하고 있으며, 광의적으로는 지역사회의 모든 공간, 협의적으로는 지역 내의 이웃집을 기반으로 하고 있다. 따라서 지역사회 주민센터나 구청을 중심으로 그 지역의 문제점 해결, 관심사항에 대한 홍보 및 주민참여 등 지역공동체와 주민과의 연결고리 역할을 담당하기도 한다. 그러나 최근 들어 ACE가 이러한 교육과정 이외의 직업훈련을 실시하여야 한다는 인식의 확산으로 몇몇 기관들은 실업자와 장애인에게 직업훈련의 기회를 제공하고 있다. 특히, 최근 들어 직업교육훈련의 비중이 높은 비율을 차지하여 2003년 ACE 전체 프로그램의 63%가 직업교육으로 지역사회의 발전에 요구되는 기술과 훈련을 제공하고 있는 것으로 나타났다(변종임, 2006). ACE 참여자는 대부분 중등교육 이상을 마친 지역사회 노인들이며, 전체 지역사회 주민 중 80% 이상이 ACE 프로그램에 참여하고 있다.

호주의 각 지역별 ACE 활동은 개인적 · 공공적 · 지역사회적 · 경제적 성과가 큰 것으로 나타나고 있다. ACE의 성과요인을 살펴보면, 첫째, 개인적 성과요인은 정서 및 신체 발달, 정신적 평화, 성수, 소속감, 인지 발달, 개인적 인간관계 능력, 창의력, 문학과 언어, 여가선용이다. 둘째, 공공적 성공요인은 교차 문화와 지식, 조직력, 지역사회봉사, 직무능력기술, 자아충족, 소비와 절약, 수입 증대, 전문성 발달의 도모다. 셋째, 사회 및 지역사회에 대한 성과요인은 사회적 연계성, 지역사회 협동성 강화, 시민성 의식제고, 행동주의, 문화적 표현활동, 자원의 배분, 새로운 지역사회, 협동성 강화, 시민성 의식제고, 행동주의, 문화적 표현활동, 자원의 배분, 새로운 지역사회 그룹 형성, 지역사회의 정체성 발견, 자활능력, 다양성에 대한 존중과 인정 등이다. 넷째, 직업교육 프로그램 참여를 통한 경제적 성과요인은 생산성과 기업에 대한 의식제고, 소규모 창업능력, 고용지원, 미시경제력 개발, 공공재와 서비스 창조, 인적 · 물적 최소비용과 최대 효율성 등에 관한 지역주민의 의식 개발 등이다(박정우, 2010).

4) 호주 개방대학

호주 개방대학(Open University Australia)은 '모든 사람을 위한 평생학습' 이념을 보다 구체적으로 실현하기 위해, 구체적으로 On-line 서비스를 통하여 질적으로 수준 높은 교육을 위해 대학을 개방하는 것이며, 더불어 다양한 학위 취득에 유연한 접근 기회를 제공하는 것이 목적이다. 호주는 모든 사람이 개방대학을 통해 이수한 교과내용에 대하여 학점 인정을 받아 대학 학위나 전문대학 수준의 자격을 취득할 수 있는 교육 체제를 운영하고 있다(박정우, 2010).

1992년 'TV 개방학습'을 통해 시범적으로 실시된 후 1993년부터 전국적으로 확대, 실시되고 있는 호주의 독특한 평생학습제도가 개방대학 체제다. 정규학생과의 차이점은 학습자 중심으로 그들이 원하는 학습 장소와 시간에 그리고 학습자의 능력이나 수준에 맞추어 학습이 진행된다는 것이다. 개방대학과 연계된 정규대학은 교육과정 자료와 인적 자원 등을 지원 · 제공하며, 학습자의 학점이수과정을 평가하고 자격을 심사한다. 캠퍼스 학습과 달리 장소에 대한 제한이 없고 학생은 수수료를 낼 필요도 없으며, 학위 과정에 들어가기 위해 학력의 자격이나 선행이수과목이 없다(변종임 외, 2006).

호주 개방대학의 특성은 다음과 같다. 첫째, 입학정책이 개방적이며 접근성과 형평성의 원칙을 가지고 있다. 둘째, 학점전환과 경험학습을 인정한다. 개방대학을 통한 학습과 관련된 모든 문제, 즉 등록 및 이전, 학과 선택, 학점 전환 그리고 이와 관련된 정보를 제공한다. 셋째, 장애학생에게 적절한 형식에서 공부할 수 있는 자료를 제공하며 개인적 요구에 기초하여 대안적인 평가절차를 장려하고, 후기중등교육에 참여할 수 있는 기회를 제공한다(변종임 외, 2006).

이상과 같이 호주 개방대학은 높은 질의 대학교육을 학생들의 배경이나 이력과 관계없이 개방하고, 학생들의 윤택한 삶의 질을 위하여 다양한 옵션을 제공한다.

5) 호주 자격 체계

호주 자격 체계(Australian Qualifications Framework: AQF)는 학교, 직업교육과 훈련 그리고 대학에서 발생되는 17개의 국가 자격을 통일시킨 것이며 평생학습과 다양한 교육과 훈련 체계를 촉진시키는 국가적인 교육인정 시스템으로 개인이 학습, 훈련, 직업, 그리고 삶의 경험을 통해 얻은 지식과 기술을 보장하는 것을 의미한다. 즉, 성인의 학습이나 직업경험을 인증하여 각급 학교에 진학할 경우 학점으로의 인정 혹은 교육기관과 훈련기관 간의 유기적인 연계가 가능하도록 지원한다. 또한 직업이나 평생학습 그리고 다양한 삶의 경험을 직업훈련기관이나 고등교육기관에서 인정하도록 하여 노동시장과 교육 및 훈련 분야의 이동이 편리하도록 지원하는 유연한 교육 체제로서 역할을 한다. AQF는 다음을 포함하는 통합 정책을 제공한다(www.aqf.edu.au, 2018).

- 각 AQF 수준 및 자격 유형별 학습 결과
- 자격 인정 및 자격 개발에 AQF를 적용하기 위한 규격
- AQF 자격 발급을 위한 정책 요구 사항
- 자격 연계 및 학생 경로에 대한 정책 요구 사항

- AQF 자격 및 자격 취득 경로
- AQF의 자격 유형의 추가 또는 제거에 대한 정책 요구 사항 및 정책에 사용된 용어의 정의

호주 자격 체계의 핵심 목표는 공식 자격을 위한 경로들을 촉진하는 것이며, 다음과 같은 현대적이고 유연한 프레임워크를 제공하는 것이다(www.aqf.edu.au, 2018).

- 현재와 미래의 호주 교육 및 훈련 목적의 다양성 수용
- 자격에 대한 신뢰를 구축하는 전국적으로 일관된 자격 결과를 지원함으로써 국가 경제 성과에 기여
- 자격에 대한 접근을 제공하고 사람들이 다른 교육 및 훈련 부문 간, 그리고 해당 부문과 노동시장 간 쉽고 빠르게 움직일 수 있도록 지원하는 경로 개발 및 유지 지원
- 개인이 교육 및 훈련을 통해 진보할 수 있는 기반을 제공하고 개인의 이전 학습 및 경험을 인정함으로써 개인의 평생학습 목표를 지원함
- 교육 및 훈련을 위한 국가 규제 및 품질 보증 제도 보완
- 국제 자격 체계와 AQF의 연계 도모

AQF는 총 10단계의 레벨로 구성되어 있으며, AQF 수준과 AQF 수준 기준은 상대적인 복잡성 또는 달성의 깊이와 그 성과를 입증하는 데 필요한 자율성을 나타낸다. AQF 레벨 1은 가장 낮은 복잡성을 가지며 AQF 레벨 10은 가장 높은 복잡성을 가진다. AQF의 각 레벨 수준에 대한 설명은 AQF에서 일정 수준의 자격을 취득한 졸업생들의 전형적인 성취에 대한 설명이다. [그림 13-2]는 AQF의 각 레벨 수준을 요약한 그림이다.

Australian Qualifications Framework(AQF)

HIGH SCHOOL	TAFE NSW	UNIVERSITY	AQF Level
		Doctoral Degree	Level 10
		Masters Degree	Level 9
	Graduate Diploma Graduate Certificate Bachelor Honours Degree		Level 8
	Bachelor Degree		Level 7
	Associate Degree Advanced Diploma		Level 6
	Diploma		Level 5
	Certificate IV		Level 4
	Certificate III		Level 3
Certificate II			Level 2
Certificate I			Level 1
Senior Secondary Certificated of Education (HSC in NSW)			

[그림 13-2] 호주 자격 체계(AQF)

출처: 호주 자격 체계 홈페이지(www.aqf.edu.au)

6) 학점교류제

학점교류제(Articulation Credit Transfer Arrangements: ACTA)는 직업훈련기관(VET)과 고등교육 및 고등직업기관 간의 학점교류제로서, 학습자가 VET 과정이나 산업체에서 획득한 경험이나 취득한 자격 등을 학점으로 인정하고, 차후 대학에 입학했을 경우 학점으로 인정받을 수 있도록 하는 제도다. 학습자들은 특정 교육기관의 모든 과정을 마치지 않았더라도 이수한 학점들에 대한 인증서(Statement of Attainment)를 발급받을 수 있다. 학습자들이 이후에 다른 과정 혹은 상급학교에 입학하였을 경우, 이 증명서에 기록된 과정과 학점들을 이수과목으로 인증해 줌으로써 학습자들은 중복적인 교육과정 이수를 피하고 빠른 기간에 자격증이나 학위 취득이 가능하다.

7) 선행학습인증제

선행학습인정은 개인 학습자의 다양한 교육, 훈련, 직업 그리고 삶의 과정을 통하여 축적한 지식이나 직업경험 내용을 소정의 평가과정을 거쳐 학점 인정 및 자격증을 발급해 주는 것을 의미한다. 즉, 개인이 공식적인 훈련기관 이외의 장소에서 획득한 기술과 지식을 상급 직업훈련원이나 대학에서 인정해 주는 제도를 말한다.

호주에서의 선행학습인정은 호주 자격 체계(AQUF)를 발급하도록 권한을 부여받은 개별 등록훈련기관(Registered Training Organizations: RTOs)에서 이루어지고 있으며, 선행학습인정을 통해 호주 자격 체계나 성취내역서(statement of attainment)를 취득하기 위해서는 RTOs에서 요구하는 일정한 절차와 방법을 거쳐 평가를 받아야 한다(정혜령, 2012).

8) 기술계속교육기관

호주의 기술계속교육기관(Technical and Further Education: TAFE)은 각종 기술훈련과 전문대학과정을 통합한 교육기관으로 호주 고등교육의 70%를 차지하는 최대 교육기관이다. TAFE는 실질적이고 전문적인 직업기술교육을 제공하며, 현재 주 정부 관할 하에 운영되는 TAFE는 약 250개로 자동차 정비, 정보처리, 경제, 무역, 엔지니어링, 디자인, 관광, 건축, 음악, 미술 분야 등 360여 분야에 걸쳐 예비과정, 특수기술 과정 등 방대한 범위의 교육과정을 제공한다(김진희, 2018). TAFE는 산업체, 연방 및 주정부 인정기관, 민간훈련기관 등이 상호 경쟁과 협력 관계를 유지하면서, 교육 및 훈련 프로그램, 자격증 취득과정 등에 관하여 보조를 맞추고 있다. TAFE에는 야간교육원(evening college), 지역사회교육원(community college), 지역성인교육센터(community and adult education center), 이웃학습센터(neighborhood learning center) 등이 지역사회를 중심으로 운영되고 있으며 비정부, 비영리조직이 운영의 주체가 된다. 소정의 과정을 이수한 후 수료 시에는 국가 자격증 관리기구(AQF)에서 인증하는 소정의 자격증이 부여되고 취득한 자격증은 호주 전역에서 인정을 받는다. 이 자격증 제도는 이수 기관이나 이수 내용보다는 자격 취득에 필요한 기술과 지식을 더 중시한다(박정우, 2010).

호주의 TAFE는 급속한 정보통신, 과학, 기술, 문화 등의 발달로 끊임없이 폭발적인 새로운 지식과 정보가 양산되고 있는 현대의 지식정보화 시대에 학령기가 지난 성인 모두를 대상으로 그들의 필요시 누구나 언제든 학습활동에 참여할 수 있는 기회를 제공하고 있는 평생교육기관이다.

평생학습의 도래와 함께 직업교육훈련 부문에서 성인 및 계속교육을 제공하는 비중이 늘어나고 있으며 이와 마찬가지로 호주의 성인 및 지역사회교육 부문에서도 직업교육훈련을 제공하는 기관들이 증가하고 있다. 이는 기존에 종국교육으로 이해되어 왔던 직업교육훈련 부문이 성인을 대상으로 한 계속교육 제공기관으로서의 기능이 확대되고 있음을 의미한다(최지희, 2003).

TAFE는 모든 이를 위한 평생교육기관으로서 개방성, 다양성 및 학습자 중심의 평생교육 이념 실천기관으로서 주로 지역주민 대상의 고등직업교육 및 훈련기관이다. 의무교육(10학년) 이후의 성인학습 대상자들에게 모든 직업교육과 재교육 및 교양교육 프로그램을 제공한다. 더불어 공공재원을 이용하여 직업교육 및 훈련을 통한 노동력 생성 교육에 핵심을 두고 있다.

TAFE의 주된 기능은 다음과 같다. 첫째, 직업능력개발기관으로서 각종 직업에 종사할 인력의 양성 및 향상훈련을 담당한다. 둘째, 교육기회 확충기관으로 대학 입학 자격시험 준비과정인 'matriculation course'를 개설하여 호주의 이민자들 중 중고등학교 수준의 학력을 갖춘 사람들에게 대학 입학시험을 준비하도록 하는 역할을 수행한다. 셋째, 평생직업능력개발기관으로서 학생들의 연령분포가 매우 다양하고 교육과정별 학생 분포도 광범위하며, 다양한 교육과정을 제공한다. 넷째, 도제제도 수행 직업교육훈련기관으로서 일주일에 3, 4일을 직장에서 일하고 1, 2일을 TAFE에서 교육받는 제도를 운영하고 있다(김진실, 2014).

TAFE에서 운영되고 있는 프로그램은 문해, 산수와 같은 기초교육에서부터 전문적인 통상 분야와 준전문적인 직종을 위한 훈련과정이 있다. TAFE에서 운영하는 교육과정은 3개월~3년까지 수료증에서부터 전문학사(diploma)까지 다양한 교육과정을 운영하고 있으며, 디플로마 과정을 마친 후에는 대학교로 편입도 가능하다(최돈민, 2003). 또한 TAFE는 후기 중등교육과정을 수료하지 못했거나 12학년을 수료한 후 곧바로 취업을 한 사람들이 대학에 진학하고자 할 때 대학입학자격시험 준비과정인 대학 입학 코스를 개설하여 이들의 고등교육 기회를 확대 · 제공시켜 주고 있다(박정우, 2010).

특히, TAFE의 교육은 이주민들을 위한 각종 교육과정을 마련하고 있으며, 입학을 원하는 이주민들은 과거의 학습이나 경력에 대한 포트폴리오나 간단한 테스트만으로 입학할 수 있고, 이주민들에게 정부 재정지원을 통해 무상으로 온라인 교육과정을 제공해 주는 등 이주민 친화적인 시스템을 구축하고 있다(김진희, 2018).

8. 호주 평생교육 재정

호주의 평생교육 재정은 연방정부와 주정부에서 지원을 하고 있다. 평생교육 재정의 대부분은 TAFE에 지원되고 있고 일부 재정은 ALA에 지원되고 있으며, 대부분의 평생학습기관은 정부 지원을 받고 있다(변종임, 2006). 호주는 정책적으로 성인들의 경제활동 참여를 늘려 국가의 경쟁력을 향상시키기 위한 목적으로 TAFE와 같은 직업교육훈련기관에 중점을 두고 재정적 지원을 하고 있다. 학습자의 경제적 여건에 따라 재정지원을 하며, 특히 저소득층의 학습자에게는 행정 수속비를 지원한다. 또한 일부 TAFE의 수강생은 수업료를 대출 받을 수 있도록 재정적 지원을 하고 있으며, TAFE의 전일제 학생들에게는 집세와 생활비 등을 보조하고 있다.

호주는 학생들에게 재정지원을 확대하여 고등교육의 접근 기회를 넓히고자 하며, 교육비 대여 프로그램을 통하여 학습 보조금 기간 연장과 연방정부의 장학금 제도를 확대하고 있다.

호주의 평생교육에 대한 지원 예산의 특이한 점은 연방정부와 주정부 및 지방자치단체, 국공립대학 등이 성인학습자를 위한 재정을 확보하고 있다는 것이다. 호주 정부는 특히 대학의 학비지원 정책을 통하여 성인학습자들에게 고등교육 기회를 제공하는 것을 확대하고 있다. 전체 교육비 예산 가운데 각급 학교교육 지원비가 차지하는 비율보다 평생교육 및 직업훈련 예산 비율이 증가하고 있으며, 지역주민 대상의 학습비 감면과 예산지원이 증가하고 있다. 성인학습자에게 직업교육을 비롯한 평생학습의 기회를 제공하여 경제활동 능력을 향상시켜 궁극적으로 복지사회를 실현하려는 것을 알 수 있다.

9. 호주 평생교육정책의 시사점

호주의 평생교육정책이 우리나라에 미치는 몇 가지 시사점은 다음과 같다.

첫째, 교육 체제 간에 협동적이고도 개방적인 통로가 마련되어야 한다. 호주의 교육 체제는 정규 학교교육 체제와 성인 대상의 교육 및 훈련 체제로 구분되어 있다. 아동 및 청소년 대상의 학교교육은 초·중등학교와 직업교육, 그리고 TAFE 및 대학을 포함한 고등교육과 하나의 축을 이루어 연계되어 있다. 학생들은 이 축을 기준으로 연령 단계별 교육을 받고 성인이 되어서도 언제든지 학습 욕구를 충족하도록 평생학습 활동에 참여할 수 있다. 이처럼 호주는 평생교육기관과 대학, 직업교육기관들과 산업체 간의 긴밀한 협력 등으로 평생학습의 기회가 다양하다.

둘째, 전문적인 직업교육 체계가 필요하다. 호주는 전문 직업교육 훈련 체계가 연방정부와 주정부의 책임 하에 이루어져 있어 일관성 있게 운영되고 있다. 특히, 직업교육훈련 체제는 엄격한 질 관리를 병행하여 체계적인 전문인력을 양성하는 데 중요한 역할을 하고 있다.

셋째, 소외계층에 대한 효과적인 정책적 배려가 마련되어야 한다. 호주의 평생학습 재정지원 정책은 문해자, 원주민, 장애인, 이민자 등 소외계층을 위하여 평생학습의 기회를 확대하기 위하여 노력하고 있다. 누구나 경제적 불편 없이 학습할 수 있도록 하는 다양한 재정지원을 위한 정책을 마련하고 있다.

참고문헌

강경종(2002). 산학일체형 직업교육체제 구축 방안: 한, 호주 비교를 중심으로. 한국직업능력개발원, 연구자료 2002-10, 67-137.

강순희(1998). **호주, 뉴질랜드의 직업교육훈련체제 개혁과 시사점.** 세종: 한국노동연구원.

교육인적자원부, 한국교육개발원(2004). **평생교육백서.**

김진실(2014). 호주의 직업교육훈련(VET) 체계가 우리나라에 주는 시사점. **직업과 자격연구, 3**(1), 105-124.

김진희(2018). **다문화교육과 평생교육: 이론과 실제.** 서울: 박영사.

박정우(2010). 성인 학습자를 위한 호주의 고등교육 및 훈련체제. 단국대학교 대학원 박사학위논문.

변종임(2006). **평생학습도시 향후 추진 전략연구**. 서울: 한국교육개발원.

변종임, 이희수, 최돈민, 구교정, 김동은, 김옥남, 박형충, 최종철, 최정하(2006). **각국의 평생교육정책**. 서울: 교육과학사.

연세대학교 동서문제연구원 호주연구센터(2011). **현대 호주사회의 이해**. 경기: 한국학술정보.

이기성(2004). 호주의 중등교육 이후 직업교육훈련의 개혁과 정책적 시사점: 남호주주의 기술전문대학을 중심으로. Andragogy Today, 7(4), 1-27.

정혜령(2012). **대학평생교육 활성화를 위한 선행학습인정제 운영방안 연구: 방송대 시범 운영 사례**. 서울: 한국방송통신대학교 원격교육연구소.

최돈민(2003). 주요국의 평생교육체제 분석. 한국교육개발원, 연구자료 2003-10.

최지희(2003). 평생학습체제의 마련과 호주의 직업교육 개혁 동향. **한국평생교육학회**, 9(3), 201-224.

한국교육개발원(2016). **주요국의 교육정책 비교연구**. 충북: 한국교육개발원.

한국직업능력개발원(2017). 호주 직업교육훈련의 미래. The HRD Review, 2017년 3월호.

한숭희(2004). **평생교육론**. 서울: 학지사.

Adult Learning Australia(2000). *Lifelong learning.* VIC: Adult Learning Australia.

DEST(2004). *Building Better Foundations for Higher Education in Australia Canberra.*

McCulla, N. (2007). *Discourse of Adult Learning Online Lecture 2007-2.* Macquaire University-Sydney. NSW: Australia.

NCVER (2003). *Australia vocational education and training statistics: Pocket guide.* Adelaide, SA: NCVER.

Norman, D. (2007). Co movement of Australian state business cycles. *Australian Economic Papers, 46*(4), 360-374.

Townsend, R. (2006). Adult, community and public education as primary sites for the development of social capital in Australia. *Australia Journal of Adult Learning, 46*(2), 155-159.

호주 교육훈련부 홈페이지(2018. 9. 검색). https://www.education.gov.au

호주 자격 체계 홈페이지(2018. 9. 검색). https://www.aqf.edu.au.

찾아보기

인명

내용

저자 소개

최은수(Choi, Eun-Soo)

숭실대학교 영문과를 졸업하고, California State University, Fresno에서 언어학 및 국제정치학, Indiana University에서 사회언어학을 전공하였으며, University of Southern California에서 박사학위(Ph. D. in Education)를 받았다.

현재 숭실대학교 평생교육학과 교수, CR글로벌리더십연구소장, 사단법인 CR리더십연구원 이사장을 맡고 있다. 주요 경력으로 숭실대학교 교육대학원장과 인문대학장, 한국성인교육학회 회장 및 공동대표, 교육부 평생교육정책 자문위원, 교육부 교육정책자문위원 등을 역임했다.

주요 저서 및 역서로는 『한국교육행정의 현안문제』, 『평생교육정책론』, 『성인학습자』, 『리더십 개발 프로그램의 이론과 실제』 외 20여 권(공저 및 공역 포함)이 있으며, 「고학력 실업자 인력개발정책」을 비롯한 50여 편의 연구보고서가 있다. 주요 학술 논문으로는 「한국 초등 및 중등 교육재원 분배의 공정성에 관한 연구」, 「Adult education policies and Credit Bank System for adult participation in Korea and U. S. higher education」, 「A description of information technology decision making in Korean business organizations」, 「한반도 분단의 역사성에 입각한 남북한 통일정책과 통일교육의 변천 분석」, 「성인교육 리더십의 새로운 패러다임으로서의 '온정적 합리주의'에 대한 개념화」 등 160여 편(공동연구 포함)이 있다.

주요 외국의 평생교육정책
Lifelong Education Policies in Major Foreign Countries

2019년 1월 10일 1판 1쇄 인쇄
2019년 1월 25일 1판 1쇄 발행

지은이 • 최은수
펴낸이 • 김진환
펴낸곳 • ㈜학지사
04031 서울특별시 마포구 양화로 15길 20 마인드월드빌딩
대표전화 • 02-330-5114 팩스 • 02-324-2345
등록번호 • 제313-2006-000265호

홈페이지 • http://www.hakjisa.co.kr
페이스북 • https://www.facebook.com/hakjisabook

ISBN 978-89-997-1724-6 93370

정가 18,000원

이 도서의 국립중앙도서관 출판시도서목록(CIP)은 서지정보유통지원시스템 홈페이지(http://seoji.nl.go.kr)와 국가자료공동목록시스템(http://www.nl.go.kr/kolisnet)에서 이용하실 수 있습니다.
(CIP 제어번호: CIP2018041055)